KB180539

한국어 생성 통사론

한국어 생성 통사론

김용하 · 박소영 · 이정훈 · 최기용

역락

머리말

한국어 연구에 생성 문법적 시각이 도입된 지 어느새 사십여 년이 되었다. 그러나 생성 문법적 시각이 한국어학계에서 그리고 한국어학계의 한국어 통사론 연구에서 주류를 이루고 있는 것 같지는 않다.

여러 가지 원인이 있을 것이다. 생성 문법의 언어관이 갖는 생경함, 생성 문법의 다양하면서도 때때로 급격하기도 한 변화, 한국어뿐 아니라 다양한 언어 자료를 소화해 내야 하는 부담감, 쏟아져 나오는 다양한 연구 등. 그러나 이것들은 연구자 각자의 노력 여하에 따라 얼마든지 극복할 수 있으므로 큰 문제는 아니라고 본다. 정작 큰 문제는 한국어 통사론을 논의하기 위한 큰 틀이 마련되어 있지 않다는 데서 발생하는 것이 아닌가 한다.

한국어 통사론이 기댈 수 있는 큰 틀이 적어도 전통 문법적 연구에는 존재해 왔고, 또 여전히 존재하고 있다. 예를 들어 전통 문법에 기반을 두고 한국어 문법을 개관하는 여러 저서가 바로 그런 틀을 제공하고 있다.

그러나 생성 문법에 기초하여 한국어 통사론을 체계적이고 전체적으로 조망하는 저서는, 그 내용이 초보적이건 전문적이건 간에 드문 실정이다. 생성 문법에 기반을 둔 한국어 통사론의 큰 틀이 아직 제대로 갖추어져 있지 않은 셈이며, 이에 이러한 상황을 극복하기 위한 노력이 요청된다.

물론 한국어 통사론을 굳이 생성 문법적으로 이해할 필요가 있느냐고 반문할 수도 있다. 하지만 생성 문법의 본질이 과학적이고 체계적이며 여러 학문 간의 소통과 통합을 꾀하는 문법을 지향하는 데 있다는 점을 고려하면, 생성 문법을 무시하거나 경시하기 어렵다. 생성 문법의 본질을 고려하면, 생성 문법에 기반을 둔 한국어 통사론의 큰 틀이 부재하는 현실이 심각한 문제로 인식될 따름이다.

이 책은 위와 같은 문제를 해결하기 위한 첫 시도로서, 한국어 통사 현상에 대한 심도 있는 논의와 최신 연구 성과에 대한 고찰은 최소한으로 하고, 한국어 통사 현상을 대상으로 생성 통사론적으로 사고하고 연구하는 것이 어떤 것인가를 제시하는 데에 초점을 맞추었다.

잘 알려져 있듯이 언어 지식의 실체에 대한 생성 문법적 사고는 여러 차례 변화를 겪었다. 이 책은 그 중에서도 최근의 최소주의(minimalism)의 경험적, 이론적 기반이 되는 이른바 원리 및 매개변인(principles and parameters) 틀을 소개하는 한편, 그 틀을 토대로 한국어 통사 현상을 이해하는 구체적인 방법과 그 실제를 체계적으로 제시하고자 하였다.

첫 시도인 만큼 한국어 통사 현상을 충분히 다루지는 못했다. 또 필요한 만큼은 논의하였으나 원리 및 매개변인 틀 전체를 면밀히 고찰하지도 못했다. 특히 한국어의 매개변인적 특성이 어떻게 파악될 수 있는지에 대해 본격적으로 논의하지 못한 것은 못내 아쉬움으로 남는다. 미처 채우지 못하고 남겨 둔 것은 앞으로 차근차근 채워나가리라 기대한다.

예상컨대 이 책에서 제시하는 견해에 대해 여러 문제점과 이견이 제기될 것이다. 타당한 문제 제기와 이견 제시는 매우 소중하다. 이 책이 한국어에 대한 생성 통사론적 사고를 촉진하고 관련 연구를 독려하는 계기가 되었음을 방증할 뿐만 아니라, 토론과 반성과 발전의 기회를 제공하기 때문이다. 모쪼록 이 책을 통해 한국어를 토대로 한 생성 통사론적 담론이 보다 활성화되어 한국어 생성 통사론의 저변이 한층 확대되고, 나아가 언어 일반에 대한 생성 문법적 이해가 심화되기를 바란다.

필자들은 이 책과 같은 성격의 저서가 필요하다는 생각을 이 년여 전에 공유하게 되었다. 그것은 우연인 듯도 하지만, 필요와 필연에 따른 당연한 일이었던 듯도 싶다. 그 후 지난 이 년여 동안 서울, 대구, 부산을 오가며 여러 차례의 모임을 통해 책의 방향을 설정하고 내용을 정하였으며 각자가 맡은 부분을 집필하였다. 1장, 3장, 9장은 최기용 교수, 2장, 7장, 8장은 김용하 교수, 4장, 5장, 6장은 박소영 교수, 그리고 10장, 11장, 12장은 이정훈 교수가 집필하였고, 통일성을 기하기 위해 여러 차례의 윤독과 수정, 보완 과정을 거쳤다. 하노라고 했지만 아직 여러 가지 부족한 점이 있을 것이다. 두렵고도 설레는 마음으로 독자 제현의 격려와 회초리를 고대할 뿐이다.

2018년 2월 11일

저자 일동

차례

1장_생성 문법의 이론적 배경

1950년대 노엄 촘스키(Noam Chomsky)에 의해 시작된 생성 문법(generative grammar)은 지금까지 그 구체적인 언어 모형은 몇 차례 변화를 겪었지만, 언어에 대해 제기하는 질문은 크게 바뀐 적이 없다. 이 책은 생성 문법 모형 중 이른바 "원리 및 매개변인 틀(principles and parameters framework)" 혹은 "지배 및 결속 이론(government and binding theory)"을 바탕으로 한국어 생성 통사론의 기본 내용을 소개하는 것을 목적으로 한다.

위와 같은 목적을 제대로 달성하려면 한국어 생성 통사론에 대한 본격적 논의에 앞서 생성 문법, 특히 원리 및 매개변인 틀의 토대를 이해할 필요가 있다. 이에 이 장에서는 생성 문법이 언어에 대해 제기하는 질문과 그 연구 방법을 소개하고, 원리 및 매개변인 틀의 언어 모형을 살핀다.

1.1. 생성 문법이 제기하는 질문

언어에 관심을 가져 본 사람이라면 누구나 한 번쯤 "언어는 무엇인가?"라는 의문을 떠올린 적이 있을 것이다. 여기에 언어에 궁금증이 좀 더 있는 사람이라면 "언어는 무엇인가?"라는 질문도 가능하지만 "언어란 무엇인가?"라는 질문도 가능한데, 둘 사이에 차이가 있는지 없는지, 있다면 그 차이가 무엇인지 하는 궁금증도 가질 수 있을 것이다. 그리고 더 나아가 호기심이 아주 왕성한 사람이라면 '언어'와 '무엇'의 순서를 바꾼 "무엇이 언어인가?"도 좋은데, "언어는 무엇인가?"라는 질문과 "무엇이 언어인가?" 라는 질문 사이의 차이는 무엇인지 그리고 '무엇'에 '-은' 혹은 '-이란'이 붙은 "*무엇은 언어인가?" 혹은 "*무엇이란 언어인가?" 하는 질문은 이상한데 그 이유는 무엇인지 하는 궁금증을 가질 수 있다.[1)]

"언어는 무엇인가?" 혹은 "언어란 무엇인가?"라는 질문은 사실 너무 막연하다. 막연한 이유는 이 질문을 통해 우리가 알고자 하는 것이 무엇인지가 구체적으로 드러나 있지 않기 때문이다. 그렇기에 이 질문에는 여러 가지 답이 가능하다. 그 중 위 질문에 일반인들이 가장 많이 하는 대답은 아마 "언어는 의사소통의 수단이다."일 것이다.[2)] 이 답이 틀린 것은 아니다. 그리고 이 답은 언어가 어디에 쓰이느냐에 대한 답이 될 것이다. 그러나 이런 유의 답은 언어에 대해 위에서 제기한 궁금증을 적절히 해소해 주지 못한다. 혹은 자기가 모르는 언어, 예를 들어 그 언어가 한국어일 경우, 그런 한국어를 배우고자 하는 사람에게 "한국어는 한국인의 의사소통 수단이다."라는 대답은 아무런 도움이 되지 못한다.

그럼 이런 궁금증을 해소하기 위해서, 혹은 외국어 학습을 위해서 우리는 일반적으로 무엇을 하는가? 이 경우 구체적 내용은 다르지만, 공통적으로 하는 일은 해당 언어의 문법 및 어휘를 공부하는 것이다. 즉 한국어에 대한 궁금증을 풀기 위해서는 그에 대한 설명이 나와 있을 법한 한국어 문법책을 찾아보면 될 것이고 외국어로서의 한국어를 배우기 위해서

1) 문장 앞에 주어진 별표(*) 표시는 해당 문장이 어색하거나 안 좋다는 것을 나타낸다. 모어 화자의 이러한 판단을 수용성(acceptability) 판단이라 한다. 이 장의 4절 참고.

2) 이런 식의 답은 "바둑이 무엇인가?"라는 질문에 대해 "바둑은 고급 두뇌 게임의 한 종류이다."라고 답하는 것과 같다. 이 답이 틀린 것은 아니나, 바둑을 배우고자 하는 사람에게는 아무런 도움이 되지 못한다. 보다 자세한 비판은 Isac and Reiss(2013:3장) 참고.

는 시중에 나와 있는 여러 종류의 한국어 문법책 및 사전을 공부하면 될 것이다.

이런 당연한 일이 "언어는 무엇인가?"라는 앞의 질문에 어떤 답을 제공하는가? 이는 "문법책과 사전에 담겨 있는 것이 무엇인가?"라는 질문과 연결되는데, 문법책과 사전에 담겨 있는 것이 그 언어의 모어 화자가 지니고 있는 지식이라고 할 때, 결국 "언어는 어떤 언어의 모어 화자가 그 어떤 언어에 대해 알고 있는 지식이다."라고 규정할 수 있을 것이다.

사실 언어에 관한 이런 규정은, "지식"의 실체 및 범위에 대해 서로 다른 의견이 있지만, 언어를 연구하는 거의 모든 문법학자들이 취하고 있는 태도이다. 즉 문법학자들은 "언어는 무엇인가?"라는 질문을 통해 모어 화자가 모어에 대해 알고 있는 지식을 탐구하는데, 생성 문법도 이 점에서 크게 다르지 않다.[3] 그러나 생성 문법이 기존의 전통 문법과 다른 점은 탐구 대상인 지식의 실체를 "언어 지식"으로 좀 더 명확히 했다는 점 외에 추가로 제기하는 다른 질문들에 있는데, 이들 질문에 대한 관심의 정도 및 그에 대한 연구 성과는 시대에 따라 다르지만 이들 질문 모두는 대략 다음 다섯 가지로 정리될 수 있다.[4]

(1) 가. [언어 지식의 내용] 모어 화자의 언어 지식은 무엇으로 구성되어 있는가?
나. [언어 지식의 습득] 모어 화자의 언어 지식은 어떻게 습득되는가?

---

3) 언어를 모어 화자가 알고 있는 "언어 지식"으로 규정한다는 것은 "언어 지식"에 의해 실제로 이루어지는 실생활의 언어 활동과 "언어 지식" 그 자체를 구분한다는 것을 의미하며, 언어 탐구의 본질적 목표가 실생활의 언어 활동보다는 그것의 기반이 되는 "언어 지식"이 되어야 함을 의미한다. 촘스키는 여러 개념을 이용하여 이런 언어 연구의 성격을 분명히 하려고 노력했다. "언어 능력(competence)" 대 "언어 수행(performance)"의 구분 그리고 "내적 언어(Internalized-language)" 대 "외적 언어(Externalized-language)"의 구분이 그런 것이다. 이에 대해서는 이 장의 3절에서 보다 자세히 살핀다.

4) 각 질문에 대한 보다 더 자세한 논의는 Chomsky(1986), Chomsky and Lasnik(1993), Jenkins 2001) 등 참고.

다. [언어 지식의 사용] 언어 지식은 어떻게 운용되는가?[5)]
라. [언어 지식의 생물학적·물리적 토대] 언어 지식을 위한 뇌의 기제는 무엇인가?[6)]
마. [언어 지식의 진화] 언어 지식은 어떻게 진화했는가?

1.2. 생성 문법과 전통 문법의 대비

(1)에 제시한 질문들이 모두 언어 연구와 관련이 있지만, 생성 문법 내에서는 그동안 (1가)와 (1나)에 집중해 왔다. 특히 (1나)의 질문이 중요하다. 전통 문법은 모어 화자가 언어를 알고 있다고 할 때 알고 있는 그것이 무엇인가 하는 (1가)의 질문에만 집중해 온 반면, 생성 문법은 (1가)는 물론이요 (1나)에 대한 구체적 해답을 찾으려 하기 때문이다.

그러면 (1가)와 (1나)를 함께 고민하는 언어 연구와 (1가)만을 고민하는 언어 연구는 서로 어떻게 다른가? 이는 (1나)에 대해 생성 문법이 일정하게 제시하는 답, 즉 선천성 가설과 관련이 있다. 선천성 가설을 위한 간략한 논증은 나중에 소개하는데(이 장의 6절 참고), 이 가설의 중요 내용은, 선천적 장애의 경우를 논외로 하면, 인간은 누구나 동일한 언어 능력을 유전적으로 갖고 태어난다는 것이다. 이 선천적 언어 능력은 누구에게나 동일하므로 흔히 "보편 문법(universal grammar)"이라 불리는데, 생성 문법에서는 이 능력이 모어 화자의 언어 지식의 기반이 된다고 보고 있으며 언어 연구를 통해 이 보편 문법의 성격을 파악하는 것도 아주 중요한 목표로 삼는다. 즉 생성 문법은 (1가)와 (1나)의 질문을 통해, 개별 문법의 성격 및

5) 이는 크게 언어 이해(comprehension) 및 언어 산출(production)의 측면과 연관되어 있다. 이에 대한 연구는 주로 심리 언어학 분야에서 이루어져 왔다.
6) 이 분야는 뇌 활동에 대한 측정 및 관찰이 가능해진 최근에 와서 활성화되고 있으며 신경 언어학(neurolinguistics) 혹은 뇌 언어학으로 불리고 있다. 이 분야에 대한 소개는 Ingram(2007) 참고.

그것의 기반이 되었던 보편 문법의 성격까지를 파악하려 하므로 개별 문법만을 연구할 때와는 다른 관점 및 태도를 가지게 된다. 이를 좀 과장되게 표현하자면, 생성 문법적 시각에서는 개별 문법이 보편 문법이 허용하지 않는 성격을 못 가지므로, 그만큼 개별 문법 연구와 보편 문법 연구가 서로 간의 긴장 관계 하에서 이루어지게 된다.

1.3. 생성 문법의 방법론 및 언어

지금까지 우리는 생성 문법이 전통 문법과 이론적으로 어떻게 다른가를 살폈다. 구체적으로는 (1가)와 (1나)가 함께 고려된다는 점이 다르다고 보았는데,[7] (1가)와 관련해서도 생성 문법이 채택하는 방법론이 그 이전 언어 연구와 크게 다른 바가 있다. 이를 한 마디로 정리하면 언어에 대해 과학적, 좀 더 엄밀히 말하자면 자연과학적 연구 방법론을 택했다는 점이다. 이는 언어도 자연과학적으로 연구될 수 있다는 의미인데, 생성 문법의 이런 방법론적 주장이 언어에 대한 앞서의 주장과 함께 오해를 야기하거나 논란거리가 되었던 것이 사실이다. 그러나 생성 문법의 이런 방법론은 언어에 대한 앞서의 주장에 비추어 보면 당연한 것이라 생각되는데, 어떤 점에서 그런지 그리고 그 방법론이 어떤 것인지를 간단한 사례를 통해 확인하기로 한다.

우리는 앞서 언어를 "모어 화자가 알고 있는 언어 지식"으로 규정했다. 그런데 이런 규정은 언어에 대한 우리의 상식과는 다를 수 있다. 예를 들어 "한국어는 무엇인가?"라는 질문에 대해 "한국인의 의사소통 수단" 혹

---

7) 생성 문법에 대한 일반적 인식 중 하나로 생성 문법이 (1나)에 치중하여 (1가)를 다루지 않는다는 것이 있는데, 이는 명백한 오해이다. 생성 문법은 (1가)와 (1나)를 동시에 고려한다.

은 "한국인의 사고 도구" 또는 "한국 문화의 저장소이자 매개체" 등의 상식적 답이 제시될 수 있다. 문제는 이런 식으로 규정되는 언어가 과학적 연구의 대상이 될 수 없다는 점이다. 이는 "물이 무엇인가?"라는 질문에 대해 "물은 생명의 근원이다."라고 답할 수는 있지만, 이 답의 "물"이 과학적 연구의 대상이 될 수 없는 것과 마찬가지라 할 수 있다. 결국 과학적 연구 대상으로서의 "언어"를 분명히 할 필요가 있는데, Chomsky(1986: 24)는 이를 위해 "내적 언어" 대 "외적 언어"의 구분을 제안하면서, "내적 언어"를 과학적 연구의 대상으로 삼아야 한다고 주장한다.[8)]

> 생성 문법 연구는 관심의 초점을 실제적 혹은 잠재적 행동 및 행동의 산물로부터 언어의 사용과 이해의 기저를 이루는 지식 체계 그리고 더 깊이 들어가자면, 그런 지식의 획득을 가능하게 하는 인간의 선천적 자질로 바꾸었다. 초점이 외적 언어 연구에서 내적 언어 연구로, 표면화된 대상으로 간주되는 언어 연구에서 마음/뇌에 내적으로 표상되는 언어 지식 체계의 연구로 바뀌었다.[9)]

이렇게 구분된 내적 언어가 바로 모어 화자가 갖는 언어 지식을 말하는데 반해, 그에 대응되는 외적 언어는 내적 언어로 인해 가능하게 되는 언어 관련 결과 혹은 산출물들을 가리킨다. 이런 구분을 장기나 바둑과 같

---

8) 내적 언어와 외적 언어의 자세한 구분 및 내적 언어가 언어의 실체에 보다 더 가깝다는 논의에 대해서는 Chomsky(1986:2장)을 참고할 것. 내적 언어 대 외적 언어의 구분과 유사한 구분으로 언어 능력(competence) 대 언어 수행(performance)의 구분이 있다. 이 구분은 주로 촘스키의 60년대 저술에서 언급되었는데, 언어 능력이 모어 화자의 암묵적(tacit) 언어 지식을 가리킨다면, 언어 수행은 실제 상황에서의 언어 사용 양상을 나타낸다.

9) 원문은 다음과 같다. "the study of generative grammar shifted the focus of attention from actual or potential behavior and the products of behavior to the system of knowledge that underlies the use and understanding of language, and more deeply, to the innate endowment that makes it possible for humans to attain such knowledge. The shift in focus was from the study of E-language to the study of I-language, from the study of language regarded as an externalized object to the study of the system of knowledge of language attained and internally represented in the mind/brain."(Chomsky 1986:24).

은 게임의 예를 들어 비유하자면, 장기나 바둑이라는 게임을 규정하는 규칙 자체가 내적 언어에 대응된다면, 그런 규칙에 의거하여 실제로 치러지는 개별 게임들이 외적 언어에 대응된다고 할 수 있을 것이다. 이런 개념의 구분을 통해 왜 촘스키가 과학적 연구의 대상으로 내적 언어 혹은 모어 화자의 언어 지식을 중시했는가를 알 수 있을 것이다. 그 이유는 물론 모어 화자가 갖는 언어 지식이 그 지식의 결과물보다는 더 본질적인 실체라고 봤기 때문이다. 즉 위 구분에 의하면 외적 언어에 대한 지식이 아무리 많아도 내적 언어를 모르면 해당 언어를 안다고 할 수 없기 때문이다.

이제 내적 언어 혹은 모어 화자의 언어 지식을 과학적으로 연구한다는 것이 어떤 작업인가를 생각해 보자. 자연 현상을 연구하는 연구자와 달리 언어를 연구하는 연구자들은 누구나 하나 혹은 그 이상의 언어를 모어로 하는 화자들이다. 즉 연구 대상이 연구자 자신이 이미 알고 있는 모어인 경우가 대부분이다. 그러면 자기가 이미 알고 있는 것을 연구한다는 것은 무엇을 의미하나? 혹은 그런 연구가 과연 가능한가?

일반적으로 우리가 명시적으로 알고 있는 지식은 그 지식의 실체를 알고자 하는 연구의 대상이 되지 못한다. 예를 들어 바둑이나 장기를 이미 둘 줄 아는 사람이 바둑이나 장기의 규칙이 무엇인가를 새삼스레 연구할 필요가 없는 것과 마찬가지이다.[10)] 그 이유는 그 규칙의 내용을 이미 명시적으로 알고 있기 때문이다. 그리고 어떤 지식이 명시적인 경우 우리는 그 지식을 다른 사람에게 충분히 정확하게 전달하거나 교육할 수 있다.

그러나 이 점에 있어 모어 화자의 언어 지식은 다른 일반적 지식과는 다르다. 모어 화자들은 분명히 자신의 모어에 대해 무언가를 알고 있다. 무언가를 알고 있기에 모어 화자들은 자유자재로 모어를 구사할 수 있다. 외국어가 외국어인 이유는 그 언어를 이용한 의사 소통이 모어만큼이나

---

10) 물론 바둑이나 장기를 잘 두는 방법에 대해 연구할 수는 있다. 하지만 그러한 연구는 바둑이나 장기 규칙 자체에 대한 연구는 아니다.

자유롭지 않기 때문인데, 이는 물론 그 외국어에 대한 지식이 그 외국어를 모어로 쓰는 화자만큼 완벽하지는 않기 때문이다. 한편 자신의 모어에 대해 분명히 무언가를 알고 있는 모어 화자가 해당 모어를 모르는 사람에게 그 모어를 충분히 정확하게 전달하거나 교육하는 것이 불가능하다는 것은 잘 알려진 사실이다.[11] 이는 결국 모어 화자의 언어 지식이 명시적(explicit)이지 않음을 의미하는데, 이는 모어 지식이 무의식적이기 때문이다. 그러나 바로 이런 이유로 언어에 대한 과학적 연구가 필요할 뿐만 아니라 가능하며, 과학적 연구를 통해 언어 지식을 명시하는 것을 언어 연구의 목표로 삼게 된다.[12]

1.4. 언어의 과학적 연구[13]

과학적 연구의 일반적 양상은 사실 그렇게 복잡하지 않다. 우선 해당 연구 분야의 관련 자료를 수집하고 관찰하는 단계가 필요하다. 그런 다음 자료에 나타나는 일정한 특성을 찾아 그것을 일반화하고 그 일반화를 설명할 수 있는 가설을 수립하며 그 가설에 대한 검증을 통해 가설의 수정 혹은 폐기를 거쳐 보다 더 많은 자료를 설명할 수 있는 이론을 구축하는 단계를 거치게 된다.

11) 이것이 가능하다면 지금과 같은 영어 교육을 비롯한 외국어 교육 시장은 존재하지 않을 것이다.
12) 언어 지식을 명시하는 것은 언어의 구조, 의미, 발음 등을 생성(generate)할 수 있는 규칙, 원리를 밝히는 것과 통한다. 이에 명시적 문법은 곧 생성 문법과 통하는바, 생성 문법의 "생성"은 "명시적"과 같은 뜻이다(Chomsky 1965:1장 참고). 참고로 "생성"이 언어 지식과 관련되지 언어 수행과 관련되지 않는다는 점에 주의할 필요가 있다.
13) 생성 문법의 과학성에 대한 또 다른 논의 및 소개는 손광락(2012), Boeckx(2006), Larson (2010) 등 참고.

1.4.1. 수용성

생성 문법도 언어에 대한 과학적 연구로 위와 같은 양상을 보이는데 생성 문법이 그 이전의 언어 연구와 크게 다른 점은 자료로서 모어 화자의 직관(intuition)을 중요시했다는 점이다.[14] 직관이라 함은 어떤 언어 표현(linguistic expression)에 대한 모어 화자의 판단을 말하는데, 직관의 내용에도 여러 가지가 있으나, 중요한 것은 문장과 같은 언어 표현을 접하고 그에 대해 "좋다, 자연스럽다" 혹은 "나쁘다, 어색하다" 식으로 제시하는 판단이다. 이런 직관이 아주 분명한 경우도 있고 그렇지 않은 경우도 있으며 또한 모어 화자들 사이의 판단이 일치하지 않을 수도 있으나 중요한 것은 모어 화자만이 그런 판단을 가진다는 점이다. 다음 예를 보자.

(2) 가. 철수가 한국어 통사론을 수강했다.
　나. *철수가 한국어 통사론이 수강했다.
　다. 철수가 한국어 통사론을 수강을 했다.
　라. *철수가 한국어 통사론을 수강이 했다.

한국어 모어 화자라면 누구나 (2가)와 (2나) 간에 대비가 있음을 안다. 즉 (2가)는 별 문제가 없는 문장이지만, (2나)는 어딘가 안 좋은 문장이라는 판단을 가진다. 이어 (2다)는 '수강' 뒤에 '-을'이라는 대격 조사가 오는 경우인데 모어 화자들은 대부분 (2가)와 비슷한 정도로 좋다는 판단을 가진다. 한편 (2가)와 (2다), (2라) 간의 차이는 '수강' 뒤에 격조사가 있느냐 없느냐 그리고 격조사가 있으면 어떤 격조사가 나타나느냐의 차이인데, (2다)에서 '수

---

14) 흔히 생성 문법이 직관 이외의 자료를 부적절한 것으로 본다는 견해가 있는데, 이는 오해이다. 모어 화자의 언어 지식의 실체를 밝히는 데 도움이 되는 어떤 유형의 자료도 다 활용될 수 있으며 이에는 물론 말뭉치(corpus) 자료도 포함된다. 한편 최근 직관 자료의 신뢰성 여부 그리고 이를 보완 혹은 대체하는 실험 자료에 대한 논의가 활발하다. 이에 대해서는 Song 외(2014), 이상근(2017) 등 참고

강' 뒤의 조사 '-을'을 '-이'로 바꾸면 (2라)에서 보듯이 모어 화자들은 즉각적으로 "안 좋다"고 판단한다.

이런 유의 판단을 "수용성(acceptability)" 혹은 "용인성"이라 하는데, 수용성은 기본적으로 모어 화자가 언어 표현의 좋고 나쁨에 대해 갖는 직관의 한 종류로 위의 예들은 "아주 좋음"과 "아주 나쁨"의 양 극단을 보여주나, 일반적으로는 "좋음"의 정도를 네 등급 혹은 다섯 등급으로 나눈다.15)

다음은 다섯 등급의 판단을 보여주는 한 사례로 '찬성하-'라는 서술어를 가진 문장이 '찬성'의 보충어(complement) '그의 제안' 및 '찬성'에 어떤 격조사가 오느냐에 따라 수용성에 차이가 있음을 보이고 있다.

(3) 가. 철수가 그의 제안에 찬성한다.
나. ?철수가 그의 제안에 찬성을 한다.
다. ??철수가 그의 제안을 찬성을 한다.
라. ?*철수가 그의 제안이 찬성한다.
마. *철수가 그의 제안이 찬성이 한다.

1.4.2. 과학적 연구 맛보기

직관 자료는 어떻게 다루어야 하는가? 모어 화자가 새롭게 듣는 문장에

---

15) (2나, 라) 앞의 별표는 "아주 나쁨"의 일반적 표시이며 "아주 좋음"의 등급을 갖는 문장에는 아무런 표시를 안 한다. 한편 네 등급일 경우에는 "아주 좋음"과 "아주 나쁨" 사이를 "?(좋음)", "?*(나쁨)"으로 표시하며, 다섯 등급인 경우는 "?(좋음)", "??(보통)", "?*(나쁨)"으로 표시한다. 이 책에서는 다섯 등급을 이용하는데, 각 등급의 의미를 보다 자세히 밝히면 아래와 같다.

(i) 가. 아주 좋음: 문장이 아주 자연스럽고 받아들이는 데에 전혀 문제가 없음.
나. 좋음(?): 문장이 자연스럽고 받아들이는 데에 거의 문제가 없음.
다. 보통(??): 문장이 약간 어색하고 받아들이는 데에 약간 문제가 있음.
다. 나쁨(?*): 문장이 부자연스럽고 받아들이기가 힘듦.
라. 아주 나쁨(*): 문장이 아주 부자연스럽고 받아들일 수 없음.

대해 일정한 판단을 한다는 것은 무언가 판단의 근거가 있음을 의미하는데, 생성 문법은 모어 화자의 언어 지식을 아주 중요한 근거로 생각하며 (2)의 대비 및 (3)의 대비 등이 언어 지식에 의해 나타나는 대비의 예이다.[16] 물론 언어 지식만이 전부는 아니다. 언어 지식 외에도 의미 지식, 문장 처리 능력 등도 모어 화자의 판단에 영향을 미치는 것으로 보는데, 다음 예들이 이를 보여준다.

(4) 가. *철수가 책상을 먹고 있다.
 나. *철수가 네모꼴의 삼각형을 그렸다.
 다. *철수가 키가 크지만, 키가 안 크다.

(5) 가. ?*철수는 내가 영미가 예쁘다고 말했다고 믿는다.
 나. ?*대석이가 내가 영미를 싫어한다고 말했다고 생각하는 철수가 어제 나를 찾았다.

(4)의 예들은 모두 이상한데 그렇다고 문장 구성과 관련된 언어 지식, 즉 통사 규칙상의 문제에 의한 것으로 판단되지는 않는다. 그보다는 우리의 의미 지식에 배치되어 안 좋은 것으로 봐야 한다. 즉 '책상'이 가리키는 실세계의 개체는 통상 '먹-'의 대상이 될 수 없으며, "삼각형"이 네모꼴일 수 없어 (4가, 나)는 안 좋으며, (4다)는 긍정과 부정이 함께 할 수 없어 안 좋다.[17] (5)의 예들은 통사 및 의미상으로는 아무런 문제가 없다. 다만 주어가 문장의 앞에 오고 서술어가 문장의 맨 뒤에 온다는 한국어의

16) 모어 화자의 언어 지식이 문장에만 국한되는 것이 아니다. 개별 어휘의 발음 및 형태적 성격에 대한 것도 포함되는데, 문장에 관한 지식은 흔히 통사 지식으로 불린다. 이 책은 생성 문법 중 통사론을 소개하는 것을 목적으로 하므로 이후 언어 지식과 통사 지식을 교차적으로 사용하기로 한다.

17) 이와 같이 의미적 이유로 안 좋은 문장에는 특별히 '#'(hash) 기호를 쓰기도 한다. 한편 언어 표현 자체를 가리킬 때는 작은 따옴표(' ')를 사용하고, 언어 표현의 의미를 나타내거나 학술 용어를 가리킬 때는 큰 따옴표(" ")를 사용한다.

특성상 전체 문장에 포함된 문장이 여럿인 경우 어느 서술어가 어느 주어에 걸리는지를 처리하기 힘들어서 이상하다고 판단되는 사례이다.

이와 같이 모어 화자의 직관에 영향을 미치는 것에 언어 지식만 있는 것이 아니므로 직관에 영향을 미치는 실제 요인이 무엇인가는 궁극적으로는 입증되어야 할 가설일 뿐이다. 그러나 대부분의 경우 그 요인을 가려내는 것이 큰 문제가 되지는 않는다.

그러면 언어 지식에 의한 대비로 판명된 직관 자료는 어떻게 다루는가? (2)에서 언어의 어떤 규칙이 이 대비를 책임지는가를 밝혀내는 것이 결국 생성 문법학자들이 하는 일인데, (2)에 제시한 네 문장의 표면적 대비를 보면 '수강' 뒤에 오는 조사가 어떤 역할을 한다는 것을 알 수 있을 것이며, 이를 토대로 일단 다음과 같은 초보적 일반화를 제시할 수 있다.

(6) '한자어+하-'로 구성된 문장의 목적어 및 한자어에 '-을/를'과 같은 대격 조사가 오면 좋으나, '-이/가'와 같은 주격 조사가 오면 나쁘다.

한편 관련된 예를 추가해도 (6)이 유지될 수 있는가 아니면 수정되어야 하는가를 따지는 것이 생성 문법 연구에서 이루어지는 일인데, 어느 정도의 일반화가 수립되면 그런 일반화를 설명할 수 있는 가설이 제시되어야 한다. 즉 '-을/를'과 같은 대격 조사가 오면 왜 좋고 '-이/가'와 같은 주격 조사가 오면 왜 나쁜가를 설명할 수 있는 가설이 제시되어야 한다.[18] 그리고 그렇게 해서 제시되는 가설은 일정한 예측을 하게 되므로, 다시 추가 자료에 의해 가설의 정당성을 입증 혹은 반박하는 작업이 이루어지게 되고 정당성에 대한 입증이 설득력을 얻게 되면 그 가설은 통사 지식에 대한 한 이론으로서의 지위를 갖게 된다.

18) 관련 가설의 내용에 대해서는 7장과 8장 참고.

1.5. 언어와 문법 그리고 설명적 타당성

앞에서 (2)의 사례를 토대로 생성 문법학자들이 어떤 작업을 하는가를 간단히 보았다. 이렇게 해서 얻어진 결과의 총체를 우리는 흔히 "문법(grammar)"이라 부르는데, 이런 의미의 문법은 엄밀히 말해 언어 그 자체와는 다르다.[19] 왜냐하면 언어가 모어 화자의 언어 지식 그 자체라 한다면, 문법은 언어 자료를 토대로 연구자들이 제안한 하나의 이론적 성격을 가지기 때문이다. 즉 "언어"가 실체적 존재라면, "문법"은 이론적 구축물이라고 할 수 있다. 문법의 개념이 이러하므로 연구자 각자의 이론적, 경험적 근거에 따라 한 언어에 대해 여러 가지의 문법적 제안이 가능하게 되는데, 이 경우 어떤 성격의 문법이 더 타당한가에 대해 Chomsky(1965)는 다음과 같은 세 가지의 타당성을 언급하면서 문법이 설명적 타당성까지 충족할 것을 요구한다.[20] 이는 생성 문법이 제기하는 질문 (1가)~(1마) 가운데 (1가), (1나)와 관련된다.

관찰적 타당성(observational adequacy): 대상 언어의 어떤 표현이 문법적이고 어떤 표현이 비문법적인가를 가려내는 문법

기술적 타당성(descriptive adequacy): 대상 언어의 어떤 표현이 문법적인지 아닌지를 가려내고 그 표현의 구조, 문법 기능 및 해석적 특성에 대해 모어 화자가 알고 있는 것을 올바르게 기술하는 문법

19) "문법"은 언어의 규칙성 자체를 일컫기도 한다.

20) 생성 문법의 최근 흐름인 "최소주의(minimalism)"는 기술적, 설명적 타당성을 추구하면서 얻어진 그 동안의 연구 성과들이 언어의 유전적 특징 외에 연산 상의 효율성(computational efficiency) 그리고 언어와 다른 인지 체계, 즉 조음-감지(articulatory-perceptual) 체계와 개념-의도(conceptual-intentional) 체계와의 접합적 성격으로 얼마나 환원될 수 있는가를 탐구하는 연구 방향이라 할 수 있다. 최소주의의 이러한 성격을 Chomsky(2004)는 "설명적 타당성을 넘어(beyond explanatory adequacy)"로 표현하기도 하였다. 최소주의에 대해서는 Chomsky(1995), Radford(1997), Hornstein 외(2005), Boeckx(2006) 등 참고.

설명적 타당성(explanatory adequacy): 대상 언어의 어린아이들이 해당 언어의 문법을 짧은 기간 내에 어떻게 습득할 수 있는가를 설명하는 문법

1.6. 선천성 가설

지금까지 우리는 생성 문법이 기존의 문법들과 어떻게 다른가를 살펴 왔는데, 핵심은 (1가)와 (1나)에 대한 답으로 선천적 언어 능력 혹은 보편 문법을 인정한다는 것이다. 이 능력을 인정함으로써 생성 문법은 보편 문법과 개별 문법을 같이 연구하게 된다. 그럼 이런 선천성 가설에 대한 근거로는 어떤 것이 있는가? 선천성 가설에 대한 이론적 논의는 이 책의 범위를 넘어서는 것이므로 여기서는 선천성 가설을 위한 여러 논증 중 자극의 빈곤(poverty of stimulus) 논증만을 소개하기로 한다.

이 논증의 핵심은 모어 화자의 언어 지식에는 외부 자극, 즉 학습을 통해서 배운 것만으로는 설명이 안 되는 것들이 많다는 것이다. 즉 배우지 않은 것이지만, 모어 화자들이 분명한 판단을 하는 사례들이 많이 있다. 그 한 예로 다음과 같은 용언 반복 구문을 보자.[21)]

(7) 가. 철수가 영미를 만나기는 만났다.
나. 철수가 점심을 먹기는 먹었다.

한국어에는 (7)과 같이 용언이 반복해서 나타나는 문장이 가능한데, 이 구문이 갖는 주요 특징 중 하나는 용언의 반복에도 불구하고 나타내는 사건이 단일 사건이라는 점이다. 즉 (7가)는 "만난 행위"가 두 번이 아니라 한 번만 이루어졌음을 나타내며 (7나)도 "먹은 행위"가 두 번이

21) 용언 반복 구문과 관련된 논의는 12장 5절 참고.

아니라 한 번임을 의미한다. 이런 점은 (7)과 유사한 다음 문장의 해석과 대비된다.

(8) 가. 철수가 영미를 만나고 또 만났다.
나. 철수가 점심을 먹고 또 먹었다.

즉 (8)에서도 동일한 용언이 반복되었는데 이 경우는 "만난 행위" 및 "먹은 행위"가 각각 두 번 일어났음을 의미한다. 중요한 점은 한국어 모어 화자라면 (7)과 (8)의 이런 대비를 누구나 알고 있는데, 이런 대비가 학습에 의해 알게 된 것이 아니라는 점이다.

또한 다음과 같은 용언 반복 구문을 부정한 사례도 모어 습득이 자극만으로는 부족함을 보여준다.

(9) 가. 철수가 영미를 안 만났다.
나. 철수가 영미를 안 만나기는 안 만났다.
다. *철수가 영미를 만나기는 안 만났다.
라. *철수가 영미를 안 만나기는 만났다.

(9가)는 한국어 부정문의 일반적 양상을 보여준다. 즉 긍정문 서술어 앞에 부정어 '안'이 하나만 놓이면 된다. 그러나 (9나~라)에서 보듯이 용언 반복 구문의 부정의 양상은 이와 다르다. 즉 부정어 '안'이 하나만 있는 문장인 (9다, 라)는 안 좋은데 반해, 부정어 '안'이 반복되는 용언 각각에 놓인 (9나)는 좋다. 용언 반복 구문의 부정문이 보이는 이런 양상은 한국어 모어 화자라면 누구나 알고 있는 것인데, 문제는 (9다, 라)가 나쁘고 용언 반복 구문을 부정할 경우에는 (9나)와 같이 해야 한다는 것이 외부 자극 혹은 학습을 통해서 알게 된 것이 아니라는 점이다.

자극의 빈곤을 보여주는 한 사례로 용언 반복 구문의 경우를 들었으나,

이런 자극의 빈곤이 모어 습득의 일반적 양상임은 다음 두 가지 면에서도 확인할 수 있다. 첫째, 모어 습득이 대부분의 경우 5~6세에 완성되는데, 생후 5~6년 사이 어린아이에게 주어지는 언어 자극의 성격 및 양이 모어 화자의 언어 지식의 성격 및 양과 같지 않다. 한국어 모어 화자의 언어 지식의 대강이 여러 한국어 문법서에 수록되어 있다고 할 수 있는데, 5~6세의 어린아이가 이런 내용을 학습했다고 볼 수 없는 것이다.

둘째, 모어 습득에서의 자극의 빈곤은 자극 혹은 학습이 외국어 학습에 기여하는 성격과 모어 습득에 기여하는 성격을 비교해 보면 좀 더 확실해진다. 모어 습득과 달리 외국어 학습은 학습의 양과 내용이 좀처럼 외국어 지식으로 이어지지 않는 것이 일반적인데,[22] 이에 반해 모어 습득은 자극의 내용과 양이 외국어 학습 상황에 비해 부족하고 체계적이지 않음에도 불구하고 아주 쉽고 신속하게 그리고 무의식적으로 이루어진다.

이와 같이 외부 자극의 빈곤에도 불구하고 인간은 모두가 하나 이상의 언어를 습득하게 되는데 생성 문법은 빈곤한 자극과 습득 사이의 간극을 선천적 언어 능력, 즉 보편 문법이 메꾼다고 본다. 이 점이 선천성 가설에 대한 자극의 빈곤 논증의 주요 내용이다.

1.7. 원리 및 매개변인 틀의 개요

1950년대 촘스키에 의해 생성 문법 연구가 시작된 후 여러 언어 모형이 제시되어 왔다. 이 중 영향력이 가장 큰 것이 80년대 초 ≪지배와 결속에 대한 강의≫(Chomsky, 1981)라는 책으로 정리된 "원리 및 매개변인 이론" 혹은 "지배 및 결속 이론"인데,[23] 여기서는 이 이론하의 언어 모형의

22) 학습한 것이 그대로 언어 지식으로 축적된다면 외국어 특히 영어 교육 시장이 지금과 같이 커지지는 않았을 것이다.

기본 내용 및 그 기본 특징을 간단히 소개한다.

원리 및 매개변인 이론의 가장 큰 특징은 언어 지식이 독자적 담당 영역 및 원리로 구성된 여러 모듈(module)로 구성되어 있으며, 원리들은 고정적 내용과 더불어 경험적 자료에 의해 그 값이 결정되는 변이적 내용, 즉 매개변인(paramater)으로 구성되어 있다고 보는 점이다. 원리의 고정적 내용이 보편 문법의 내용을 이룬다면 원리의 변이적 내용이 개별 문법의 내용을 결정한다고 보는 것이다. 이런 제안 하에 여러 모듈들이 설정되었는데, 연구 성과에 따라 모듈 간의 통폐합이 이루어지기도 하나, 통사부 내 대표적 모듈로는 다음을 들 수 있다. 이 책의 해당 부분도 함께 밝힌다.

> 구구조 이론(phrase structure theory): 구구조 형성 담당. 3장, 4장 참고.
> 의미역 이론(theta theory): 의미역 부여 및 논항 구조 실현 담당. 2장, 5장, 6장 참고.
> 격 이론(case theory): 격의 부여 및 실현 담당. 7장, 8장 참고.
> 결속 이론(binding theory): 명사구의 지시적 의존성(referential dependency) 담당. 9장 참고.
> 통제 이론(control theory): 공범주 PRO의 통제 양상 담당. 12장 참고.
> 이동 이론(movement theory): 문장 성분의 이동 양상 담당. 10장~12장 참고.

한편 원리 및 매개변인 이론은 각 문장이 모두 네 가지 기본 표상(representation)으로 이루어져 있다고 보며 이런 표상을 만들어내는 네 개의 독자적 층위(level)를 설정한다. 여기에 어휘부를 보태면,[24] 아래의 문

---

23) 그밖에 어휘 기능 문법(lexical functional grammar), 핵어 중심 구구조 문법(head-driven phrase structure grammar) 등도 있다. 이에 대한 간단한 소개는 박병수 외(1999:2부, 3부), Müller(2016) 등 참고. 김종복(2004)는 핵어 중심 구구조 문법에 기초해 한국어 문법을 다루었다. 한편 생성 문법의 탄생 과정에 대해서는 Tomalin(2006)을 참고하고, 이후 생성 문법의 변천 과정에 대한 논의는 Newmeyer(1986), Hornstein 외(2005) 등 참고.

24) 어휘부는 문장의 형성 혹은 생성에 참여하는 개별 어휘들의 저장소라고 할 수 있다. 즉

법 모형이 나타난다.

(10)

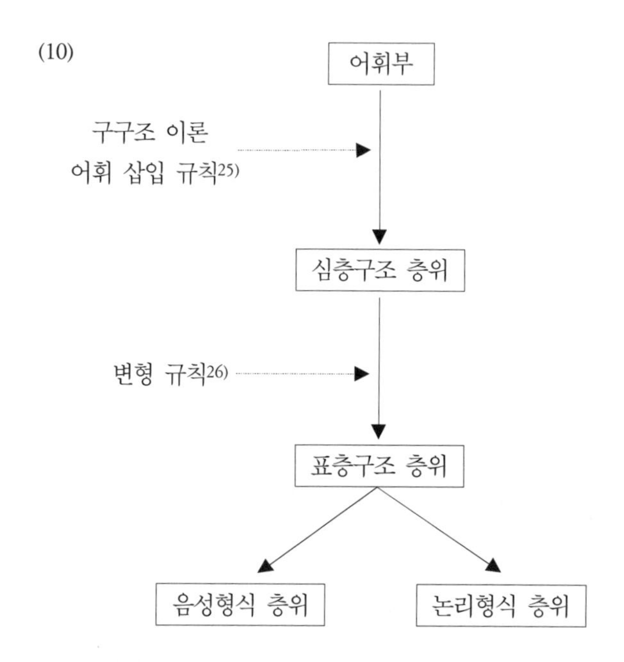

예측 불가능한 성격을 갖는 모든 어휘들의 집합이다. 어휘부의 성격에 대한 보다 더 자세한 논의는 2장 참고.

25) 실제 언어 표현은 구구조 이론에 의해 형성된 구구조에 개별 어휘가 도입되어야 한다. 이에 구구조에 어휘를 도입하는 어휘 삽입 규칙을 따로 둔다. 한편 최소주의에서는 어휘 도입과 구구조 형성이 함께 이루어지는 것으로 본다. 구구조 이론과 어휘 삽입 규칙을 통합한 셈이다.

26) 변형 규칙은 이동(movement), 삽입(insertion), 삭제(deletion), 이 세 가지 종류로 나뉜다. 이동은 10장과 11장, 삽입은 5장 2절, 삭제는 12장 참고. 한편 (10)에 표시하지는 않았지만 변형 규칙은 표층구조 층위와 논리형식 층위 사이에도 있을 수 있으며(10장 참고), 표층구조 층위와 음성형식 층위 사이에도 있을 수 있다(Zubizarreta 1998 참고). 앞의 변형 규칙은 소리로는 반영되지 않으면서 통사구조적, 논리적 의미에는 영향을 미치는 변형 규칙이고, 뒤의 변형 규칙은 통사구조적, 논리적 의미에는 영향을 미치지 않으면서 소리에는 영향을 미치는 변형 규칙이다.

원리 및 매개변인 이론 하에서 각 층위는 독자성을 갖는 것으로 알려져 있는데, 최소주의적 시각 하에서는 심층구조 층위와 표층구조 층위의 독자성이 의심받고 있는 실정이다. 다시 말해 최소주의에서는 심층구조와 표층구조를 구분하지 않는 입장을 취한다. 그러나 논의를 위해서는 일단 각 층위의 성격 및 특징이 무엇인가를 정확히 이해하는 것이 중요한데, 다음이 그 기본적 내용이다(Hornstein 외 2005:2장 참고).

심층구조 층위: 어휘부에서 선택된 개별 어휘들이 구구조 이론에 의해 생성된 구조에 삽입되어 이루어지는 심층구조 표상을 만들어내는 층위. 문장의 심층구조 층위는 다음 두 가지 특징을 갖는 것으로 알려져 있다.

(11) 가. 기능적 특징: 문장의 도출(derivation)이 시작되는 층위. 즉 구구조 이론과 어휘 삽입 규칙의 적용이 끝나고 표층구조 생성을 위한 변형 규칙이 적용되는 층위

나. 내용적 특징: 의미역 정보와 문법 기능 간의 일대일 대응이 보장되는 층위. 즉 의미상 주어는 문법적 주어에 대응되고, 의미상 목적어는 문법적 목적어에 대응된다.

표층구조 층위: 심층구조 층위에서 생성된 심층구조 표상에 외현적(overt) 변형 규칙이 적용되어 나온 층위. 이런 표층구조 층위의 주요 특징은 다음과 같다.

(12) 가. 기능적 특징: 문장의 음성적 정보와 해석적 정보가 갈리는 층위. 음성적 정보는 음성형식 층위로 보내지고 해석적 정보는 논리형식 층위로 보내진다.

나. 내용적 특징: 원리 및 매개변인 이론 하의 다음과 같은 사항들이 충족되는 층위. 격이 부여되는 층위, 일부 결속 이론이 적용되는 층위, 이동의 외현성 여부에 의해 언어 간의 변이가 포착되는 층위.

음성형식 층위: 문장의 발음을 위한 정보가 담겨져 있는 층위. 발음 및 지각을 담당하는 인지 기제인 조음-감지 체계와 접촉한다.

논리형식 층위: 문장의 해석을 위한 정보가 담겨져 있는 층위. 문장의 해석 및 이해를 담당하는 인지 기제인 개념-의도 체계와 접촉한다. 또한 일부 결속 이론이 적용되는 층위.

각 층위의 설명에서 보듯이 개별 모듈의 원리가 적용되는 층위가 서로 다를 수도 있는데, 원리 및 매개변인 이론에서 모든 층위에 적용되는 원리로 아래와 같은 투사 원리가 제시된 바 있다.

(13) 투사 원리(projection principle)
통사 표상은 반드시 어휘부로부터 투사되어야 한다. 즉 의미역과 같은 어휘 정보는 통사적으로 표상되어야 한다.[27)]

어휘 정보는 심층구조 층위에서는 심층구조 층위의 규정에 의해 준수된다. 심층구조 표상에 변형 규칙이 적용되어 표층구조 표상이 형성되고 표층구조 표상에 다시 변형 규칙이 적용되어 논리형식 표상이 형성되는데, 투사 원리는 표층구조 표상과 논리형식 표상에서도 어휘의 기본 정보가 그대로 유지되어야 함을 말한다. 예를 들어 투사 원리에 의하면 이동 규칙이 적용되어도 심층구조 표상의 구조가 훼손되어서는 안 되는바, 이는 이른바 흔적(trace) 설정의 동기가 되고 있다.

한편 (13)의 투사 원리를 보완하는 원리로 표층구조 층위에서 적용되는 (14)와 같은 내용의 확대 투사 원리도 제시되어 왔다.

27) 자세한 내용은 Chomsky(1981:29, 1982:8, 1986:84) 및 이 책의 2장, 5장 참고

(14) 확대 투사 원리(extended projection principle)[28)]
모든 문장에는 주어가 있어야 한다.

확대 투사 원리는 경험적으로 다음과 같은 문장을 설명하기 위해 제시된 원리이다.

(15) 가. The burglary surprised John.
나. That the pig had been stolen surprised John.
다. It surprised John that the pig had been stolen.
라. *Surprised John that the pig had been stolen.

(15가, 나)는 영어 'surprise'가 의미적으로 두 개의 논항을 요구하며, 그 중 하나가 문법적 주어로 실현될 수 있음을 보여준다. 반면에 (15다)는 두 논항 모두 문법적 목적어로 실현될 수도 있음을 보여주는데, 이 경우 (15다)와 (15라)의 대조에서 알 수 있듯이 문법적 주어 자리는 반드시 채워져야 한다. 확대 투사 원리는 바로 이를 보장하기 위한 원리로서 문법적 주어가 어휘적 정보와 무관하다는 점에서 일종의 작위적 규정(stipulation)인 셈이다.

1.8. 마무리

이상 원리 및 매개변인 이론의 기본 내용 및 언어 모형을 간단히 살펴보았다. 이 책은 한국어 생성 문법에 대한 기존 연구들의 성과를 토대로 이런 원리 및 매개변인 이론이 한국어 연구에 어떻게 적용될 수 있는가 그리고 더 나아가 한국어의 생성 문법적 연구가 원리 및 매개변인 이론에

28) 자세한 내용은 Chomsky(1981:27, 1982:8, 1986:116) 및 이 책의 5장 참고.

어떤 기여를 할 수 있는가를 각 모듈 별로 소개하고 있다. 독자들은 각 장에서 논의되는 구체적 자료를 통해 각 모듈들이 하는 역할이 무엇인지를 좀 더 상세히 파악할 수 있을 것이다. 그리고 더 나아가 한국어의 어떤 면이 보편적 특성에 해당하고 어떤 면이 한국어의 개별적 특성에 해당하는지를 파악할 수 있으리라 본다.

2장_어휘부

통사론은 언어 단위인 문장이 어떻게 생성되고 그 구조적 특성이 무엇인지를 해명하는 것을 임무로 한다. 이를 위해서는 문장을 구성하는 기본 단위가 무엇인지를 아는 것이 중요할 터인데, 문장을 구성하는 기본 단위는 대부분의 독자들이 알고 있다시피 단어이다. 단어가 문장을 구성하는 기본 단위라고 했을 때 한 가지 떠오르는 질문은 "단어는 어디에서 오는 것인가?"이다.

우리가 일상생활에서 모르는 단어를 만나면 우선적으로 찾아보는 것이 아마도 사전(dictionary)일 것이다. 수만 개의 단어를 표제어로 삼는 책상용 사전에서부터 수십만 개의 표제어를 가진 큰 사전에 이르기까지 우리는 이러저러한 사전들을 찾아서 단어의 뜻이나 용례를 파악한다. 그러니 사전은 한 언어의 단어들을 모아놓은 일종의 단어 창고라고 할 수 있다. 생성 문법에서 중요하게 가정하는 것 중 하나는 우리의 머릿속에 일종의 사전이 내장되어 있다고 하는 것이다. 우리는 이 사전을 (정신적) 어휘부((mental) lexicon)라고 부른다. 이 어휘부에는 우리가 보아 온 사전들과 마찬가지로 단어들이 저장되어 있겠으나 표제어가 되는 단어들에 대한 정보는 사전과 사뭇 다르다. 이 장에서는 어휘부가 단어들에 대해 어떤 정보들을 담고 있는지를 살펴보고자 한다.

2.1. 단어와 구

독자들은 아마도 명사, 형용사, 동사, 부사 등과 같은 용어를 익히 들은 바 있을 것이다. 그리고 독자들에게 한국어 문장을 하나 보여주면서 각 성분들의 품사(parts of speech)를 말해보라고 한다면 아마 어렵사리 말할 수 있을 것이다. 그런데 여러분들이 알고 있는 품사를 가르는 기준은 무엇인가? 그것은 아마도 다음과 같을 것이다.

(1) 가. 동사는 행위를 나타내는 말이다. 가다, 오다, 먹다, 사다 등.
 나. 형용사는 상태를 나타내는 말이다. 예쁘다, 아프다, 건강하다 등.
 다. 명사는 실체를 나타내는 말이다. 책상, 의자, 산, 홍길동 등.
 라. 부사는 양식이나 정도를 나타내는 말이다. 아주, 많이, 매우, 빨리 등.

물론 한국어에는 이외에도 더 많은 품사가 존재하지만 위의 정의만을 놓고 논의를 해 보자. 위의 정의들은 의미론적인 기준을 통해 품사를 분류하고 있다. 우리는 이런 의미론에 바탕을 둔 정의를 개념적인 기준(notional criterion)에 의거한 정의라고 부른다. 그런데 이런 개념적인 정의는 불합리하다. 예를 들어서 '줄넘기'라는 말은 행위를 가리키는 것이지만 품사는 동사가 아니라 명사이다. '빠르다'는 정도를 나타내는 말이지만 품사는 부사가 아니라 형용사이다. '행복'이라는 말은 상태를 가리키는 말이지만 품사는 형용사가 아니라 명사이다. '알다'라는 말은 상태를 가리키는 말이지만 품사는 동사이다. 따라서 우리는 지금까지 알고 있던 개념적인 정의를 믿을 수 없다.

독자들은 중고등학교 시절 위와 같은 정의를 통해서 품사를 익혔겠지만 실제로 시험 문제에 품사를 다루는 문제가 나올 때 그 문제를 풀 수 있는 다음과 같은 요령을 익혔을 것이다.

(2) 가. 동사와 형용사는 활용(cojugation)을 하므로 용언이라 칭한다.
나. 동사에는 비과거형 어미 '-ㄴ/는-'을 붙일 수 있지만 형용사에는 붙일 수 없다.
다. 동사에는 명령형 어미 '-아라/어라'를 붙일 수 있지만 형용사에는 붙일 수 없다.
라. 동사에는 관형형 어미 '-는'을 붙일 수 있지만 형용사에는 붙일 수 없다.

(1)과 같은 품사의 정의가 존재함에도 불구하고 (2)와 같은 기준을 통해서 품사를 구별한다는 것은 그만큼 (1)의 정의가 불합리하다는 것을 방증하는 것이기도 하다. 또한 (2)의 기준으로 동사와 형용사를 구분하면 정확하게 문제를 풀 수 있었던 기억이 여러분들에게는 있을 것이다. (2)의 기준은 형태론적인 특징을 바탕으로 기술되어 있지만, 본질적으로 형태소와 형태소의 결합을 고려한 것이기 때문에 분포적인 기준(distributional criterion)에 의거하고 있다. 우리는 이처럼 구성 성분들의 결합 관계에 의거한 정의를 형식적인 기준(formal criterion)에 의거한 정의 혹은 분포적인 기준에 의한 정의라고 부른다. 이런 분포적인 정의에 따른다면 우리가 체언이라고 부르는 명사, 수사, 대명사는 같은 분포를 보이기 때문에 하나의 부류로 통합되어야 한다. "품사(parts of speech)"라는 말이 개념적인 정의에 의거한 언어 요소들의 분류이기 때문에 우리는 "범주(category)"라는 용어를 사용하게 될 것인데, 언어 요소들이 문장 속에서 어떤 분포를 보이는가에 따라서 나뉘는 범주를 "통사 범주(syntactic category)"라고 부른다. 한국어에 존재하는 통사 범주들은 다음과 같다.[1)]

---

1) 학교문법의 맥락에서는 (3나)와 (3다)의 동사·형용사들을 이른바 기본형인 '어간+-다'

(3) 가. 명사(noun): 철수, 의자, 사과, 너, 나, 자기, 무엇, 누구, 하나, 둘 등
나. 동사(verb): 앉-, 서-, 가-, 오-, 먹-, 때리- 등
다. 형용사(adjective): 예쁘-, 많-, 빠르-, 느리-, 싫-, 좋- 등
라. 부사(adverb): 많이, 천천히, 매우, 몹시, 잘, 그리고, 그러나 등
마. 관형사(adnominal): 새, 헌, 이, 그, 저, 한, 두, 세, 몇, 어느 등
바. 조사(particle): -이/가, -을/를, -의, -은/는, -도, -만, -에/에게/한테 등
사. 굴절소(inflection): -으시-, -았/었-, -겠-, -더-, -ㄴ/는- 등
아. 보문소(complementizer): -고, -아서/어서, -아/어, -으니까, -다 등

위에 예시된 범주 명칭들 중 "명사, 동사, 형용사, 부사, 관형사, 조사" 등은 학교문법에 익숙한 사람들에게는 그리 낯설지 않을 것이다. 그런데 "굴절소"와 "보문소"는 학교문법에 익숙한 사람들에게는 다소 생소한 명칭일 수 있다. 하지만 굴절소와 보문소에 속하는 것으로 소개된 요소들을 보면 이들이 학교문법에서 "어미"라고 통칭되는 요소들임을 알 수 있다. 주지하다시피 우리 학교문법은 어미들에 단어로서의 지위를 부여하지 않는다. 그런데 (3)에 어미들이 굴절소와 보문소라는 통사 범주에 속하는 요소들로 도입됐다는 것은 이들이 명사, 동사, 형용사 등의 단어들과 같은 지위를 갖고 있다는 것을 뜻한다. 물론 "최소의 자립 형식"이라는 전통적인 단어의 정의에 의하면 이들이 단어가 될 수는 없다. 그리고 우리는 앞에서 단어를 문장의 기본 구성 단위라고 했다. 하지만 이는 단어만이 문장의 기본 구성 단위가 될 수 있다는 말이 아니다. 문장을 구성하는 요소들이 반드시 "최소의 자립 형식"이어야 할 이유는 없다. 어떤 요소들이 개별적으로 문장의 구성에 기여하고 역할을 행하는 바가 있다면 우리는 적극적으로 이들을 문장의 기본 구성 단위로서 통사적 범주를 이루는 것

방식으로 표기하는 것이 상례지만(앉다, 예쁘다 등), 이 책에서는 주로 '어간' 방식으로 표기할 것이다(앉-, 예쁘- 등). 이는 이 책이 어미 요소들을 독립적인 통사 요소로 보고 있기 때문이다. 물론 엄격한 구분이 필요 없는 경우에는 기존의 기본형 방식으로 표기하기도 한다. 한편 어미와 조사의 통사적 성격에 대해서는 이 장의 6절 참고.

으로 보아야 한다. 우리는 이 장의 마지막 절에서 조사와 어미가 문장을 구성하는 통사론적 단위가 될 수 있음을 보게 될 것인바, 그 절에서 이에 대한 논의를 정리하겠다.

우리의 논의를 이어가기 전에 한 가지 지적하고 넘어가야 할 점은, 조사와 굴절소, 보문소에 단어와 같은 문장 기본 구성 단위의 지위를 준다는 것이 이들을 명사, 동사, 부사 등과 같은 단어와 같은 요소들로 취급한다는 것은 아니라는 점이다. 예를 들어 '의자, 사과' 등의 명사들은 의미 내용이 매우 구체적이며 그 지시물이 분명하고, '앉-, 서-' 등의 동사도, '예쁘-, 많-' 등의 형용사도 우리가 쉽게 설명할 수 있는 의미 내용을 갖고 있다. 즉 우리는 이런 어휘 요소들의 의미 내용을 구체적으로 알고 있다고 할 수 있다. 그러나 우리는 주격 조사 '-이/가'의 의미 내용이 무엇이냐고 했을 때 딱히 답을 하기가 어렵다는 것을 또한 알고 있다. 우리는 이런 요소들을 구체적인 의미 내용으로 식별하기보다는 이들이 문장에서 어떤 기능을 하는지에 따라 식별한다. 예를 들어 학교문법에서 주격 조사 '-이/가'는 대략 "주어 명사구와 결합해서 해당 명사구가 주어임을 보여주는 요소"라는 식으로 소개된다. 우리가 이들의 기능에 주목하는 이유는 이들의 의미 내용이 매우 불확실하고 그 기능이 두드러지기 때문이다. 이러한 특징은 조사들뿐만 아니라 어미들의 경우에도 마찬가지이다. 예를 들어 굴절소인 선어말 어미 '-으시-'는 그 자체의 의미 내용보다는 대략 "용언 어간에 결합되어 해당 문장의 주어를 높이는 역할을 하는 요소"로 소개된다. 이런 맥락에서 언어학은 조사, 어미 같은 요소들을 전통적으로 "기능 범주(functional category)"라는 명칭으로 묶고, 명사, 동사처럼 그 의미 내용이 구체적인 요소들을 "어휘 범주(lexical category)"라는 명칭으로 묶어서 구별해 왔다.[2] 우리도 이런 전통적인 구분을 채택할 것이다.

2) 최근의 신경 언어학, 뇌 언어학적 연구에서는 이들이 저장되는 뇌의 부위에도 차이가 있다는 점이 밝혀지고 있어서 신경 생리학적으로도 이들 범주들은 구별된다고 할 수 있다.

독자들은 명사, 형용사, 동사, 부사 따위의 범주 명칭에 더해서 명사구, 형용사구, 동사구, 부사구 따위의 명칭도 들어 보았을 것이다. 이들은 단어 층위의 범주들이 적절한 보충어나 수식어들과 결합하여 이루어진 더 큰 통사적 단위를 뜻한다. 이들이 각각 명사구, 형용사구, 동사구, 부사구라고 불리는 이유가 무엇일까? 그것은 이들이 명사, 형용사, 동사, 부사를 가장 필수적인 요소로 요구하기 때문이다. 만약 명사구에 명사에 해당하는 성분이 없고, 동사구에 동사에 해당하는 성분이 없다면 그것이 명사구가 되고 동사구가 될 수 있을까? 결코 그럴 수 없다. 이와 같이 어떤 구를 이루는 데 필수적이고 핵심적인 역할을 하는 요소를 우리는 머리 성분 혹은 핵(head)이라고 부른다. 즉, 명사구는 명사를 핵으로 하는 구 범주(phrasal category)이고, 동사구는 동사를, 형용사구는 형용사를 핵으로 하는 구 범주인 것이다.

이와 같이 단어는 문장을 구성할 때 다른 단어들과 더 큰 단위를 만들어 가면서 문장의 부속품 역할을 한다. 그렇다면 문장을 구성할 때 가장 핵심적인 역할을 하는 단어는 무엇일까? 우리는 그러한 단어를 "서술어"라는 명칭으로 부르는데,[3] 한국어에서는 동사와 형용사가 서술어 역할을 하는 것이 일반적이다.[4] 이제 서술어를 중심으로 어떻게 문장이 구성되는지를 살펴봄으로써 서술어와 이외의 성분들이 어떻게 상호작용하는지를 이해해 보자.

또한 이후의 관련 장들에서 볼 수 있다시피, 격 부여, 의문사 인허 등에 있어서 기능 범주들은 어휘범주들과 구별되는 능력을 발휘하기 때문에 이 두 범주의 구분은 매우 중요하다고 할 수 있겠다.

3) "서술어(predicate)"는 논리학에서 전해진 용어로서 "술어"라고도 한다.

4) 물론 '철수는 천재이다'와 같이 명사가 서술어 역할을 하는 경우도 있다.

2.2. 논항과 서술어

아래의 문장들을 고려해 보자.

(4) 가. 철수는 순희를 [열렬히] 사랑한다.
  나. 순희는 [잠시] 먼산을 보았다.
  다. 순자는 [그 식당에서] 밥을 먹었다.

(4)에서 대괄호로 묶여진 성분들은 전통 문법에서 부사어로 불리는 요소들이다. 그런데 이런 부사어들은 대개 문장을 구성하는 데 필수적으로 참가하는 성분들은 아니어서 (4)의 문장들에서 이 구성 성분들을 삭제한다고 해도, 비록 의미는 달라질지 모르지만 (4)의 문법성에는 전혀 지장이 없다.

(5) 가. 철수는 [순희를] 사랑한다.
  나. 순희는 [먼산을] 보았다.
  다. 순자는 [밥을] 먹었다.

(5)에서 대괄호로 묶여진 성분들을 우리는 흔히 "목적어"라고 부른다. 만약 (5)의 이 목적어들을 삭제한다면 이 문장들의 문법성은 어떻게 될까?

(6) 가. *철수는 사랑한다.
  나. *순희는 보았다.
  다. *순자는 먹었다.

(4)의 부사어들과는 달리 (5)의 목적어들은 실현되지 않을 경우 그 문장의 문법성을 현저히 떨어뜨려 해당 문장이 비문법적인 문장이 되어 버린

다.[5] 이것은 이런 목적어들이 (5)와 같은 문장을 만드는 데 반드시 있어야 할 필수적인 성분(obligatory constituent)이라는 것을 의미한다.

그런데 (4)만을 가지고 한국어의 문장들이 꼭 하나의 목적어만 취하리라고 생각하는 것은 성급한 판단이다. 아래의 문장들을 고려해 보자.

(7) 가. 그 아이가 웃는다.
나. 큰 비가 내린다.
다. 온 몸이 아프다.

(8) 가. 외삼촌이 나에게 벼루를 주었다.
나. 우리는 그 사람으로 대표를 삼았다.

만일 (7)의 문장에 목적어에 해당하는 성분을 넣고, (8)의 문장에서 간접 목적어나 직접 목적어 중 하나를 뺀다면 그 결과는 어떻게 될까?

(9) 가. *그 아이가 그 집을 웃는다.
나. *큰 비가 옛 친구를 내린다.
다. *온 몸이 새 신을 아프다.

(10) 가. *외삼촌이 나에게 주었다.
나. *우리는 그 사람으로 삼았다.

(11) 가. *외삼촌이 벼루를 주었다.
나. *우리는 대표를 삼았다.

5) 독자들은 아마도 (6)의 문장이 전혀 비문법적이지 않다고 느낄지도 모른다. 물론 (6)의 문장이 문 조각(sentence fragment)으로 쓰인다거나, 담화 상 이해되는 목적어가 있다면 비문법적이지는 않다. 하지만 지금 우리는 이런 담화 상황을 배제한 중립적인 상황을 가정하고 있다.

(9)~(11)에서 보듯이 그 결과는 (6)에서와 마찬가지로 비문법적인 문장의 출현이다. 전통 문법에서는 (5)~(11)의 문장들이 보여 주는 문법성에 근거하여 몇 개의 목적어를 취하느냐에 따라 동사를 세 부류로 분류하였다. 그것은 곧 자동사(intransitive verb), 타동사(transitive verb) 그리고 이중 타동사(ditransitive verb)이다.[6] 자동사란 목적어를 하나도 취하지 않는 동사를 가리키고, 타동사는 목적어를 하나 취하는 동사를, 이중 타동사는 목적어를 둘 취하는 동사를 가리킨다. 이 분류에 따라 (5)~(11)에 등장하는 동사들을 분류하면 다음과 같다.[7]

(12) 가. 아프다: 자동사
나. 사랑하다: 타동사
다. 보다: 타동사
라. 웃다: 자동사
마. 내리다: 자동사
바. 먹다: 타동사
사. 주다: 이중 타동사
아. 삼다: 이중 타동사

우리는 앞으로 동사구 안에서 동사와 직접 관련을 맺는 필수적인 성분들을 보충어(complement)라고 부를 것이며, 수의적인 부사어나 관형어 따위의 필수적이지 않은 성분들을 부가어(adjunct)라고 불러 구분할 것이다.

그런데 이런 식의 분류는 동사의 의미를 따지지 않고 동사와 직접 관련을 맺는 성분의 개수만을 고려한 분류이다. 만약 필수 성분으로서의 출현을 따진다면 위에서 우리가 관찰한 문장들의 주어들도 목적어들과 동일

6) 최현배(1937)의 영향으로 인해 (8)의 이중 타동사들의 목적어들 중 간접 목적어들은 필수적인 부사어로도 불린다. 하지만 우리는 이를 간접 목적어로 칭하겠다.
7) 이들 중에서 '아프다'는 동사가 아니라 형용사이지만, 편의상 동사에 편입해서 기술하도록 하자.

하게 필수 성분으로 인정해야 할 것이다.

(13) 가. *웃는다.
나. *내린다.
다. *아프다.

(14) 가. *순희를 사랑한다.
나. *먼산을 보았다.
다. *밥을 먹었다.

(15) 가. *나에게 벼루를 주었다.
나. *그 사람으로 대표를 삼았다.

한 명제(proposition)의 진리 가치(truth value)만을 문제 삼아 그것을 형식적인 표상으로 기술하려 했던 형식 논리학의 논의에 따르면 (5가), 즉 (16가)와 같은 문장은 다음과 같이 기술할 수 있다.

(16) 가. 철수는 순희를 사랑한다.
나. L(c, s)
여기서 L = 사랑하다, c = 철수, s = 순희.

(16가)에는 두 개의 명사구 '철수'와 '순희'가 있는데 이들은 담화 상에서 우리가 언급하고 있는 어떤 존재물을 가리키는 "지시적 표현(referring expression)"이다. 이 문장에는 역시 서술어인 '사랑하다'도 등장하는데, 서술어는 존재물을 가리키는 것이 아니라 이 문장에 등장하는 두 존재물, 즉 두 지시적 표현의 관계를 결정해 주는 역할을 한다. 형식 논리학에서는 (16나)의 함수 표시로 (16가)와 같은 문장을 표상해 주는데, 함수(function) L을 "서술어(predicate)"라 부르고 이 함수 관계에 참여하는 요소를

"논항(argument)"이라고 부른다. 이런 논리학적 개념에 따르면 '사랑하다'와 같은 동사는 의미적 완결성을 위해서 두 개의 논항을 필수적으로 취하기 때문에 두 자리 서술어(two place predicate)라고 불린다. 이제 이 개념을 (5)~(11)에 등장하는 동사들에 적용하면 우리는 이 동사들을 다음과 같이 분류할 수 있을 것이다.

(17) 가. 한 자리 서술어(one place predicate): 웃다, 내리다, 아프다
나. 두 자리 서술어(two place predicate): 사랑하다, 보다, 먹다
다. 세 자리 서술어(three place predicate): 주다, 삼다

그런데 우리는 주어가 필수적으로 등장하는 성분이라고 해서 이를 목적어와 마찬가지로 보충어(complement)라고 부르지는 않을 것인데, 그 이유는 목적어만이 동사와 결합해서 동사구를 구성하기 때문이다. 단, 주어와 목적어를 논항이라는 개념으로 구분할 때는 목적어가 동사구 내부에 존재하는 논항이라고 해서 "내부 논항(internal argument)"이라고 부르고 주어는 동사구 바깥에 존재하는 논항이라고 해서 "외부 논항(external argument)"이라고 부른다. 지금까지 등장한 개념들의 관계를 대강 정리하면 다음과 같다.[8)]

(18) 가. 서술어 = 동사, 형용사
나. 목적어 = 보충어 = 내부 논항 = 동사구 안에 등장하는 논항
다. 주어 = 외부 논항 = 동사구 밖에 등장하는 논항

8) 굳이 '대강'이라는 말을 쓴 것은 (18)의 정리가 정확한 것은 아니기 때문이다. 예를 들어 '철수는 바보이다'와 같은 문장에서 실질적으로 서술어 역할을 하는 것은 '바보'이지 '-이다'가 아니지만 우리는 누구도 '바보'를 동사라고 부르지는 않는다. 논항과 술어의 관계에 대한 자세한 논의는 5장과 6장 참고.

2.3. 어휘 정보와 어휘부

현재 우리의 논의의 기저가 되는 생성 문법에서는 다른 문법의 부문, 예를 들어서 음운론이나 의미론이 통사론을 중심으로 연결되어 있다(1장의 (10) 참고). 만약 음운론, 의미론과 같은 해석적인 문법 부문의 역할이 통사론을 통해서 주어진 언어 표현을 해석하는 것이라면, 우리는 어휘 항목을 통사부에 도입할 때 이런 해석적인 문법 부문들에서 충분히 해석할 만큼의 정보를 어휘 항목에 부여할 수 있어야 한다. 예를 들어서 '철수'라는 어휘 항목이 통사부에 도입되려면 적어도 '철수'라는 언어 단위가 어떻게 발음되는가를 알 수 있는 정보도 이 어휘 항목에 포함시켜야 한다. 그런데 '철수'의 발음 정보란 곧 이 어휘 항목이 가지는 변별적 자질(distinctive feature)의 덩어리이다. 논의의 편의를 위해서 음소 기호를 이용해서 이를 간단히 표기해 보자.

(19) /tʃʰəlsu/

우리는 적어도 '철수'에 대해서 (19)와 같은 정보를 기본적으로 알고 있어야 한다. 왜냐하면 '철수'가 (19)와 같은 소리의 연쇄체로 이루어져 있다는 것은 문법의 다른 부문의 정보로부터 유추할 수 있는 것이 아니기 때문이다. 예를 들어서 어떠한 통사론의 규칙도 (19)와 같은 음소의 연쇄체를 만들 수 없고 또한 (19)와 같은 연쇄체가 만들어지리라는 것을 예측할 수도 없다. 즉, 한 어휘 항목의 음운론적 정보는 그 어휘 항목에 본유적으로 포함되어 있는 정보로 인정해야 한다.

한 어휘 항목에 본유적으로 포함되는 정보에는 이런 음운론적 정보나 통사 범주와 같은 통사론적 정보만 있는 것이 아니다. 예를 들어 우리는 '소년'이라는 어휘 항목이 "동물 중에서 사람에 속하는 나이 어린 남성"

을 가리키는 말이라는 것을 알고 있다. 그런데 이런 어휘적 의미도 또한 문법 체계의 다른 부문이나 규칙으로부터 예측할 수 있는 것이 아니다. 따라서 '소년'이 가지고 있는 이러한 의미도 어휘 항목의 본유적 정보로서 포함시켜야 한다. 그런데 이런 어휘 항목의 의미적 정보도 몇 개의 의미소(sememe)를 통해 자질로 표시할 수가 있는데, 이런 의미 자질은 음운론의 변별적 자질과 같은 지위를 가진다. 따라서 소년이라는 어휘 항목의 의미 자질은 다음과 같이 나타낼 수가 있다.

(20) [+유정성, +인간, +남성, +어림 등]

이렇게 본다면, 어휘 항목이 지닌 어휘 정보란 예측할 수 없는, 그 어휘 항목만의 개별적 특성(idiosyncratic property)의 집합이라고 볼 수 있을 것이다.

하나의 서술어가 몇 개의 논항을 취하느냐 하는 것도 그 서술어의 의미에 의해서 결정되는 그 어휘만의 본유적 특성이다. 그렇다면, 우리는 논항을 취하는 어떤 서술어에 대해 그 서술어가 몇 개의 논항을 취하는가, 즉 몇 자리 서술어인가를 알 수 있도록 그것의 논항에 대한 정보 또한 포함시켜야 한다는 결론을 얻게 된다. 우리는 이런 정보를 한 서술어가 나타날 수 있는 문맥을 보여 주는 것이라는 의미에서 문맥 자질(context feature)이라고 부를 것인데, 예를 들어 '사랑하다'의 문맥 자질은 다음과 같이 표시할 수가 있다. 밑줄(__)은 '사랑하다'가 나타나는 자리를 표시한다.

(21) [NP_1 (NP_2 __)]

여기서 NP_1은 외부 논항을 가리키고 NP_2는 내부 논항을 가리키는데, 내부 논항을 소괄호로 묶음으로써 외부 논항과 구분하고 있다. 이렇게 내부 논항과 외부 논항을 구분하는 이유는 이미 앞에서도 말했다시피 보충어, 즉 목적어가 외부 논항보다는 더 밀접하게 서술어와 연관을 맺고 있어서 따로 구분할 필요가 있기 때문이다. 예를 들어 한 동사가 타동사인가 자동사인가를 결정해 주는 것은 그 동사가 어떤 목적어를 취하느냐가 결정하지 어떤 주어를 취하느냐가 결정하는 것이 아니다. 이런 의미에서 본다면 동사를 다시 자동사냐 타동사냐로 하위 구분하는 것은 (21)의 자질 표시 중에서 내부 논항과 관련된 부분이 결정한다. 그래서 문맥 자질 중에서도 내부 논항과 관련된 부분을 하위 범주화 자질(subcategorization feature)이라고 따로 구분해서 부르기도 한다. 이에 따른다면 자동사, 타동사, 이중 타동사는 다음과 같은 하위 범주화 자질로 구분될 수가 있다.

(22) 가. 자동사: [__]
나. 타동사: [NP __]
다. 이중 타동사: [NP NP __][9]

지금까지 살펴본 바에 의한다면 하나의 어휘 항목에 대해서 우리가 포함시켜야 할 본유적인 문법적 정보가 상당히 많다는 것을 알 수가 있다. 이는 아래에서 더 추가될 것인데, 어쨌든 이런 다양한 정보를 규칙을 통해서 포착한다는 것은 거의 무망한 일이다. 그러므로 우리는 이런 정보를 담아낼 수 있는 문법적 장치를 고안해야 할 것인데, 그것이 곧 어휘부(lexicon)이다. 이것은 한 언어의 화자가 그 언어를 습득하면서 획득한 단어, 형태소 등의 집합인데 우리가 흔히 쓰는 사전의 언어학적 대응물이라고 생각하면 된다. 우리가 성장하면서 어휘 지식을 머릿속에 차곡차곡 쌓아간다는 점을 고려했을 때는 이런 사전과 같은 문법적 장치는 당연히 전제되어야 하는 것이다. 우리가 방금 본, 어휘 항목의 음운론적 자질, 의미론

9) 독자들은 아마도 왜 여기서는 소괄호 표시를 하지 않느냐고 의아해할지도 모른다. 하지만 하위 범주화 자질이란 것은 내부 논항과만 관련된 자질이기 때문에 외부 논항과 내부 논항을 구분하기 위한 소괄호 표시가 나타날 필요가 없다.

적 자질, 또는 통사론적 자질은 어휘 항목의 정보로서 어휘부에 저장되는 것이다. 따라서 이 어휘부는 어휘 항목들과 그 어휘 항목들의 자질 명세의 집합들로 구성될 것인데, 우리는 이런 자질 명세의 집합을 어휘 내항(lexical entry)이라고 부른다. 아래는 위의 논의를 바탕으로 한 '사랑하-'의 어휘 내항이다.

(23)
/salaŋha/
V
[NP__]
L(x,y)

여기서 맨 위의 /salaŋha/는 '사랑하-'의 발음을 책임지는 음운 정보를 나타낸다. 물론 이론적으로는 변별적 자질들의 모둠이어야 하지만 편의상 국제음성기호로 표기했다. 두 번째 기호 'V'는 '사랑하-'의 통사 범주가 동사임을 나타낸다.[10] 세 번째 자질은 '사랑하-'가 하나의 목적어를 취하는 타동사임을 나타내는 하위범주화 자질이다. 그리고 마지막으로 논리식형으로 나타낸 것은 '사랑하-'의 의미로서, '사랑하-'가 나타내는 관계를 표현하기 위해 두 개의 논항이 필요함을 보이고 있다.

여기서 한 가지 짚고 넘어가야 할 것은 부가어를 어떻게 보아야 할 것인가 하는 점이다. 우리는 앞에서 문장 구성에서 필수적이지 않은 요소들을 부가어라고 부른다는 점을 언급한 바 있다. 다음의 문장을 살펴보자.

(24) 가. 철수는 예전에 순희를 열렬히 사랑했다.
나. 철수는 순희를 사랑했다.

10) 동사, 명사 등의 범주도 더 나아가 원자적 요소인 자질들의 뭉치로 보아야 한다는 것이 생성 문법의 입장이지만, 여기서는 다루지 않겠다.

여기서 '예전에, 열렬히'가 (24가)의 문장을 구성하는 데 필수적인 요소가 아님은 이들을 제외하고도 (24나)처럼 문법적인 문장이 성립될 수 있다는 사실로써 쉽게 증명된다. 그렇다면 이런 부가어 요소들을 일일이 '사랑하-'와 같은 서술어의 어휘 내항에 표시해야 할까? 이 의문에 대한 대답은 부정적이다. 어휘 내항에 표시될 정보들은 해당 어휘만이 갖고 있는, 문법의 다른 부문에 의해서는 설명될 수 없는 고유한 것이어야 한다. 문장 구성에서 필수 성분 이외에 부가어와 같은 요소들이 참여하는 것은 어떤 서술어의 고유한 특성이 아니며, 수식(modification)이라고 하는 일반적 문법 운용에 해당하는 것이므로 일일이 어휘 내항에 표시할 필요가 없는 것이다. 이런 의미에서 부가어는 본질적으로 수의적인 요소들일 수밖에 없다.

2.4. 의미역과 어휘 내항

(23)과 같이 표상되는, 어휘 내항의 정보는 해당 서술어가 표상하는 관계에 참여하는 요소들의 의미에 대해서는 말해 주는 바가 없다. 예를 들어 아래와 같은 문장을 보자.

(25) 가. #돌멩이가 먼지를 사랑한다.[11]
　　나. 사내가 처녀를 사랑한다.

(25가)는 문법적으로 잘못되었다고 말할 수는 없어도 의미적으로는 매우 이상한 문장이다. '사랑하-'라는 서술어의 주어는 사랑할 수 있는 능력

11) 1장의 각주 17)에서 언급했듯이 '#'(hash) 기호는 해당 문장이 의미적으로 비정상적일 경우 사용한다.

이 있어야 하는데 '돌멩이'는 그러한 능력이 없는 사물이기 때문이다. 그래서 사랑이라는 감정을 느낄 수 있는 '사내'가 주어로 나선 (25나)는 자연스러운 문장이 되는 것이다. 이처럼 어떤 서술어가 특정한 의미적 특징을 가지는 요소를 논항으로 요구하는 것을 선택 제약(selectional restriction)이라고 부른다. 그렇다면 이것을 문법이 포착할 수 있을까? 만일 포착한다면 어떻게 표상할 수 있을까? 사실 이른 시기의 생성 문법에서는 선택 제약을 포착할 수 있고 또한 어휘 내항에 표상할 수 있다고 생각했다. 어휘들의 의미가 의미소로 이루어져 있다고 본다면, 서술어의 성질에 따라 필요한 특정한 의미 자질만을 해당 논항들에 연결하면 되는 것이다. 즉 의미소를 이용해서 선택 제약을 포착하고 그것을 어휘 내항의 논항에 연결하여 표상하는 것이다. 이에 따르면 '사랑하-'는 아래와 같이 표상될 수 있을 것이다.

(26)
/salaŋha/
V
[NP__]
L(x[+유정성], y[…])

그런데 후에 생성 문법에서는 선택 제약을 더 이상 어휘 내항에 표상하려 하지 않는다. 그것은 의미역 이론이 발달하면서 선택 제약을 어휘 내항에 표상할 필요가 없어졌기 때문이다. 그렇다면 의미역이란 무엇인가?

"의미역(thematic role, Θ-role)" 개념을 이해하는 데에는 Haegeman(1994)의 은유가 유용하다. Haegeman(1994)에 따르면 어떤 문장의 서술어는 연극의 대본에 해당한다. 이 대본 안에는 등장인물들이 결정되어 있고 그들이 맡은 역할들이 정의되어 있을 것이다. 논항들은 대본에 결정되어 있는 등장인물을 가리키고 의미역은 그것들의 역할을 가리킨다(Haegeman 1994:44 참고). 언어학자들의 연구에 따르면, 다행히도 의미역의 개수가 극히 제한되어 있으므로 그 보기들을 아래에 열거해도 충분할 정도이다.[12)]

(27) 가. 행위주(agent/actor): 서술어가 표현하는 행위를 의도적으로 행하는 존재.
나. 대상(theme/patient): 서술어가 표현하는 행위나 상태에 영향을 받는 존재.[13)]
다. 경험주(experiencer): 서술어가 표현하는 어떤 심리적 상태를 경험하는 존재.
라. 소유주(possessor): 서술어가 표현하는 소유 관계의 주체가 되는 존재.
마. 수혜자(benefactive/beneficiary): 서술어가 표현하는 행위를 통해 무언가를 얻는 존재.
바. 목표(goal): 서술어가 표현하는 행위가 지향하는 장소나 존재.
사. 시원(source): 서술어가 표현하는 행위의 출발점에 해당하는 장소나 존재.
아. 처소(location): 서술어가 표현하는 행위나 상태의 장소.

독자들의 이해를 돕기 위해서 해당 논항들이 등장하는 문장들을 아래에 예시한다.

(28) 가. 철수는^{행위주} 순희한테^{수혜자} 선물을^{대상} 줬다.
나. 바위가^{대상} 절벽에서^{시원} 떨어졌다.

---

12) 의미역의 개수는 학자에 따라 다르다. 적게는 대여섯 개에서부터 많게는 이십여 개에 이르는 차이를 보인다. 그러나 어쨌든 의미역의 개수가 한정되어 있다는 것에는 대부분의 학자들이 동의한다. 의미역에 대한 자세한 논의는 5장 및 양정석(1995), 남승호(2007), Jackendoff(1990), Levin and Rappaport-Hovav(2005) 등 참고.

13) 학자에 따라서는 대상과 피위주(patient)를 구별하기도 한다. 이들을 구별하면, 대상은 "서술어가 표현하는 행위에 의해 움직여지는 존재"로, 피위주는 "서술어가 표현하는 행위를 겪는 존재"로 정의된다. 예를 들어 '철수가 자동차를 운전했다'에서 '자동차'는 전형적인 대상역 논항이고, '철수가 순희를 때렸다'에서 '순희'는 전형적인 피위주역 논항이다. 이 책에서는 이 둘을 구별하지 않고 대상으로 통합한다.

다. 소년이[행위주] 굴렁쇠를[대상] 굴렸다.
라. 철수는[경험주] 순희를[대상] 사랑했다.
마. 철수는[소유주] 책이[대상] 많다.
바. 순희가[행위주] 방송국에[목표] 사연을[대상] 보냈다.
사. 기차가[대상] 역에[목표] 도착했다.
아. 돌쇠가[대상] 마당에[처소] 있다.

연극 대본과 같은 동사, 형용사 따위의 서술어에 의해서 의미역이 결정된다면 이 의미역도 당연히 그것들의 어휘 내항에 기록되어야 할 것이다. 그런데 서술어가 결정하는 의미역이 어휘 내항에 기록되면 선택 제약과 관련된 선택 자질은 잉여적인 것이 된다. 즉 “행위주”나 “경험주” 역할을 할 수 있는 명사는 곧 “유정물”일 테니 이 정보를 따로 기록할 필요가 없는 것이다. 어떤 서술어의 어휘 내항에 있는 의미역 정보를 흔히 의미역 격자(Θ-grid)라고 하는데, 의미역 격자를 이용하면 (26)은 아래와 같이 개정된다.

(29)
/salaŋha/
V
[NP__]
L(x[행위주], y[대상])

2.5. 어휘부와 투사 원리

앞서 우리는 어떤 서술어가 필수 성분으로서 요구하는 논항을 취하지 못하면 해당 문장이 비문법적인 문장이 됨을 보았다. 아래에 다시 몇몇 예를 들어 보자.

(30) 가. *순희를 사랑한다.
나. *먼산을 보았다.
다. *밥을 먹었다.
라. *나에게 벼루를 주었다.
마. *그 사람으로 대표를 삼았다.

이제 우리는 어휘부에 있는 의미역을 이용하여 이들 문장들이 비문법적인 문장이 되는 이유를 설명할 수 있다. 어떤 서술어가 의미역 격자에 의미역을 갖고 있으면 그 서술어는 자신이 갖고 있는 의미역을 해당 논항들에 반드시 부여(assign)해야 한다고 가정해 보자. 이처럼 서술어의 의미역 부여를 필수화하기 위해서 원리 및 매개변인 틀에서는 다음과 같은 의미역 공준(theta criterion)을 설정한다.

(31) 의미역 공준
가. 각 논항에는 하나의 의미역, 그리고 오직 하나만의 의미역이 부여된다.
나. 각 의미역은 하나의 논항, 그리고 오직 하나의 논항에만 부여된다.

(31)의 의미역 공준은 하나의 논항에 하나의 의미역만이 부여될 수 있고 부여되어야만 한다는 것, 그리고 하나의 의미역이 여러 개가 아니라 오직 하나의 논항에만 부여될 수 있고 부여되어야만 한다는 것을 밝히고 있다. (30)의 문장들은 부여되어야만 하는 의미역이 외부 논항의 부재로 부여되지 못하기 때문에 잘못된 문장이 되는 것이다. 더불어 (31나)에 의해 (30)에 나타난 하나의 논항에 의미역이 거듭 부여되는 것도 금지된다.

아래의 문장들은 반대의 이유로, 즉 의미역보다 논항이 많아서 잘못된 문장이 되는 예들이다.

(32) 가. *철수가 순자를 순희를 사랑한다.
나. *순희가 하늘을 먼산을 보았다.
다. *철수가 빵을 밥을 먹었다.
라. *돌이가 나에게 벼루를 먹을 주었다.
마. *철수는 저 사람으로 그 사람으로 대표를 삼았다.

(32)의 문장들에는 해당 서술어가 요구하는 것 이상의 논항들이 출현하고 있다. 의미역 공준은 (32)의 문장들이 문법적인 문장이 되지 못하게 막을 터인데, 하나의 의미역이 둘 이상의 논항에 부여되어야만 하는 상황이 벌어졌기 때문이다. 즉 의미역 공준은 서술어의 의미역이 모조리 부여되어야 할 뿐만 아니라 그것이 오직 하나의 논항에만 부여되도록 함으로써 (30)은 물론 (32)의 문장들의 생성도 방지하는 역할을 하는 것이다.

지금까지의 논의를 살피건대, 어휘와 어휘부, 그리고 어휘 내항이 문장 생성에 매우 중대한 역할을 한다는 것을 알 수 있다. 어휘가 핵이 되어 자신의 구를 만드는 것은 물론, 어휘 내항의 여러 정보가 활용되어 문장이 형성되는 것이다. 그래서 원리 및 매개변인 틀에서는 다음과 같은 투사 원리를 둠으로써 어휘 정보가 문장 형성을 결정하는 것을 보장한다(1장 7절 참고).

(33) 투사 원리
통사 표상, 즉 통사구조는 반드시 어휘부로부터 투사되어야 한다. 즉 의미역과 같은 어휘 정보는 통사적으로 표상되어야 한다.

혹자는 의미역 공준이 있는데도 왜 투사 원리가 필요한 것이냐고 물을 수도 있다. 그러나 투사 원리는 의미역 공준보다 더 폭넓은 개념이다. 예를 들어서 의미역 공준은 서술어의 하위범주화 자질에 대해서 아무런 말도 하지 않는데, 하위범주화 자질은 의미역과는 별도로 만족되어야만 한다. 따라서 독자들은 투사 원리가 원리 및 매개변인 틀에서 매우 중요한 역할을 하는 것임을 명심해 두는 것이 좋다.

2.6. 조사와 어미의 문법적 지위

우리는 이 장의 1절에서 문장을 구성하는 요소들이 반드시 "최소의 자립 형식"이어야 할 이유는 없다고 표명한 바 있다. 그러면서 어떤 요소들이 개별적으로 문장의 구성에 기여하고 역할을 행하는 바가 있다면 적극적으로 그런 요소들이 통사 범주를 이루는 것으로 보아야 한다고 주장했다. 이는 어떤 요소가 최소의 자립 형식이 아니더라도 통사적으로 활동한다면 그 요소를 어휘 항목으로 취급하고 어휘부에 등재해야 한다는 것을 의미한다. 한국어 통사론에서는 조사와 어미가 그러한 요소들인바, 이 장에서는 이들의 문법적 지위가 어휘 항목의 그것임을 논하고자 한다.

2.6.1. 조사의 문법적 지위

2.6.1.1. 형태론적 결합과 생산성

"과연 조사를 통사론적 단위로 처리해야 하는가?"라는 물음에 답하기 위해서는 "왜 형태론적 단위로 처리해서는 안 되는가?"라는 물음에 대해서 합당한 해답을 제시하면 된다. 그렇다면 형태론적 결합의 속성에 대해서 일차적인 질문을 해보지 않을 수 없다.

형태론적 단위이든 통사론적 단위이든 조사가 의존 형식임에는 틀림이 없으며, 어근의 뒤쪽에 연결된다는 점으로 미루어서 조사를 형태론적 단위로 처리하려면 접미사로 처리해야 한다.[14] 그런데 한국어의 경우 대부

14) 편의상 어근(root)과 어간(stem)의 구별은 무시한다.

분의 접미사는 범주 파생을 유발하고 일부는 의미 파생을 유발한다. 즉 어떤 범주를 다른 성격의 범주로 바꾸어 주는 역할을 하거나 어떤 범주에 특정한 의미를 더해 주는 역할을 하는 것이다.[15] 이런 점에서 본다면 조사가 어떤 어근과 결합해서 그 범주의 성격을 바꾸는 일이 절대로 없으며 또한 어근의 기본적인 뜻을 바꾸지 않기 때문에 조사가 형태론적인 단위인 접미사가 된다면 아주 특이한 요소가 될 것이다. 우선 이런 점에서 조사는 형태론적 결합으로 어근과 결합하지 않으리라는 의심을 제기한다.

설혹 위와 같은 특이성을 조사의 한 특성으로 인정하고, 조사를 형태론적 단위로 처리해도 여전히 문제는 남는다. 어떤 언어 단위들의 결합을 형태론적인 결합으로 볼 것이냐 통사론적인 결합으로 볼 것이냐를 결정할 때 중요한 기준이 되는 것은 그 결합이 어느 만큼의 생산성을 보여주느냐 하는 것이다. 예를 들어서 행위 명사를 파생하는 '-이'와 척도 명사를 파생하는 또다른 '-이'의 경우를 살펴 보자. 행위 명사를 파생하는 '-이'는 자신이 결합하는 어근이 반드시 동작 동사이어야 한다는 제약을 지닌다.

(34) 가. 놀이, 구이, 감옥살이, 해돋이, 봄맞이 등
나. *굵이, *늙이, *젊이, *맑이 등

또한 척도 명사를 파생하는 '-이'는 이보다 더 심한 제약을 보여주는데, 이 경우에는 어근이 정도를 나타내는 형용사이어야 한다.

(35) 가. 높이, 길이, 넓이, 깊이 등
나. *좋이, *기쁘이, *나쁘이 등

15) 예를 들어 '-질', '-꾼', '-이(곰배팔이, 복순이)' 등은 범주 파생과는 무관하고 의미 파생에만 기여한다.

물론, 이들의 결합 분포를 칼로 자르듯 단숨에 재단할 수는 없는 것이지만, 어쨌든 이들이 자신과 결합하는 어근에 대해 상당한 제약을 받고 있다는 것만은 틀림없는 사실이다. 이는 대부분의 파생 접미사들의 특징이기도 하다. 하지만 조사의 경우에는 자신이 결합하는 어근이 무엇이든 결합할 수 있다. 즉, 자신이 결합해야 할 어근으로 어떤 명사가 오더라도 결합할 수 있다는 것이다.

(36) 놀이가, 구이가, 감옥살이가, 해돋이가, 봄맞이가, 높이가, 길이가, 넓이가, 깊이가 등

이것은 조사가 다른 파생 접미사들에 비해서 무한대에 가까운 생산성을 갖고 있다는 것인데, 과연 새로운 단어들을 만들어 내면서 이처럼 무한대에 가까운 형태론적 과정을 거친다고 하는 것이 과연 합당할 것인가 하는 회의가 제기된다. 따라서 조사가 보여 주는 생산성은 이들을 형태론적 요소로 처리하는 것이 불합리하다는 것을 보여 주는 첫 번째 증거가 된다.

2.6.1.2. 조사가 보여 주는 통사론적 특징

앞 절에서 논의한 사항에 더하여 조사들은 통사론적 단위로 처리되지 않으면 설명될 수 없는 많은 특징을 보여준다. 첫째, 가장 눈에 띄는 것은 명사구에 격조사가 결합되는 것이 그 명사구가 어떤 위치에 오느냐에 따라서 결정된다는 점이다.

(37) 가. 순희가 철수를 때렸다.
나. *순희를 철수가 때렸다. (위 '가'의 의미로)
다. *순희를 철수를 때렸다.
라. *순희가 철수가 때렸다.

(38) 가. 순희의 책
나. *순희가 책
다. *순희를 책

만약에 조사가 명사에 형태론적으로 결합하는 것이라면 그리고 그 명사의 범주가 바뀌지 않는다면 어째서 이런 통사론적 위치에 의해서 조사의 결합이 결정되는가를 설명하는 것은 거의 불가능하다. 하지만 우리가 조사를 통사론적인 단위로 처리한다면 주어, 목적어, 관형어 따위의 문법 기능에 따라 조사의 결합이 결정된다는 것을 문장에 나타난 명사구의 분포로 잘 설명할 수가 있다.

둘째, 높임법이 발달한 한국어에서 어떤 명사구에 대해서 존대를 할 때는 조사에 의해서 표시가 되는데 이것은 주어일 경우, 서술어에 표시된 선어말 어미 '-으시-'와 반드시 호응해야 하며 간접 목적어일 경우 '드리-'와 같은 존칭 서술어와 호응해야 한다.[16] 또한 '누구도'처럼 미지칭의 대명사와 조사 '-도'가 어울리거나 '책밖에'처럼 명사와 조사 '-밖에'가 어울리면 부정 극어(negative polarity item)가 되는데, 부정 극어는 부정 부사나 부정 서술어와 호응해야 한다(3장 1절 참고).

(39) 가. 어머니께서 저녁 식사를 준비하셨다.
나. *어머니께서 저녁 식사를 준비하였다.

(40) 가. 철수는 선생님께 논문을 드렸다.
나. *철수는 선생님께 논문을 주었다.

(41) 가. 누구도 순희를 사랑하지 않는다.

16) "호응(concord)"과 "일치(agreement)"를 구분하기도 하는데(Baker 2008 참고), 이 책에서는 논의를 간략히 하고자 구분하지 않는다. 한편 '-으시-'의 호응 혹은 일치가 필수적이라고 했지만 사실 이 문제는 숙고를 요한다. 이와 관련하여 4장 2.2절의 논의 참고.

나. *누구도 순희를 사랑한다.

(42) 가. 나는 책밖에 읽지 않는다.
나. *나는 책밖에 읽는다.

만약에 조사가 단순히 명사에 붙는 파생적 접사라면 그것의 작용 범위는 자신이 결합된 단어 내부에 한정될 것이고, 그렇다면 우리는 왜 조사 '-께서, -께, -도, -밖에' 등이 이러한 통사론적 호응 관계를 유발하는가를 설명할 수 없다.

셋째, 조사를 통사론적인 단위로 봐야 할 이유는 적어도 한 서술어가 요구하는 필수적인 문장 성분의 경우 조사의 생략이 상당히 자유롭게 이루어질 수 있다는 점이다. 어근과 결합하는 파생접사의 경우에는 이처럼 자유롭게 생략이 이루어지는 예가 거의 없다.

(43) 가. 철수가 순희를 사랑한다.
나. 철수 순희 사랑한다.

(44) 가. 철수가 그 책을 순희에게 줬다.
나. 철수 그 책 순희 줬다.

이처럼 조사가 자유롭게 생략될 수 있다는 것은 조사 자체는 의존 형태소로서 자립할 수 없는 요소지만, 조사가 결합하는 요소가 자립적인 언어 단위로서 홀로 쓰일 수 있다는 것을 봤을 때 이들의 결합이 형태론적 결합이 아니라는 것을 반증해 주는 것이다.

넷째, 조사가 결합한 언어 단위의 의미를 세밀하게 관찰하면 통사론적 결합이 아니면 설명할 수 없는 양상이 발견된다. 예를 들어 다음과 같은 문장을 고려해 보자.

(45) [저 신사가 입은 옷]-이 마음에 들어.

(45)에서 화자가 "마음에 들어 하는 것"은 '옷'이 아니라 '저 신사가 입은 옷'이라는 명사구가 가리키는 지시물이다. 분포상 조사 '-이'는 이 명사구의 뒤쪽에 이어져 있는데, 우리는 일반적으로 조사 '-이'가 '옷'에 결합한 것이라고 생각을 하는 경향이 있다. 그러나 "마음에 드는 대상"이 '저 신사가 입은 옷'이고, '-이'가 마음에 드는 대상이 적절한 문장 위치에 나타나는 것을 허용하는 격조사라면 우리는 (45)의 문장 의미 해석을 위해서 '-이'가 '저 신사가 입은 옷'이라는 전체 명사구와 결합한 것이라고 분석해야만 한다. 이것은 다음과 같은 문장만 봐도 알 수 있다.

(46) 저 신사가 입은 옷, 나는 그것이 마음에 들어.

다섯째, 하나의 조사만으로도 문장 전체의 의미가 결정되는 경우가 있다. 다음 문장을 보자.

(47) 가. 철수가 밥을 먹고 영희가 밥을 먹지 않았다.
나. 철수가 밥을 먹고 영희가 밥을 먹지는 않았다.

논란이 있을 수 있지만, 대개 한국어의 화자들은 (47가)를 중의적인 문장으로 받아들인다. (47가)가 나타낼 수 있는 두 가지 의미를 다음과 같이 나타내 보자. '~'는 부정(negation)을 나타낸다.

(48) 가. (철수가 밥을 먹었다) & ~(영희가 밥을 먹었다)
나. ~(철수가 밥을 먹었다 & 영희가 밥을 먹었다)

즉, (47가)는 (48가) "철수는 밥을 먹었고 영희는 밥을 먹지 않았다."라는 의미도 가지고 (48나) "철수와 영희가 둘 다 밥을 먹은 것은 아니다."라는 의미도 가진다. 그런데 보조사 '-는'이 접속문 끄트머리의 '-지' 다음에 연결된 (47나)에서는 (48나)의 의미만이 가능하다.[17] (47)과 같은 문장은 어떤 조사가 선택되느냐에 따라 문장의 의미가 아주 다양해질 수 있기 때문에 미묘한 문장이긴 하지만 어쨌든 조사 '-는'이 '-지'와 같은 요소에 결합되는 파생적 형태소라고 분석한다면 어찌해서 접속문 전체에 영향권(scope)을 가지고 이런 반중의성의 효과를 가질 수 있는가를 설명할 수 없을 것이다.[18]

2.6.2. 어미의 문법적 지위

2.6.2.1. 형태론적 결합과 생산성

어미가 과연 통사론적 단위인가를 알아보려면 우리는 우선 조사와 똑같은 기준으로 생산성의 문제를 거론할 수가 있다. 동사 어간과 어미의 결합이 대단히 생산적이라는 것은 이들의 결합도 또한 형태론적인 결합으로 보기에는 미심쩍은 부분이 있다는 것을 보여 준다. 그러나 우리가 선어말 어미 '-ㄴ/는-'이 결합할 수 있느냐 없느냐를 동사와 형용사를 나누는 기준으로 삼았다는 점을 상기한다면 선어말 어미들의 경우는 조사와 달리 생산성의 측면에서 상당한 제약을 받고 있는 것이라고 봐야 할 것 아닌가 하는 반론을 제기케 하기도 한다. 즉 '-ㄴ/는-'이 결합할 수 있느냐 없느냐 하는 것은 (34)에서 보았던 행위 명사 파생접사 '-이'가 보여주는 제약과 일맥상통하고 있기 때문이다. 편의상 (34)를 (49)로 반복한다.

(49) ㄱ. 놀이, 구이, 감옥살이, 해돋이, 봄맞이 등

---

17) 혹은 (48가)보다 (48나)가 훨씬 선호된다.

18) 이럼에도 불구하고 '-는'을 파생접사로 보려면 어미 '-지'도 파생접사로 간주해야 하는데, 이어지는 논의에서 보듯이 어미를 파생접사로 간주할 수는 없다.

ㄴ. *굶이, *늙이, *젊이, *맑이 등

(50) ㄱ. 논다, 굽는다, 산다, 돋는다, 맞는다 등
ㄴ. *곱는다, *먼다, *가깝는다, *빨갛는다 등

그러나 (49)와 (50)이 보여 주는 표면적인 결합의 유사성으로 선불리 '-ㄴ/는-'이라는 선어말 어미가 형태론적 접사라고 주장하는 것은 잘못이다. '-ㄴ/는-'은 현대 한국어에서 주로 비과거의 시간 해석을 가지는 시제 요소지만 또 다른 기능으로 서술어가 나타내는 사태가 완결되지 않았음을 나타내기도 한다. 다음과 같은 문장을 고려해 보자.

(51) 가. 카터 북한 방문한다.
나. 카터 북한 방문하다.

(51나)와 같은 문장은 일상 구어에서는 거의 쓰지 않는 문장이다. 하지만 흔히 신문의 큰 제목에서 이와 같은 문장을 볼 수는 있다. 그런데 (51가)와 (51나)가 보여 주는 대립은 명확하다. (51가)는 카터의 북한 방문이 진행 중에 있든 계획 중에 있든 완결되지 않았다는 것을 의미하는 것이고, (51나)는 카터의 북한 방문이 이미 완결되었다는 의미를 가진다.[19] '방문하-'라는 어간 뒤에 있는 요소가 종결 어미 '-다'뿐이라는 것을 감안한다면 (51가)와 (51나)의 의미 대조를 설명하기 위해서는 (51)의 '방문한다'에 속한 '-ㄴ/는-'과 대립되는 어떤 형태를 설정해서 이들의 대립이 곧 (51가)와 (51나)의 대립을 유발한다고 설명하는 것이 타당할 것이다. 즉 (51나)에

19) 이는 '어제 카터 북한 방문하다.'에 비해 '#내일 카터 북한 방문하다.'가 상당히 어색하다는 직관을 바탕으로 한다. 하지만 화자에 따라서는 전자만큼 후자도 자연스럽다는 직관을 보이기도 한다. 하지만 그렇다고 해서 논의에 결정적인 영향이 미치는 것은 아니다. 비과거 '-ㄴ/는-'과 이형태 관계를 맺는 소리 없는 이형태 'Ø'를 설정할 수 있기 때문이다. 이 경우 '-ㄴ/는-'은 동사와 어울리고, 'Ø'는 형용사와 어울리게 된다.

는 "완료"를 나타내는 영 형태가 '-ㄴ/는-'과 대립되는 자리에 존재하고 있다고 보는 것이 타당하다는 말이다. 따라서 단순히 어휘 항목의 범주가 동사냐 형용사냐에 따라서 '-ㄴ/는-'의 결합이 결정된다기보다는 이 또한 '-ㄴ/는-'과 어떤 영 형태 간의 대립이 존재하는 분포상의 특성이라고 보는 것이 옳을 것이다. 이렇게 볼 때 우리는 어미의 경우에도 조사와 같은 생산성의 문제가 존재한다고 보아야 할 것이다.

2.6.2.2. 어미가 보여 주는 통사론적 특징

첫째, 한국어의 어미가 보여 주는 통사론적 특징을 알아보기 전에 영어의 어미가 보여 주는 통사론적 특징을 살필 필요가 있다. 다음과 같은 문장을 고려해 보자.

(52) 가. Tom has been being beaten by John.
나. Tom is being beaten by John
다. Tom is beaten by John
라. John beats Tom

독자들은 (52)를 통해서 영어의 3인칭 단수 현재를 나타내는 형태소 '-s'가 어떤 요소들과 결합하는지를 잘 볼 수 있을 것이다. 동사들의 굴절 형태를 통해서 알 수 있듯이 각 문장의 동사류들 중에서 제일 앞선 것이 3인칭 단수 현재에 대응해서 굴절하고 있다. 만약 영어의 통사론을 기술하려는 사람들이 (52)의 동사 굴절을 단순히 형태론적인 과정으로 처리하려면 매우 어려운 문제에 봉착하게 될 것이다. 영어의 문장을 분석하는 것이 우리의 목표는 아니므로 이러한 (52)의 대조를 자세하게 분석할 필요는 없겠지만, 이런 영어의 동사 굴절을 어떻게 처리하는가는 우리에게 많은 시사점을 던져 준다. 간단하게 말하자면, 영어 통사론자들은 (52)의 문장에서 형태소 '-s'를 통사론적인 단위로 취급한다. 따라서 (52)의 심층구조는 대략 다음과 같다.

(53) Tom -s V …

영어 통사론자들은 (53)과 같은 심층구조를 설정해 놓고 '-s'를 바로 인접한 동사로 이동시키는 변형 규칙을 설정한다. (52)의 문장들을 분석해 보면 이런 식의 설명이 얼마나 타당한가를 알 수 있을 것이다.

비록 동사의 원형 어간이 그대로 쓰이지는 않지만 한국어에서도 보조용언이 나타나는 문장들이 영어와 유사한 양상을 보여 준다.

(54) 어머니께서 저녁 식사를 준비하여 두시었겠다.

(54)에서 문장 전체의 의미 구조를 결정하는 서술어는 '준비하-'이고 '두-'는 보조동사인데, 선어말 어미 '-으시-, -었-, -겠-' 등은 보조동사에 실현된다. 그런데 '두-'라는 보조동사가 사라지면 이 어미들이 '준비하-'에 붙는다.

(55) 어머니께서 저녁 식사를 준비하시었겠다.

만약 선어말 어미들이 형태론적인 단위들이라면 '두-'와 같은 보조동사가 있어도 '준비하-'와 형태론적으로 결합할 수 있을 것이다. 그런데 이러한 예측은 아래 (54)에서 보듯이 사실과 부합하지 않는다.

(56) *어머니께서 저녁 식사를 준비하시었겠어 두다.

물론 한국어의 경우에도 이들 선어말 어미들을 통사론적인 단위로 간주하고 가장 가까운 동사적 요소에 결합시키면 (56)이 왜 비문법적인가를 정확하게 예측할 수 있다.

둘째, 이미 (39)~(42)에서 보았던 호응과 관련된 논증은 어미의 경우에도 여전히 유효하다.

(57) 가. 어머니께서 저녁 식사를 준비하셨다.
　　나. *어머니께서 저녁 식사를 준비하였다.

셋째, 용언 반복 구문의 경우에도 보조동사 구문과 마찬가지로 제일 뒤에 나타나는 동사적 요소에만 어미들이 결합한다.

(58) 가. 어머니께서 저녁 식사를 준비하기는 준비하시었겠다.
　　나. *어머니께서 저녁 식사를 준비하시었겠기는 준비하다.

넷째, 한국어에서 등위 접속문이 나타날 경우 흔히 앞쪽 접속절에는 접속 어미를 제외한 어미들이 결합이 안 되는 경우가 많은데, 이 경우 앞쪽 접속절의 의미는 뒤쪽 접속절 어미들의 영향을 받을 수 있다.

(59) 가. 철수가 밥을 먹고 영희가 빵을 먹었다.
　　나. 철수가 밥을 먹었고 영희가 빵을 먹었다.

(60) 가. 철수가 밥을 먹었고 영희가 빵을 먹었겠다.
　　나. 철수가 밥을 먹었겠고 영희가 빵을 먹었겠다.

(59가)는 (59나)와 의미가 같고 (60가)는 (60나)와 의미가 같을 수 있는데, 만약 어미들이 형태론적 단위로서 동사 어간과만 결합한다면 어째서 (59

가)와 (60가)의 앞쪽 접속절이 뒤쪽 접속절의 어미가 나타내는 의미에 영향을 받을 수 있는가를 설명할 수 없다. 그러나 어미를 통사론적 단위로 파악하면 이 또한 설명할 수 있다.

다섯째, 한국어에서 '말하-' 정도의 의미를 가지는 동사 '하-'는 흔히 생략되는데, 이 경우 '하-'와 결합하는 어미들이 보여 주는 행태는 이들이 통사론적 단위임을 극명하게 보여 준다.

(61) 가. 선생님께서 보고서를 제출하라고 하시었겠다.
나. 선생님께서 보고서를 제출하라시었겠다.

비록 어근만이 사라지는 경우가 이런 '하-'와 같은 요소에 한정되어 있기는 하지만, 어쨌든 (62나)는 '하-'가 사라지고 어미들만이 나열되어 있음에도 불구하고 아주 자연스러운 문장이다. 만약 어미들이 형태론적인 단위들이라면 어찌하여 '하시었겠다'라는 단어 전체에서 '하-'만이 사라지는지를 설명하기는 매우 어렵다. 하지만 이들을 통사론적인 단위로서 '하-'와 떼어놓는다면 우리는 쉽게 이런 음운론적인 현상을 설명할 수가 있을 것이다.

2.6.3. 정리

사실상 한국어의 통사론 기술에 있어서 조사, 어미와 같이 형태론적인 행태와 통사론적인 행태를 동시에 보여 주는 요소는 상당한 골칫거리이다. 그리고 현재에도 이들을 어떻게 통사론에 도입하는 것이 옳은가에 대해서 논란이 계속되고 있다. 하지만 이런 논란이 통사론 내부에서 일어나고 있다는 것만으로도 이미 이들이 보여 주는 문법적 행태가 통사적이라는 것을 말해 주는 반증이 될 수도 있다. 이 절에서 한국어의 조사와 어미 체계를 철저하게 다 파악하지는 않았지만 적어도 이들이 통사론에서 다루어져야 할 대상이라는 점만은 분명히 인식할 수 있었을 것이다.

2.7. 마무리

통사론은 문장의 형성과 구조를 파악하고 해명하는 것을 기초적인 작업으로 삼는다. 통사론에서 문장을 형성하기 위해서는 문장을 형성하는 기초 단위들이 필요한데, 그러한 기초 단위에 해당하는 것이 곧 어휘 항목들이다. 생성 문법에서는 이 어휘 항목들이 일종의 정신적 사전인 어휘부에 등재되어 있다고 가정하고 있다. 이 장에서 우리는 어휘 항목의 정보가 어떻게 조직되어 있는지를 살펴보고 이런 어휘부의 정보가 문법의 다른 영역에서 어떻게 활용되는지를 대략적으로 살펴보았다. 아울러 조사와 어미가 통사적 존재임을 논의하였다.

3장_구구조 이론 1: 구구조 이론 일반

통사론은 문장을 대상으로 한다. 즉 모어 화자의 언어 지식 중 문장에 대해 알고 있는 지식을 탐구하는 분야를 통사론이라 한다. 모어 화자가 문장에 대해 알고 있는 지식 중 가장 기본이 되는 것은 문장의 구조에 대한 것이다. 이 장에서는 바로 문장의 구조와 관련된 일반적 개념을 소개한다. 구조에는 어떤 정보가 담기는지, 즉 모어 화자가 문장의 구조에 대해 알고 있는 지식이 무엇인지, 구조는 어떻게 표현하는지, 문장의 실제 구조는 어떻게 파악하는지, 또 구조를 토대로 한 관계에는 어떤 것들이 있는지 등이 소개된다. 그리고 마지막으로 문장의 구조가 어떻게 생성되는지와 관련해 생성 문법 초기의 구구조 규칙(phrase structure rule)과 70년대 들어 이를 대체한 핵 계층 이론(X-bar theory) 그리고 이분지(binary branching) 제약이 소개된다.

3.1. 구조 의존성

다음 문장을 보자.

(1) 철수가 그 일로 괴로워하는 영미를 위로했다.

이 문장에 대해 모어 화자는 일차적으로 문장을 이루는 표현들 간의 어순 혹은 선행 및 후행 관계를 안다. 즉 '철수'와 '-가' 중 '철수'가 '-가'보다 앞에 온다는 것 그리고 '철수가'라는 표현이 '그 일로'라는 표현보다 앞에 온다는 것 등을 안다. 이런 지식은 언어가 소리로 표현되면 청각으로 확인되고, 언어가 문자로 표현되면 시각으로 확인된다. 그리고 청각이나 시각으로 확인할 수 있는 것은 이런 선행 및 후행 정보뿐이다.

그러면 모어 화자가 문장에 대해 알고 있는 것이 이것뿐인가? 그렇지 않다는 것을 보여주는 사례들이 많은데 이 장에서는 한국어의 부정 극어(negative polarity item) 인허 및 주어-동사 일치 현상을 통해, 모어 화자가 문장에 대해 선행 및 후행 정보 이상의 것을 알고 있음을 확인한다. 즉 이 현상들이 문장 성분 간의 선행 및 후행 정보로는 포착이 안 되며, 이 현상들을 포착하려면 시각이나 청각으로는 확인이 안 되는 문장 성분들 간의 위계 정보가 필요함을 보인다. 이런 위계 정보를 달리 말해 문장의 구조 정보라 하는데, 이는 우리의 언어 지식이 구조 의존적임을 입증한다. 먼저 다음 자료를 보자.

(2) 가. *철수가 아무도 만났다.
    나. 철수가 아무도 안 만났다.

(2가)와 (2나)의 대비는 '아무도'라는 표현이 부정어 '안'을 필요로 함을 보인다. '아무도'의 이런 특성이 '아무도'와 '안'이 서로를 끌어당긴다는 것과 유사하다 하여 '아무도'를 "부정 극어"라 하는데, 이 특성을 일단 다음과 같이 기술할 수 있다.

(3) 부정 극어와 부정어는 함께 있어야 한다.

그러나 다음 예들은 (3)이 완전하지 않음을 잘 보여준다.

(4) 가. 철수는 영미가 아무도 안 만났다고 말했다.
나. *철수는 영미가 아무도 만났다고 안 말했다.
다. 철수는 아무도 영미를 안 만났다고 말했다.
라. *철수는 아무도 영미를 만났다고 안 말했다.

(5) 가. *아무도 철수가 영미를 안 만났다고 말했다.
나. 아무도 철수가 영미를 만났다고 안 말했다.

(4), (5)의 여섯 문장 모두 '아무도'와 '안'을 갖고 있으므로 (3)을 지키지만, 그 중 (4가), (4다), (5나)만 좋을 뿐, (4나), (4라), (5가)는 안 좋다. 그렇다면 이런 대비가 '아무도'와 '안' 간의 선행 및 후행 관계 혹은 그에 바탕을 둔 두 표현 간의 거리 차이로 포착될 수 있을까? 두 표현 간의 거리 차이가 위 판단에 대한 기준이 되려면 결국 두 표현 사이에 몇 개의 다른 표현이 들어 있느냐가 기준이 되어야 할 터인데, 위 사례는 거리 차이로는 뚜렷한 기준이 마련될 수 없음을 보여준다.[1] 우선 좋은 문장인 (4가), (4다), (5나)를 보면, (4가)에서는 아무 표현도 없으나, (5나)에서는 위 예문 중 가장 많은 세 개의 표현이 있으며, (4다)에는 하나의 표현이 있다. 한편 (4다)와 마찬가지로 하나의 표현이 개입된 (4나)는 나쁘고 세 개보다 적은 수의 표현이 개입되어 있는 (4라), (5가)는 오히려 나쁘다.

이는 결국 '아무도'와 '안' 사이의 거리로는 (4), (5)에서의 대비가 포착될 수 없음을 말하는데, (4)와 (5)에서의 대비에 대한 올바른 파악은 물론 다음이다.

1) 각 문장에서의 '아무도'와 '안'의 상대적 거리의 비교도 근거가 없다. 어느 문장과 어느 문장을 비교하느냐에 대한 기준이 마련될 수 없기 때문이다.

(6) 부정 극어와 부정어는 같은 문장 내에 있어야 한다.

여기서 같은 문장이라 함은 두 표현이 관여하는 서술어가 같아야 함을 의미하는데 (4가), (4다)에서는 '아무도'와 '안'이 관여하는 서술어가 '만나-'로 서로 같으며, (5나)에서도 '아무도'와 '안'이 관여하는 서술어가 '말하-'로 서로 같다. 즉 (4가), (4다), (5나)는 (6)을 준수한다. 이에 반해, (4나), (4라), (5가)에서는 '아무도'와 '안'이 관여하는 서술어가 서로 다르다. 즉 (4나), (4라)에서 '아무도'가 관여하는 서술어는 '만나-'인데 반해, '안'이 관여하는 서술어는 '말하-'이다. 그리고 (5가)에서는 '아무도'가 관여하는 서술어가 '말하-'인데 반해, '안'이 관여하는 서술어는 '만나-'이다.

(6)은 결국 부정 극어의 특성이 "문장" 혹은 "서술어"라는 개념을 토대로 파악되어야 함을 보이고 이에 비추어 (4)와 (5)가 아래와 같이 파악되어야 함을 보인다. 아래에서 'S'는 문장(sentence)을 나타낸다.

(7) 가. [$_S$ 철수는 [$_S$ 영미가 아무도 안 만났다고] 말했다].
 나. *[$_S$ 철수는 [$_S$ 영미가 아무도 만났다고] 안 말했다].
 다. [$_S$ 철수는 [$_S$ 아무도 영미를 안 만났다고] 말했다].
 라. *[$_S$ 철수는 [$_S$ 아무도 영미를 만났다고] 안 말했다].

(8) 가. *[$_S$ 아무도 [$_S$ 철수가 영미를 안 만났다고] 말했다].
 나. [$_S$ 아무도 [$_S$ 철수가 영미를 만났다고] 안 말했다].

이런 파악이 선행 및 후행 정보와 다른 점은 무엇인가? 무엇보다도 문장을 이루는 성분들 간에 단순히 선행 및 후행의 정보만 있는 것이 아니라, 어느 성분이 어느 성분과 더 밀접한가 혹은 어느 성분이 어느 문장에 소속되어 있는가를 보이는 것으로, 문장을 이루는 성분들이 서로 동등한 자격으로 문장 구성에 참여하고 있는 것이 아님을 보인다. 그리고 그런 자격이 표현 간의 거리와는 무관함을 보인다. 예를 들어 (8)에서 '아무도'와 '안' 사이의 거리를 따지면 (8나)가 (8가)보다 더 머나, (8나)가 좋은 이유는 (8나)의 '안'과 '아무도'가 같은 서술어와 관련되기 때문이다. 즉 서로 간의 거리가 멀어도 한국어 모어 화자는 (8나)의 '아무도'와 '안'을 같은 문장의 성분으로 파악하고 있는 것이다.

선행 및 후행 관계에 입각한 표현 간의 거리가 아무런 관여를 하지 못함을 보이는 또 다른 사례로 한국어의 존대 일치 현상을 들 수 있다. 이를 위해 다음 예를 보자.

(9) 가. 어머님이 많이 아프신가 보다.
    나. *강아지가 많이 아프신가 보다.

(9)는 한국어에서 서술어에 나타나는 '-으시-'의 허용 여부가 문장 내 일정한 명사구를 화자가 존대하는가의 여부에 의해 결정됨을 보인다. 즉 화자의 입장에서 명사구가 '어머님'처럼 존대 대상인 경우는 '-으시-'가 허용되고 존대 대상이 아닌 '강아지'인 경우는 '-으시-'가 허용되지 않음을 보인다. 그러면 다음과 같이 두 개의 명사구가 나타나는 경우는 어떤가?

(10) 가. 영미의 어머님이 많이 아프신가 보다
     나. *박 선생님의 강아지가 많이 아프신가 보다.

(10)의 각 문장에는 존대 여부가 서로 다른 명사구가 두 개씩 있는데, '-으시-'의 허용 여부는 (9)와 같다. 이는 (10)에서 '영미' 및 '박 선생님'이 '-으시-'의 허용 여부를 결정하지 못함을 의미하는데, 이런 현상이 만약 '-으시-'와의 거리 차이로 포착이 된다면 다음과 같이 기술되어야 할 것이다.

(11) '-으시-'에 가까운 명사구에 대한 존대 여부에 의해 '-으시-'의 허용 여부가 결정된다.

그러나 이 기술에 문제가 있음을 여러 예들이 보인다. 먼저 다음을 보자.

(12) 가. 어머님이 영미가 싫으신가 보다.
 나. *영미가 어머님이 싫으신가 보다.

(12)에서는 두 명사구 중 오히려 멀리 있는 명사구가 '-으시-'의 허용 여부를 결정한다. 물론 혹자는 (10)과 (12)에서 첫 번째 명사구가 갖는 조사가 서로 다르다는 점이 어떤 역할을 하기 때문이라고 지적할 수 있다. 그러나 (10가)의 '영미의'는 아래에서 보듯이 '영미가'로 바뀔 수 있는데 그 경우에도 여전히 '-으시-'의 허용 여부를 결정하는 것은 '영미'가 아니라 '어머님'이며 (13)의 이런 양상은 (12나)와 정반대이므로 이런 대비가 (11)에서와 같이 거리 차이로 포착되기는 어려울 것으로 보인다.

(13) 영미가 어머님이 많이 아프신가 보다.

(11)에 문제가 있음을 보이는 또 다른 사례로 다음을 들 수 있다.

(14) 가. *영미가 키가 크시다.
 나. 어머님이 키가 크시다.

즉 이 문장에도 같은 조사를 갖는 명사구가 두 개 있는데 이 중 '-으시-'로부터 더 멀리 있는 명사구가 '-으시-'의 허용 여부를 결정하고 있다.

그럼 위의 문장들에서 '-으시-'의 허용 여부를 결정하는 요인은 무엇인가? 이 문제와 관련된 올바른 파악은 문장의 주어, 그 중에서도 문법적 주어가 존대할 만한 것인가의 여부가 '-으시-' 허용 여부를 결정한다는 것인데,[2] 주어가 문장 내 성분들 간의 어순 관계에 의해 결정되는 것이 아니고 문장의 구조에 의해 규정된다는 점에서 한국어 모어 화자의 '-으시-' 허용 여부에 대한 판단은 구조 의존성에 대한 또 하나의 증거라 하겠다.[3]

3.2. 구조에 포함된 정보

앞에서는 한국어 자료를 통해 한국어 문장에 대한 모어 화자의 인식이 단순히 문장을 이루는 성분들 간의 어순 관계 혹은 이에 바탕을 둔 거리 개념에 의해 포착될 수 없고 문장 성분들 간의 위계에 바탕을 둔 구조에 의해 포착되어야 함을 보았다. 여기서는 그런 구조의 구체적 내용 즉 구조에 어떤 정보가 포함되는가를 살펴 본다.

구조의 직관적 내용은 문장을 이루는 표현들이 서로 동등한 관계에 있는 것이 아님을 말한다. 즉 문장을 구성하는 표현들은 서로 밀접한 관계에 있는 것들이 있어 이들이 그렇지 않은 다른 표현을 배제한 채 하나의 무리 혹은 단위를 이룸을 의미하는데, 통사론에서는 그런 단위를 구성성분, 성분 또는 구성체(constituent)라 부른다. 결국 모어 화자가 문장의 구조 정보를 안다는 것은 일차적으로 문장을 이루는 어휘 항목들이 어떻게 구

2) 문법적 주어는 의미적 주어에 대응되는 개념이다. 대부분의 경우 두 주어가 일치한다. 그러나 일치하지 않는 경우도 있다. (10가)의 '어머님', (10나)의 '강아지', (12가)의 '어머님', (12나)의 '영미', (13)의 '어머님' 등이 각 문장의 문법적 주어이자 의미적 주어인데 반해, (14)의 두 문장의 의미적 주어는 '키'로 같으나, 문법적 주어는 서로 다르다. 즉 (14가)에서는 '영미', (14나)에서는 '어머님'이 문법적 주어이다. 이와 관련하여 8장 2절의 겹주어 현상에 대한 논의 참고.

3) 구조에 의거해 문법적 주어를 규정하는 것에 대해서는 4장 2.2절의 논의 참고.

성체를 형성하는가를 안다는 것을 의미한다. 일례로 (7나)를 아래 (15)로 가져와 다시 살펴보자.

(15) *[$_S$ 철수는 [$_S$ 영미가 아무도 만났다고] 안 말했다].

(15)는 '안'이 '영미가 아무도 만났다고'라는 구성체 S의 구성원이 아님을 보여주는데, 모어 화자는 이런 판단을 토대로 (15)가 (6)을 어겨 나쁘다고 판정하는 것이다.

구성체 형성의 또 다른 사례로는 이른바 다음과 같은 구조적 중의성의 경우를 들 수 있다.

(16) 키가 큰 철수의 형
가. 철수가 키가 큼.
나. 형이 키가 큼.

한국어 모어 화자라면 '키가 큰 철수의 형'이 하나의 의미를 갖지 않고 (16가, 나)에서처럼 서로 다른 두 가지 의미를 가진다는 것을 아는데, 이런 차이는 '키가 큰'이라는 표현이 그 뒤에 오는 어느 표현과 구성체를 형성하는가에 기인하는 것으로 파악된다. 이 차이를 (15)에서와 같이 대괄호를 이용해 나타내면 다음과 같다.

(17) 가. [[[키가 큰] 철수의] 형]
나. [[키가 큰] [철수의 형]]

즉 (17가)에서는 '철수의'가 '형'을 배제한 채로 '키가 큰'과 구성체를 형성하는데 반해, (17나)에서는 '철수의'가 '키가 큰'과 직접적으로 구성체를 형성하지 못하고 일단 '형'과 구성체를 형성한 다음 '철수의 형'이 '키가 큰'과 구성체를 형성함을 보여준다.

한편 구성체는 흔히 품사 혹은 통사 범주가 서로 다른 표현들로 구성되기 마련인데, 구성체도 일정한 범주적 성격을 갖는다. 예를 들어 다음 문장을 보자.

(18) 철수 친구가 집에서 대석이 친구를 만났다.

먼저 보다 더 객관적 근거가 필요하지만 위 문장의 구성체는 대체로 다음과 같은 것으로 파악될 수 있다.

(19) [[철수 친구가] [집에서] [[대석이 친구를] 만났다]].

그러면 각 구성체의 범주적 성격은 어떤가? 모어 화자라면 '철수 친구가'와 '대석이 친구를 만났다'의 범주적 성격이 다름을 알고 있다. 예를 들어, 각 구성체의 대체 표현이 서로 다르다. 즉 '철수의 친구가'는 '그가'로 대체되고 '대석이 친구를 만났다'는 '그랬다'로 대체될 수 있으나, 그 반대는 안 된다.

(20) 가. 그가 집에서 대석이 친구를 만났다.
→ '그가'가 '철수 친구가' 대체
나. 철수 친구가 집에서 그랬다.
→ '그랬다'가 '대석이 친구를 만났다' 대체

(21) 가. *그랬다가 집에서 대석이 친구를 만났다.
→ '그랬다가'가 '철수 친구가' 대체
나. *철수 친구가 집에서 그가.
→ '그가'가 '대석이 친구를 만났다' 대체

그에 반해 '철수의 친구가'와 '대석이 친구를'의 범주적 성격은, 조사를 논외로 하면, 같다고 할 수 있다. 각각 '그가'와 '그를'로 교체될 수 있기 때문이다.

(22) 가. 그가 집에서 대석이 친구를 만났다.
→ '그가'가 '철수 친구가' 대체
나. 철수가 집에서 그를 만났다.
→ '그를'이 '대석이 친구를' 대체

한편 '집에서'와 '대석이 친구를'의 범주적 성격도 같지 않다고 할 수 있는데, 다음 예에서 보듯이 '-에서'가 생략되는 경우는 안 좋은데 반해, '-를'이 생략되는 경우는 그보다는 좋기 때문이다. 이는 '-에서'와 '-를'이 각각의 구성체에 기여하는 바가 다름, 즉 각 구성체의 통사적 범주 결정에 기여하는 바가 다름을 의미한다.

(23) 가. *철수 친구가 집 대석이 친구를 만났다.
나. ??철수 친구가 집에서 대석이 친구 만났다.

이상의 논의를 종합해 보면 결국 모어 화자가 문장의 구조에 대해 알고 있는 정보는 대략 다음과 같은 세 가지로 정리된다.

(24) 가. 문장의 구성체 정보
나. 각 구성체의 통사 범주 정보
다. 어휘 항목의 통사 범주 정보[4]

4) 이에 대한 기본적 논의는 2장 참고.

3.3. 구성체 확인하기

앞에서 모어 화자가 문장을 이루는 각 표현 간의 단순한 선행 및 후행 정보만을 아는 것이 아니라, 구성체 관련 정보를 안다고 했는데 그럼 어떤 표현이 어떤 표현과 함께 구성체를 이루는지를 어떻게 아는가? 어떤 표현들의 구성체 여부는 경험적, 이론적 근거에 의해 종합적으로 결정되는데 이론적 근거는 개별 구문 분석과 관련된 경우가 많으므로 논외로 하고 여기서는 구성체 여부를 정하는 경험적 근거 몇 가지를 소개하기로 한다.

경험적 근거는 주로 구성체의 배타적 성격에 의존한다. 즉 구성체를 이루는 표현들은 그 외의 표현들과 대비하여 배타적 성격을 가지는데, 이런 배타적 성격이 크게 다음과 같은 세 가지 양상으로 나타나므로 이 점을 이용하여 관련 표현들의 구성체 여부를 확인할 수 있다.

(25) 가. 함께 이동이 가능한 표현은 구성체를 이룬다.
나. 대체형이 있는 표현은 구성체를 이룬다.
다. 접속이 가능한 표현은 구성체를 이룬다.

다음은 (25)의 각 경우들을 보여주는 사례들이다. 먼저 (25가)의 경우를 보자.

(26) 가. 철수가 [대석이의 친구를] 만났다.
나. [대석이의 친구를] 철수가 만났다.

(27) 가. 철수가 [나에게] [모두가 좋아하는 대석이를] 소개했다.
나. [나에게] 철수가 모두가 좋아하는 대석이를 소개했다.
다. [모두가 좋아하는 대석이를] 철수가 나에게 소개했다.

(28) 가. 철수가 나에게 [자기가 내일 영미를 직접 만나겠다고] 약속했다.
나. [자기가 내일 영미를 직접 만나겠다고] 철수가 나에게 약속했다.

위 예들은 '대석이의 친구를', '나에게', '모두가 좋아하는 대석이를', '자기가 내일 영미를 직접 만나겠다고' 등의 이동이 가능함을 보이며,[5] 이를 토대로 우리는 이들 표현이 각각 구성체를 이루는 것으로 본다. 이들은 물론 한국어 명사구, 후치사구, 문장의 몇 가지 사례들인데, 이 예들을 토대로 우리는 조사가 명사와 함께 항상 하나의 구성체를 이루며, 명사 앞 성분으로서 속격 성분 및 관형절 성분 등이 명사와 함께 하나의 구성체를 이룸을 알게 된다. 또한 전통 문법에서 문장이라 불린 표현이 하나의 구성체를 이룸도 알게 된다.

여기서 주의할 점은 (25가)가 이동이 안 되는 표현의 구성체 여부에 대해서는 아무 말도 안 한다는 점이다. 개념적으로는 두 가지 가능성이 존재한다. 즉 구성체인데 모종의 이유로 이동이 안 되는 것일 수도 있고, 아니면 구성체가 아니어서 이동이 안 되는 것일 수도 있다. 경험적으로도 이 두 가지 사례가 다 있는 것으로 보인다. 먼저 전자의 사례로 (26가)에서 '대석이의'를 이동시킨 (29가)를 들 수 있으며,[6] 후자의 사례로 (27가)에서 '나에게'와 '모두가'를 이동시킨 (29나)를 들 수 있다. 이들 두 문장은 모두 안 좋은데, '대석이의'가 명사와 조사의 결합이라는 점에서 구성체를 이룬다고 보면, (29가)에서 보듯이 '대석이의'가 이동할 수 없는 것은 구성체가 아니어서이기보다는 다른 이유 때문인 것으로 봐야 할 것이다. 반

5) 이동 검증법의 경우 항상 주의할 점은 이동 전 문장의 의미가 그대로 유지된 상태로 이동 후 문장의 수용성을 따진다는 점이다.

6) 아래에서 보듯이 이와 유사한 사례가 영어에서도 발견되는데, 이를 관장하는 제약을 흔히 좌분지 제약(left branch condition)이라 부른다.

(i) 가. Susan likes [Fred's novel].
나. *Whose does Susan likes [___ novel]?

면에 (27나, 다)에서 우리는 '나에게'와 '모두가'가 구성체를 이루지 않는다고 보았는데, 바로 그런 이유로 (29나)가 안 좋은 것으로 파악해야 할 것이다. 밑줄(__)은 이동한 성분의 원래 위치를 나타낸다.

(29) 가. *[대석이의] 철수가 [__ 친구를] 만났다.
　　나. *[나에게 모두가] 철수가 __ [__ 좋아하는] 대석이를 소개했다.

이어 (25나)의 경우를 보자. 대체형이란 앞서 나온 표현을 대체하는 단일 어휘를 말하는데, 단일 어휘 자체가 하나의 구성체라는 점에서 단일 어휘로의 대체가 가능한 표현 또한 하나의 구성체로 간주된다. 이런 성격을 가지는 한국어의 대체형으로 '그', '그리하-/그러하-'를 들 수 있다. 먼저 '그'의 경우를 보자.[7]

(30) 가. 철수가 대석이의 친구$_i$를 만났지만 그$_i$와 한 마디도 나누지 못했다.
　　나. 철수가 나에게 모두가 좋아하는 대석이$_i$를 소개하려 했지만, 나는 그$_i$를 피했다.

앞서 (26), (27)을 통해 우리는 '대석이의 친구' 및 '모두가 좋아하는 대석이'가 하나의 구성체를 이룸을 봤는데, (30)은 이들이 '그'라는 어휘로 대체될 수 있음을 보여주어 이동 검증법을 통해 얻은 결론이 대체 검증법을 통해서도 입증됨을 보여준다.

이어 '그리하-/그러하-'의 경우를 보자.

7) (30)에서 동지표(coindex)는 두 표현이 같은 대상을 가리킴을 나타내는 표시이다. 한편 '그리하-/그러하-'는 통사 범주가 각각 동사와 형용사인데, 축약까지 고려하면 '그리한다, 그런다, 그랬다', '그러하다, 그렇다, 그랬다' 식으로 활용한다.

(31) 가. 철수가 안경을 썼다. 영미도 그리했다/그랬다.
나. 박 선생님이 영미가 싫으셨는가 보다. 김 선생님도 그러하셨는가 /그러셨는가 보다.

위 예에서 뒤 문장의 '그리하-' 및 '그러하-'는 의미적으로 각각 앞 문장의 '안경을 쓰-' 및 '영미가 싫-'을 대체하고 있으며, 이는 한국어에서 동사, 형용사 어간과 보충어가 어미를 배제한 채 하나의 구성체를 이룸을 보이는 증거가 된다.

마지막으로 접속 검증법의 경우를 보자. 접속의 경우는 일반적으로 접속 대상을 연결하는 표현 즉 접속어가 필요한데, 접속 대상이 명사 표현이면 접속조사 '-와/과', '-하고' 등이 쓰이고 동사나 형용사이면 연결어미 '-고', '-면서' 등이 쓰인다. 다음은 앞서의 검증법으로 구성체임이 확인된 표현들의 접속 양상이다.

(32) 가. 철수가 [모두가 좋아하는 대석이]-와 [대석이의 친구]를 만났다.
나. [아빠]-하고 [나]-하고 꽃밭을 만들었다.
다. 철수는 [영미가 싫-]-고 [순이가 좋-]-았다.
라. 철수가 [안경을 쓰-]-면서 [노래를 부르-]-었다.

3.4. 구조 표현하기

(24)에서 구조에 담겨진 정보가 모두 세 가지라고 했는데 이를 좀 더 명시적으로 표현하는 방식에는 크게 두 가지가 있다. 하나는 지금까지 사용해 온 대괄호를 이용하는 방식이고, 다른 하나는 나무 모양을 본뜬 "나무그림(tree diagram)"을 이용하는 방식이다.[8]

8) 구성체 여부를 확인하는 데는 나무그림이 더 용이하므로 앞으로는 나무그림 방식을 주로

이제 '철수가 대석이의 친구를 만났다'라는 문장의 구조를 각각의 방식으로 표현해 보기로 하자. 그러기 위해서는 우선 이 문장을 이루는 개별 어휘 항목들의 통사 범주를 확인해야 하는데, 2장의 논의에 의거하여 각 어휘 항목의 범주가 다음과 같다고 본다.

(33) 가. 명사(noun): '철수', '대석이', '친구'
나. 조사(particle): '-이/가-', '-의', '-을/를'
다. 동사(verb): '만나-'
라. 굴절소(inflection): '-았/었-'
마. 보문소(complementizer): '-다'

이어 구성체 여부를 확인해야 하는데 이동 검증법을 통해 '철수가', '대석이의 친구를' 등이 구성체를 이룸을 확인할 수 있다. 그리고 대체 및 접속 검증법을 통해 '대석이의 친구를 만나-'도 구성체를 이룸을 확인할 수 있다.[9] 마지막으로 각 구성체의 범주를 확인해야 하는데, 이는 구성체를 이루는 표현 중 어느 것이 구성체의 범주적 성격을 결정하느냐와 관련이 있다. 이 문제와 관련해 명사구와 구조격 조사로 이루어진 구성체는 명사구(NP)로 파악하고,[10] 목적어와 동사로 이루어진 구성체 '대석이의 친구를

사용한다. 나무그림은 나무 모양을 본뜬 것이되 (35), (36)에서 보듯이 뿌리가 위로 향해 있는 뒤집어진 나무 모양이다.

9) 다음이 관련 예들이다.

(i) 가. 철수가 [대석이의 친구를 만나-]-았는데, 영미도 [그리하-]-였다.
나. 철수가 [대석이의 친구를 만나-]-고 [그 자리를 떠나-]-았다.

주의할 점은 '만나-'가 '대석이의 친구'와 함께 구성체를 이루고 '친구'가 '대석이의'와 함께 구성체를 이루므로 '대석이의'를 배제한 채로 '친구를 만나-'가 구성체를 이루지는 못한다는 점이다. 이들이 구성체를 이루지 못하므로 '그리하-' 대체가 불가능할 것으로 예측되는데, 다음이 이를 보여준다.

(ii) *철수가 [대석이의 [친구를 만나-]]-았는데, 영미도 [윤수의 [그리하-]]-였다.

10) 이는 잠정적인 조치이다. 다음 장의 3.2절에서 구조격 조사는 핵 K로 파악되는데, 이에

만나-'는 동사구(VP)로 파악한다. 이제 이런 정보를 대괄호 방식 및 나무그림 방식으로 나타내면 다음과 같다.

(34) [$_S$ [$_{NP}$ [$_N$ 철수] [$_P$ -가]] [$_{VP}$ [$_{NP}$ [$_{NP}$ [$_N$ 대석이] [$_P$ -의]] [$_N$ 친구] [$_P$ -를]] [$_V$ 만나-]] [$_I$ -았] [$_C$ -다]]

(35)

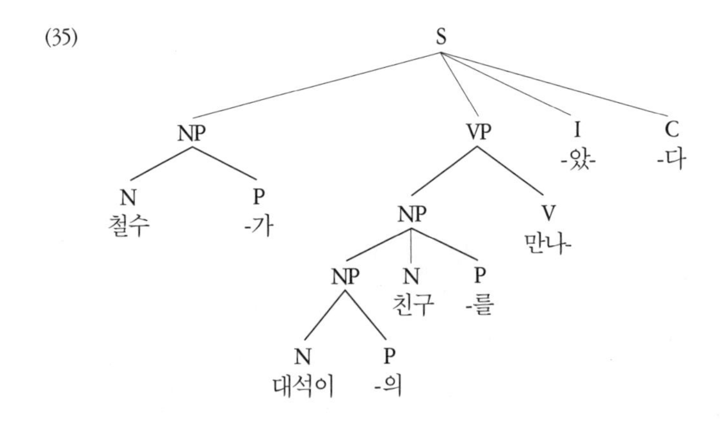

3.5. 구조상의 관계

문장이 구조를 이룬다 함은 결국 문장의 구성 성분들 간에 일정한 위계 관계가 성립함을 의미하는데, 실제로 여러 통사 현상들이 이런 위계 관계에 민감하다는 것이 밝혀져 왔다. 한편 이런 현상의 정확한 이해를 위해서는 위계 관계에 대한 보다 명확한 규정들이 필요하다. 이에 여기서는 나무그림에 바탕을 둔 구조 관련 기본 개념 및 용어들을 소개한다.

먼저 구조의 각 부위를 지칭하기 위해 나무그림을 이용하는데, 주로 쓰이는 용어로 다음과 같은 것들이 있다.

따르면 명사구와 구조격 조사로 이루어진 구성체의 범주는 NP가 아니라 KP이다.

가지(branch): 나무그림의 부분과 부분 사이를 연결하는 선
절점 혹은 마디(node): 가지의 양 끝 부분
표찰(label): 절점에 주어진 통사 범주
뿌리 절점(root node): 그 위에 아무 것도 없는 절점
종단 절점(terminal node): 그 아래 아무 것도 없는 절점
비종단 절점(non-terminal node): 뿌리 절점과 종단 절점 이외의 절점

다음은 (35)를 본보기로 하여 각 부위의 명칭을 나타낸 것이다.[11]

(36)

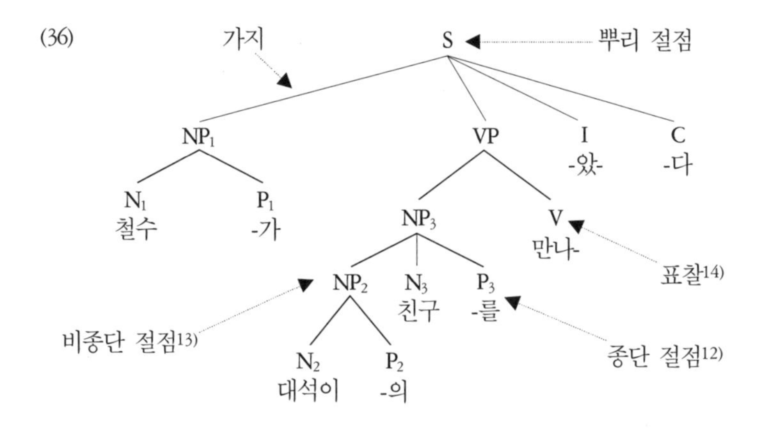

구조상의 관계란 결국 구조상의 각 절점들 간의 위계 관계를 말하는데, 일차적으로는 절점들 간의 상하 관계가 중요하다. 이 관계를 통상 "관할(domination)"이라 하며 다음과 같이 규정한다.

(37) 관할

절점 α가 절점 β보다 나무그림에서 위에 있고 α로부터 β로 그어지

11) 이 부분은 Carnie(2012:4장)의 내용을 기본으로 하고 있다.
12) 화살표로 표시되지 않은 N_1, P_1, N_2, P_2, N_3, V, I, C 등도 모두 종단 절점이다.
13) 화살표로 표시되지 않은 NP_3, VP, NP_1 등도 비종단 절점이다.
14) 화살표로 표시되지 않은 S, NP_1, N_1, P_1, VP, NP_3, N_3, P_3, NP_2, N_2, P_2, I, C 등도 표찰이다.

는 선이 항상 아래쪽을 향할 때, α는 β를 관할한다.

이런 규정에 의해 (36)의 절점들 간의 관할 관계를 총정리하면 다음과 같다.

(38) 가. S는 S를 제외한 (36)의 모든 절점을 관할한다.
나. NP_1은 N_1, P_1을 관할한다.
다. NP_2는 N_2, P_2를 관할한다.
라. NP_3은 NP_2, N_2, P_2, N_3, P_3을 관할한다.
마. VP는 V, NP_3, N_3, P_3, NP_2, N_2, P_2를 관할한다.

한편 절점들 간의 관할 관계 중에서도 바로 위 절점에 의한 관할을 "직접 관할(immediate domination)"이라 하는데, 이를 규정하면 다음과 같다.

(39) 직접 관할
절점 α가 절점 β를 관할하고 두 절점 사이에 다른 절점이 없을 경우, 절점 α는 절점 β를 직접 관할한다.

다음은 (36)의 절점들 간의 직접 관할 관계를 총망라한 것이다.[15)]

(40) 가. S는 NP_1, VP, I, C를 직접 관할한다.
나. NP_1은 N_1, P_1을 직접 관할한다.
다. NP_2는 N_2, P_2를 직접 관할한다.
라. NP_3은 NP_2, N_3, P_3을 직접 관할한다.
마. VP는 NP_3, V를 직접 관할한다.

15) 직접 관할 관계에 있는 절점을 부모, 자식 관계에 비유하여 자매(sister) 절점, 딸(daughter) 절점, 엄마(mother) 절점 식의 용어도 사용한다. 자매 절점은 엄마 절점이 같은 절점들을 말하고, 딸 절점은 어떤 절점에 의해 직접 관할되는 절점을, 엄마 절점은 어떤 절점을 직접 관할하는 절점을 말한다.

마지막으로 "성분-통어(c(constituent)-command)" 개념을 소개한다. 이 개념은 여러 통사 현상의 기술에서 중요한 역할을 하는데 다음과 같이 규정된다.

(41) 성분-통어
아래 두 조건이 충족되면 절점 α는 절점 β를 성분-통어한다.
가. 절점 α를 관할하는 모든 절점이 절점 β를 관할한다.
나. 절점 α와 절점 β는 서로를 관할하지 않는다.

(36)의 구조에서 NP_1을 예로 들어 이 절점이 성분-통어하는 절점과 그렇지 못한 절점을 정리하면 다음과 같다.

(42) 가. NP_1이 성분-통어하는 절점: VP, I, C, NP_3, N_3, P_3, V, NP_2, N_2, P_2
나. NP_1이 성분-통어하지 못하는 절점: N_1, P_1, S

3.6. 구조 형성 기제 1: 구구조 규칙

지금까지 우리는 문장에 대한 모어 화자의 지식이 구조 의존적임을 보이고 구조에 담기는 구체적 정보가 무엇인가를 살펴봤다. 모어 화자는 자신이 말하는 문장은 물론이요 듣는 문장 모두에 대해 무의식적으로 이와 같은 구조적 정보를 알게 되는데 그럼 이런 구조는 어떻게 생성되는가? 이 문제와 관련하여 생성 문법의 초기 제안은 다음과 같은 형식의 구구조 규칙을 모어 화자들이 습득하며 이 구구조 규칙에 의거하여 생성된 구조에 어휘가 삽입되어 구조가 형성되는 것으로 보았다.

(43) A → B C D

A라는 구성체는 B, C, D로 이루어져 있다.

이 제안에 의해 개별 언어별로 필요한 구구조 규칙의 목록을 찾는 연구들이 진행되었는데 많은 경험적 성과에도 불구하고 크게 두 가지의 개념적 문제가 제기되면서 그런 개념적 문제를 해소한 핵 계층 이론(X-bar theory)이 구조 생성을 위한 일반 원리로 널리 받아들여지고 있다. 이런 개념적 문제의 성격 및 이를 극복한 핵 계층 이론을 이해하려면 구구조 규칙의 구체적 내용을 어느 정도 알아야 하는데, 이를 위해 다소 단순화한 한국어 구구조 규칙을 살펴 보자.[16]

먼저 명사구를 위한 구구조 규칙을 살펴 보자. 이를 위해서는 먼저 명사구의 사례들을 살펴 봐야 하는데 명사구는 크게 명사 앞 성분, 명사 그리고 명사 뒤 성분으로 이루어져 있다. 이중 명사 뒤 성분은 주로 조사를 말하는데,[17] 일반적으로 조사에는 구조격 조사, 의미격 조사 혹은 어휘격 조사나 부사격 조사, 보조사 혹은 특수조사, 이 세 가지 유형이 있는 것으로 알려져 있다. 다음은 이들을 나타내는 사례들이다.

(44) 가. 철수가, 철수를, 철수의
나. 집에, 집으로, 집에서 등
다. 철수는, 철수만, 철수도, 철수까지 등

이들 조사는 같이 나타나기도 하는데, 이 때 나타나는 순서에 일정한 제약이 있다.

16) 한국어 구구조 규칙에 대한 보다 상세한 논의는 이홍배(1975), 노대규 외(1991:3장), 서정목(1994, 1998, 2017) 등 참고.
17) '사과 세 개, 아들 둘'에서 보듯이 조사 외에 수사, 분류사가 오기도 한다. 이에 대한 논의는 4장 참고.

(45) 가. 철수에게도, 집에서는, 집으로만 등
나. *철수도에게, *집은에서, *집만으로 등

(46) 가. 철수만이, 철수만을, 철수만의 등
나. *철수가만, *철수를만, *철수의만 등

이런 조사들이 명사구 내에서 실현되지 않을 수도 있으므로 일단 명사와 조사를 위한 구구조 규칙으로 다음을 설정할 수 있다.

(47) NP → N (P_1) (P_2) (P_3)[18]

한편 명사 앞에는 다음 예에서 보듯이 지시사, 양화사, 명사구, 문장 등이 올 수 있다.

(48) 가. 이 사진
나. 모든 사진
다. 철수의 사진
라. 철수가 제일 좋아하는 사진

이런 명사 앞 성분이 함께 나타날 경우 이들 간의 어순 양상이 다양한데,[19] 여기서는 어순 문제는 따지지 않고 일단 다음과 같은 구구조 규칙을 상정하기로 한다.[20]

---

18) 소괄호는 소괄호 내 표현이 수의적임을 나타내는 기호이다. 이 장에서는 각 조사의 범주를 (33나)에 따라 P로 본다. P 뒤의 숫자는 P를 분류한 것으로 P_1은 의미격 조사, P_2는 보조사, P_3는 구조격 조사를 나타낸다. 실제 구조에서는 숫자를 표기하지 않는다. 각 조사의 구조적 성격에 대한 논의는 4장과 8장 및 최기용(1996, 2006), 이정훈(2005, 2007, 2008), 김용하(2009, 2014나) 등 참고.

19) 이에 대한 논의는 4장 및 홍용철(2006, 2008, 2010) 등 참고.

20) Det는 '이', '그', '저'와 같은 지시사(determiner)를 나타내고 Q는 '모든'과 같은 양화사(quantifier)를 나타낸다. 그리고 중괄호는 중괄호 안의 표현 중 어느 하나가 선택됨을 나타내는 기호인데, (49)에서 중괄호는 소괄호에 쌓여 있는바, 중괄호 안의 표현들은 아예

(49) NP → ({Det, Q, NP, S}) N

한편 명사 앞 성분과 명사 뒤 성분이 함께 나타날 수 있으므로 (47)과 (49)를 합치는 것이 타당한데 일단 한국어 명사구를 위한 최종 구구조 규칙으로 다음을 설정한다.

(50) NP → ({Det, Q, NP, S}) N (P_1) (P_2) (P_3)

위 규칙에 의거하여 일례로 명사구 '아이가 제일 좋아하는 음식으로만'의 구조를 나무그림으로 보이면 다음과 같다.[21]

(51)

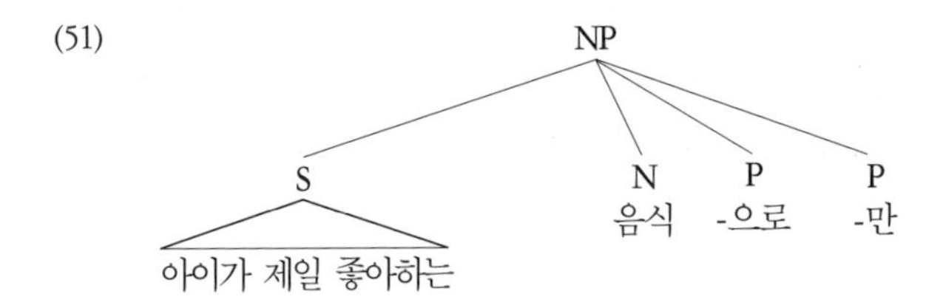

이어 동사구를 위해서는 다음과 같은 구구조 규칙을 설정한다.

(52) VP → (AdvP) (NP) ({NP, S}) (AdvP) (Neg) V

이 규칙에서 AdvP는 동사를 수식하는 부사 혹은 부사적 성격을 갖는 표현을 말하며, Neg는 이른바 단형 부정 구문의 '안'을 말한다. 두 NP중 첫 번째 NP는 조사 '-에/-에게'를 취하는 경우를 말하며, 두 번째 NP는 조사 '-을/를'을 취하는 명사구를 말한다. 다음은 이들 규칙에 의해 생성되

나타나지 않을 수도 있다.

21) 구성체의 내부 구조를 자세히 밝히지 않을 때에는 (51)에서 보듯이 해당 구성체를 삼각형으로 묶어서 표시한다.

는 예들이다.

(53) 가. 철수가 [$_{VP}$ 웃-]-었다.
나. 철수가 [$_{VP}$ 항상 웃-]-었다.
다. 철수가 [$_{VP}$ 학교에 가-]-았다.
라. 철수가 [$_{VP}$ 학교에 일찍 가-]-았다.
마. 철수가 [$_{VP}$ 학교에 일찍 안 가-]-았다.
바. 철수가 [$_{VP}$ 영미를 만나-]-았다.
사. 철수가 [$_{VP}$ 영미에게 책을 주-]-었다.
아. 철수가 [$_{VP}$ 영미가 대석이를 만났다고 말하-]-였다.
자. 철수가 [$_{VP}$ 영미에게 대석이를 만나지 말라고 충고하-]-였다.

위의 예에서는 동사구의 내부 구조는 나타내지 않은 채 동사구를 이루는 표현만을 대괄호로 묶었는데, 한 예로 (52)의 구구조 규칙에 의거하여 (53마)의 동사구 내부 구조를 나타내면 다음과 같다.

(54)

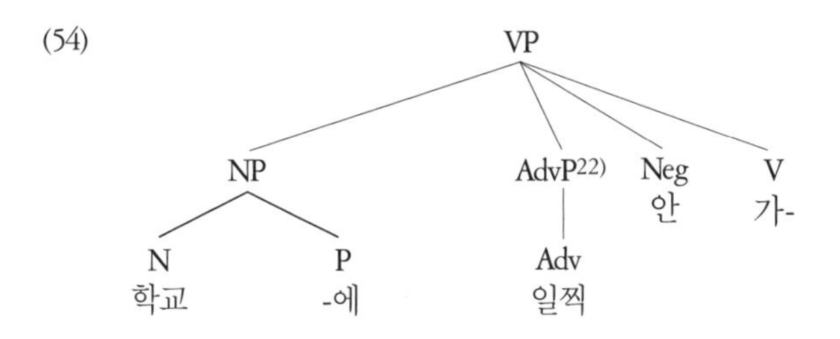

다음은 형용사구 및 부사구를 위한 구구조 규칙과 예이며 이 규칙에 의거하여 (57마)의 구조를 그리면 (59)와 같다.

(55) AP → (AdvP) (NP) (AdvP) (Neg) A

---

22) AdvP에 대해서는 이어서 살피는 구구조 규칙 (56) 참고.

(56) AdvP → (AdvP) Adv

(57) 가. 영미가 [$_{AP}$ 아프-]-다.
　나. 영미가 [$_{AP}$ 많이 아프-]-다.
　다. 영미가 [$_{AP}$ 많이 안 아프-]-다.
　라. 영미는 [$_{AP}$ 철수가 싫-]-은가 보다.
　마. 영미는 [$_{AP}$ 철수가 아주 싫-]-은가 보다.
　바. 영미는 [$_{AP}$ 철수가 안 싫-]-은가 보다.

(58) 가. 철수가 학교에 [$_{AdvP}$ 일찍] 갔다.
　나. 철수가 학교에 [$_{AdvP}$ 아주 일찍] 갔다.

(59)

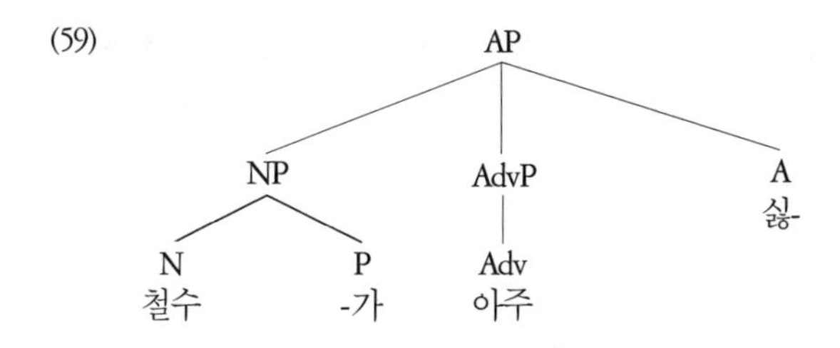

마지막으로 문장을 위한 구구조 규칙으로는 동사, 형용사 어간과 활용어미를 분리한 앞의 논의를 반영하여 다음을 설정한다.

(60) S → NP {VP, AP} Agr T M C

이 규칙에서 NP는 이른바 주어 명사구를 말하며, Agr(agreement)은 '-으시-', T(tense)는 '-았/었-', M(modal)은 '-겠-', '-더-' 등을 말하고 C(complementizer)는 전통 문법상의 종결어미를 나타낸다.[23] 다음은 (60)에 의해 생성되는 예들이다.[24]

---

23) 연결어미 및 전성어미로 끝나는 문장의 경우는 논외로 한다.

24) (61나～라)에서 보듯이 Agr, T, M의 외현적 표현인 '-으시-', '-았/었-', '-겠-' 등이 없어도

(61) 가. 박 선생님이 일찍 오-으시-었-겠-다.
나. 박 선생님이 일찍 오-으시-∅-겠-다.
다. 박 선생님이 일찍 오-으시-∅-∅-다.
라. 어제 영미가 일찍 오-∅-었-겠-다.

(60)에 의거하여 문장 구조의 한 예로 (61가)의 구조를 보이면 아래와 같다.

(62)

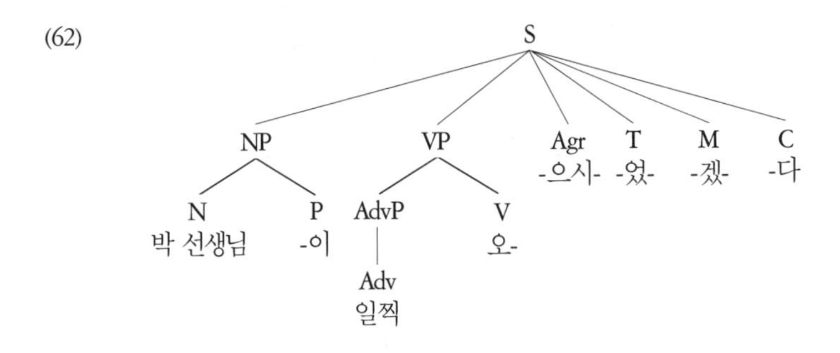

3.7. 구조 형성 기제 2: 핵 계층 이론

지금까지 한국어 통사구조 생성에 어떤 구구조 규칙들이 필요한가를 살폈는데 이들을 한데 모으면 아래와 같다.

(63) 가. S → NP {VP, AP} Agr T M C
나. NP → ({Det, Q, NP, S}) N (P_1) (P_2) (P_3)
다. VP → (AdvP) (NP) ({NP, S}) (AdvP) (Neg) V
라. AP → (AdvP) (NP) (AdvP) (Neg) A

해당 범주들이 통사적으로 실현되는 것으로 본다(서정목 1994, 1998, 2017 등 참고). 즉 해당 범주들이 형태적 영형으로 실현되는 것으로 보며, 이는 해당 범주들이 없다고 보는 것과는 다른 처리이다.

마. AdvP → (AdvP) Adv

앞 절의 첫머리에서 구조 생성 기제로서의 구구조 규칙이 개념적 문제로 인해 핵 계층 이론으로 대체된다고 했는데, 구구조 규칙의 문제는 구체적으로 무엇인가? 크게 두 가지 점이 문제가 된다. 첫째, 구구조 규칙과 개별 어휘의 어휘 정보 간의 잉여성이 문제가 된다. 명사구, 동사구, 형용사구를 위한 구구조 규칙의 내용을 보면, 명사, 동사, 형용사 등이 보충어로 요구하는 통사 범주들이 포함되어 있다. 예를 들어, 명사구, 동사구의 경우는 NP와 S가 포함되어 있고, 형용사구의 경우는 NP 등이 포함되어 있다. 그런데 이와 같은 정보는 개별 어휘의 하위 범주화 정보에도 표현되어 있다. 예를 들어 2장의 논의에 의하면 동사 '사랑하-'는 NP를 보충어로 가지며, 다음 예는 형용사 '싫-'도 NP를 보충어로 가져야 함을 보여준다. 이런 정보는 개별 어휘의 하위 범주화 정보로 명기되는데, 결국 어휘 정보에 이미 있는 정보가 구구조 규칙의 일부에도 포함되므로 개념적으로는 어느 한 쪽의 정보가 제거되는 것이 더 낫다고 할 수 있다.

(64) 가. 나는 영미가 싫다.
나. *나는 싫다.

둘째, 문장을 제외한 다른 구의 구구조 규칙을 보면 범주 및 내부 구성이 다름에도 불구하고 똑같은 양상이 하나 나타나는데 이는 다음과 같이 표현될 수 있다.

(65) 화살표 왼쪽에 있는 구와 범주적 성격이 같은 어휘 항목이 화살표 오른쪽에 있으며 그 어휘 항목은 해당 구의 필수 성분이다.

달리 말해 (66)과 같은 구구조 규칙, 즉 화살표 왼쪽 구의 범주와 화살표 오른쪽의 어휘 범주가 서로 다른 구구조 규칙은 없거나 찾기 어려운데, 구구조 규칙에 대한 형식적 제약 (43)에 의하면 (66)과 같은 구구조 규칙이 왜 나타나지 않는지 혹은 왜 (65)가 성립하는지를 설명하기가 어렵다.

(66) XP → … Y …

핵 계층 이론은 구구조 규칙이 갖고 있는 이런 개념적 문제를 해소하기 위해 Chomsky(1970)에서 그 기본 골격이 제안된 이론으로 Chomsky(1970)의 제안 이후 여러 종류의 핵 계층 이론이 제안되었으나(Jackendoff 1977, Carnie 2010 등 참고), 널리 받아들여지는 내용은 다음과 같다.

(67) 가. 모든 구에는 구와 같은 통사 범주로 되어 있는 핵(head)이 있다. 그런 점에서 구는 핵의 투사로 볼 수 있다. 투사의 관점에서 핵을 최소 투사(minimal projection)라 부른다.
나. 보충어(complement)는 핵과 결합하여 핵보다 한 단계 큰 투사를 이루며 이를 중간 투사(intermediate projection)라 부른다.
다. 중간 투사와 명시어(specifier)가 결합하여 중간 투사보다 한 단계 큰 마지막 투사, 즉 최대 투사(maximal projection)를 형성한다.[25]
라. 부가어(adjunct)는 최대 투사와 결합하며 투사의 크기를 키우지 않는다.
마. 보충어, 명시어, 부가어 위치에는 최대 투사만이 허용된다.

내용이 다소 장황하게 되어 있는데, 핵 계층 이론이 구구조 규칙과 다른 점은 구조 생성에 일정한 제약을 둔다는 점으로 그 제약은 사실 크게 다음과 같은 내용으로 되어 있다.

25) 명시어는 지정어라 하기도 하며, 그 전형적 사례는 문장의 주어이다(5장 3절 참고).

(68) 가. 모든 구에는 반드시 구와 같은 범주의 핵이 있어야 한다.
나. 핵 외 다른 요소로 보충어, 명시어, 부가어가 있으며 이들 모두는 최대 투사이고 수의적 요소이다.26)
다. 보충어, 명시어, 부가어의 차이는 형성되는 투사의 크기에 있다.

이 기술적 내용을 나무그림을 이용해 표현할 수 있는데, 일단 아무 범주나 핵이 될 수 있으므로 핵은 X라는 변항으로 표시된다. 그리고 투사의 크기 차이를 표현하는 방법으로 '¯'(bar) 혹은 어깻점(prime)의 개수를 이용하는데, 편의상 어깻점을 널리 사용한다. 즉 (69)에서 보듯이 핵에는 X에서처럼 어깻점이 없으며, 중간 투사에는 X'에서처럼 어깻점이 한 개 표시되고, 최대 투사에는 X"에서처럼 어깻점이 두 개 표시된다. 전통 문법의 구(phrase)가 바로 어깻점 두 개에 해당하는 투사체인데 XP와 X"는 서로 혼용한다.27)

(69)

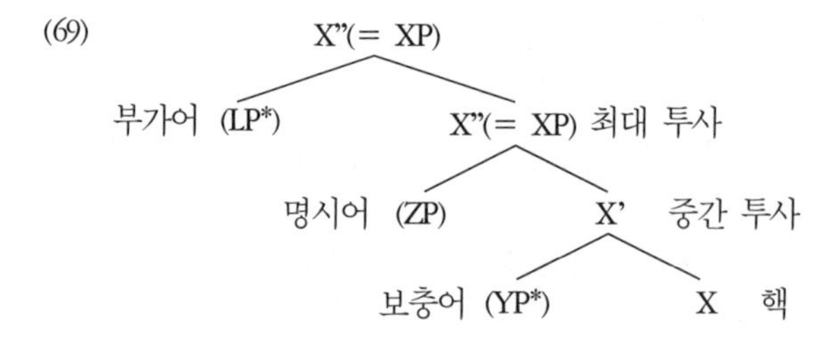

그럼 이런 핵 계층 이론이 앞에서 거론한 구구조 규칙의 두 가지 문제

---

26) 최대 투사를 구성하는 관점에서 봤을 때, 핵은 필수적 성분이나, 나머지는 수의적 성분이라는 뜻이다. 다만 보충어의 실현은 핵의 성격에 따라 결정되는데, 어떤 어휘 항목이 보충어를 요구하는 하위 범주화 정보를 가질 경우, 그런 정보가 투사 원리에 의해 그 어휘 항목을 핵으로 하는 최대 투사에서 보충어로 실현되어야 한다. 하위 범주화 정보가 없는 핵의 경우는 물론 보충어가 나타나지 않는다.

27) 핵 계층 이론은 핵과 보충어, 명시어, 부가어 간의 구조적 차이만을 다루는 이론이다. 즉 이들 간의 어순에 대해서는 상관하지 않는다. (69)에서의 부가어, 명시어, 보충어의 위치는 편의상의 조치일 뿐이다. 한편 LP와 YP의 오른쪽에 붙은 별표(*)에 대해서는 다음 절에서 논의한다.

를 어떻게 해결하는가? 우선 (68가)에 의해 왜 (66)과 같은 구구조 규칙이 발견되지 않는가가 설명이 된다. 즉 (66)은 핵이 없는 구의 경우인 것이다. 잉여성의 문제는 어떻게 해결되는가? 같은 정보가 중복될 경우 이 문제를 해결하는 것은 어느 한 쪽의 정보를 폐기하는 것인데, 폐기의 기준은 물론 그 정보의 예측 가능성에 있다고 할 수 있다. 이 경우 예측이 안 되는 쪽의 정보는 살려 두고 예측이 가능한 쪽의 정보를 폐기하는 것이 올바른 처리이다. 앞에서 본 잉여성의 문제는 결국 어휘 항목의 하위 범주화 정보와 관련이 있는데, 이 하위 범주화 정보가 개별 어휘 항목마다 다르므로 어휘부 쪽의 하위 범주화 정보를 폐기할 수는 없을 것이다. 이 하위 범주화 정보를 폐기하면 개별 어휘 항목의 차이를 포착할 수 없게 되기 때문이다. 따라서 구구조 규칙 상의 보충어 정보가 폐기되는 것이 마땅한데 핵 계층 이론에는 (69)에서 보듯이 개별 어휘 항목의 보충어 정보가 포함되어 있지 않으므로 구구조 규칙이 갖는 개념적 문제가 제기되지 않는다.

이상 핵 계층 이론의 주요 내용을 소개하였다. 핵 계층 이론은 자연 언어에서 가능한 구조와 그렇지 않은 구조를 가르는 제약의 성격을 가지며, 문장 형성에 참여하는 개별 핵의 하위 범주화 정보와 같은 고유 정보가 그대로 실현되어야 한다는 투사 원리와 상호 작용하면서 실제 통사구조를 형성하게 된다.

3.8. 이분지 제약

마지막으로 (69)의 소괄호 내 별표(*) 표시에 대해 논의해 보자. (69)의 별표 표시는 소괄호 내 표현이 하나 이상이 나타날 수 있음을 말한다. 실제로 그렇게 보이는 경우들이 있는데, 아래 문장에서 보듯이 '주-'와 같이 목적어를 두 개 요구하는 술어가 있는가 하면, 한 동사구에 대해 두 개의 부사어가 가능하기도 하다.

(70) 가. 철수가 영미에게 책을 주었다.
　　나. 철수가 어제 집에서 영화를 봤다.

그러므로 (69)에서와 같이 한 구성체를 이루는 성분의 수에 아무런 제약을 두지 않는다면 다음과 같은 이른바 다분지(multiple branching) 구조가 가능하다.

(71)

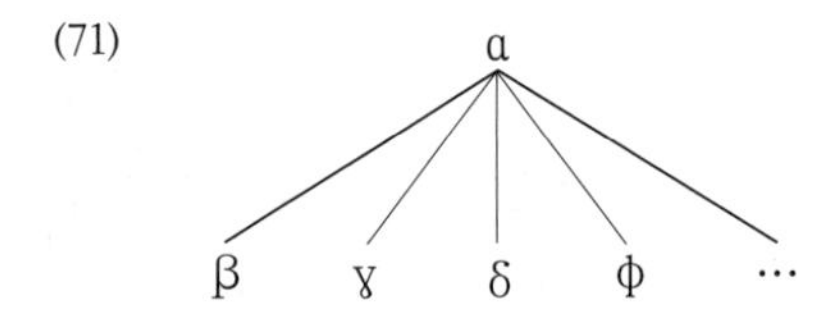

그러나 일반적으로 보충어나 명시어가 여러 개여도 위와 같은 다분지 구조는 허용되지 않고 다음과 같은 이분지(binary branching) 구조만 허용되는 것으로 본다.

(72)

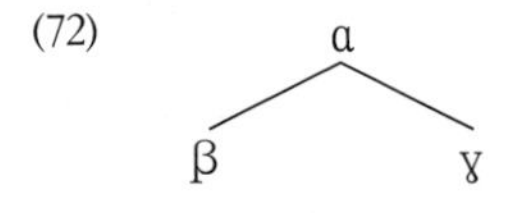

이는 구조 형성을 위한 대상 표현의 최대 개수를 둘로 제한하는 것이 개념적으로 가장 단순하다는 취지에 따른 것으로 경험적으로도 핵을 포함하여 셋 이상의 표현이 동시에 결합하는 경우를 찾기 힘들다는 점에서 핵 계층 이론과 함께 구조 생성의 보편적 제약으로 받아들여지고 있다. 이를 일단 다음과 같은 제약으로 제시하기로 한다.

(73) 이분지 제약

구조상의 모든 절점은 세 개 이상으로 갈라져서는 안 된다.

이 제약에 의해 (71)과 같은 구조는 허용되지 않는데, 구체적으로 (70나)의 구조로 (74가)보다는 (74나)를 더 올바른 구조로 받아들인다.

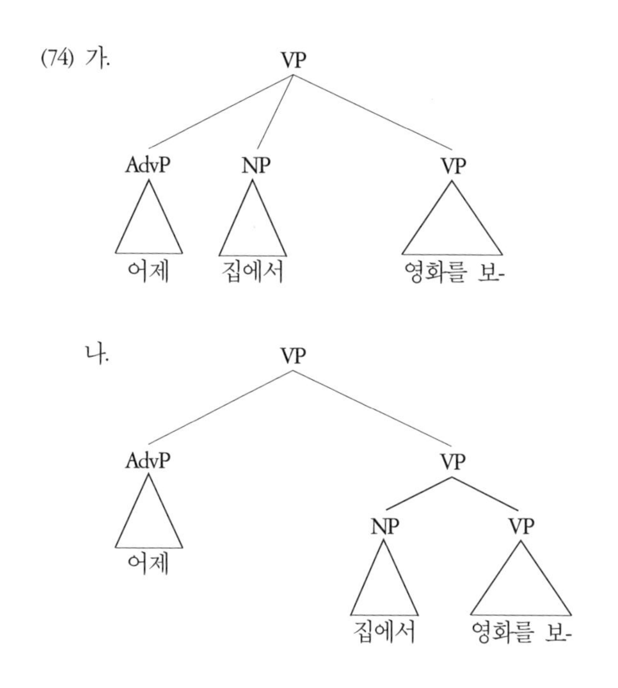

3.9. 마무리

이 장은 모어 화자의 문장에 대한 지식이 선형 정보에 그치지 않고 구조 의존적이라는 주장에서 시작했다. 그리고 구조 의존적일 경우 모어 화자가 구조에 대해 구체적으로 알고 있는 정보의 내용이 무엇인지, 그런 구조를 어떻게 파악하는지, 구조를 명시적으로 표현하는 방법에 어떤 것이 있는지, 그리고 구조를 토대로 한 관계에 어떤 것들이 있는지를 살폈다. 그리고 마지막으로 구조를 생성하는 기제로 구구조 규칙을 소개하는 한편 구구조 규칙의 문제점을 극복한 핵 계층 이론 및 구조에 대한 보편적 제약의 하나인 이분지 제약을 소개했다.

이 중 핵 계층 이론은 언어 지식의 보편적 원리 중 하나의 성격을 띠는데, 여러 언어의 연구 성과를 토대로 그 타당성이 잘 입증되어 있다. 그러나 한국어에 관한 한 핵 계층 이론이 아직 해결해야 할 문제점이 없는 것은 아니다. 한 예로 문장을 위한 구구조 규칙인 (63가)에는 핵 성분으로 볼 수 있는 표현이 여럿 있어 최대 투사 당 하나의 핵만을 허용하는 (68)에 안 맞는다. 그리고 명사구의 경우에도 필수적 성분은 아니나 핵으로 간주될 수 있는 조사가 여럿 나타날 수 있는데 그 경우를 핵 계층 이론의 관점에서 어떻게 처리할지 등이 문제될 수 있다. 이런 문제를 포함한 한국어 문장 및 명사구의 구조에 대한 논의가 다음 장에서 이루어진다.

4장_구구조 이론 2: 한국어 문장 및 명사구의 구조

앞 3장에서는 구구조 규칙과 핵 계층 이론을 비교하고, 그 중 어휘 범주에 대해서는 핵 계층 이론이 적용될 수 있음을 보였다. 그러나 조사와 어미와 같은 기능 범주에 대해서는 과제로 남겨 놓았는데, 특히 핵 성분으로 보이는 이들 성분이 하나의 최대 투사 안에서 여러 번 중첩되어 나타나는 경우에 대해서는 그 해결을 미루어 놓았다. 이 장에서는 바로 이러한 한국어의 기능 범주 요소들이 과연 핵 계층 이론에 부합되게 분석될 수 있는지에 대한 논의를 진행하도록 한다.

서구어에서는 굴절소로 실현되는 다양한 문법 범주가 한국어에서는 주로 조사와 어미로 실현된다. 다시 말해 조사와 어미가 문법 범주 실현에서 중추적인 역할을 담당한다. 조사는 체언과 결합하여 주로 격(case)의 문법 범주를 실현하고, 어미는 용언과 결합하여 일치, 시제, 양태, 문장 유형 등의 문법 범주를 실현한다. 이들 조사와 어미는 한국어 문장의 통사구조를 파악해내는 데 있어서 중요한 실마리를 제공하는바, 이 장에서는 핵 계층 이론의 관점에서 조사와 어미를 이해하는 방안을 마련하기로 한다.

4.1. 어휘 범주와 기능 범주

언어를 구성하는 어휘 항목은 크게 두 가지로 나누어 볼 수 있다. 하나는 어휘 범주(lexical category)이고, 다른 하나는 기능 범주(functional category)이다(2장 1절 참고). 어휘 범주는 실질적인 어휘 의미 내용을 갖는 항목을 말한다. 일반적으로 실질적인 의미 내용을 가지는 명사나 동사, 형용사, 부사 등의 부류가 이 항목에 포함된다. 어휘 범주는 일종의 개방 부류(open class)라고 할 수 있는데, 어휘 범주 항목은 사회가 변화하고 새로운 개념의 필요성이 생김에 따라 그에 해당하는 어휘 항목이 얼마든지 새롭게 만들어질 수 있기 때문이다. 가령 불과 몇 십 년 전만 하더라도 '누리집(internet)'이나 '분리수거'와 같은 단어가 존재하지 않았던 사실을 떠올리면 이를 쉽게 알 수 있다.

반면 기능 범주는 문법적인 정보를 나타내는 어휘 항목에 해당한다. 실질적인 어휘 의미를 나타내지는 않지만 문장의 구조를 이루는 데에 있어 필수적이고 중추적인 역할을 담당하며, 어휘 항목들을 특정 방식으로 결합시켜 하나의 구성체를 만드는 일종의 아교와 같은 기능을 담당한다. 또한 기능 범주는 한정성(definiteness), 특정성(specificity), 양태(modality), 시제(tense), 부정(negation) 등의 문법 범주를 실현하며, 이에는 일반적으로 지시사나 관사, 전치사와 후치사, 조동사, 부정소 등의 어휘 항목이 포함된다.

기능 범주는 어휘 범주와는 대조적으로, 새로운 어휘 항목이 좀처럼 만들어지지 않는 패쇄 부류(closed class)에 속한다. 각각의 언어는 그 문장의 뼈대를 결정하는 일정한 집합의 기능 범주에 속하는 항목이 있고, 이 집합은 고정되어 좀처럼 변하지 않는 속성을 가지고 있는 것이다. 가령 한국어는 성(gender)의 문법 범주가 발달되어 있지 않은 언어인데, 이러한 한국어에 여성에 대해 일치 자질을 나타내는 어미를 새롭게 도입하는 것은 상상하기 어렵다.

기능 범주가 문장을 구성하는 데에 있어 중추적인 역할을 담당하므로 통사론은 기능 범주를 일차적인 연구 대상으로 삼는다. 그렇다면 기능 범주에는 구체적으로 어떠한 어휘 항목들이 포함될 수 있는가? 이에 답하기 위해 아래 (1)의 문장들을 검토해 보기로 한다. 아래 문장에서 실질적인 의미 내용을 갖는 어휘 범주에 속하는 것들을 골라내면, 기능 범주에 속하는 것들을 쉽게 찾아낼 수 있을 것이다.

(1) 가. 철수가 그 밥을 먹더라.
나. 영이는 참 마음씨도 곱다
다. 철수와 영이는 아마 도착했겠다.
라. 철수가 책 다섯 권을 읽었니?
마. 봄이 되면 싹이 트고 꽃이 핀다.
바. 나는 철수가 왔음을 알았다.

일단 일차적으로 (1)의 한국어 문장들에서 명사나 동사, 부사 등의 실질적인 어휘적 관념을 나타내는 어휘 항목을 빼버리고 나면 조사와 어미들이 남게 된다. 이들 조사와 어미들은 문법 범주를 나타내거나 문장의 확장에 사용되는 등 기능 범주에 속하는 것으로 분류될 수 있다. 물론 (1가)의 지시사 '그'나 (1라)의 수관형사 '다섯', 분류사 '권' 등과 같이 판단하기 애매한 어휘 항목들도 나타나는데 이들에 대해서는 이후 이어질 3절에서 자세하게 논의하기로 한다.

한국어에서는 시제나 양태 등, 영어와 같은 언어에서는 단어의 자격을 가지는 조동사로 실현되는 문법 범주들이 의존성을 띤 어미로 실현된다. 영어에서는 문장의 확장이 'and', 'but'과 같은 접속사나 'if', 'whether'와 같은 보문소 등 자립적인 단어로 실현되지만, 한국어에서는 이 역시 의존적인 어미로 실현된다. 마찬가지로 명사구와 결합하여 장소나 방향, 시간 등을 나타내는 영어의 전치사는 단어이지만, 이에 대응하는 한국어 조사는 의존 형식에 속한다. 요컨대 기능 범주의 형태론적 실현은 한국어에서는 의존적인 조사나 어미로 실현되는데, 기능 범주의 형태론적 실현 양상은 언어마다 다를 수 있다.

한국어 조사와 어미의 목록을 대략적으로 제시하면 아래 (2), (3)과 같다.

(2) 한국어의 조사
가. 구조격 조사: -이/가, -을/를, -의
나. 의미격 조사: -에/에게/한테, -에서, -으로, -와/과 등
다. 보조사: -은/는, -도, -만, -조차, -부터, -까지 등
라. 접속 조사: -와/과, -하고, -이랑 등
마. 서술격 조사: -이다

(3) 한국어의 어미
가. 선어말 어미: -으시-, -았/었-, -겠-, -ㄴ/는-, -더-, -으리-, -으니- 등
나. 어말 어미
ⅰ. 종결 어미: -다, -아라/어라, -자, -구나, -어 등
ⅱ. 연결 어미: -고, -아, -게, -지, -지만, -거나 등
ⅲ. 전성 어미: -은/는, -던, -을, -음, -기 등

(2)의 조사 목록에서 구조격 조사는 특정 의미역에 관여한다기보다는 통사구조에 의해 주어지는 구조격의 실현으로서, 영어와 같은 언어에서는 명사의 굴절형으로 실현된다. 의미격 조사는 특정 의미역과 관련되며, 영어의 전치사에 대응된다. 보조사는 전제나 초점, 함축 등의 화용론적 의미를 실현하는 역할을 하며, 접속 조사는 명사구 접속에 사용된다. 학교문법에서 서술격 조사로 명명되는 '-이다'는 체언과 결합하여 서술어를 구성한다(8장 참고).

다음으로 (3)의 어미 중 선어말 어미는 높임법 일치, 시제, 양태 등을 실

현한다. 어말 어미 중 종결 어미는 평서문, 의문문, 명령문, 청유문 등 문장의 유형을 결정짓는 역할을 하고, 연결 어미는 문장을 접속하는 기능을 한다. 전성 어미는 문장을 내포하는 기능을 갖는다.

다음 2절과 3절에서는 이들 어미 및 조사와 관련하여 한국어 문장과 명사구의 구조에 대하여 자세히 살펴본다. 먼저 2절에서는 용언과 결합하지만 그 영향권이 문장 전체에까지 걸치는 어미에 대한 분석을 기반으로 한국어의 문장 구조에 대해 논의한다. 다음으로 3절에서는 체언과 결합하는 조사를 비롯하여, 수사와 분류사 그리고 지시사 등 명사구 구조 형성에 가담하는 여러 요소를 살피며 명사구의 기능 범주에 대해 논의한다.

4.2. 한국어 문장의 구조

한국어에서는 굴절소와 보문소가 어미로 실현된다. 이 절에서는 이들 어미들이 기능핵(functional head), 즉 기능 범주이면서 핵의 역할을 담당하는지, 그리고 한국어 문장은 대략 어떠한 구조를 가지는지 논의하기로 한다.

4.2.1. 한국어 어미와 기능핵 분석

어휘 범주 투사인 동사구 상위에 굴절소에 의한 기능 범주 투사가 이루어질 수 있다는 것은 핵-선행(head-initial) 언어의 경우 분명하게 관찰된다.[1)]

1) 핵과 보충어의 어순과 관련하여, 언어는 핵이 보충어에 선행하는 유형과 핵이 보충어에 후행하는 유형, 이렇게 두 가지 유형으로 나뉜다. 이 둘을 각각 "핵-선행 언어, 핵-후행 언어"라 하며, 때로 "선 핵 언어, 핵-초 언어", "후 핵 언어, 핵-말 언어"라고도 한다. 핵과 보충어의 어순에 변이(variation)가 존재하는 셈인데 이를 포착하기 위하여 핵 매개변인

이는 문장 내에 존재하는 일반 동사의 상대적인 어순에 의해 증명되는데, 예를 들어 불어와 영어는 일반 동사의 어순에 있어서 분명한 대조를 보인다.[2] 예를 들어 아래 (4)는 불어와 영어가 빈도 부사와 일반 동사 사이의 상대적인 어순에서 차이가 있음을 잘 보여준다.

(4) 가. Je mangé souvent des pommes.
　　　I eat often of.the apples
　나. She often eats apples.

(4가)의 불어 문장에서 일반 동사 'mangé'는 빈도 부사에 선행하는 위치를 차지하지만, (4나)의 영어 문장에서는 그 반대로 일반 동사 'eat'가 빈도 부사에 후행한다. 빈도 부사를 동사구 수식 부사어로 간주하면, 이러한 언어에 따른 어순 상의 변이는 중요한 연구 과제가 된다. 특히 (4가)의 불어의 경우, 일반 동사는 영어의 일반 동사보다 상대적으로 앞선 위치를 차지하는데, 이는 동사구 상위에 투사되는 기능핵의 존재를 암시해 준다.

구체적으로 말해 빈도 부사가 동사구에 부가되는 것으로 보면, 동사가 빈도 부사에 선행하는 불어의 어순은 동사가 상위의 기능핵 위치로 이동하는 것으로 설명 가능하다. 동사구 상위에 투사되어 시제와 일치를 담당하는 이 기능핵을 I라고 부르기로 한다.

(head parameter)을 설정한다. 매개변인은 일정한 범위 내에서의 변이를 가리키는바, 핵과 보충어의 어순은 핵-선행과 핵-후행 두 가지로 한정된다. 한국어는 핵 매개변인에서 핵-후행을 선택한 언어이므로 핵-후행 언어가 된다(이정훈 2012: 11장 1절 참고). 핵 매개변인을 포함하여 매개변인 전반에 대한 논의는 Baker(2001), Newmeyer(2005) 등 참고.

2) 일반 동사가 아닌 조동사는 이러한 차이를 보이지 않는다.

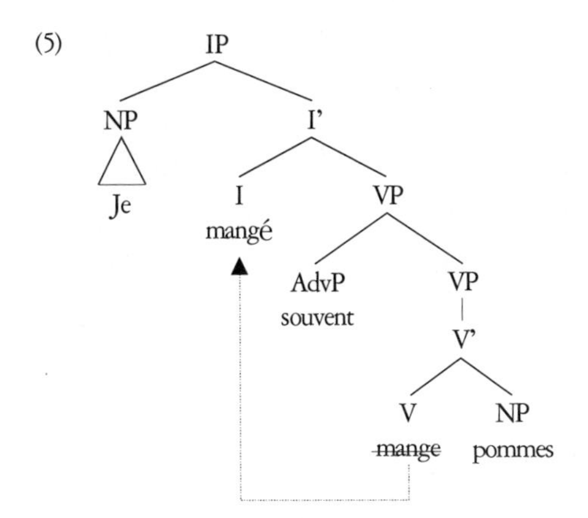

위 (5)의 구조에서 불어 동사 'mangé'는 기능핵 I로 이동하여, 빈도 부사에 선행하는 위치를 차지하게 된다.[3]

반면 영어의 동사는 이동하지 않고 제자리에 남는다. 대신에 시제와 일치를 나타내는 굴절 접사가 동사의 위치로 하강하는데 이를 접사 하강(affix lowering) 또는 접사 도약(affix hopping)이라고 한다.

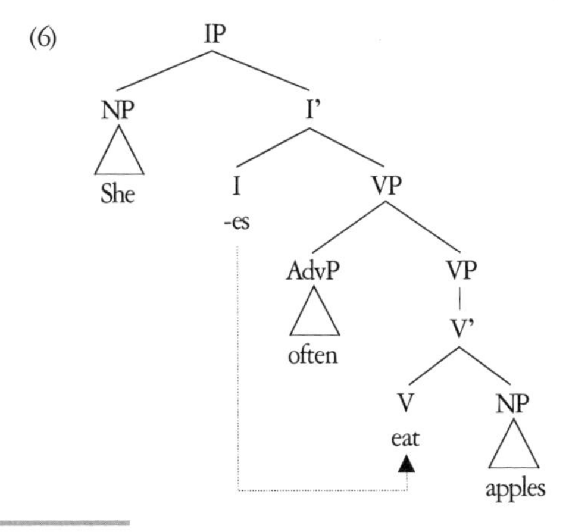

3) 앞서 3장 3절의 (29)에서 이동하는 성분의 원래 위치를 밑줄로 나타냈다. 밑줄 대신에 (5)에서 보듯이 취소선 표기를 사용하기도 하며, 그 밖에 'Ø'나 't'를 쓰기도 한다. 밑줄, 취소선, 'Ø', 't' 등은 모두 이동하기 전 위치가 음성적으로 비게 됨을 나타낸다. 자세한 논의는 10장과 12장 참고.

(6)의 구조에서 영어 동사 'eat'는 제자리에 있기 때문에, 빈도 부사에 후행하는 위치를 차지한다.

요컨대, 불어에서 동사는 시제와 일치를 나타내는 굴절 접사를 취하기 위하여 동사구 상위에 투사되는 기능핵 I로 이동하지만, 영어의 경우는 굴절 접사의 하강 절차를 겪어 문장의 어순이 도출된다. 이러한 도출 방식의 차이는 빈도 부사와 일반 동사 사이의 상대적인 어순 차이를 설명해 준다.[4)]

한편 한국어는 핵-후행(head-final) 언어로 굴절소에 해당하는 어미들이 동사 어간 뒤에 위치한다. 따라서 (4)~(6)에서처럼 동사와 부사의 상대적 어순에 기초하여 기능핵을 설정하는 논의가 한국어에 그대로 적용되지는 않는다. 어미 각각을 기능핵으로 상정해도 동사 이동 여부와 무관하게 부사는 항상 동사 앞에 위치할 것이기 때문이다.

그렇다고 해서 어미가 기능핵임을 지지하는 증거를 전혀 찾을 수 없는 것은 아니다.[5)] 가령 접속문에서의 시제소 영향권 해석은 시제소를 독립적인 핵으로 설정하게 하는 증거가 될 수 있다.

---

4) V가 I로 이동하는가, 아니면 I가 V로 하강하는가와 관련된 매개변인은 불어와 영어의 어순 차이를 설명해준다. 그렇다면 왜 어떤 언어에서는 V가 I로 이동할 수 있지만 다른 언어에서는 그럴 수 없는가? 이 질문에 대해 Pollock(1989)은 다음과 같은 답을 제시하였다. 불어의 일치소는 주어 명사구의 성, 수, 인칭에 대하여 형태론적으로 매우 발달되어 있는 반면 영어는 그렇지 않다. 그리고 형태론적으로 발달한 불어의 일치소는 의미역 부여에 투명한 반면, 영어의 일치소는 불투명하다. 이러한 상황에서 V가 I로 이동하면 불어에서는 별다른 이상이 발생하지 않는다. I에 포함된 일치소가 의미역 부여에 투명하기 때문이다. 하지만 영어는 사정이 다르다. 영어의 일치소는 의미역 부여에 불투명한바, V가 I로 이동하면 논항에 대한 의미역 부여에 이상이 발생하기 때문이다. 그래서 불어와 달리 영어에서는 V가 I로 이동할 수 없다. 참고로 여기서는 편의상 일치소 Agr과 시제 T가 함께 기능핵 I에 포함되는 것으로 간주하였는데, Pollock(1989)는 Agr과 T 각각을 독자적인 통사적 기능핵으로 분석하였으며, 나아가 기능핵 Neg도 제안하였다.

5) 어미가 독자적인 통사적 기능핵으로 다루어져야 한다는 인식은 한국어학의 초창기부터 있어 왔다. 그 일례로 ≪국어 문법≫(주시경, 1910)을 들 수 있다(김정대 2006 참고). 다만 이론적인 논의는 1980년대부터 본격화되었다(서정목 1988, 1993, 1994, 유동석 1995, 우순조 1997, 김용하 1999, 이정훈 2008 등 참고).

(7) 철수가 책을 사고 영이가 공책을 샀다.

위 (7)에서 후행절은 물론이고 선행절도 과거의 해석을 갖는데, 이는 후행절에 결합된 과거 시제소 '-았/었-' 때문이다. 그런데 만약 '-았/었-'이 어간과 분리된 독자적인 기능핵이 아니라면 위의 영향권 양상은 설명하기 어려울 것이다.[6] 다시 말해 영향권 해석 양상은 (7)이 동사구 접속 문장이며, 그 구조가 시제소가 어간과 분리되어 접속된 동사구를 보충어로 취하는 '[[[철수가 책을 사-]-고 [영이가 공책을 사-]]-았-]' 구조임을 의미한다. 그러면 후행절에 결합된 시제소는 선행절까지 그 성분-통어 영역으로 하여 선행절까지 포함하는 영향권 해석을 갖게 된다.

또한 용언 반복 구문도 어미가 어간과 분리되어 하나의 기능핵으로 처리되어야 한다는 주장에 대한 증거로 제시될 수 있다(11장, 최기용 2002, 이정훈 2013, 2014 등 참고).

(8) 박 선생님이 철수를 만나셨다.
　가. 박 선생님이 철수를 만나기는 만나셨다.
　나. 박 선생님이 철수를 만나시기는 만나셨다.
　다. 박 선생님이 철수를 만나셨기는 만나셨다.

(8가)는 일치소 '-으시-'와 시제소 '-았/었-'이 어간과 분리될 수 있음을, (8나)는 시제소 '-았/었-'이 분리될 수 있음을 보여주고 있다. 어간과 어미가 통사적으로 분리되어 있지 않다면 위와 같은 반복 현상을 설명하기 곤란할 것이다. 이렇게 한국어에서 어미가 어간과 분리되어 하나의 기능핵으로 설정될 수 있는 가능성을 보여주는 증거들이 존재한다.

한국어에서는 주로 용언에 어미가 결합하는 방식으로 문법 범주가 실

---

6) 한편 한국어의 굴절소를 분리하는 견해에 반대하는 Sells(1995)의 입장도 존재한다. Sells(1995)는 한국어의 활용형이 어휘부에서 형성된다는 입장을 취한다.

현되는데, 아래 (9)에서 보듯이 그 순서는 매우 고정된 양상을 보인다.

(9) 가. 하-시-었-겠-다
나. *하-었-으시-겠-다
다. *하-으시-겠-었-다

어미의 맨 앞에 주체 존대 선어말 어미 '-으시-'가 위치하고, 다음으로 시제 선어말 어미 '-았/었-', 그 다음으로는 추측을 나타내는 선어말 어미 '-겠-', 마지막으로 평서의 문장 유형을 나타내는 어말 어미 '-다'가 위치한다. 이러한 순서는 고정되어 서로 뒤바뀔 수 없다. 이러한 고정적인 어미의 실현은 한국어 문장 구조 분석에 중요한 실마리를 제공해 준다.[7)]

4.2.2. 한국어의 일치소: '–으시/Ø–'

영어나 불어를 비롯한 인구어에서는 동사에 주어나 목적어와 일치하는 일치소가 실현된다. 그렇다면 한국어는 어떠한가? 한국어 일치소의 가능한 후보로서 제일 먼저 떠오르는 것은 주체 존대 선어말 어미 '-으시-'를 들 수 있다.

그러나 '-으시-'를 일치소로 분석하는 데에는 몇 가지 어려운 문제가 존재한다. 인구어에서는 주어의 파이 자질(Ø-feature), 즉 성, 수, 인칭 자질에

---

7) 유동석(1995:34)에서는 (9)와 같은 어미 실현 양상을 기반으로 한국어 문장의 기능 범주를 아래 (i)과 같이 제시하였다. 즉 '-으시-'로 실현되는 일치소구 AGRsP와 시제를 나타내는 시제소구 TP, 추측 등을 나타내는 양태소구 혹은 서법소구 MP, 문장의 유형을 결정짓거나 명사절이나 관형절 내포에 가담하는 보문소구 CP 등의 네 가지 기능 범주를 설정하였다.

(i) 가. 일치소(주어 일치소, AGRs): -으시-
나. 시제소(T): -았/었-
다. 양태소 또는 서법소(M): -겠-
라. 보문소(C): -다, -아라/어라, -자, -냐, -음, -기, -은, -을 등

일치하여 동사가 변화하는 양상을 보인다. 그런데 한국어의 '-으시-'는 기본적으로 이러한 파이 자질에 대한 일치 형태가 아니라 주어의 높임 자질에 대한 일치이기 때문에, 근본적으로 인구어의 그것과는 그 성격을 달리 한다. 높임 자질은 대인적, 사회적 관계에 따른 화용론적 자질이므로 이와 관련된 '-으시-'를 명사구의 통사론적 파이 자질과 일치하는 기능 범주로 보기 어려운 것이다. 가령 주어의 파이 자질에 대한 일치가 이루어지지 않아 명백히 비문법적인 아래 영어 문장 (10)에 대하여, (11)의 한국어 문장이 과연 통사론적으로 비문법적인 것인지는 논란의 여지가 있을 수 있다.

(10) 가. *He sing a song.
나. *They sings a song.

(11) 가. *할아버지께서 노래를 불렀다.
나. *할머니께서 집에 왔다.

(10)의 영어 문장은 일치소가 바르게 실현되어 있지 않기 때문에 분명하게 비문법적이다. 반면 (11)의 한국어 문장에서 주어는 높임 자질을 가지고 있는 것이지만 '-으시-'가 실현되어 있지 않다. 이렇게 높임 자질 일치가 일어나지 않는다고 하더라도, 과연 (11)의 문장이 통사론적으로 비문법적인 것인가의 여부를 판단하는 것은 쉽지 않아 보인다.

또한 어미 '-으시-'가 주어 이외의 대상을 높이기 위해 사용되는 것처럼 보이는 예문들이 존재한다는 사실 역시 '-으시-'를 일치소로 보는 시각에 어려움을 야기한다. 가령 주격 중출 구문에서 '-으시-'가 간접 존대의 기능을 발휘하는 경우는 표면적으로 '-으시-'가 주어 일치로 사용되는 것으로 보이지 않는다.

(12) 가. 할아버지께서 손이 크시다.
나. 어머님이 마음이 인자하시다.

위 (12)에서 주어 '손'이나 '마음'은 높임의 대상이 아니다. 그럼에도 불구하고 '-으시-'가 실현되어 있는데, 이 '-으시-'는 주어가 아닌 '할아버지', '어머님'과 일치하는 것으로 파악된다.[8)]

간접 존대 현상 외에 계사 구문도 독특한 모습을 보이는데 아래 (13)에서 보듯이 계사 구문에서 '-으시-'는 계사 바로 앞에 오는 성분과 일치할 수 있다(유동석 1995, 이정훈 2004, 2008 등 참고).

(13) 가. 이것이 아버님의 유품이시다.
나. 된장국은 언제나 그분이시다.

위 (13)에서 '-으시-'는 주어에 일치되어 실현되는 것이 아니라, 높임 자질을 가진 서술 명사구 '아버님의 유품', '그분'에 일치되어 실현되는 것으로 보인다. 이렇게 주어에 의해서만 높임 자질의 일치가 나타나는 것이 아닌 것으로 보이는 현상들은 '-으시-'를 일치소로 설정할 수 있는 근거를 약화시킨다.

요컨대 '-으시-'의 실현은, 추가적인 설명을 요하는 현상들이 있기는 하나, 주어의 높임 자질에 일치하여 실현되며, 인구어에서와는 달리 주어 명사구의 성, 수, 인칭 자질에 대하여는 민감하지 않다. 이를 바탕으로 한국어에는 일치소가 존재하지 않는다고 결론내릴 수도 있다. 그러나 이와는 상반적인 견해도 가능하다. 만약 일치소의 존재는 보편적인 원리이지만, 일치소에 관여하는 구체적인 자질을 매개변인으로

8) 물론 3장 1절에서처럼 주어를 의미적 주어와 문법적 주어의 두 차원에서 파악하고, 이 중 문법적 주어가 '-으시-' 일치에 참여하는 것으로 보면 (12)의 예들도 '-으시-'와 주어, 즉 문법적 주어가 일치하는 사례에 해당한다. 이에 대해서는 곧이어 논의한다.

처리하는 입장을 취한다면, 한국어에도 일치소를 설정할 수 있는 가능성이 열리게 된다. 다시 말해 보편 원리에 따라 한국어에도 인구어와 마찬가지로 일치소가 존재하지만, 매개변인의 관점에서 한국어 일치소의 자질은 인구어의 파이 자질과 달리 높임 자질이라고 간주하는 방식이다(유동석 1995, 이정훈 2008, 최기용 2009 등 참고).9) 이러한 방식을 따르면 한국어의 일치는 통사구조적으로 아래와 같이 나타낼 수 있다.

(14)

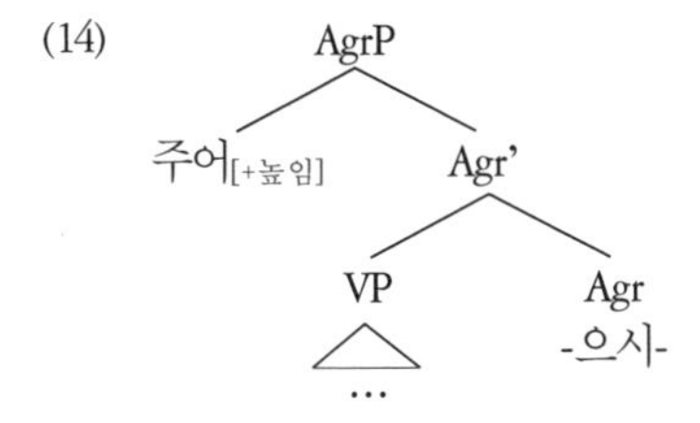

이러한 관점에서 (12)와 (13)으로 돌아가 보기로 한다. 이들 예문은 '-으시-'가 주어 이외의 성분의 높임 자질에 의하여 실현되는 것으로 보이는 것들이었다. 그러나 이러한 현상들을 전혀 설명할 수 없는 것은 아니다.

(12)의 간접 존대 현상을 설명하기 위한 방법 중의 하나는 주격 중출 구문에 나타나는 제일 주어는 문법적 주어로 일치소구의 명시어 위치에, 제이 주어는 의미적 주어로 동사구 안에 위치하고 있는 것으로 분석할 수 있다. 제일 주어의 높임 자질과 '-으시-'가 일치하는 것으로 보는 것이다. 이는 아래 (15)와 같은 구조로 나타낼 수 있다.

---

9) 또한 한국어의 일치소는 주격 실현에도 깊이 관여한다는 주장이 있는데(유동석 1995, 김용하 1999, 최기용 2009 등), 이에 대해서는 8장의 논의 참고. 더불어 다양한 '-으시-' 일치 현상을 통사적으로 해명한 논의로는 유동석(1995), 이정훈(2008) 등 참고.

(15)

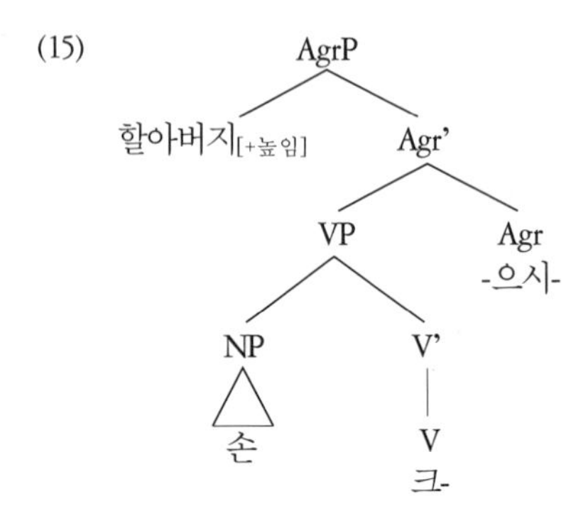

또 다른 설명 방법은 '손'과 '할아버지'가 기저에서 하나의 성분을 이루는 것으로 보고, '할아버지'의 높임 자질을 상위 주어 명사구 '할아버지 손'에 삼투시키는 방법이 있다. 이에 따르면 삼투에 의해 주어 명사구 '할아버지 손'이 높임 자질을 지니게 되므로 '-으시-'와 일치할 수 있게 된다.[10] 어쨌든 간접 존대 현상은 '-으시-'가 주어 일치소라는 것을 부정할 수는 없다.

다음으로 (13)의 예문을 살펴보기로 한다. (13)을 설명하는 한 가지 방법은 해당 예문의 심층구조를 아래 (16)으로 보는 것이다. (16)에서 '아버님의 유품'과 '그분'은 주어 위치를 차지하므로 '-으시-' 일치가 가능하다.

(16) 가. [아버님의 유품은 이것]이시다.
　　 나. [그분은 언제나 된장국]이시다.

그런데 (16)과 (13)의 어순이 다른바, 이를 위해서는 (16)에 이동 규칙이 적용되어야 한다. 즉, 이동 규칙에 의해 기조구조의 '이것'과 '된장국'이 문장의 앞으로 이동하면 (13)의 어순이 나타나게 된다(유동석 1995 참고).[11]

10) 물론 '할아버지'가 주격을 취하는 문제가 남는데, 이에 대해서는 8장 2절 참고
11) 또 다른 설명 방법도 가능하다. 예를 들어 (13)에서 '아버님의 유품'과 '그분'이 이동에 의해 '-으시-'와 결합함으로써 일치가 가능한 것으로 보는 방법이 있다(이정훈 2004,

요컨대, 주어 이외의 성분을 높이기 위해 사용되는 것으로 보이는 '-으시-'도 '-으시-'가 높임 자질을 가진 주어에 일치되어 실현된다는 일반화를 부정할 수 있을 만큼 강력한 것은 아니라고 볼 수 있다.

4.2.3. 한국어의 시제소: '–았/었–'

다음으로 한국어의 시제소 설정에 대하여 논의해 보기로 한다. 시제소 '-았/었-'이 하나의 독립적인 기능핵으로 설정될 수 있는 증거로 앞서 (7)에서 보았던 영향권 해석을 들 수 있다. 즉 선행절까지 '-았/었-'의 성분-통어 영역에 들어오게 하기 위해서는 과거 시제소 '-았/었-'이 동사구 상위에 기능핵으로 설정되어야 한다.

이외에도 아래 (17)의 부정 극어 인허 양상 역시 시제소를 기능핵으로 설정하게 하는 증거로 작용한다.

(17) 가. 아무도 밥을 먹고 치우지 않았다.
　　나. *아무도 밥을 먹었고 치우지 않았다.

위 (17)은 선행절의 시제소 유무에 따라 부정 극어 인허 여부가 달라지고 이에 따라 문장의 문법성이 달라지는 현상을 보여준다. 이러한 현상은 시제소구를 설정함으로써 설명할 수 있다. 즉 선행절에 시제소가 없는 (17가)의 경우는 동사구의 접속으로, 시제소가 있는 (17나)의 경우는 시제소구의 접속으로 보는 것이다. 부정소가 동사구보다는 상위에, 시제소구보다는 하위에 오는 것이라고 한다면, (18가)에서 보듯이 (17가)는 동사구 접속 구조로서 부정소에 의하여 부정 극어 '아무도'가 성분-통어되므로 부정 극어가 인허되지만, (18나)에서 보듯이 (17나)는 시제소구 접속 구조로

2008 참고).

서 부정소에 의하여 '아무도'가 성분-통어되지 못하므로 부정 극어가 인허될 수 없다.[12] (18)에서 생략된 주어와 목적어는 '…'로 표시한다.

(18) 가. [$_{NegP}$ [$_{VP}$ [$_{VP}$ 아무도 밥을 먹고] [$_{VP}$ … 치우지]] 않-]-았다.
　　 나. *[$_{TP}$ [$_{TP}$ 아무도 밥을 먹었고] [$_{TP}$ … 치우지 않았-]]-다.

이러한 증거는 한국어에 시제소구의 설정을 가능하게 한다.

4.2.4. 한국어의 부정소: '안'

부정소 '안'은 전통적으로 성분 부사의 일종인 부정 부사로 처리되어 왔다.[13] 그러나 부정 부사 '안'은 다른 일반적인 부사와는 구분되는 면모를 보인다. 일단 다른 부사와는 달리 그 위치 제약이 심하여, '안'과 동사 사이에 다른 요소가 끼어들 수 없다. 또한 문장 전체에까지 미치는 영향권 해석을 가지며, 부정 극어를 허용하는 능력을 갖는다. 이러한 특성은 부정소를 위한 기능핵 설정을 요구하는 것으로 보인다.

(19) 가. 교수님이 노래를 빨리 부르신다.
　　 나. 교수님이 빨리 노래를 부르신다.

---

12) 이러한 설명이 가능하려면 '않-'을 부정소 Neg로 간주해야 하는데, 이에 대한 본격적인 논의는 상당한 수준을 요구한다. 이에 구체적인 논의는 유보한다. 이와 관련하여 최기용(1993), 유동석(1995), 박정규(1996), 홍용철(1998), 김대복(2004) 등 참고.

13) 한국어에는 주지하듯이 단형 부정과 장형 부정이 존재한다. (i가)의 단형 부정 형태는 동사 앞에, (i나)의 장형 부정 형태는 연결어미 '-지' 뒤에 실현된다. 장형 부정 형태에 대한 분석은 독자의 생각해 볼 거리로 돌리기로 하고, 이 장에서는 단형 부정 형태에 대한 논의에 집중한다.

(i) 가. 교수님이 수업을 안 하시었다.
　 나. 교수님이 수업을 하시지 않았다.

(20) 가. 교수님이 노래를 안 부르신다.
　　나. *교수님이 안 노래를 부르신다.

(21) 가. 아무도 안 왔다.
　　나. *아무도 왔다.

위 (19)에서 양태 부사 '빨리'는 목적어 뒤에도 위치할 수 있고 앞에도 위치할 수 있다. 그러나 (20)에서 부정 부사 '안'은 그 위치가 심히 제약되어 동사 앞에만 위치한다. 또한 (21)에서처럼 부정 부사 '안'은 동사 앞에 위치하지만 주어로 쓰인 부정 극어를 인허하는바, 이는 부정 부사 '안'이 문장 전체에 걸치는 영향권을 가진다는 것을 의미한다.

그런데 부정소 '안'을 기능핵으로 분석하는 데에는 몇 가지 어려움이 존재한다. 먼저, 부정소 '안'은 자립 형식으로서 의존 형식인 일반적인 선어말 어미와는 다른 성격을 띤다. 또한, 핵-후행 언어인 한국어에서 부정소 '안'은 동사에 선행하는 위치를 차지하기 때문에, 구조적으로 예측되는 어순과도 맞지 않는다. 구체적으로 부정소구가 동사구의 상위에 투사된다고 한다면 구조적으로 부정소가 동사에 후행할 것이 예측되는데, 이렇게 예측되는 어순이 실제 어순과 맞지 않는 것이다. 부정소 '안'이 부정소구 NegP를 투사한다면 아래 (22)와 같은 구조로 나타낼 수 있을 것이다.

(22)

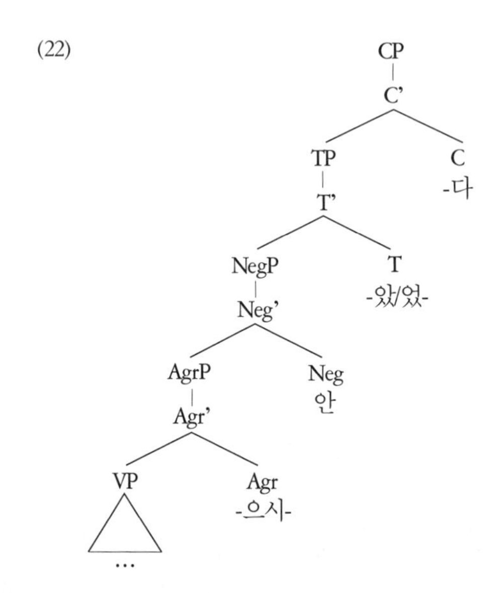

위 (22)의 구조에서 부정소구는 일치소구를 관할하며 시제소구는 부정소구를 관할한다. 이 기본 구조에서 올바른 어순을 도출해 내는 데에는 적잖은 어려움이 도사리고 있다. 가령 '안 하시었다'의 어순을 위해서는 동사가 Agr을 거쳐 Neg를 건너뛰고 T로 간 다음에 C로 이동해야 하는데,[14] 이러한 이동은 핵 이동 제약(head movement constraint, 10장 9절 참고)을 어긴다는 문제점이 있다. 핵 이동 제약이란 핵 이동에 있어서 특정 핵이 인접한 상위 핵을 건너뛰어 그 다음 핵으로 이동할 수 없다는 제약이다.

한편 부정소에 독립적인 기능핵 지위를 부여하는 (22)의 분석에 대안적으로 부정소가 동사에 핵 부가되는 구조를 상정해 볼 수 있다(서정목 1993, 홍용철 1998 등 참고). 이는 아래 (23)의 구조로 나타낼 수 있다.

14) 어떤 핵은 또 다른 핵으로 이동할 수 있다. 앞서도 이러한 이동을 언급했었는데, 이러한 이동을 이동 중에서도 따로 핵 이동이라고 한다. 자세한 사항은 10장 6절 및 11장 4절 참고.

(23)

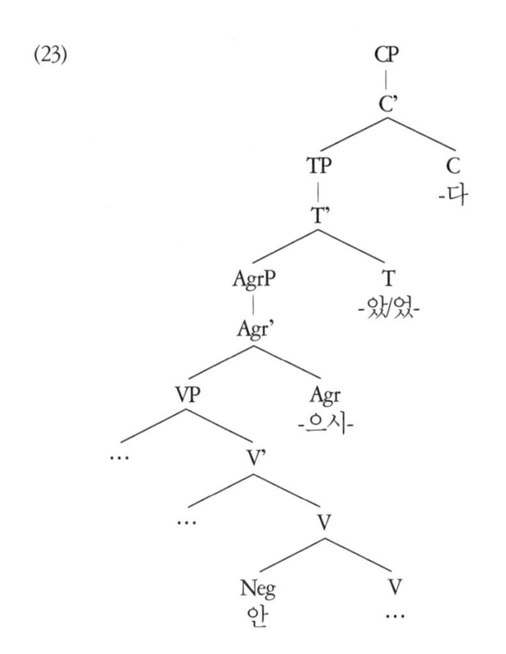

(23)의 구조는 핵 이동 제약을 어기지 않고도 '안 하시었다'의 올바른 어순을 도출해 낼 수 있다는 장점을 갖는다. 다만 이 구조가 성립하려면 핵이 보충어를 취하기 전에 부가어와 결합할 수 있다고 해야 하는데 이러한 것이 가능한지는 논란의 여지가 있다.

지금까지 한국어에서의 부정소구 설정에 관하여 논의하였다. 한국어 부정소 '안'은 어미와는 다른 어순과 성질을 가지고 있기 때문에, 부정소구 설정을 어렵게 한다. 부정소구의 언어 보편적인 특성을 존중하여 (22)를 따르되, '안'이 그 자립적인 형태론적 특성 때문에 '-으시-' 뒤에 결합하지 않고 동사 앞에 나타나는 것으로 가정해 볼 수 있으나 이에 대해서는 따로 논의하지 않는다. 이 책에서는 어순에 문제가 없는 (23)의 부정소 핵 부가 분석을 채택한다.

4.2.5. 한국어의 보문소

보문소 C는 문장 유형을 결정하거나, 접속과 내포에 관여하여 문장을 확장시키는 역할을 하는 것으로 학교문법의 종결 어미, 연결 어미, 전성 어미에 해당한다.

한국어에서 종결 어미는 모든 어미의 뒤에 출현하고 문장 유형을 결정하는 속성이 있으므로 C로 설정하여도 별 무리가 없어 보인다.

(24)

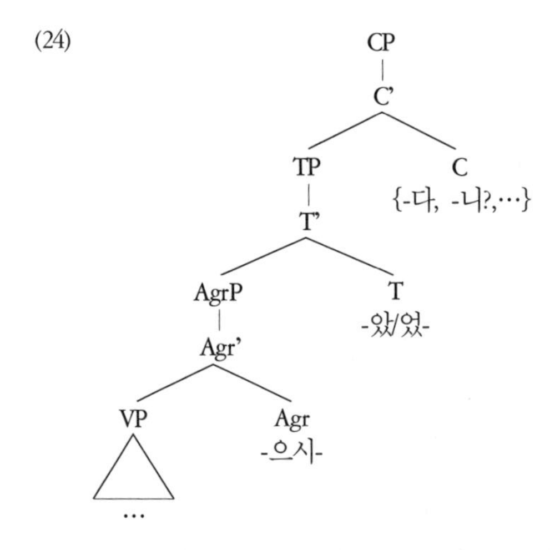

문제가 되는 것은 선어말 어미의 실현에 제약을 보이는 접속과 내포에 관여하는 어미들로서 연결 어미와 전성 어미가 이에 해당한다. 이들 어미들은 구조적으로 최상위에 투사되는 CP보다 하위에 투사되는 일치소나 시제소 등의 형태를 모두 허용하지는 않는다. 예를 들어 내포문이나 접속문에 시제 어미 제약이라든가 양태 어미 제약 등이 작용한다는 것은 널리 확인된 사실이다.

접속과 내포에 관여하는 어미는 선어말 어미 출현의 제약 양상에 따라 크게 네 가지로 분류된다(유동석 1995:38 참고).

(25) 가. 하시었겠고, 하시었겠음
나. 하시었(*겠)기
다. 하시(*었)(*겠)도록/게 (하다)
라. 하(*시)(*었)(*겠)어/고 (보다)

(25가)의 연결 어미 '-고'나 명사화 어미 '-음'과 같은 유형은 선어말 어미 결합 제약이 없는 것이다. (25나)의 '-기'는 양태를 나타내는 선어말 어미를 제약한다. (25다)의 '-도록'과 같은 유형은 일치소의 출현은 허용하지만, 시제 어미나 양태의 선어말 어미는 허용하지 않는다. 마지막으로 (25라)의 보조 용언과 결합하는 '-어'나 '-고' 유형은 모든 선어말 어미의 출현을 제약하는 유형이다.

이러한 선어말 어미 출현 양상을 포착하기 위해서는 연결 어미와 전성 어미들이 그것이 보충어로 취하는 구의 크기에 차이가 있음을 인정할 필요가 있다. 즉 (25나) 유형의 어미들은 시제소구를, (25다) 유형의 어미들은 일치소구를, (25라) 유형의 어미들은 동사구를 보충어로 취하는 것으로 분석하는 것이다. 예를 들어 (25다)의 '-도록'의 경우, 어미 '-도록'이 일치소구를 보충어로 취하는 아래 (26)의 구조를 상정할 수 있다. '-도록'의 범주는 편의상 F로 나타낸다.

(26)

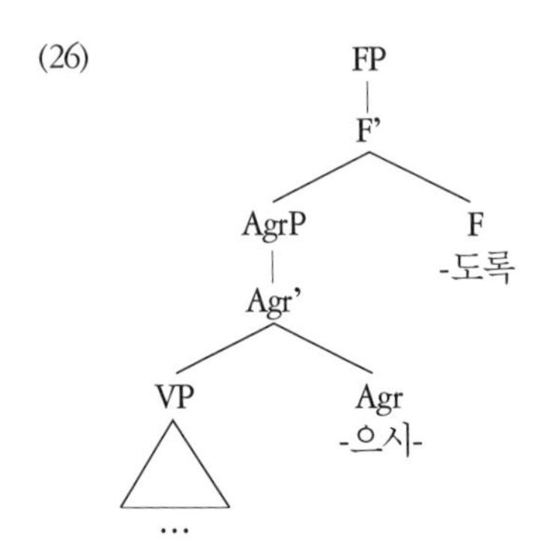

위와 같은 구조를 바탕으로 연결 어미 '-도록'은 일치소구의 지위를 갖는 성분을 후행절에 접속하는 역할을 하는데, 이는 접속이나 내포의 통사적 층위가 어미의 유형에 따라 달라질 수 있음을 함의한다(박소영 2004 참고). 이를 단적으로 뒷받침하는 예는 부정 극어 인허 양상과 관련된다. 선어말 어미 결합 제약이 없는 (25가)의 '-고' 유형은 선행절의 부정 극어가 후행절에 실현된 부정소에 의해 인허될 수 없는 반면, (25나)의 '-도록' 유형은 동일한 상황에서 인허될 수 있다.

(27) 가. *[철수는 아무 것도 먹었고] 영이는 물을 마시지 않았다.
　　나. 철수는 아이에게 [아무 것도 먹도록] 하지 않았다.

위 (27)에서 보이는 대조는 (27나)의 '-도록'에 의해 접속되는 선행절에 시제소와 같은 기능 범주가 온전하게 투사되지 않음을 보여준다. 다시 말해 '-도록' 접속절은 기능핵 투사가 충분히 이루어지지 않는 작은 절적 지위를 갖는다.

4.2.6. 정리

지금까지 이 절에서는 한국어 어미 실현과 관련한 굴절적 기능 범주의 설정 문제에 대하여 살펴보았다. 한국어에서 어미는 일정한 순서로 실현되며, 이는 문장의 계층적인 기능 범주 위계에 대한 실마리를 제공한다. 한국어의 일치소구는 높임 자질을 나타내는 선어말 어미 '-으시-'로 설정할 수 있는 것으로 분석하였다. 시제소구는 '-았/었-'에 의하여 실현된다. 부정소 '안'은 부정소구 설정에 어려움이 있음을 지적하였다. 문장 유형을 결정짓는 종결 어미는 보문소로 분석될 수 있었으나, 선어말 어미 결합에 제약이 있는 연결 어미와 전성 어미는 보충어로 취하는 구의 크기에 차이가 있음을 논의하였다. 부정소 '안'을 제외하고 독립적인 기능핵을 이루는 일치소, 시제소, 보문소를 포함하는 한국어 문장의 구조를 예시하면 아래 (28)과 같다.

(28)

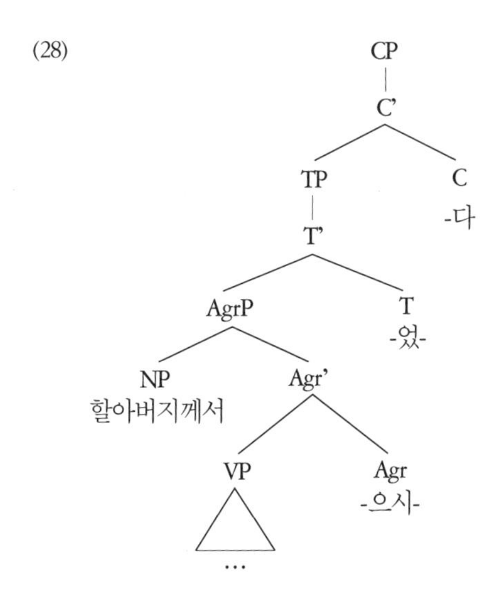

위 (28)의 구조에서 동사구 상위에 일치소구, 그 상위에 시제소구, 가장 위에 보문소구가 실현되어 있다. 주어 '할아버지께서'는 일치소구의 명시어 위치를 차지한다.[15] 이상으로 한국어 문장 구조에 대한 논의는 마무리하기로 하고, 다음 절에서는 한국어 명사구의 구조를 살펴보기로 한다.

4.3. 한국어 명사구의 구조

4.3.1. 명사구 기능핵의 설정

지금부터는 명사구 구조로 시선을 돌려, 명사구와 관련한 기능 범주와 그 위계 문제에 대하여 논의하기로 한다. 아래 (29)에서 목적어 명사구를 구성하는 요소를 살펴보기로 하자.

(29) 철수는 [영이의 그 사진 두 장을] 간직하고 있었다.

위 (29)의 괄호 친 목적어 명사구에서 실질적인 의미를 갖는 명사 '영이'와 '사진'을 제외하면, 속격 조사 '-의', 지시 관형사 '그', 수 관형사 '두', 분류사 '장', 대격 조사 '-을'이 남는다. 이들은 실질적인 어휘 의미보다는 문법 범주를 실현하고 있다. 이 절에서는 명사구 형성에 가담하는 이들 기능 범주들이 어떤 식으로 분석되는지, 그리고 한국어 명사구의 구조는 어떠한지의 문제를 살피기로 한다.

영어를 비롯한 인구어에서 명사구 관련 기능 범주로 대표적인 것으로는 관사를 들 수 있다.[16] 관사는 전통적으로 아래 (30)에서처럼 명사구의

15) AgrP와 TP를 구분할 필요가 없을 때에는 IP로 표시한다. 한편 의미역 이론을 고려하면 (5장 참고), '할아버지께서'는 심층구조에서 VP 내에 있다가 표층구조에서 AgrP의 명시어 자리로 이동한 것으로 보는 것이 타당하다.

명시어 위치를 차지하는 것으로 분석되어 왔다.

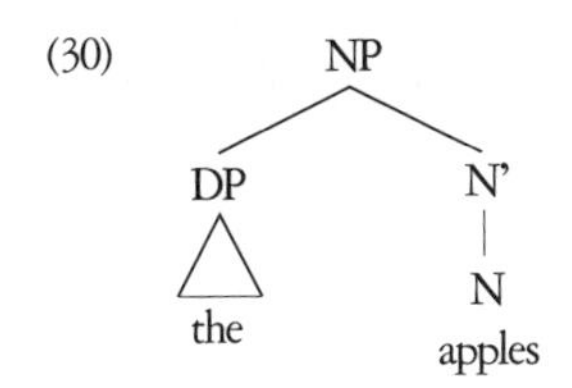

즉 'the apples'는 명사구의 최대 투사를 이루며, 관사 'the'는 NP 명시어로 실현된다.

그러나 위 (30)의 구조는 문제가 있다. (30)에서 명사구의 명시어 위치를 차지하는 DP는 통사적 지위가 최대 투사인데, 실제 관사는 구로 확장되지 않기 때문이다. 단적으로 하나의 명사구에는 오직 하나의 관사만이 허용된다.

(31) 가. *the that student
　　나. *my the that student

위 (31)에서처럼 관사는 중복하여 쓸 수 없다는 특성을 가진다. 이는 관사가 구적인 성분이라기보다는 하나의 핵에 해당한다는 것을 보여주는 것이다. 또한 관사는 그 순서가 엄격히 고정되어 있다.

(32) 가. the nice new car

---

16) 관사는 명사의 한정성(definiteness), 혹은 지시성(referentiality)을 나타낸다(Szabolcsi 1987, Longobardi 1994, Li 1999, Borer 2005a 등 참고). 관사는 속성적인 명사의 의미, 즉 형식의미론의 <e,t> 의미 유형을 특정 개체를 지시하는 의미, 즉 <e> 의미 유형으로 전환하는 기능을 한다. 가령 영어에서는 명사구가 문장의 논항으로 쓰이기 위해서는 특수한 경우, 즉 물질 명사, 복수 명사의 경우를 제외하고는 이러한 관사가 의무적으로 동반되어야 한다.

(i) 가. I like *(an, the) apple.
　　나. I saw *(a, the) man.

나. *nice the new car

다. *nice new the car

위 (32)에서 예시하듯이 관사는 모든 명사 수식 성분에 선행하여야 하는 위치 제약을 갖는다. 이러한 관사의 통사적 특성은 (30)과 같은 통사구조로는 제대로 포착할 수 없다.

이에 Abney(1987)는 관사가 기능핵으로서 그 자신의 투사를 이끄는 아래 (33)과 같은 DP 가설을 제안하였다. 이에 따르면 이전에 NP 명시어 위치를 점유하던 관사는 더 이상 NP의 일부가 아니라, DP의 핵으로서 NP를 보충어로 취하는 통사적 지위를 갖게 된다.

(33)

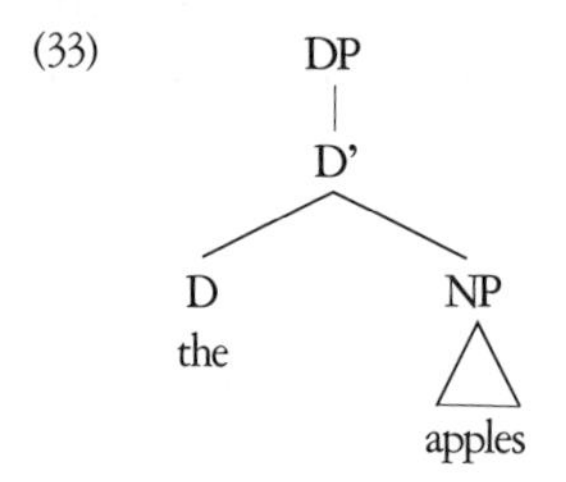

위 (33)의 구조에서 'the apples'는 NP가 아니라 최대 투사 DP이며, 위에서 언급했듯이 관사 'the'는 DP의 핵 D로서 보충어로 NP를 취하는 구조를 갖는다.

관사를 기능핵 D로 하는 DP 구조는 아래 (34) 속격 명사구의 구조를 잘 나타낼 수 있다.

(34) 가. the student's bag

나. *the student's the bag

속격은 (34)에서 보듯이 관사와 상보적 분포를 보인다. 일반 언어학적으로 상보적 분포를 보이는 두 요소는 원래 동일한 것의 다른 형태 실현으로 간주된다. 즉 속격 '-'s'와 관사 'the'가 하나의 동일한 통사 위치를 두고 경쟁하기 때문에 둘 다 실현될 수는 없고 어느 하나만 실현될 수밖에 없다는 것이다. 구체적으로 'the'가 핵 D의 위치를 차지한다고 하면, 속격 '-'s'도 역시 동일한 핵 D의 위치를 차지하는 것으로 해석된다. 이 때, 소유주는 DP의 명시어 위치를 점유하여, (34가)는 (35)와 같이 분석된다.

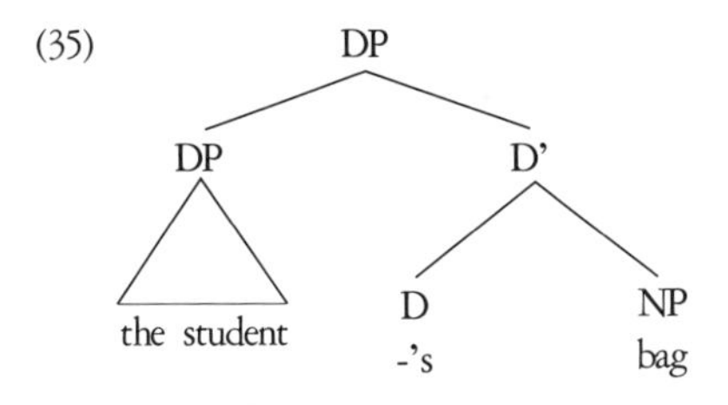

한편 한국어는 영어를 비롯한 인구어와는 달리 관사가 없는 무관사 언어이다. 따라서 명사구 기능핵 D의 설정 가능성 여부나 명사구의 구조적 형상이 인구어와는 다를 것으로 짐작된다. 더욱이 한국어 명사구에는 조사가 부착되는데, 이렇게 명사구에 결합하여 명사구의 확장에 가담하는 조사가 과연 구조적으로 어떠한 지위를 가지는가에 대한 문제에도 여러 논란이 있을 수 있다. 다음에서는 이에 대하여 살펴보기로 한다.

4.3.2. 한국어의 조사

한국어 명사구에 결합하는 일차적인 요소로 조사를 들 수 있다. 조사는 문장 내의 문법적 관계 개념이나, 전제나 초점과 같은 화용론적 개념을 나타낸다. 이러한 조사의 구조적 처리에 대한 보다 자세한 논의는 7장과 8장의 격 이론에 대한 논의에서 다루기로 하고, 이 장에서는 핵 계층 이론에 따른 조사의 처리 방법, 즉 구조격 조사와 의미격 조사 그리고 보조사의 구조적 표상에 대하여 논의하기로 한다.

조사는 명사구에 결합하는데 이들 조사가 독립적인 기능핵으로 기능한다고 보면, 아래 (36)과 같은 구조를 상정할 수 있을 것이다. 이 구조에서 조사는 명사구 NP를 보충어로 취하며 투사한다. 조사의 통사범주는 K로 나타낸다.

(36)

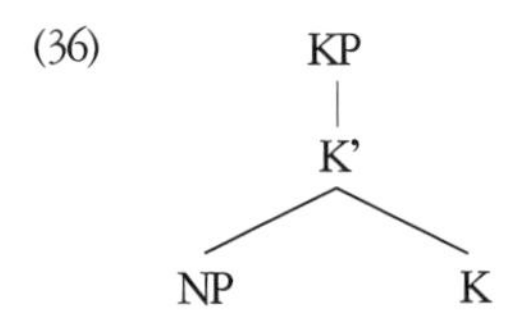

위 (36)의 구조에서 조사 K는 기능핵으로서 투사하여 최대투사 KP를 형성하며, 이는 핵 계층 이론이 제공하는 구조와 부합한다[17].

그런데 한국어에서는 격조사의 유형에 따른 고정적인 어순 관계가 존재한다. 가령 격조사 중첩의 경우, 일반적으로 의미격 조사는 구조격 조사에 선행하는 어순을 보인다. 또 보조사는 의미격 조사에 후행한다(이정훈 2005,

---

17) 구조격과 의미격을 기능핵으로 분석하되, 구조격 조사는 D로 보고(H. -D. Ahn 1988, 목정수 1998, 김용하 1999, 2009), 의미격 조사는 후치사 P로 보는 견해가 있다. 구조격 조사를 D로 간주하면 조사의 특정성 효과를 포착할 수 있게 된다. 예를 들어 (i)에서 구조격 조사 '-가'가 실현되지 않은 (i가)는 비한정 불특정 해석을 가지는 반면 '-가'가 실현된 (i나)는 특정적(specific) 해석을 가지며, 또한 특정적 해석을 가지는 대격 조사가 실현된 (ii 가)에 대해 조사가 실현되지 않는 (ii나)는 비문법적인데, 이러한 해석적 특성은 구조격 조사가 D임을 지지한다. 그러나 구조격 조사를 D로 보는 견해에 아무런 문제가 없는 것은 아니다. 이 견해에 따르면 한정적, 특정적 해석을 가지는 고유명사나 대명사는 격조사를 의무적으로 실현해야 하는데, 아래 (iii)에서 보듯이 사실은 그렇지 않기 때문이다.

(i) 가. 누군가 왔다. (비한정 불특정 해석)
나. 누군가가 왔다. (특정 해석)

(ii) 가. 철수가 어떤 학생을 보았다. (특정 해석)
나. *철수가 어떤 학생 보았다.

(iii) 가. 나는 철수(를) 만났다.
나. 철수는 그녀(를) 좋아해.

2007, 2008, 최기용 2009, 김용하 2009, 2014나 등 참고).

(37) 가. -에서를; *-를에서
　　나. -에서만; *-만에서
　　다. -에서의; *-의에서
　　라. -에서는; *-는에서

위의 모든 유형의 조사를 동일하게 기능핵 K로 본다면(임동훈 1991), 조사가 중첩된 표현은 아래 (38)과 같이 나타낼 수 있다.

(38)

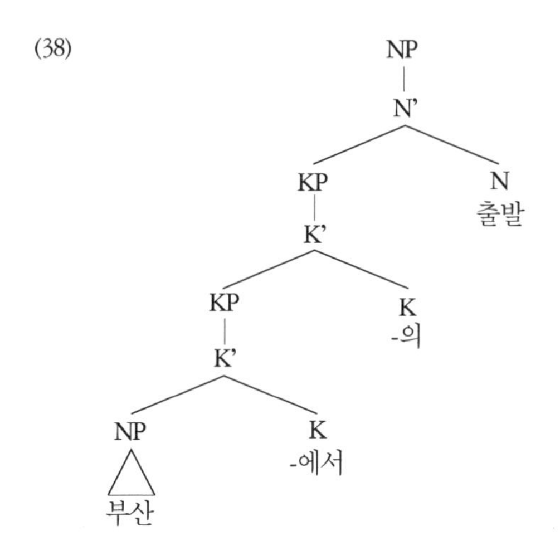

위의 구조에서 '-에서'와 '-의'는 둘 다 핵 K로서 각각 NP와 KP를 보충어로 취하며 K', KP로 투사한다. 의미격 조사와 구조격 조사의 구분이 필요한 경우, K의 하위 유형에 대한 추가적인 조치가 동원된다.

구조격 조사와 보조사는 의미격 조사와 다른 통사적 특성을 보인다. 이는 위 (37)의 어순 관계에서 드러난다. 또한 주격, 목적격, 속격과 같은 구조격 조사는 특정 의미역을 표시하지 않고, 화용적 통보 기능을 나타내는 경우도 있으나 어떤 어휘적 의미를 가지고 있다고 보기 어렵다. 또 구조격은 특정 통사 위치에서 자동적으로 부여되는 격이기 때문에, 구조격 조사 자체가 명사구에 어떠한 격을 부여한다고 볼 수는 없을 것이다. 반면 여격, 처격, 동반, 변성, 방편 등의 의미격 조사는 특정 의미역을 표시한다는 측면에서 구조격 조사와는 구분된다.[18] 보조사는 격이나 의미역과는 무관하고 전제나 초점 등의 화용론적 의미를 나타낸다. 이러한 근본적인 차이를 인정하는 방식으로, 여기에서는 구조격 조사는 기존 방식대로 K를, 의미격 조사는 P를, 그리고 보조사는 Del을 실현하는 것으로 표시한다. 이러한 방식으로 구조격 조사, 의미격 조사, 보조사가 결합된 명사구의 구조를 나타내면 아래 (39)와 같다.[19]

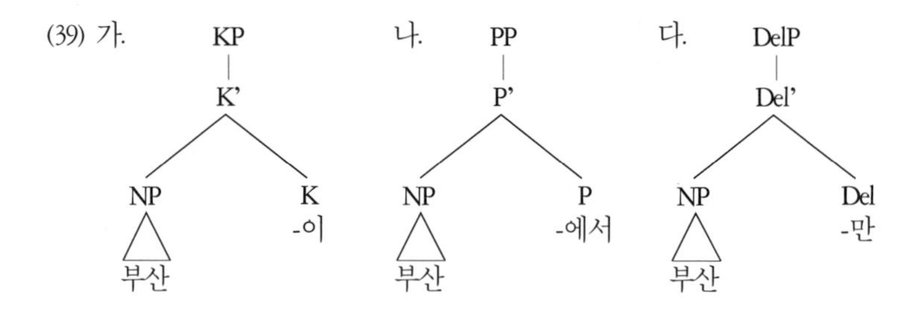

이를 바탕으로 격조사가 중첩된 명사구의 구조를 분석하면 아래 (40)과 같다.

18) 이러한 점 때문에 의미격 조사는 (39나)에서와 같이 기능핵으로 인정하지만, 구조격 조사는 기능핵으로 인정하지 않는 방식이 있다(유동석 1995, 최기용 2009 등 참고). 이 방식에 따르면 구조격 조사는 기능핵이 아니라 격이 음성형식 층위에서 음성적으로 실현된 것으로 간주된다.

19) (39)에서는 K가 KP로 투사하고, P가 PP로 투사하는 것과 마찬가지로 보조사 Del도 DelP로 투사하는 것으로 간주하였다. 하지만 이러한 처리는 잠정적인 것이다. NP '철수'와 Del '-만'이 결합한 '철수만'의 분포적 특성이 NP의 분포적 특성과 같고, AdvP '열심히'와 Del '-만'이 결합한 '열심히만'의 분포적 특성이 AdvP의 분포적 특성과 같은 데서 알 수 있듯이 XP와 Del로 이루어진 [XP Del]은 XP의 성격을 띠는바, Del은 투사하지 않는 존재일 수 있기 때문이다. 이와 관련하여 최기용(1996), 최동주(1997), 이정훈(2005) 등 참고.

(40) 이 방에서가 공부가 잘 된다.

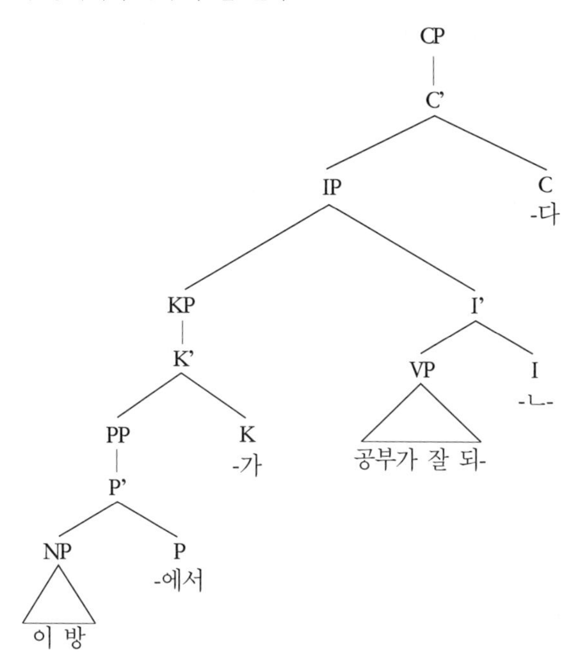

즉 P '-에서'는 NP '이 방'과 결합하여 처소의 의미역을 나타낸다. 한국어의 주격이 I에 의해 인허된다고 보면, '이 방에서가'의 주격 K '-가'는 I에 의하여 인허되며, '공부가' 역시 I에 의해 주격이 인허된다(8장 1.2절 참고). 이렇게 구조격 조사와 의미격 조사를 구분하여 격조사 중첩의 양상을 나타내기로 한다.

4.3.3. 한국어의 수사 및 분류사

한국어는 분류사 언어(classifier language)로서, 영어와 같은 인구어와는 달리 가산 명사(count noun), 물질 명사(mass noun) 식의 구분과는 상관없이 분류사가 수량 표현에 의무적으로 필요하다. 분류사는 전통 문법에서 의존 명사의 한 부류인 단위성 의존 명사로 간주되어 온 것으로 그 앞에는 수 관형사가 위치하여 셈의 대상이 되는 명사의 구체적인 수량을 나타낸다.

(41) 가. 사과 세 개
가'. three apples
나. 물 세 잔
나'. three cups of water

위 (41)에서 가산 명사 '사과'의 수량을 재기 위해서는 '개'와 같은 분류사의 쓰임이 의무적이다. 물질 명사 '물'에 대해서도 그것을 잴 수 있도록 단위화를 시켜주는 분류사의 쓰임이 의무적이다. 이렇게 수량을 측정하는 데 사용되는 수사 및 분류사가 실현된 명사구의 구조에 대해, 과연 분류사가 기능핵으로 설정될 수 있는지를 논의해 보도록 한다.

한국어의 분류사 구성은 어순이나 격조사 실현 여부에 따라 아래 (42)에서 보듯이 네 가지 구성이 가능하다.

(42) 가. 나는 사과 세 개를 먹었다.
나. 나는 세 개의 사과를 먹었다.
다. 나는 사과를 세 개 먹었다.
라. 나는 사과를 세 개를 먹었다.

(42가)는 명사 및 수 관형사와 분류사가 하나의 성분을 이루어 나타나는 구성이다. 뒤에는 대격 조사가 부착되었다. (42나)는 수 관형사와 분류사에 속격이 결합하여 명사 앞에 위치하는 구성이다. (42다)는 대격 조사가 부착된 명사가 수 관형사 및 분류사와 분리되어 나타나는 구성이다. (42라)는 명사와 수량 표현이 분리되어 나타난다는 면에서는 (42다)와 동일하지만, (42다)와는 달리 수량 표현 뒤에도 대격 조사가 실현되어 있다.

이렇게 다양한 분류사 구성의 통사 분석에 대해서는 자세히 다루지 않는다.[20] 다만, 분류사 구성의 기본 구조라고 볼 수 있는 (42가)에 대해서 생각해 보기로 한다.

분류사는 셈의 대상이 되는 명사의 의미 유형에 따라 그 쓰임이 결정된다. 그리고 수 관형사의 수식을 의무적으로 요구한다는 측면에서 의존 명사의 특성을 보여준다.

(43) 개, 장, 대, 마리, 명, 채, 번, 켤레 등

그러나 분류사는 의존 명사에 국한된 것이 아니어서 '사람', '잔', '병' 등과 같은 자립 명사도 수 관형사가 선행하면 분류사로 사용될 수 있다. 원리적으로 수량 표현 뒤에 쓰일 수 있는 모든 명사는 분류사의 성격을 가지는 것이다.

(44) 가. 사과 두 상자
가'. 상자 두 개
나. 책 한 보따리
나'. 보따리 한 개

(44가)의 '상자'는 분류사적으로 사용되었으나, (44가')의 '상자'는 일반 명사로서 사용되고 있다. 같은 요소라도 통사적 분포에 따라 명사, 혹은 분류사로서의 쓰임이 달라지는 것이다. 이는 (44나)와 (44나')의 '보따리'도 마찬가지이다.

또한 분류사는 셈의 대상이 되는 물질을 개체화(individuation), 개별화

20) (42)에 예시된 다양한 분류사 구성의 형성 과정에 대해서는 최기용(2001가), S.-Y. Park(2009) 등 참고. 한편 인구어와 달리 한국어를 비롯한 분류사 언어는 왜 다양한 유형의 분류사 구성을 허용할까? 이에 대해서는 Watanabe(2006) 참고.

(dividing)하는 기능을 담당한다(임홍빈 1991, Li 1999, Borer 2005a, 등).

(45) 가. [NP 사과] (물질 명사 해석)
나. [[NP 사과] 열두 개] (가산 명사 해석)
다. [NP 물] (물질 명사 해석)
라. [[NP 물] 열두 컵] (가산 명사 해석)

'사과'는 존재론적으로는 가산적인 것으로 인지되지만, 문법적으로 그것이 셈의 대상이 되기 위해서는 '개'와 같은 분류사의 쓰임을 요구하기 때문에 물질 명사로 처리된다. 다시 말하면 '사과'는 분류사 '개'와 결합함으로써 개체화 혹은 개별화의 과정을 거쳐 가산 명사화된다. 이렇게 한국어의 분류사는 개별화의 특성을 가진다는 측면에서 하나의 기능핵으로 설정될 수 있다(S.-Y. Park 2009, K.-Y. Choi 2011 등 참고).

그렇다면 분류사 구성, 가령 '사과 세 개'는 어떻게 분석될 수 있을 것인가? 분류사를 기능핵으로 규정한다면, 해당 구성의 어순을 직접적으로 반영하는 아래 (46)과 같은 분석이 있을 수 있다(김지홍 1994 참고).

(46)
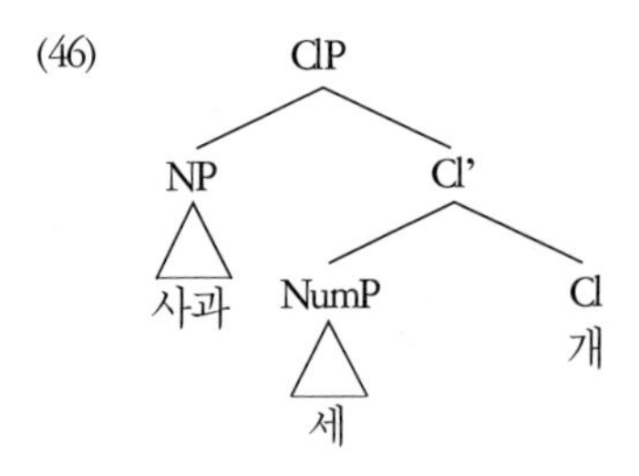

즉 분류사는 수량사 구성의 핵으로, 수사는 분류사의 보충어로, 명사는 분류사구의 명시어 위치를 차지하는 것으로 분석하는 것이다. 이러한 분석은 수량사 구성의 어순을 직접적으로 포착해 준다. 그러나 (46)의 구조는 분류사구가 수사구의 하위에 위치하는 보편적인 구조에 합치되지 않는다. 즉 언어 보편적인 수량 연산 과정은 먼저 물질을 개별화하여 그것의 수량을 측정하는 과정을 거치게 되는데,[21] 위 (46)의 구조는 이러한 보편적인 연산 과정을 드러내주지 못하는 것이다. 또한 (46)의 구조에 따르면, 모든 명사는 기정적으로 분류사를 장착한 채 존재한다. 그러나 아래 (47)에서 보듯이 수량을 재는 데 있어서 분류사가 기정적으로 존재하는 것은 아니다.

(47) 가. 많은 물
나. 상당한 실력

위 (47)에서 전형적인 물질 명사 '물'과 '실력'은 수량은 측정되었으나 개별화가 이루어졌다고 보기는 어렵다. 이는 분류사구 투사 없이도 명사의 수량이 측정될 수 있음을 보여주는 것이다. 그러나 이러한 직관은 (46)이 나타내는 구조와는 어울리지 않는다.

(46)의 구조에 대안적으로, 물질을 개별화하는 분류사구가 먼저 투사되고, 이어 수량을 측정하는 수사구가 투사되는 보편 문법적인 연산 과정을 반영하여 아래 (48)과 같은 구조를 제안할 수 있다.

---

21) 언어 보편적으로 NumP(number phrase)와 ClP(classifier phrase)를 설정해야 한다는 논의가 활발히 전개되어 왔다(Ritter 1991, Li 1999, Cheng and Sybesma 2000, Borer 2005a 등 참고). NumP는 수량의 특성을 담당하고, ClP는 개별화(dividing), 개체화(individuation)의 특성을 담당한다. 수량 연산 과정은 먼저 물질(mass)을 개별화, 개체화하여 가산 명사화하는 과정을 필요로 하며, 이는 ClP가 담당한다. 이를 토대로 NumP는 구체적인 수량을 측정한다. 이러한 분석을 기반으로 명사구 'three apples'의 구조를 나타내면 $[_{NumP}$ three $[_{ClP}$ -s $[_{NP}$ apple$]]]$과 같다. 이 구조에서 수사 'three'는 기능핵 Num에 해당하고, 복수 굴절 접사 '-s'는 개별화, 개체화를 담당하는 기능핵 Cl에 해당한다(Borer 2005a). Num과 Cl은 각각 NumP와 ClP로 투사하며, N 'apple'은 Cl로 이동하여 '-s'와 결합한다.

(48)

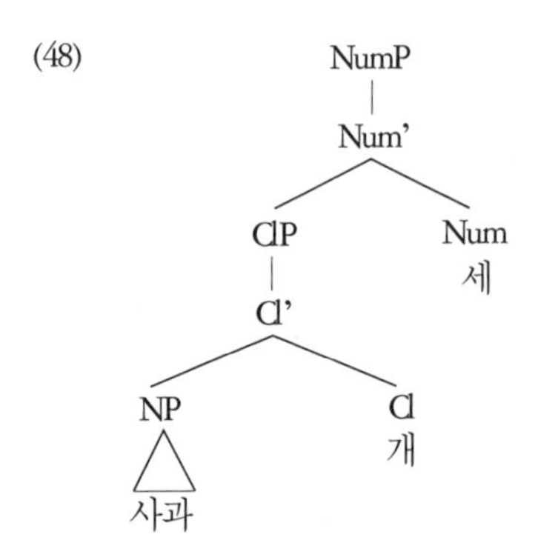

위 구조에서 NP는 분류사 기능핵 Cl의 보충어, ClP는 수사 기능핵 Num의 보충어가 되는 구조를 이루고 있다. 그런데 분류사 기능핵 Cl이 핵 이동을 통해 수사 기능핵 Num 앞에 부가되는 것으로 보면,[22] 위 (48)의 구조는 수 관형사와 분류사의 어순에 있어서 실제와는 상반된 어순을 도출하게 된다. 그럼에도 불구하고 (48)의 구조는 핵 계층 이론이나 보편 문법적 관점에서 선호되는 구조이다. 이를 감안하여 수 관형사가 분류사에 선행하는 실제 어순을 도출하기 위해서는 분류사가 선행 성분을 요구하는 의존적인 형태론적 특성 때문에 수 관형사와 분류사의 어순이 형태론적 과정을 통해 '세 개'(사과 세 개)처럼 도치된다고 가정할 수 있을 것이다(K.-Y. Choi 2011 참고).

4.3.4. 한국어의 지시사

한국어 지시사(demonstrative)는 특정 대상을 지시하는 데에 사용되는 것으로 학교문법에서는 관형사의 한 부류로 간주된다. 또 그 어순은 일반적으로 '지시 관형사, 수 관형사, 성상 관형사'의 순서를 따른다.

22) 이는 V가 어미로 핵 이동하는 경우를 고려한 것으로 V는 핵 이동을 통해 어미의 앞에 부가된다(11장 4절 참고).

(49) 가. 이/그/저 온갖 헌/새 신발
나. *온갖 이/그/저 헌/새 신발
다. *온갖 헌/새 이/그/저 신발

(49)로 예시한 관형사의 어순은 한국어의 명사적 기능 범주에 대한 단서를 제공한다. 지시사가 단순히 NP의 부가어라면 위와 같은 고정된 어순은 전혀 의외의 것이 되기 때문이다.

한국어의 지시사가 한정성이나 특정성과 연관된다고 보면, 지시사는 기능 범주 DP와 어떠한 식으로든 관련될 것이다.[23] 그러나 한국어는 인구어와는 달리 대표적인 무관사 언어 중의 하나이다. 가시적인 D의 형태론적 실현을 찾아볼 수 없는 언어에 기능핵 D를 상정한다는 것은 큰 부담이 아닐 수 없다. 영형으로 실현되는 D를 가정해야 하는데, 이는 경험적으로 증명하기도 난해할 뿐만 아니라 이론적으로도 부담이 된다. 그럼에도 불구하고 (49)뿐만 아니라, 지시사의 한정성이 D와 연관적이라는 점을 중시하여 이 장에서는 DP 구조를 설정하고자 한다. 핵 계층 이론적 관점에서 그 구조를 나타내면 아래 (50)과 같다.

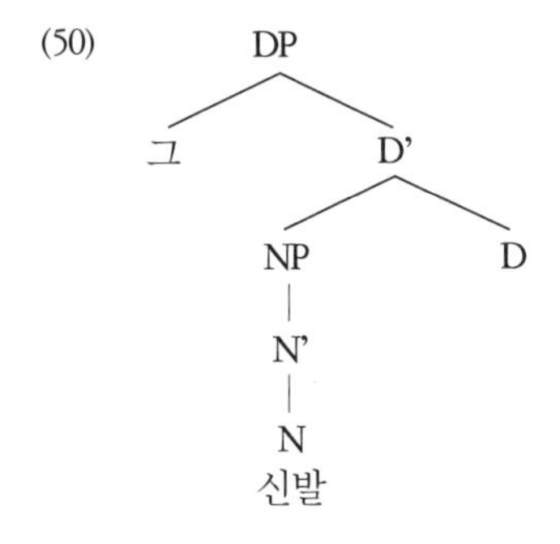

23) 한국어와 같은 무관사 언어에서 DP를 설정하는 견해에 반대하는 논의들도 존재한다. 이에 대해서는 Chierchia(1998), Bošković(2014) 등 참고.

위 구조에서 지시사 '그'는 DP의 명시어로 NP '신발'에 선행하는 표면 어순을 직접적으로 반영한다.

그러나 실제로 지시사에 대한 다른 처리 방식도 존재하는데, 지시사를 D의 기능핵으로 보는 입장이다(강명윤 2001 참고). 이렇게 지시사를 D의 기능핵으로 처리하려면 핵-후행 언어의 매개변인을 명사구에 한하여 핵-선행의 형상으로 바꾸어야 하는 부담이 있다. 이를 나타내면 아래 (51)과 같다.

(51)

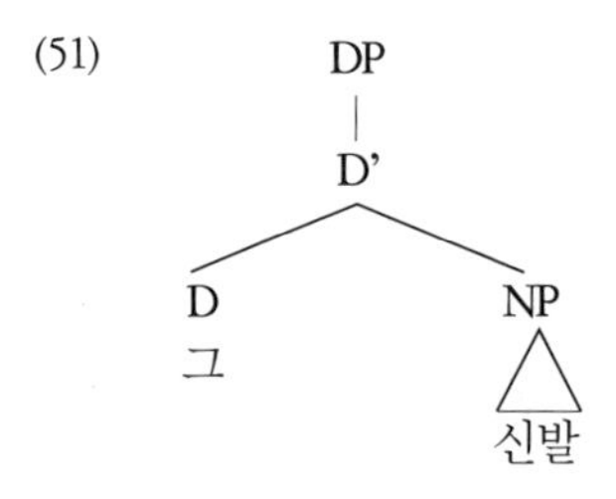

지시사를 기능핵 D로 분석하는 견해에 대한 증거를 제시하면 아래 (52)와 같다(강명윤 2001 참고). 즉 '그'가 '강의'를 수식하는 해석으로 (52가)의 어순은 적법하지만, (52나)의 어순은 불가능한데,

(52) 가. 선생님의 그 강의
　　나. *그 선생님의 강의

이러한 대조는 지시사를 기능핵 D로 분석하는 아래 (53)의 구조로 설명할 수 있다.

(53) 가.

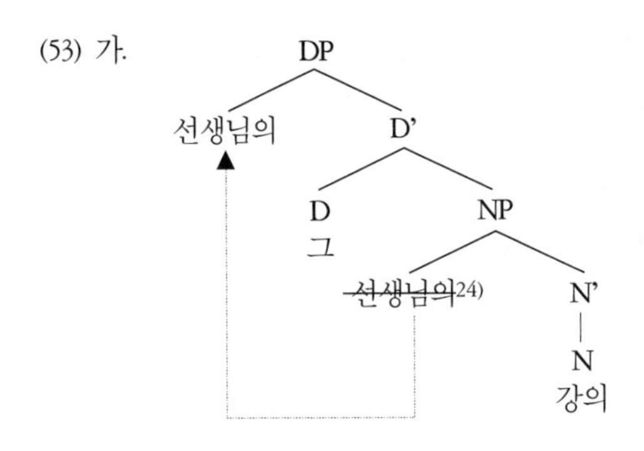

나.

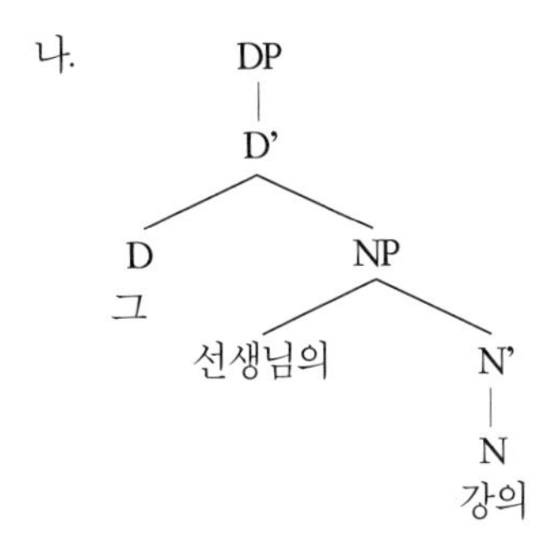

(53가)의 구조에서 지시사 '그'는 핵 D의 위치를 차지한다. '선생님'은 NP '강의'의 명시어 위치를 점유하고, DP의 명시어 위치로 이동하여 속격이 인허된다. 그러나 (53나)는 '선생님'이 NP의 명시어 위치에 남아있어 격이 인허되지 못하기 때문에 비문법적이다. 그러나 이러한

24) 여러 자료를 검토하면 이동은 단일 작용이라기보다는 "복사(copy), 병합(merge), 삭제(deletion)"로 이루어진 복합 작용으로 간주하는 것이 효과적이다(12장 1절 참고). 이에 따르면 (53)의 이동은 '선생님의'가 복사되고, 복사된 '선생님의'가 DP 명시어 자리에 병합한 후 원위치의 '선생님의'가 삭제된 것으로 분석된다. 삭제된 '선생님의'를 표시하는 방법이 취소선을 사용한 '~~선생님의~~'이다. 이동을 복사, 병합, 삭제로 이루어진 복합 작용으로 파악하는 견해가 대두되기 전에는 이동하는 성분이 제자리에 흔적(trace) 't'를 남기면서 이동하는 것으로 보았다. 이 책에서는 취소선을 사용하는 방법과 't'를 사용하는 방법을 두루 사용한다. 또 이 장의 각주 3)에서도 언급했듯이 취소선이나 't' 외에 'Ø', 밑줄 등의 표시도 사용하는데, 이론적인 측면에서는 취소선 표시가 가장 타당하다.

설명은 격 인허를 위해서는 이동이 필수적이라는 가정을 전제로 한다. 또한 앞서 지적한 바와 같이 핵-후행 언어의 매개변인을 명사구에 한하여 예외적인 것으로 간주해야 하는 부담을 가지고 있다. 물론 부담을 안고 있는 설명보다 부담 없는 설명 방식이 더 선호될 것이다.[25)]

한편 지시사를 DP 명시어로 보는 견해는 이러한 부담에서 자유롭다.

(54)

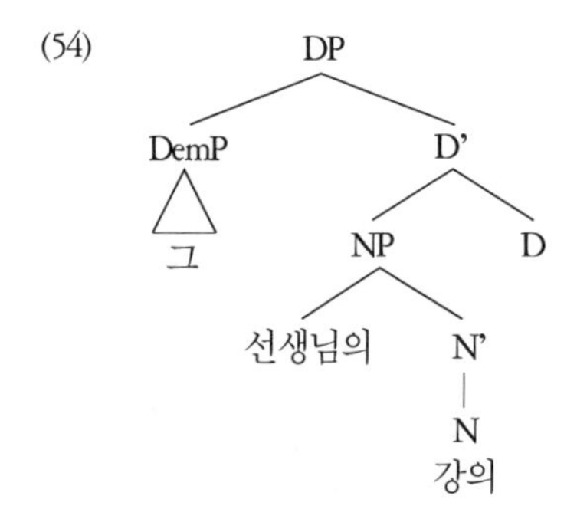

위 구조에서 지시사 '그'는 DP 명시어 위치를 차지한다. '선생님의'는 DP 명시어 위치로 이동하여 격이 인허되며,[26)] 이를 통해 '선생님의 그 강의' 어순이 나타난다.

---

25) 사실 강명윤(2001)이 제시한 (52)의 대조는 확고한 것으로 보이지 않는다. 가령 '선생님'을 고유 명사 '철수'로 바꾼 '철수의 그 강의, 그 철수의 강의'에서 지시사 '그'는 '강의'를 수식할 수 있다.

26) 이를 위해서는 DemP '그'가 차지하고 있는 명시어 자리 위에 명시어 자리가 하나 더 나타나야 한다. 이러한 구조를 다중 명시어(multiple specifier) 구조라고 한다(Chomsky 1995 참고). 다중 명시어 구조는 '우리집 고양이가 앞발이 오른쪽이 끝부분이 하얗다'와 같은 격 중출 구문을 설명하는 데 활용되기도 한다. 격 중출 구문에 대해서는 8장 2절, 3절 참고.

4.3.5. 한국어의 속격

다음으로는 한국어 속격 '-의'에 대하여 논의하기로 한다. 속격은 구조격적인 특징을 나타내는데, 속격 조사는 의미격 조사와 중복하여 사용 가능하며 그것이 나타내는 의미역도 일정하지 않기 때문이다. 아래 예문 (55), (56)을 보자.

(55) 영희와의, 고향으로의, 집에서의

(56) 가. 영희의 사진
나. 영희의 사망
다. 영희의 연구

(55)에서 속격 '-의'는 다른 의미격 조사 뒤에 실현될 수 있는데, 이는 구조격 조사의 일반적인 분포에 합치되는 것이다. (56가)에서는 속격 성분 '영희'가 소유주로도, 대상으로도, 행위주로도 해석 가능하다. (56나)에서는 대상으로, (56다)에서는 행위주로 해석된다. 이렇게 고정된 의미역 해석이 이루어지지 않는다는 것 역시 구조격의 일반적인 성격에 해당한다. 이 장에서는 '-의'를 속격의 실현으로 간주한다.

한국어에서 속격을 인허하는 기능핵을 D로 파악하면(홍용철 1994, 김용하 1999, 박정섭 2006 참고), 속격이 실현된 명사구의 구조는 아래 (57)과 같이 나타낼 수 있다.

(57)

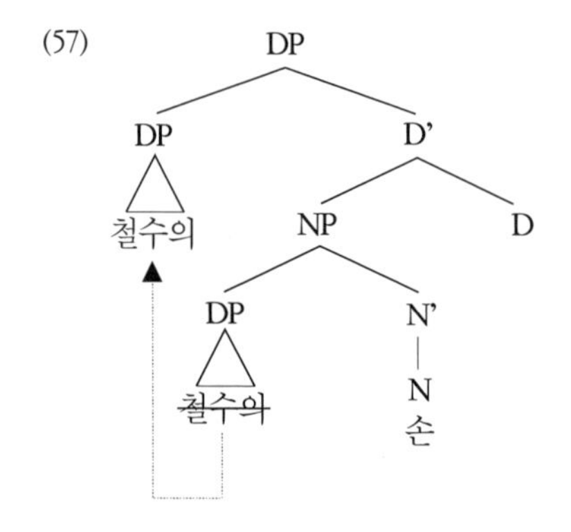

즉 '손'의 소유주 논항 '철수의'는 DP 명시어 위치에서 속격이 인허된다. 이 장에서는 한국어의 속격이 D에 의하여 인허되며, 속격 성분은 DP 명시어 위치를 차지하는 것으로 분석하기로 한다.

한편 속격 '-의'가 실현되는 경우와 그렇지 않은 경우를 대조하여 '-의' 실현의 의미적 특성에 초점을 둔 연구들이 존재한다. 이들 연구는 명사에 후행하는 '-의'를 지시성을 나타내는 관사적 요소로 파악한다(임홍빈 1981, 이남순 1988 등 참고). 한국어는 핵-후행 언어이기 때문에 기능핵이 명사 뒤에 실현될 것인데, 이는 '-의'의 위치와 합치된다.

(58)

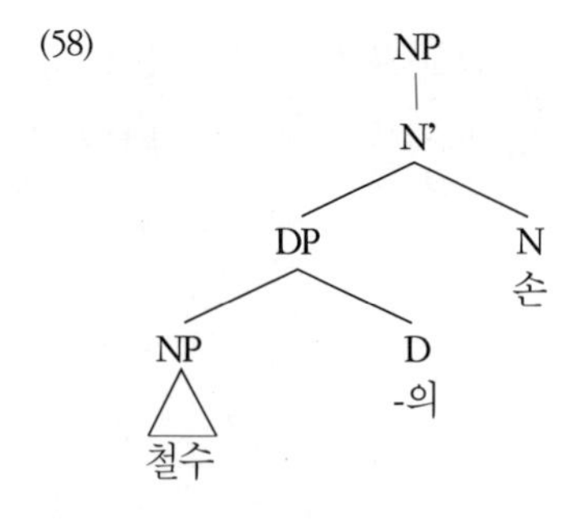

가령 임홍빈(1981)은 아래 (59가)는 적격한 것으로 판단되지 않는데, 이

는 '-의'가 존재를 전제하는 용법을 갖고 있기 때문이라고 하였다.

(59) 가. *유령의 회사
나. 유령 회사

즉, (59가)의 경우 '유령'의 존재가 전제되는 '회사'는 상상하기 힘들기 때문에 적법하지 않지만, (59나)는 '유령'의 존재와는 무관하게 해석되기 때문에 적법하다는 것이다.

그러나 이 견해는 문제가 있다. 첫째, 비지시적인(nonreferential) 속성적인 명사에 대해서도 '-의'의 실현이 의무적인 경우가 있다. '-의'가 관사적 요소와 동일시된다고 한다면, '-의'와 결합한 이들 명사는 지시적일 것이 요구되지만 실제는 그렇지 않은 것이다. 아래 (60), (61)에서 선행 명사 '자비, 눈물, 성공'은 속성적인 술어의 의미 유형, 가령 <e,t> 의미 유형에 해당하는데, 이는 그것을 수식하는 지시사의 쓰임이 불가능한 사실을 통해서도 알 수 있다.

(60) 가. 자비의 손길
가'. *자비 손길
나. 눈물의 손수건
나'. *눈물 손수건
다. 성공의 주인공
다'. *성공 주인공

(61) 가. *[이/그/저 자비]-의 손길
나. *[이/그/저 눈물]-의 손수건
다. *[이/그/저 성공]의 주인공

(62) *[이/그/저 유령] 회사

'유령 회사'의 예와는 대조적으로 위 (60)의 예에서 '-의'의 실현은 의무적이다. (60)의 선행 명사는 그 존재가 전제되지 않는 비지시적인 명사구에 해당한다. 그럼에도 불구하고 '-의'의 출현이 의무적인 사실은 '-의'가 관사적 요소와 동일시 될 수 없다는 것을 의미한다.

둘째, 존재가 전제된 지시적인 명사구에 대하여 '-의'가 반드시 실현되는 것은 아니다. 한국어는 격표지 탈락(case-dropping)이 빈번히 일어나는 언어이기 때문이다. 만약 '-의'가 존재 전제를 나타낸다면, 그 존재가 함의되는 고유 명사가 선행하는 경우 '-의'가 의무적으로 실현될 것으로 예측된다. 그러나 아래 (63)이 보여주듯이 고유 명사의 경우에 속격 '-의'는 수의적으로 실현된다.

(63) 가. 영희(의) 편지
나. 철수(의) 가방

이는 '-의'가 존재 전제를 나타내는 관사적 요소와 동일시될 수 없음을 보여주는 것이다.

4.3.6. 정리

지금까지 이 절에서는 명사구의 구조 및 명사구 관련 기능 범주 설정 문제에 대하여 논의하였다. 명사구에 결합하는 조사의 구조에 대한 문제뿐만 아니라, 수량 연산에 관련되는 기능핵, 한정성 혹은 지시성과 관련한 기능핵에 대하여 논의하였다. 이를 바탕으로 한국어 명사구의 구조를 대략적으로 보이면 다음 (64)와 같다.

(64) 그는 김 교수의 논문 두 편으로 강의를 진행했다.

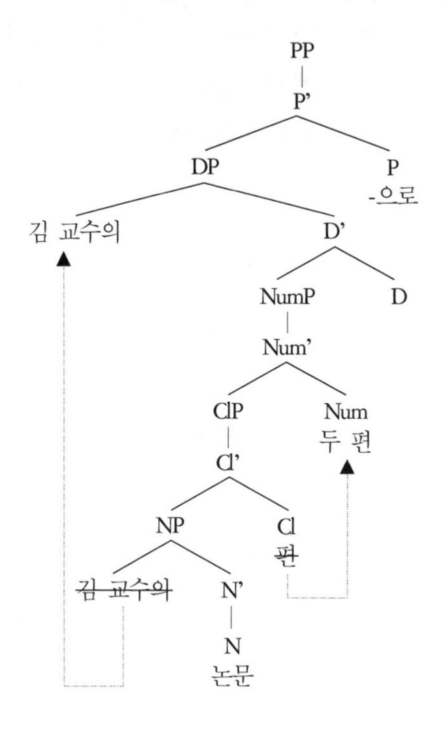

소유주 논항 '김 교수'는 NP 명시어로서 DP의 명시어 위치에서 그 속격을 인허받는다. ClP 상위에 NumP가 투사되며, 분류사 '편'은 의존적 성격을 지니며 수 관형사 '두'와 결합하여 '두 편'으로 실현된다. 의미격 조사 '-으로'는 P로서 '김 교수의 논문 두 편으로'는 PP의 지위를 갖는다.

4.4. 마무리

이 장에서는 핵 계층 이론의 관점에서 한국어 문장 및 명사구의 구조에 대하여 논의하였다. 한국어의 다양한 어미를 동사적 기능핵으로 해석하고 이를 토대로 문장의 구조를 분석하였다. 이 과정에서 주어의 위치를 기능핵 I, Agr과 관련지었는데 이러한 입장은 다음 장에서 보다 보완될 것이다. 또한 한국어의 조사, 수사 및 분류사, 지시사 등을 중심으로 명사적 기능핵 설정의 가능성 및 명사구의 구조에 대하여 논의하였다.

5장_의미역 이론 1: 의미역 이론 일반

핵 계층 이론은 핵 X와 보충어가 결합하여 X'를 이루고, X'와 명시어가 결합하여 최대 투사 X", 즉 XP를 이루는 규칙으로 구성되어 있다. 통사구조는 핵 계층 이론에 따라 자유롭게 형성되며, 핵 계층 이론을 따르는 것 외에는 별다른 제약이 부과되지 않는다. 이와 같이 통사구조가 형성되다 보니, 경우에 따라서는 실제 언어 자료와 부합하지 않는 통사구조가 나타날 수도 있다. 예를 들어 보충어가 결여된 통사구조에 타동사가 등장할 수도 있고, 보충어가 나타난 통사구조에 자동사가 등장할 수도 있다. 핵 계층 이론이 적격한 통사구조는 물론이고 부적격한 통사구조도 형성하는 문제, 즉 과잉 생성의 문제를 지니는 셈인데, 이 문제는 어떻게 해소할 수 있는가?

위와 같은 맥락에서 이 장에서는 동사와 같은 어휘 항목이 지닌 의미역 정보와 통사구조 형성이 상호작용하는 양상을 살피고자 한다. 이를 통해 일차적으로는 위에서 제기한 문제를 해소하고, 나아가 의미역 정보와 통사구조의 상관관계에 대한 보다 체계적이고 폭넓은 이해를 도모한다.

5.1. 의미역 공준

먼저 독자의 기억을 상기시키기 위해서, 2장의 내용을 간략하게 정리하고 이후 이 장의 본격적인 논의를 진행한다. 2장에서 우리는 모든 술어가 자신이 요구하는 논항에 대한 정보를 가지고 있음을 살펴보았다. 가령 '달리-'는 주어 논항을, '먹-'은 주어와 목적어 논항을, '주-'는 주어와 두 개의 목적어 논항을 취한다는 의미역 정보를 갖고 있다. 이는 전통적으로 자릿수(valency)의 개념으로 이해되어 왔는데, 이에 따라 술어는 한 자리 서술어, 두 자리 서술어, 세 자리 서술어 식으로 분류된다.

모든 술어는 취해야 하는 논항의 개수에 대한 정보에 더해 논항의 의미에 대한 정보도 지닌다. 가령 '달리-'는 그 주어가 그 행위를 의도적으로 수행한다는 의미 정보를 가지며, '먹-'의 목적어는 먹는 행위의 대상이 된다는 의미 정보를 가진다. 이렇게 술어와 논항 사이에 성립하는 의미 관계를 "의미역 관계(thematic relation)"라고 하는데, 2장에서 정리한 의미역 유형을 설명의 편의상 아래에 (1)로 다시 제시한다.

(1) 가. 행위주(agent/actor): 서술어가 표현하는 행위를 의도적으로 행하는 존재.
나. 대상(theme/patient): 서술어가 표현하는 행위나 상태에 영향을 받는 존재.
다. 경험주(experiencer): 서술어가 표현하는 어떤 심리적 상태를 경험하는 존재.
라. 소유주(possessor): 서술어가 표현하는 소유 관계의 주체가 되는 존재.
마. 수혜자(benefactive/beneficiary): 서술어가 표현하는 행위를 통해 무언가를 얻는 존재.
바. 목표(goal): 서술어가 표현하는 행위가 지향하는 장소나 존재.
사. 시원(source): 서술어가 표현하는 행위의 결과로 무엇인가가 이동

할 때의 출발점.

아. 처소(location): 서술어가 표현하는 행위나 상태의 장소.

술어가 가진 의미역 정보는 구조의 과잉 생성을 걸러내는 기능을 담당한다. 가령 아래 (2)에서 동사 '주-'는 세 자리 서술어로서 행위주, 목표, 대상의 의미역 논항을 필요로 하는 의미역 정보를 가지는데, 이러한 의미역 정보는 아래 (2나)와 (2다)와 같이, '주-'에 맞지 않는 구조를 걸러내는 역할을 하게 된다.

(2) 가. 철수는 영희에게 선물을 주었다.
나. *철수는 영희에게 선물을 영수에게 주었다.
다. *철수는 영희에게 주었다.

(2나)는 목표의 의미역을 가진 논항이 두 개가 실현되어 있기 때문에 비문법적이다. (2다)는 대상 논항이 실현되어 있지 않으므로 비문법적이다. 다시 말하면 술어가 가진 의미역은 통사구조에 투사되어야 하며, 술어가 선택하는 의미역과 실제의 논항의 수는 동일하여야 한다.

한편 '사랑하-'는 사랑하는 심리적 경험을 겪는 경험주와 그 사랑의 대상이 되는 논항을 갖는 두 자리 서술어에 속한다. 이러한 의미역 정보를 만족하는 아래 (3가)는 문법적이지만, 그렇지 않은 (3나)와 (3다)는 비문법적이다.

(3) 가. 철수는 영희를 사랑한다.
나. *철수는 영희를 영수를 사랑한다.
다. *철수는 사랑한다.

(3나)는 대상 논항이 두 개가 실현되어 있고, (3다)는 아예 실현되어 있

지 않으므로 비문법적인 문장이 되었다. 이렇게 문법적인 문장이 생성되기 위해서는 논항 명사구와 의미역 사이에 일대일의 관계가 성립하여야 함을 다시 한 번 알 수 있다.

논항과 의미역 사이에 성립하는 이러한 일대일 관계는 의미역 공준(theta criterion)이라고 하였는데, 2장에서 제시한 의미역 공준을 아래 (4)에 반복한다.

(4) 의미역 공준
가. 각 논항에는 하나의 의미역, 그리고 오직 하나만의 의미역이 부여된다.
나. 각 의미역은 하나의 논항, 그리고 오직 하나의 논항에만 부여된다.

이러한 의미역 공준에 따라 (3)의 문법성과 비문법성의 원인을 도식적으로 나타내면 아래 (5)와 같다.

(5) 가. 사랑하- (경험주, 대상)

경험주	대상
철수	영희

나. 사랑하- (경험주, 대상)

경험주	대상
철수	영희, 영수

다. 사랑하- (경험주, 대상)

경험주	대상
철수	

(5가)는 각각의 의미역과 논항 사이에 일대일의 대응 관계가 성립되고 있기 때문에 의미역 공준을 만족시켜 (3가)가 문법적인 문장이 된다. (5나)는 대상의 의미역에 대하여 두 개의 논항 명사구가 실현되어 있으므

로 의미역 공준 (4가)를 어겨 (3나)가 비문법적이다. (5다) 역시 대상의 의미역에 대응하는 어떠한 논항도 실현되어 있지 않으므로 (4나)를 어겨 (3다)가 비문법적이다. (4가)에 의하여 경험주인 '철수'에 대하여 대상의 의미역을 부여할 수도 없다. 이러한 식으로 의미역 공준은 (3나)와 (3다)를 제약하고 걸러내는 통사적 제약으로 작용한다.

5.2. 투사 원리 및 확대 투사 원리

앞 절에서 우리는 동사가 가진 일종의 의미 정보가 통사부 구조의 과잉 생성을 제약하는 양상을 살펴보았다. 동사가 가진 내재적인 의미 정보인 의미역 정보는 통사부의 연산 과정과 소통하는 모습을 보이는 것이다. 이는 의미역 공준에 의하여 정리되었다. 즉 술어가 가진 의미역과 실제 실현된 논항의 수는 동일해야 한다.

문법은 크게 두 개의 부문으로 구분될 수 있다. 하나는 통사부 연산에 해당하는 것으로 핵 계층 이론 등에 의하여 통사구조를 형성한다. 또 다른 하나는 어휘 항목의 목록 및 그에 대한 정보를 담고 있는 어휘부이다. 의미역과 관련한 술어의 의미 정보는 어휘부에 저장되어 있는 것인데, 이렇게 어휘부의 어휘 항목이 지닌 정보는 통사부 연산에서 중요한 역할을 담당한다. 일반적으로 생성 문법적 전통에서 어휘부가 담고 있는 것으로 간주되는 어휘 항목의 어휘 정보는 아래 (6)과 같이 열거될 수 있다(2장 4절 참고).

(6) 가. 어휘 항목의 의미
　　나. 의미역 정보
　　다. 어휘 항목의 통사 범주
　　라. 어휘 항목의 음성 형태

마. 기타 불규칙성 등 예외적 특질

위 (6)에 제시된 어휘부의 어휘 정보는 통사부 연산 부문에서의 구조 산출을 통제하고 그것에 영향을 준다.

이러한 어휘부와 통사부 연산 사이의 관계를 포착하는 원리를 "투사 원리"라고 하는데, 1장과 2장에서 제시한 투사 원리의 내용을 아래 (7)에 다시 제시한다.

(7) 투사 원리(projection principle)
통사 표상은 반드시 어휘부로부터 투사되어야 한다. 즉 의미역과 같은 어휘 정보는 통사적으로 표상되어야 한다.

투사 원리는 어휘 항목이 가진 정보와 핵 계층 이론에 의하여 심층구조가 만들어지고 의미역이 배당되는 자리에 논항이 나타나는 것을 보장하며, 이렇게 형성된 구조는 모든 문법 층위에서 계속 유지된다.[1)]

그런데, 위 (7)의 투사 원리를 준수하지 않는 것처럼 보이는 경우들이 존재한다. 대표적으로 영어 날씨 동사 구문이 바로 그 경우에 해당하는데, 이 구문에서는 소위 허사(expletive) 'it'이 그 주어로 등장한다. 문제는 아래 (8)에서 날씨 동사가 그 주어 위치에 어떠한 의미역을 부여하지 않음에도 불구하고 'it'이 실현되며, 이는 투사 원리로 설명되지 않는다는 점이다.

(8) 가. It rained.
나. It snowed.

1) 어휘부의 정보가 통사부에 투사되는 어휘부 중심적 접근 방식을 취하는 셈인데(Levin and Rappaport-Hovav 1995), 통사구조가 의미역을 결정하는 통사부 중심적 접근 방식도 탐구되고 있다(Hale and Keyser 1993, Harley 1995, Kratzer and van Hout 1996, Borer 2005b 등 참고).

위 (8)의 주어 'it'은 어떤 것을 지시하는 의미를 갖고 있지 않다. 또 의미역을 배당받지도 않고, 그렇다고 해서 그 존재가 의미역 공준의 위배를 초래하지도 않는다. 만약 의미역 공준을 위배하는 것이라면 (8)의 문장들은 비문법적이어야 할 것이기 때문이다. 이렇게 의미역이 배당되지 않는 환경에서 단순히 주어 자리를 채우기 위해 사용되는 영어에서의 'it'과 같은 대명사를 "허사(expletive)"라고 한다.

논항 위치는 주어, 목적어와 같이 문법적 기능이 주어지는 위치를 가리키는데, 의미역과의 관계까지 고려하여 정의하면 아래와 같다.

(9) 논항 위치(A-position)
논항이 나타날 수 있는 위치로서 논항 위치에는 의미역이 부여될 수도 있고, 부여되지 않을 수도 있다.

이를 (8)과 관련시켜 설명하면, (8)의 'it'이 나타나는 위치는 주어 위치로 논항 위치에 해당한다. 그러나 (8)의 주어 위치는 의미역이 부여되지 않는 위치이다. 이렇게 논항 위치일지라도 의미역이 부여되지 않는 비의미역 위치(non-theta position)일 수 있다. 주어 위치와 달리 목적어 위치는 논항 위치이면서 의미역이 부여되는 의미역 위치(theta position)이다. 여기에서 의미역 위치와 비의미역 위치를 정리하여 제시하면, 아래 (10)과 같다.

(10) 가. 의미역 위치: 의미역이 부여되는 위치. 주어 위치의 일부와 목적어 위치
나. 비의미역 위치: 의미역이 부여되지 않는 위치. 주어 위치의 일부와 부가어 위치

따라서 논항 위치와 의미역 위치는 일치할 수도 있지만 그렇지 않을 수도 있다. 요컨대 모든 의미역은 논항 위치에 부여되는 것이지만, 모든 논항 위치가 의미역을 부여받는 위치는 아니다. 이렇게 논항 위치이

면서 비의미역 위치에 나타나는 요소가 바로 영어의 'it'과 같은 허사인 것이다.

(8) 외에도 허사가 사용되는 환경을 더 들 수 있는데, 아래 (11)과 같은 인상 동사(raising verb) 구문이 그 일례이다.

(11) 가. That Danny loves to dance is likely.
나. It is likely that Danny loves to dance.
다. *is likely that Danny loves to dance.

위 (11가)에서 인상 동사인 'be likely'는 의미적으로 'that'-절, 즉 CP 논항을 한 개 요구하는 의미역 정보를 가진다.[2] 그런데 (11나)에서는 이 CP 논항 이외에 허사 'it'이 더 실현되어 있는데, 이러한 허사의 출현은 의미역 공준을 위배하지 않는다. 'it'이 주어 자리를 채우고 있지 않은 (11다)는 오히려 비문법적이다. 허사는 의미역을 부여받지 않고도 단순히 주어의 논항 위치를 채우기 위해 삽입되는 것이다. 이러한 'it'의 쓰임은 아래 (12)의 확대 투사 원리에 의해 유발되는 것으로 본다(1장 7절 참고).

(12) 확대 투사 원리(extended projection principle)
모든 문장은 주어가 있어야 한다. 즉, IP의 명시어 위치는 채워져야 한다.

(8)과 (11)의 비의미역적 주어 'it'은 모든 문장에 있어 주어를 요구하는 확대 투사 원리를 지키기 위해 표층구조에서 삽입된 것이다.

지금까지 논의한 바에 따라 문장 형성 과정을 도식적으로 나타내면 다음 (13)과 같다.

2) (11)에서 CP는 어떤 의미역을 지니는가? (1)에 제시한 것 중에는 딱히 들어맞는 것이 없는 듯하다. 따라서 의미역 목록을 추가할 필요가 있는데, 구체적인 논의는 생략한다.

(13)

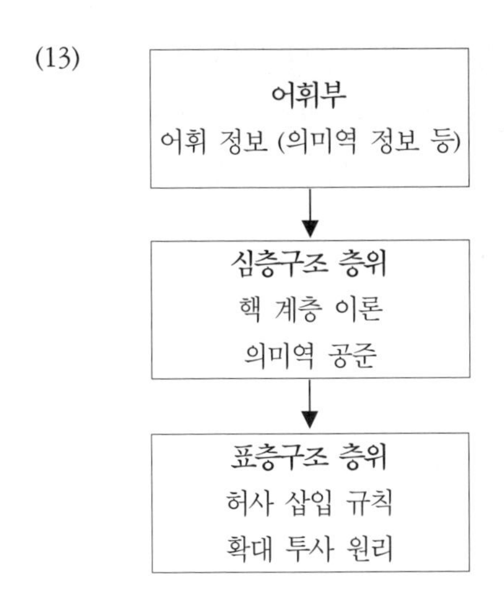

어휘부에서 어휘 항목이 가진 어휘 정보는 핵 계층 이론에 따라 통사구조에 투사된다. 의미역 공준은 의미역과 논항 사이에 일대일의 대응 관계를 요구하는 것으로서 적법한 구조를 보장하는 장치로서 기능한다. 이후 허사 삽입 규칙에 의하여 허사가 삽입되고, 확대 투사 원리가 적용됨으로써 주어가 비어있는 문장을 걸러내는 기능을 하게 된다. 허사 삽입 규칙을 확대 투사 원리 전에 적용시킴으로써, 영어 허사의 쓰임과 같이 의미역을 받지 않고도 주어 위치가 채워질 수 있는 문장을 허용할 수 있게 된다. 또한 허사 삽입 규칙은 비어 있는 주어 자리를 허사로 채우는 규칙이므로 주어 자리가 채워져 있으면 적용되지 않으며, 이 경우는 허사 주어가 아닌 일반 주어가 확대 투사 원리를 충족시키게 된다.

5.3. 동사구 내부 주어 가설

1980년대까지 생성 문법에서는 주어가 IP의 명시어 위치에 생성되는 것으로 간주하였다. 그런데 IP의 명시어 위치는 의미역 위치일 때도 있고 비의미역 위치일 때도 있는 임의성을 보인다. 가령 아래 (14)의 피동문은 그 주어 위치가 의미역 위치가 아니지만, (15)의 능동문은 주어 위치가 의미역 위치에 해당한다.

(14) 가. The apple was eaten.
나. [$_{IP}$ was [$_{VP}$ eaten the apple]]
다. [$_{IP}$ the apple$_i$ was [$_{VP}$ eaten t$_i$]][3]

(15) 가. Someone ate the apple.
나. [$_{IP}$ someone [$_{VP}$ ate the apple]]

아래 (16)에서 보듯이 (14)의 피동문에서 주어 'the apple'은 원래 동사의 목적어로, 목적어 위치에서 의미역을 부여받고 확대 투사 원리에 의하여 주어 위치로 인상된다(6장 1절 참고). 이때 IP의 명시어 위치는 의미역을 받는 의미역 위치가 아니다. 반면 (15)의 능동문의 주어는, 아래 (17)에서 보듯이, 같은 IP의 명시어 위치라고 하더라도 의미역을 받는 의미역 위치에 해당한다. 이렇게 같은 IP의 명시어 위치라고 하더라도 경우에 따라 의미역 위치이기도 하고 그렇지 않기도 하는 임의적인 현상은 이론적인 측면에서 볼 때 일관성이 떨어진다.

3) 'the apple$_i$'와 't$_i$'에서 보듯이 이동한 성분과 흔적에는 동지표(coindex)가 부여된다. 동지표는 이동한 성분과 흔적이 동전의 양면처럼 하나로 기능한다는 것을 나타낸다.

(16)

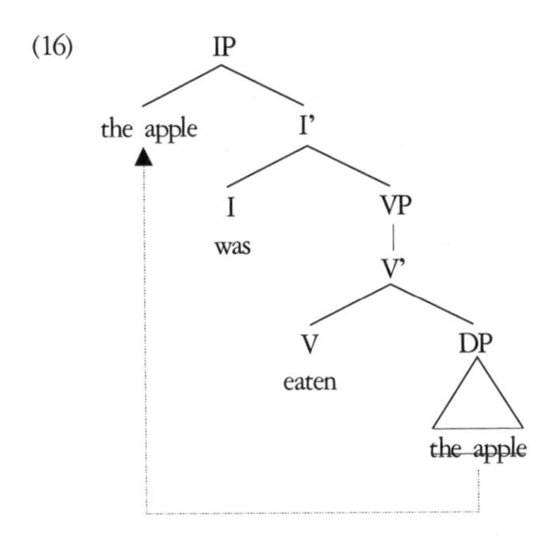

(17)

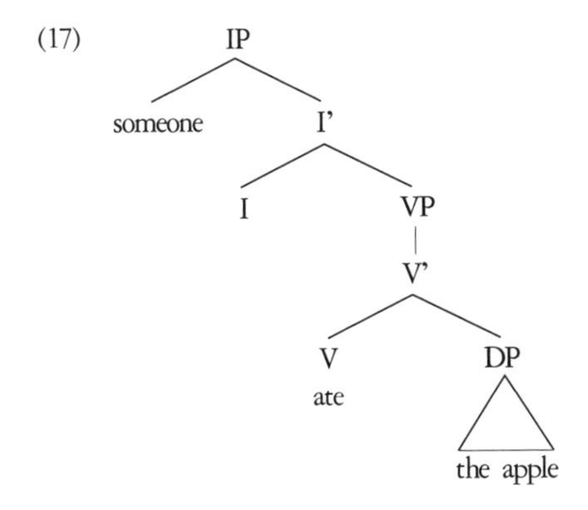

더욱이 목적어의 의미역은 V의 "지배(government)"에 의하여 부여되는 데 반하여, IP의 명시어 위치에 있는 주어는 V의 지배에 의해 그 의미역이 부여되는 것이 아니라 여타의 다른 방법으로 부여되어야 한다는 것도 일관적이지 않다. "지배"는 통사구조를 구성하는 성분과 성분 사이의 관계, 예를 들어 의미역 부여(Θ-role assignment)나 격 부여(case assignment) 등을 보장하기 위한 것으로서 그 내용은 아래 (18)과 같다.

(18) 지배(government)

α가 지배자(governor), 즉 어휘 범주 핵(V, N, A, P)이고, α가 β를 최대-통어(m(maximal)-command)하면서, α와 β 사이에 β를 성분-통어하지만 α는 성분-통어하지 않는 어떠한 핵 γ도 존재하지 않는 경우, α는 β를 지배한다.

(19) 최대-통어

α와 β가 서로 관할하지 않는 경우, α의 최대 투사가 β를 관할하면 α는 β를 최대-통어한다.

지배 개념을 나무그림을 통해 설명해 보도록 한다.

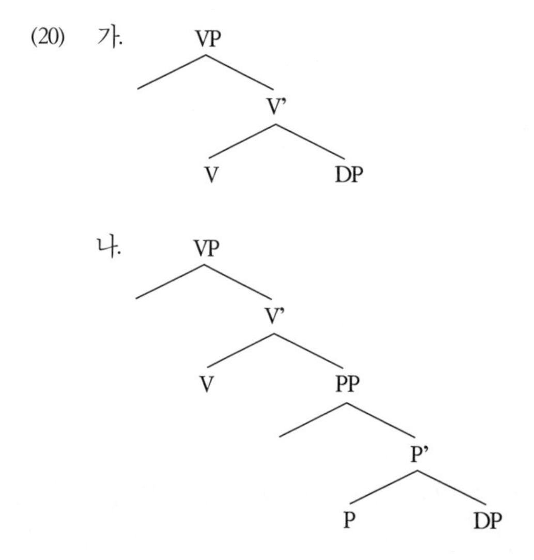

위 (20가)의 나무그림에서 V는 DP를 지배한다. 왜냐하면 V는 DP를 최대-통어하며, DP를 성분-통어하는 다른 핵이 V와 DP 사이에 존재하지 않기 때문이다. 반면 (20나)에서 V는 DP를 지배하지 못한다. 왜냐하면 V가 DP를 최대-통어하기는 하지만, DP를 성분-통어하는 다른 핵 P가 존재하기 때문이다.

논의의 흐름으로 되돌아가, 위 (16)의 나무그림에서 동사는 이동 전 위치의 목적어를 지배하며, 이 위치에서 목적어에 대상의 의미역이 부여된다. 반면 (17)에서 주어, 즉 행위주 논항은 개입된 기능핵 I 때문에 동사에 의하여 지배받지 못한다. 따라서 행위주 의미역은 동사에 의하여 직접적으로 부여받는 것이 아니라, 동사와 목적어 논항의 결합인 동사구에 의하여 간접적으로 부여되는 것으로 보아야 한다. 이렇게 의미역 부여 방식이 의미역에 따라 달라지는 것은 이론적 일관성을 저해하는 것이다.

또한 허사가 쓰인 경우 의미역을 부여받는 주어가 동사구 내에 머무르는데, 이는 주어의 위치를 IP의 명시어로 간주하기 어렵게 한다. 아래 (21)을 보자.

(21) There is someone dancing on the street.

(22)

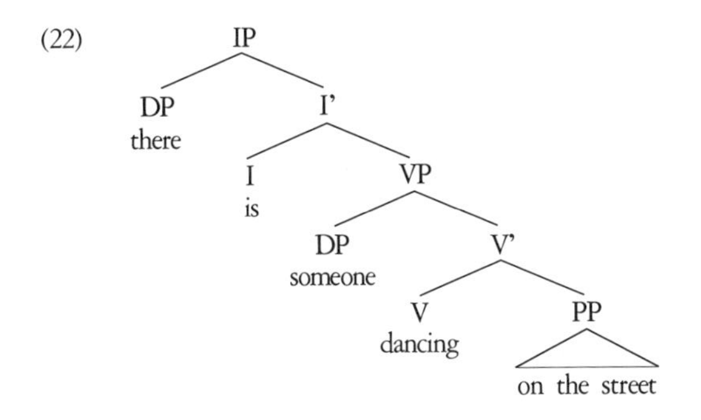

(21)에서 IP의 명시어 위치는 허사 'there'가 차지하고 있으므로 동사로부터 의미역을 받는 주어 'someone'의 위치를 IP의 명시어 위치로 볼 수 없다. 'someone'의 실제 위치는 (22)의 나무그림에서 볼 수 있는 것처럼 IP의 명시어 위치가 아니라 VP의 명시어 위치이다.

이러한 문제들을 해결하기 위한 방안은 주어가 생성되는 위치를 IP의 명시어 위치가 아니라 동사구 VP의 명시어 위치로 파악하는 것인바, 이러한 발상은 동사구 내부 주어 가설(VP-internal subject hypothesis)로 정리되었다 (Koopman and Sportiche 1991 참고). 이 가설에 따르면 모든 주어가 원래는 동사구 내부에서 생성된다. 다시 말해 심층구조에서 주어는 VP 내부에 나타난다.

(23) 동사구 내부 주어 가설
주어는 심층구조의 VP 내부에서 생성된다.

이렇게 주어를 동사구 내부에서 생성되는 것으로 간주하면 주어든 목적어든 상관없이 논항은 그 논항을 선택하는 어휘핵의 투사 내에서 의미역을 부여받을 수 있게 된다.

(24)
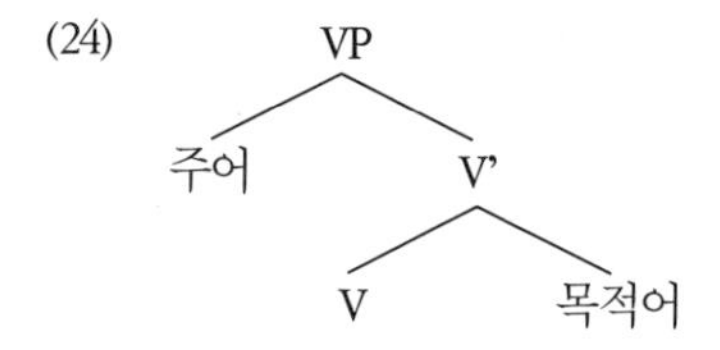

동사구 내부 주어 가설로 동사구의 통사구조는 그 동사 핵의 의미역 특성을 그대로 반영하는 구조를 갖게 된다.

그렇다면 동사구 내부 주어 가설을 지지하는 증거는 있는가? 동사구 내부 주어 가설을 뒷받침하는 실제적인 증거로는 대표적으로 유동 양화사 (floating quantifier) 현상을 들 수 있다. 유동 양화사 현상이란 양화사가 양화하는 명사구와 함께 나타나지 않고 분리되어 실현되는 현상을 가리킨다. 아래 (25)에서 유동 양화사 'all'과 'both'는 그것이 양화하는 명사구와 붙어서 나타나지 않고 그것과 분리되어 동사구 내부에 잔류하는 모습을 보이는데, 이 현상은 양화사와 양화되는 명사구가 심층구조에서 하나의 성분을 이루고 있다가 표층구조에서 양화되는 명사구만 이동함으로써 나타나는 것으로 분석할 수 있다(Koopman and Sportiche 1991 참고).

(25) 가. The girls can all solve the problem.
나. They are both helping him.

(26)

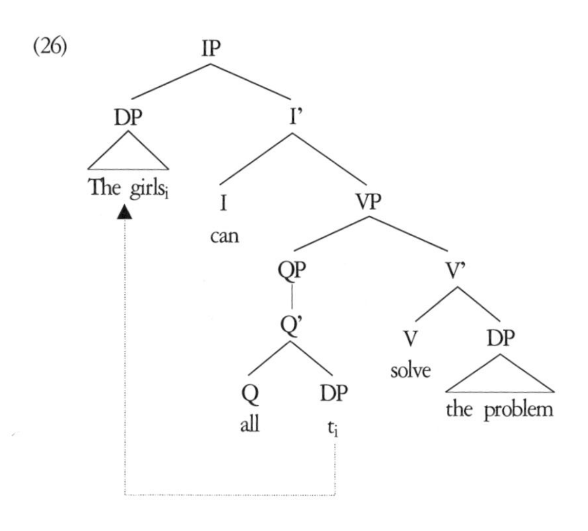

(26)에서 양화사 'all'과 'the girls'는 하나의 성분을 이루는데, 'the girls'가 확대 투사 원리에 의하여 IP의 명시어 위치로 이동한다고 하자.[4] 그러면 표층구조에서 양화되는 명사구와 분리된 양화사, 즉 유동 양화사가 나타나게 된다. 이러한 분석에 따르면 이동하지 않고 제자리에 잔류하는 유동 양화사의 위치는 주어의 애초 생성 위치를 말해주는 것이다. (26)에서 보듯이 유동 양화사의 통사적 위치는 VP의 명시어 위치로 분석되므로, 주어의 애초 위치도 VP의 명시어 위치로 보게 된다.

그렇다면 한국어에서도 동사구 내부 주어 가설을 뒷받침하는 증거를 찾을 수 있는가? 이에 답하기 위해 한국어 수량사 유동의 경우를 살펴보

4) 물론 'All the girls can solve the problem.'에서 보듯이 양화 명사구 'all the girls' 전체가 이동할 수도 있다.

자. 한국어 수량사는 셈의 대상이 되는 명사와 함께 나타나는 것이 보통이지만, 그 명사와 분리되어 유동적인 표현으로 나타날 수도 있다. 이 때 유동되어 나타나는 수량사는 동사구 내부에 위치한다.

(27) 가. 어제 학생들이 세 명 문제를 풀었다.
나. 학생들이 어제 세 명 문제를 풀었다.

(27)에서 셈의 대상이 되는 '학생들'에서 분리된 수량 표현 '세 명'은 동사구 내부에 위치한다. 주어 '학생들이'는 동사구 내부에 생성되었다가 '세 명'과 분리되어 이동된 것으로 분석할 수 있다.

이를 더 자세히 설명하면 동사구 내부 주어 가설 이전의 (27가)의 문장 구조는 아래 (28)과 같이 나타낼 수 있다.

(28)

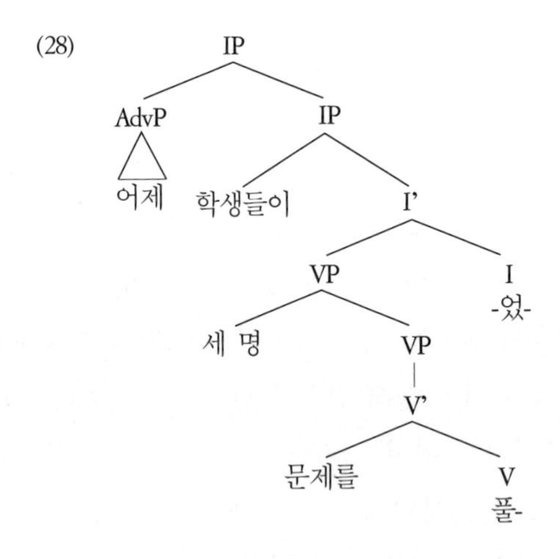

위 (28)의 구조는 '학생들'과 수량 표현 '세 명' 사이의 관계를 직접적으로 포착해주기 어렵다. 그러나 동사구 내부 주어 가설에 입각하여 (27)의 문장 구조를 나타내면 아래 (29)와 같은데, 이 구조에서는 방금과 같은 문

제가 야기되지 않는다.

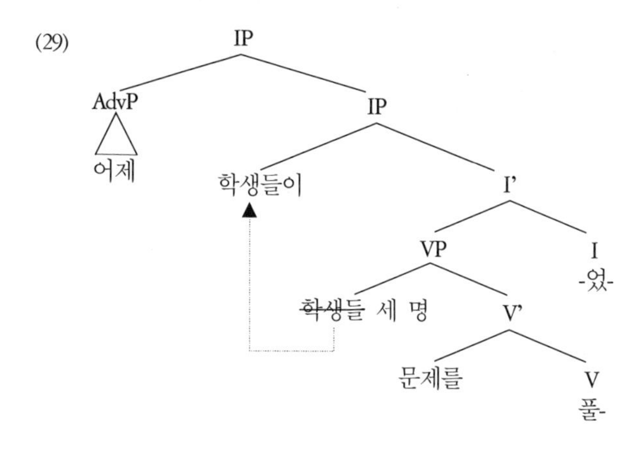

위 (29)에서는 '학생들'과 수량 표현 '세 명'이 하나의 성분으로 동사구 명시어 위치에서 생성되었다가 '학생들'만 이동하고 수량 표현은 제자리에 머무는 것으로 이해된다.

이러한 동사구 내부 주어 가설에 따라 주어의 생성 위치를 동사구 명시어 위치로 파악하면, 여러 가지 이론상의 이점이 생기게 된다. 첫째, 주어 위치를 IP의 명시어 위치로 보는 견해와는 대조적으로, 모든 IP의 명시어 위치는 단일하게 비의미역 위치로 간주할 수 있게 된다. 또한 주어 논항과 목적어 논항 사이의 차별 없이, 모든 의미역이 지배라는 단일한 방식에 의하여 부여되는 것으로 설명할 수 있게 된다.

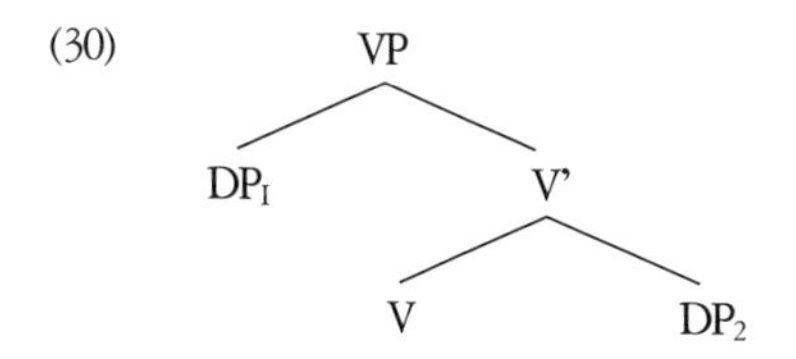

위 구조에서 V는 DP_1과 DP_2를 최대-통어하며, V와 DP_1 사이 그리고 V와 DP_2 사이에는 지배를 방해하는 요소, 즉 (18)의 γ가 존재하지 않는다. 따라서 V는 DP_1과 DP_2를 지배하며, 이를 토대로 V는 명시어 위치에 있는 DP_1에는 행위주 의미역을 부여하고, 보충어 위치에 있는 DP_2에는 대상 의미역을 부여하게 된다.

위 (30)의 구조에서 목적어 논항은 V'의 내부 위치를 차지한다. 이러한 이유로 목적어 논항을 내부 논항(internal argument)이라고 한다. 반면 주어 논항은 V' 외부 위치에서 의미역을 부여받는다. 따라서 주어는 외부 논항(external argument)이라 하여 내부 논항인 목적어 논항과 구분한다.

5.4. 자동사의 두 유형: 비대격 동사와 비능격 동사

자동사는 주어의 의미역 특성에 따라 비대격(unacccusative) 동사와 비능격(unergative) 동사의 두 유형으로 나뉜다.[5] 전자는 그 주어가 대상의 의미 특성을 갖지만, 후자는 행위주의 의미 특성을 갖는다. 이 두 유형의 동사는 여러 다른 통사론적 특성을 보인다. 이 절에서는 이 두 유형의 자동사의

5) 한국어, 영어 등 주격-대격(nominative-accusative) 언어 유형에 속한 언어의 경우, 자동사의 주어에는 타동사의 주어와 마찬가지로 주격이 부여되고 타동사의 목적어에는 대격이 부여된다. 이 언어들에서 대격은 타동사의 목적어, 즉 주로 비의지적인 논항을 표시하는데, "비대격"은 주어 논항이 대상 의미역, 즉 타동사의 목적어에 해당하는 의미역과 통함에도 불구하고 대격이 부여되지 않기 때문에 붙여진 이름이다. 한편 주격-대격 유형의 언어 외에 능격-절대격(ergative-absolutive) 유형의 언어도 존재한다. 바스크어나 그루지아어 등이 이 유형에 속하는데 이 언어들에서는 자동사의 주어가 타동사의 목적어와 마찬가지로 취급되어 자동사의 주어와 타동사의 목적어에 같은 격, 즉 절대격이 부여되며, 타동사의 주어에는 능격이 부여된다. "비능격"은 자동사의 주어 논항이 타동사의 능격 논항과 마찬가지로 행위주의 의미 특성을 지님에도 불구하고 능격과 어울리지 않기 때문에 붙여진 이름이다.

특징에 대하여 살펴본다.

먼저 아래 (31)의 피동문과 능동문의 짝을 살펴보도록 하자.

(31) 가. 책이 팔렸다.
나. 철수가 책을 팔았다.

위 (31가)의 피동문의 주어와 (31나)의 능동문의 목적어는 동사에 대해 동일한 대상의 의미역을 가지며, 따라서 동일한 선택 제약(selectional restriction)을 보인다. 선택 제약이란 동사가 자신의 논항에 대하여 갖는 의미적 제약을 말하는 것인데, 가령 동사 '팔-'은 주어 논항에 대하여 사람의 의미를 가진 명사를 요구하며, 목적어 논항에 대하여는 구체물의 의미를 가진 명사를 요구하는 선택 제약을 가진다. (31가)의 주어나 (31나)의 목적어는 동일하게 구체물 명사에 해당한다. (31가)의 피동문의 주어는 원래 동사의 목적어로서, 목적어 위치에서 의미역을 받고 주어 위치로 인상된 것으로 분석되는데(6장 1절 참고), 이러한 피동 분석을 전제하면 동사로부터 대상 의미역이 부여되는 명사구 '책'은 피동문에서나 능동문에서나 상관없이 심층구조에서는 동일한 통사 위치, 즉 동사의 보충어 위치를 차지하게 된다.

보편 문법은 의미역 구조와 통사구조를 일관적인 방식으로 관련시키는 원리를 내포한다. 이러한 원리는 의미역과 통사구조 사이의 사상 관계(mapping relation)를 일컫는데, 그 내용은 아래의 의미역 부여 일률성 가설(uniformity of theta assignment hypothesis)로 정리된다(Baker 1988 참고).

(32) 의미역 부여 일률성 가설
동일한 의미역 관계는 동일한 통사구조적 관계를 갖는다.

즉 동일한 의미역을 갖는 논항 명사구는 통사구조에서 일률적으로 동일한 위치를 차지한다는 것이다. 이러한 의미역 부여 일률성 가설에 따르면, (31)의 '책'은 대상 의미역을 지니므로 일률적으로 동사의 보충어 위치로 사상된다. 한편 행위주 의미역은 통사구조 상에서 VP의 명시어 위치로 사상되는데, 이를 나무그림으로 나타내면 아래 (33)과 같다.

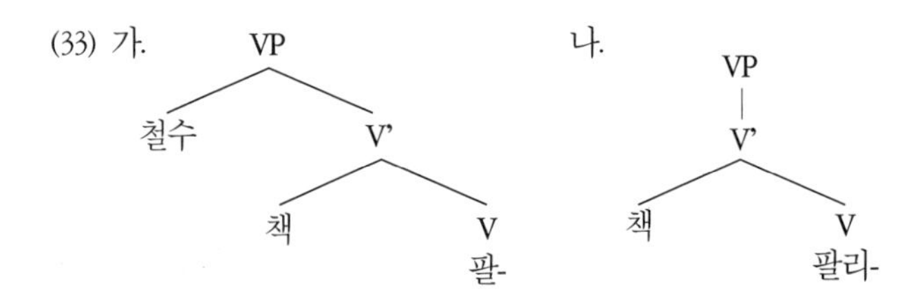

위에서 동사 '팔-'에 대하여 대상 의미역을 갖는 '책'은 동사의 보충어 위치를 차지하고, 행위주 의미역을 갖는 '철수'는 동사구의 명시어 위치를 차지한다.

또 다른 예로 아래 (34)의 자·타 양용 동사를 살펴보도록 한다. 동사 '멈추-'는 자동사로도 사용되고 타동사로도 사용되는데, 의미역 부여 일률성 가설에 의하면 (34)에서 대상 의미역을 받는 명사구 '눈물'은 타동사문에서나 자동사문에서나 동사의 보충어 위치로 사상되어야 한다.

(34) 가. 철수는 눈물을 멈추었다.
  나. 눈물이 멈추었다.

그리고 (34가)의 타동사문에서 주어 '철수'는 행위주 의미역을 가지므로 VP의 명시어 위치에 생성된다. (34가)와 (34나)를 나무그림으로 보이면 각각 아래 (35가), (35나)와 같다.

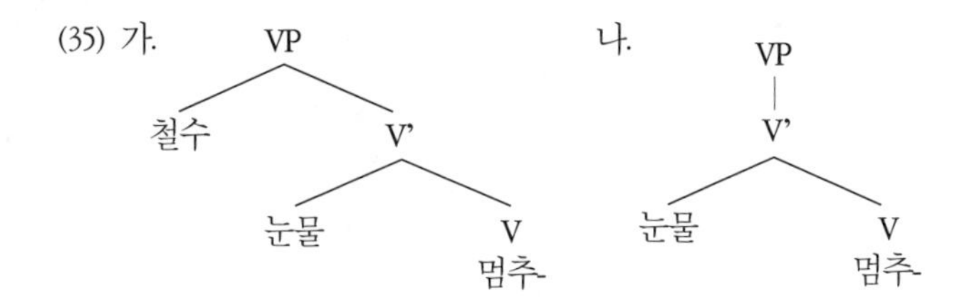

위 (35나)에서 '눈물'은 (35가)의 목적어와 동일한 위치, 즉 동사 '멈추-'의 보충어 위치에 생성되며 격을 부여받기 위해 표면의 주어 위치로 인상되는 것으로 분석된다.

이렇게 같은 주어라도 그것이 가진 의미역에 따라 원래 그 위치에서 생성되는 것과 그 위치에서 생성되지 않고 목적어 위치에서 인상되는 것으로 유형을 나눌 수 있다. 전자는 행위주 의미역을 갖는 것으로 전형적인 주어의 특징을 보여준다. 후자는 대상의 의미역을 갖는 것으로 목적어로서의 통사론적 특징도 함께 공유한다. 이렇게 그 주어가 대상의 의미역을 갖고 목적어의 기저 위치를 갖는 자동사 부류를 비대격 동사라고 한다.[6] 이는 그 주어가 행위주 의미역을 지니는, 즉 전형적인 주어로서의 특징을 갖는 자동사인 비능격 동사와 구분된다. 비대격 동사와 비능격 동사의 차이를 나무그림으로 나타내면 아래 (36)과 같다.

6) 한국어의 비대격 동사에는 '나다, 돋다, 마르다, 붇다, 시들다, 썩다, 익다, 줄다, 죽다, 지치다, 트다, 피다, 떨다, 멈추다, 울리다, 가시다, 반짝이다, 깜박이다' 등이 포함된다. 자세한 논의는 고광주(2002) 참고.

(36) 가. 감자가 익었다

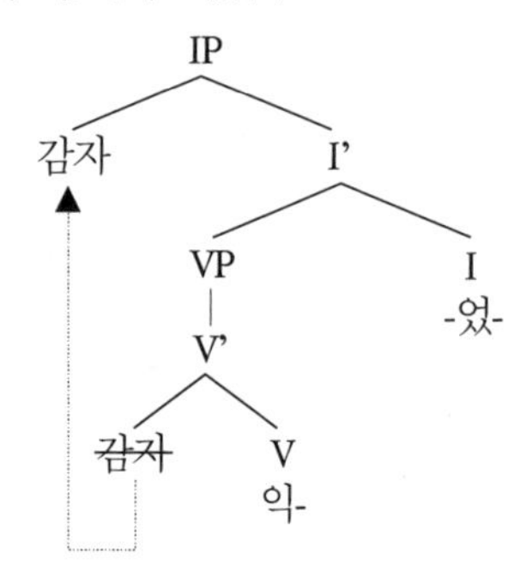

나. 철수가 뛰었다.

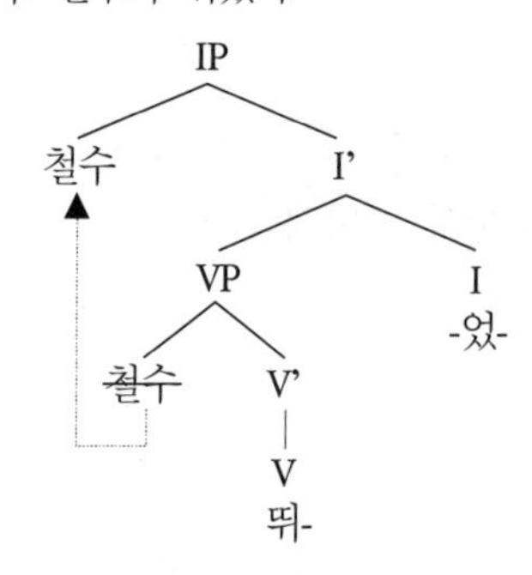

(36가)에서 '감자'는 목적어 위치에서 생성되었다가, 비대격 동사 '익-'이 대격을 인허할 수 없기 때문에 격을 위해 주어 위치로 인상된다. 반면 비능격 동사의 행위주 주어 (36나)의 '철수'는 원래부터 주어 위치, 즉 동사구의 명시어 위치에 생성되었다가 주격 인허를 위해 IP의 명시어 위치로 인상된다.

(36가)의 비대격 동사는 그 주어가 목적어 위치로부터 인상된 것이라는 점에서 피동사와 유사한 통사적 특징을 공유하고 있다. 또한 (36나)의 비능격 동사는 그 주어가 행위주 의미역을 갖는다는 측면에서 타동사문의 주어와 통한다. 피동사문과 타동사문의 통사구조는 아래 (37)과 같이 나타낼 수 있다.

(37) 가. 책이 팔렸다.

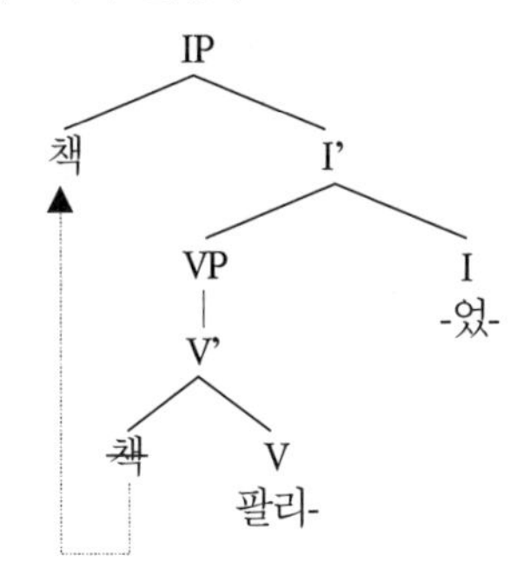

나. 철수가 책을 팔았다.

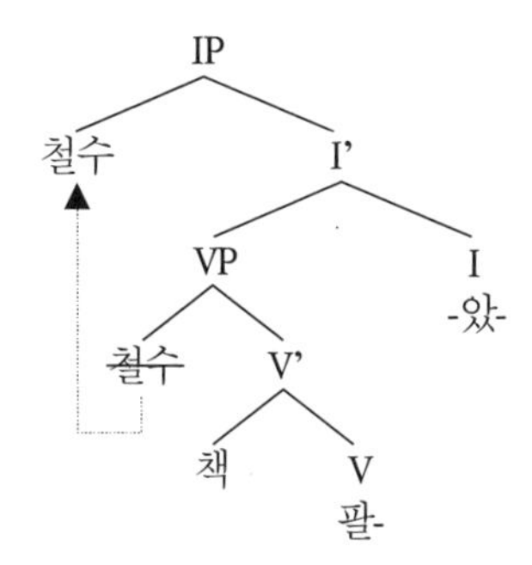

위 (37가)의 피동사문에서 주어는 대상의 의미역을 가지며, 동사의 보충어 위치에서 생성된다. 피동사는 대격 인허 능력이 없으므로, 그 명사구는 격을 얻기 위하여 주어 위치로 인상된다. 이렇게 피동사문은 그 주어가 원래 목적어 위치에서 생성된다는 면에서, 그리고 대격 인허 능력이 없다는 측면에서 비대격 동사문과 통한다.

그러나 피동사문과 비대격 동사문은 서로 구분되는 특성도 지니는데, 전자는 부가어이기는 하지만 행위주 논항을 통사적으로 보유한다는 점에서 행위주 논항을 전제하지 않는 후자의 비대격 동사문과 명확히 구분된다.

(38) 가. The door opened {by itself, *on purpose}.
나. The door was opened {*by itself, on purpose}.

즉 (38나)의 피동사문은 (38가)의 비대격 자동사문과는 대조적인 양상을 보여주는데, 'by itself'에 의한 수식은 불가능한 반면 행위주의 의지를 나타내는 'on purpose'에 의한 수식은 가능하다. 이는 피동사문에서 행위주 논항이 'The door was opened by John'에서 보듯이 사격(oblique case. 7장과 8장 참고)으로 표현되기는 하지만 여전히 실재하고 있음을 보여주는 것이다.

한편 (37나)의 타동사문은 그 주어가 전형적인 주어로서 행위주 의미역을 가지며, 대상의 의미역을 갖는 목적어 논항이 존재한다. 대격 인허 능력을 갖고 있으므로 그 목적어 논항은 제자리에서 대격을 인허받는다. 그 주어가 전형적인 주어로서의 특징을 갖고 있으며 잠재적인 대격 인허 능력을 가지고 있다는 측면에서 비능격 동사와 유사한 특징을 공유한다.

(36)과 (37)을 통해 살핀 동사의 특징을 고려하면, 행위주 주어를 갖는가의 여부와 대격 인허 능력과의 상관성에 대한 일반화를 도출할 수 있다. 가령 비대격 동사와 피동사는 목적어 위치에 의미역이 부여되고 주어 위치에는 의미역이 부여되지 않으며, 대격 인허 능력이 없다. 반면 비능격 동사와 타동사는 그 주어 위치에 의미역이 부여되며, 대격 인허 능력을 지닌다. 이러한 사항들을 정리하면 아래 (39)와 같은 부르지오의 일반화(Burzio's generalization)가 나타난다(Burzio 1986 참고).

(39) 부르지오의 일반화
동사는 그 목적어에 격을 부여할 수 있을 때에만 주어에 의미역을 부여할 수 있다.

즉, 비대격 동사와 피동사는 대격 인허 능력이 없으며, 그 주어 위치는 비의미역 위치이다. 반면 비능격 동사와 타동사는 대격 인허 능력을 가지고 있으며, 그 주어 위치는 의미역 위치이다. 다시 말해 대격 인허 능력을 가지고 있는 동사는 행위주 주어를 가지며, 역으로 행위주 주어를 갖는 동사는 대격 인허 능력을 가진다.

지금까지 우리는 비대격 동사와 비능격 동사의 통사론적 차이를 논의하였다. 비대격 동사의 주어는 동사구 보충어 위치에 생성되지만, 비능격 동사의 주어는 전형적인 주어로 동사구의 명시어 위치에 생성된다. 따라서 비대격 동사의 주어는 타동사의 목적어와 많은 경우에 그 통사론적 성격을 공유할 것임을 예측할 수 있다. 그 증거의 하나로 "포합(incorporation)"을 들 수 있는데, 포합이란 핵 이동에 의하여 하나의 형태론적 단위를 만드는 과정을 말한다. 동사와 논항이 핵 이동에 의해 포합되려면 핵 이동 제약(head movement constraint)에 의하여 내부 논항 위치에서 이 내부 논항을 성분-통어하는 동사로의 포합만이 가능하다(10장 참고). 따라서 내부 논항은 구조적으로 동사와의 포합이 가능한 반면 외부 논항은 가능하지 않다. 그런데 비대격 동사에서는 그 주어가 포합이 가능한 반면, 비능격 동사에서는 그러한 포합이 불가능하다. 이는 비대격 동사의 주어가 원래 내부 논항으로서 목적어와 같은 특성을 가지고 있음을 보여주는 것이다.

구체적으로 한국어 합성 동사(compound verb)와 통합 합성어(synthetic compound)의 경우 이들을 구성하는 자동사 어근은 아래 (40)과 같이 전형적으로 비대격 동사인 것으로 관찰되어 왔다(고재설 1994, 시정곤 1994, 고광주 2002, 박소영 2011 등 참고). 비능격 동사는 이들 합성어 구성에 참여할 수 없다.

(40) 가. 겁나다, 공들다, 정들다, 풀죽다 등
　　나. 해돋이, 산울림, 피돌기, 동트기, 씨나기, 움돋이 등

이들 합성어가 핵 이동에 의해 형성된다고 보면(고재설 1994, 시정곤 1994

등 참고), 핵 이동 제약에 의하여 내부 논항만이 합성어 형성에 참여하는 동사와 결합할 수 있을 것이다. 일반적으로 내부 논항과의 결합에 의한 합성어 형성은 가능한 반면, 외부 논항에 의한 합성어 형성은 불가능하다. 아래 (41)의 예들을 살펴보기로 한다.

(41) 가. 유리창닦이(유리창을 닦다), *인부닦이(인부가 닦다).
나. 코골이(코를 골다), *사람골이(사람이 골다).

위 (41)에서 대상의 내부 논항은 합성어 형성에 참여할 수 있지만, 행위주 외부 논항은 합성어 형성에서 배제됨을 볼 수 있다. 요컨대 비대격 동사의 주어는, 비능격 동사의 주어와 달리, 내부 논항으로서 타동사 목적어와 궤를 같이 하는 것이다.

5.5. 동사구 패각 구조

5.5.1. 동사구 패각 가설

지금까지의 논의에서 우리는 하나의 논항을 요구하는 자동사와 두 개의 논항을 요구하는 타동사의 통사구조에 대해서 살펴보았다. 이분지적인 구조 형성 규칙을 갖는 핵 계층 이론과 그것을 통제하는 의미역 이론과 투사 원리에 의해 이들 동사들의 통사구조는 별 문제 없이 표상할 수 있었다. 그런데 논항을 세 개 요구하는 이중 타동사(ditransitive verb)의 경우는 이분지 구조만을 허용하는 구조 형성 규칙에서 어려움을 겪게 된다.

가령 영어 'give'와 같은 동사는 주어와 두 개의 목적어 논항을 요구하여 세 개의 논항을 갖는데, 이분지 구조에서는 두 번째 목적어 자리가 확보되지 않는다. 그래서 때로 아래와 같은 삼분지 구조가 상정되기도 하는

데, 이러한 구조는 이분지 제약을 따르는 한 허용되지 않는다.

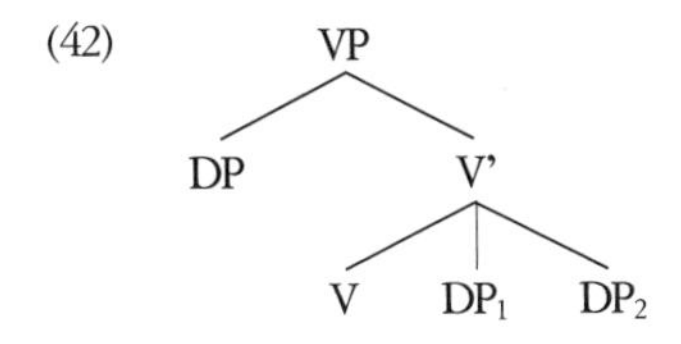

위 (42)의 삼분지 구조는 경험적으로도 두 개의 목적어 사이에 성립하는 성분-통어 관계를 설명하지 못하는 약점을 지닌다. 구체적으로 이중 목적어 구문에서 첫 번째 목적어는 두 번째 목적어를 성분-통어하고 그 역은 성립하지 않는데, 위 (42)에서는 두 목적어가 서로 성분-통어하므로 이러한 사실을 설명해 줄 수 없다. 아래 (43)은 두 목적어 간의 성분-통어 관계를 잘 보여준다.

(43) 가. Mary gave $John_i$ a picture of $himself_i$.
나. *Mary gave $himself_i$ a picture of $John_i$.

(43가)에서 간접 목적어 'John'은 후행하는 직접 목적어에 포함된 대용사 'himself'를 결속할 수 있지만(9장 참고), (43나)에서 볼 수 있는 것처럼 그 역은 성립하지 않는다. 이러한 현상은 간접 목적어가 직접 목적어를 비대칭적으로 성분-통어하고 있음을 보여주는 것으로 비대칭적 성분-통어 관계는 (42)의 삼분지 구조로는 설명되지 않는다.

(43)이 보여주는, 두 개의 목적어 사이에 성립하는 비대칭적 성분-통어 관계를 보장하려면 아래 (44)처럼 이분지 구조를 유지하면서 두 목적어가 나타날 자리를 확보할 필요가 있다.

(44)
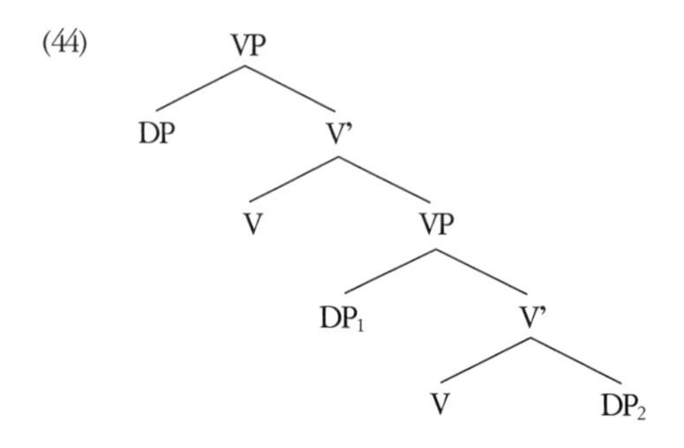

위의 나무그림에서 간접 목적어 DP_1과 직접 목적어 DP_2는, 간접 목적어 DP_1은 직접 목적어 DP_2를 성분-통어하지만 직접 목적어 DP_2는 간접 목적어 DP_1을 성분-통어하지 못하는 비대칭적인 성분-통어 관계에 있다. 이러한 구조는 (43)과 같은 결속 관계를 직접적으로 포착하는 장점을 지닌다.

(44)와 같이 동사구가 두 부분으로 나누어지는 구조가 바로 동사구 패각 구조(VP-shell structure)이다(Larson 1988, Chomsky 1995 등 참고). 동사구 패각 구조에 따르면 동사구는 (44)에서 보듯이 상위 VP 패각과 하위 VP 패각으로 구성되는 것으로 간주되거나, (45)에서 보듯이 내부 VP 고갱이(core) 부분과 외부 vP 패각(shell)으로 구성되는 것으로 간주된다. (45)에서 소문자로 나타낸 기능핵 v는 VP를 그 보충어로 취하며, 이로써 동사구는 VP와 vP가 중첩되는 구조를 가지게 된다. 그리고 행위주와 같은 외부 논항은 어휘 동사 V로부터 분리되어 기능핵 v에 의하여 도입되는 것으로 간주된다.[7]

7) 이에 더해 기능핵 v는 내부 논항에 대격을 인허하는 기능도 갖는다.

(45)

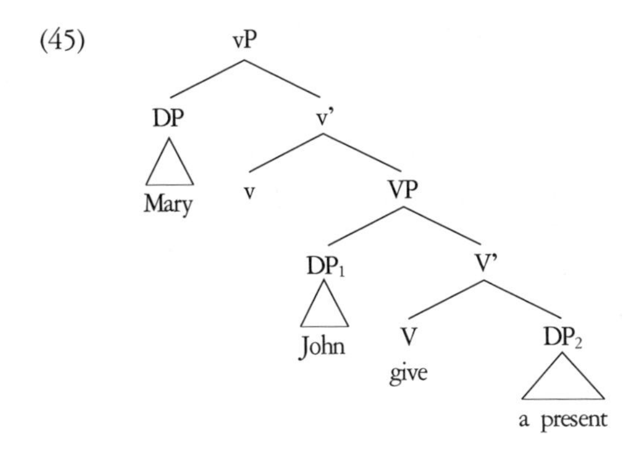

위 (45)에서 첫 번째 목적어와 두 번째 목적어는 V의 매개로 서로 연계되며, 행위주 논항 'Mary'는 vP의 명시어 자리에 도입된다. 동사 'give'는 하부 VP의 핵 V로서 상위 vP의 핵 v로 핵 이동하는데,[8] 이는 'give'가 V와 v의 복합 구조를 갖는 것으로 이해됨을 의미한다. 이러한 동사구 패각 구조에서 상위 vP 층위는 일종의 행위 의미를 나타내고, 하위 VP 층위는 그 결과를 나타내는 의미론적 특성을 띠게 된다.

8) (44)를 택하면 'give'는 하위 VP의 핵으로서 상위 VP의 핵 V로 핵 이동하며, 상위 V는 통사 범주 자질만 지니고 의미 내용은 지니지 않는 것으로 간주된다. 의미 내용은 하위 V가 책임지는데, 이동 전에는 하위 VP에서, 그리고 이동 후에는 상위 VP에서 의미역을 부여하게 된다. 그러면 의미역이 이동 전의 심층구조에서뿐만 아니라 이동 후의 표층구조에서도 부여된다고 보아야 하는데, 이는 의미역 부여, 심층구조, 표층구조 등의 일반적인 속성과 어긋난다. 이 문제를 피하고자 (44)에 대한 대안으로 제시된 것이 바로 (45)이다.

5.5.2. 한국어의 동사구 패각 구조

동사구 패각 구조에 따르면 외부 논항은 기능핵 v에 의하여 도입되지만 내부 논항은 어휘 동사 V에 의하여 도입된다.[9] 그렇다면 한국어에 v를 도입함으로써 문장 구조의 표상이 어떻게 달라지는지를 구체적으로 살펴보기로 한다. 가령 아래 (46)의 문장 구조는 v가 도입되기 이전 동사구 내부 주어 가설에 입각하면 (47)과 같이 나타낼 수 있다.

(46) 철수가 영미를 만났다.

(47)

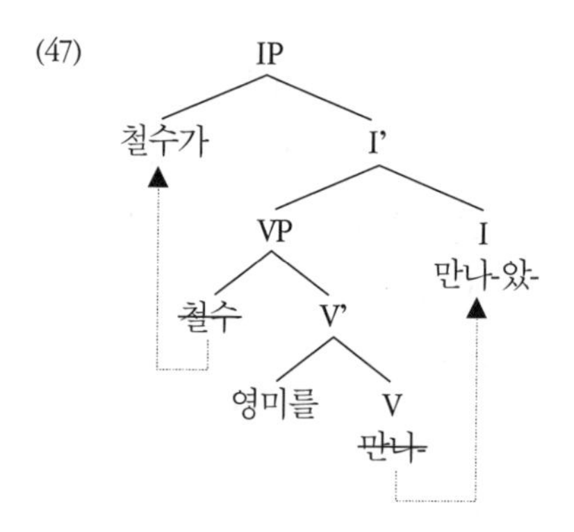

목적어 '영미'는 동사구의 보충어 위치에, 주어 '철수'는 동사구의 명시어 위치에 기저 생성된다. 이어 '철수'는 격을 부여받기 위해 IP의 명시어 위치로 이동하고, 목적어 '영미'는 동사의 지배에 의해 대격을 부

9) 외부 논항과 내부 논항의 통사론적 차이는 여러 학자들에 의해 인식되어 왔다. 예를 들어 Marantz(1997)은 외부 논항은 어휘 동사의 진정한 논항이 아니라고 주장하였다. 특히 내부 논항은 동사와 결합하여 동사의 특수한 의미 해석을 유발시키지만 외부 논항은 그런 일이 없다고 보고, 외부 논항은 어휘 동사가 아닌 일종의 기능핵에 의하여 도입된다고 하였다. Kratzer(1996)은 더욱 구체적으로 외부 논항은 Voice라는 기능핵에 의해 도입된다고 하였는데, Voice는 외부 논항과 동사에 의해 기술된 사건 사이에 성립하는 의미역 관계를 규정해주는 기능핵이다. Kratzer(1996)의 Voice는 대체적으로 기능핵 v와 동일시될 수 있다.

여받는다.

다음으로 기능핵 v를 도입하여 (46)의 문장 구조를 파악하면 아래 (48)과 같다.

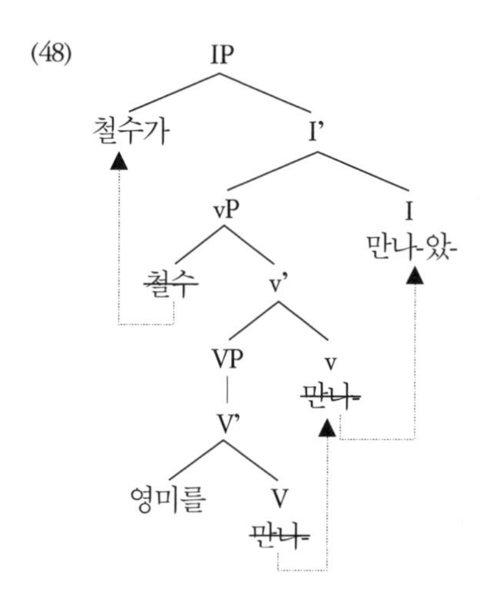

기능핵 v를 도입하면, 위에서 보듯이 '만나-'는 어휘 동사 V와 기능핵 v가 공모함으로써 통사적으로 실현된다. 위 구조에서 기능핵 v는 외부 논항 '철수'의 도입과 목적어 '영미'의 대격 인허를 책임지며, V는 기능핵 v로 핵 이동한다.

한국어에서는 기능핵 v가 가시적으로 실현된 형태를 목격할 수 있다. 가령 자동사가 사동 접사 '-이/히/리/기/우/구/추-'와 결합하여 타동사화되는 아래 (49)와 같은 예들이 있는데, 이때 사동 접사는 기능핵 v의 가시적 실현 형태로 간주될 수 있다.

(49) 가. 끓-이-다, 익-히-다, 죽-이-다 등

나. 라면이 끓었다.

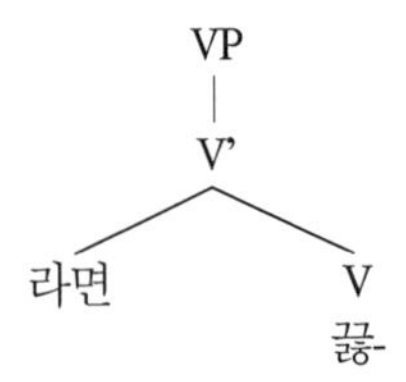

다. 철수가 라면을 끓였다.

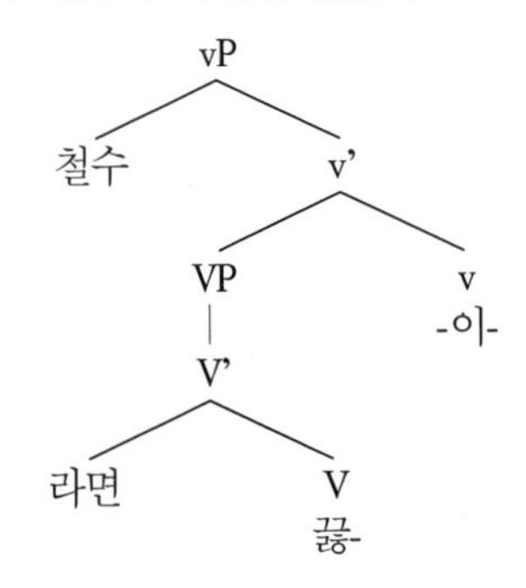

위 (49다)에서 기능핵 v로 실현되는 사동 접사 '-이-'는 행위주 외부 논항을 도입하고 대격을 인허하는 기능을 갖는다. 즉 '끓-'이 '-이-'와 결합하여 논항 구조가 변화하게 되는데, 이에 기대어 v는 한국어에서 가시적인 접사로 실현되는 것으로 분석될 수 있다.

또한 서술성 명사와 결합하는 '하-'도 기능핵 v의 형태론적 실현으로 분석할 수 있다.

(50) 가. 한국어 통사론 연구

나. 철수가 한국어 통사론을 연구하였다.

위 예문 (50나)에서 서술성이 있는 '연구'의 내부 논항은 '한국어 통사론'이며, 외부 논항 '철수'는 경동사 '하-'로 실현되는 기능핵 v에 의해 도입된다. (50나)의 구조는 아래 (51)과 같이 나타낼 수 있다.

(51)

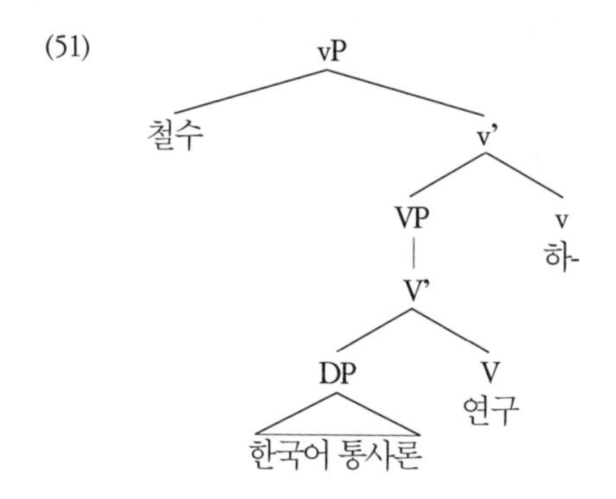

위 구조에서 V '연구'는 v로 핵 이동하며, 이를 통해 '연구'와 '하-'는 서로 결합해서 동사 '공부하-'를 형성한다. 기능핵 v는, 앞서와 마찬가지로, 행위주 외부 논항을 도입하고 대격을 인허하는 역할을 담당한다.[10)]

5.6. 마무리

이 장에서는 핵 계층 이론에 의하여 생성되는 구조에 대하여 일종의 제약으로 작용하는 의미역 관계에 대하여 살펴보았다. 의미역 공준 및 투사 원리와 확대 투사 원리에 대하여 논의하였고, 동사구 내부 주어 가설이 제안된 배경과 그 타당성에 대하여 살펴보았다. 또한 의미역과 통사구조 사이의 사상 관계에 대하여 논의하고, 마지막으로 동사구 패각 구조에 대하여 살펴보았다.

---

10) (48)~(51)은 한국어도 패각 구조를 지닌다는 입장을 따른 것인데, 이와 달리 한국어의 패각 구조를 인정하지 않는 견해도 있다(이정훈 2011 참고). 물론 패각 구조를 인정하지 않으면 (49)~(51)은 다른 식으로 설명된다.

6장_의미역 이론 2: 한국어의 논항 구조

이 장에서는 5장의 의미역 이론을 확대하여, 한국어의 논항 구조와 통사구조 사이의 상호 관계에 대하여 논의하고자 한다. 5장에서 우리는 의미역 부여 일률성 가설에 의하여 동사의 논항 구조가 통사구조에 사상(mapping)되는 양상을 살펴보았다. 더불어 동사구 패각 구조가 동사구의 통사구조를 면밀하게 표상해낼 수 있다는 것도 확인하였다. 이 장에서는 이러한 논의를 확대하여 한국어의 피동문(passives), 사동문(causatives), 그리고 부가논항 구문(applicatives) 등을 살피면서 논항 구조와 통사구조 사이의 사상 관계를 보다 깊이 논의한다.

6.1. 피동문

먼저 이 절에서는 피동문의 통사구조에 대하여 논의하기로 한다. 피동문은 사건의 주체가 아니라 대상이 주어로 나타나는 것으로, 능동문의 목적어가 피동문의 주어로 표현된다. 전통적으로 피동문은 동사의 외부 논항과 대격 인허 능력을 없애는 피동 형태소의 결합에 의해 형성되는 것으로 설명되어 왔다(Baker 외 1989 참고).

(1) 가. John kicked the ball.
나. The ball was kicked by John.

(2)
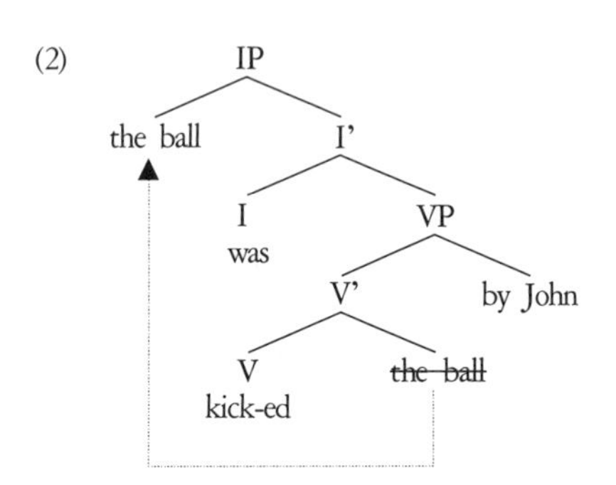

즉 (1가)의 능동문에 피동화가 적용되면, 동사 'kick'의 외부 논항 의미역이 피동 접사 '-ed/en'에 부여되거나 흡수되어 원래의 외부 논항 'John'이 전치사구 'by John'으로 그 지위가 강등되고, 동사는 내부 논항에 대격을 인허하는 능력을 상실하게 된다. 그 결과로 목적어 내부 논항은 격을 인허받기 위해 주어 위치로 이동하여 주격을 인허받는다. 피동문의 주어 위치는 의미역이 부여되지 않는 비의미역 위치이며, 목적어 내부 논항이 격을 인허받기 위해 인상되는 위치인 것이다.

전형적인 피동문의 주어가 나타나는 위치가 의미역 부여와 무관한 비의미역 위치라는 사실은 아래 (3)에 의해서 증명된다.

(3) 가. *The ball was kicked intentionally.
나. *Be kicked by John.
다. *The ball tried to be kicked by John.
라. *The $ball_i$ was kicked [to PRO_i jump up to the second flooor]

즉 피동문의 주어는 주어의 행위주성의 유무를 보여주는 부사 'intentionally'의 수식을 받을 수 없다. 또한 피동문은 명령형으로도 쓰일 수 없고, 내포문에 의미역을 지닌 주어가 나타날 것을 요구하는 동사 'try'의 내포문으로 쓰일 수 없다.[1] 또한 목적을 나타내는 절 내부에 나타나는 PRO를 통제할 수도 없다. 이러한 다양한 통사적 판별법은 피동문의 주어 위치가 의미역 위치가 아니라, 단순히 격이 인허되는 위치임을 말해 준다.[2]

한편 한국어의 피동은 피동 접사 '-이/히/리/기-'나 '-어지-' 구성에 의하여 실현된다.

(4) 가. 철수가 영이를 잡았다.
    나. 영이가 철수에게 잡혔다.
    다. 영이가 철수에 의해 잡아졌다.

능동문 (4가)의 목적어 '영이'는 피동문 (4나), (4다)에서 주어로 실현되고, 능동문의 주어 '철수'는 피동문에서 조사 '-에게'나 조사에 준하는 '-에 의해'를 통해 실현된다. 접사 피동문 (4나)의 통사구조는, (2)에 제시된 구조를 참고하면, 아래 (5)와 같이 나타낼 수 있다.

---

1) 'try'의 내포문 주어는 (3라)와 마찬가지로 소리 없는 대명사 PRO로 나타난다. 일례를 들면 아래 (i)과 같다.

(i) John_i tried to PRO_i go there.

'try'처럼 PRO가 나타나는 내포문을 요구하는 동사를 통제 동사(control verb)라 하며, (i)에서 'John'은 PRO를 통제한다고 한다. 동지표는 'John'과 PRO의 지시 대상이 같음을 나타낸다. 소리 없는 대명사에는 PRO 외에 pro가 더 있는데 이들에 대해서는 12장 7절에서 간략히 살핀다.

2) 한편 영어의 'get'-피동문은 다른 양상을 보여서 아래 (i)에서 보듯이 주어가 의미역을 부여받을 수 있다.

(i) 가. John got cheated intentionally.
    나. Get caught by John.
    다. John tried to get caught by Mary.
    라. John got hit by car [to receive money from the insurance company].

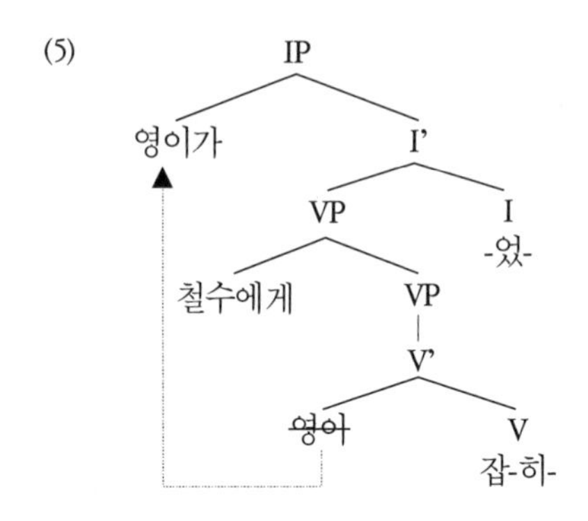

위에서 내부 논항 '영이'는, 피동 접사 '-히-'의 결합에 의해 동사 '잡다'의 대격 인허 능력이 상실되기 때문에, IP의 명시어 위치로 인상되어 주격을 인허받는다.

그렇다면 한국어 피동문의 주어 위치는 영어 피동문과 마찬가지로 의미역이 부여되지 않는 비의미역 위치인가? 먼저 행위주성을 드러내는 부사 '일부러'에 의한 수식 여부를 살펴본다.

(6) 가. 영이가 일부러 철수에게 잡혔다.
　　나. *영이가 일부러 철수에 의해 잡아졌다.

(6가)는 접사 피동문의 경우 부사 '일부러'에 의해 피동문 주어의 고의성이 나타나는 것이 가능함을 보여준다. 다시 말해 (6가)는 "영이가 어떤 의도를 가지고 철수에게 잡혔다."는 의미로 충분히 해석될 수 있다. 반면 (6나)와 같은 '-어지다' 피동문은 피동문 주어의 고의성이 나타날 수 없다. 이는 '-어지다' 피동문의 주어 위치는 의미역이 부여되지 않는 비의미역 위치이지만, 접사 피동문의 주어 위치는 행위주 의미역이 부여될 수 있는 의미역 위치임을 암시하는 것으로 볼 수 있다. 이러한 사실은 한국어의 접사 피동문이 영어의 피동문과는 다른 성질을 가지고 있음을 의미하는데, 이를 더 분명하게 확인하기 위해서 피동문 주어의 소유물 논항이 실

현된 아래 (7), (8)을 살펴보도록 하자.

(7) 가. 영이가 철수에게 손이 잡혔다.
　　나. 영이가 철수에게 손을 잡혔다.

(8) 가. 영이가 철수에 의해 손이 잡아졌다.
　　나. *영이가 철수에 의해 손을 잡아졌다.

(7)은 접사 피동문에서 소유물 논항 '손'이 주격으로도, 대격으로도 실현될 수 있음을 보여준다. 반면 '-어지다' 피동문에서는 (8)에서처럼 소유물 논항이 주격으로만 실현될 수 있다.

그런데 (7가), (7나)의 접사 피동문은 주어의 행위주성 여부에 있어서 각각 다른 양상을 보여준다.

(9) 가. *영이야, 철수에게 손이 잡혀라.
　　나. *영이가$_i$ 철수에게 [PRO$_i$ 자리에서 일어서려고] 손이 잡혔다.
　　다. *순이가 영이에게 [철수에게 손이 잡히라고] 설득하였다.

(10) 가. 영이야, 철수에게 손을 잡혀라.
　　나. 영이가$_i$ 철수에게 [PRO$_i$ 자리에서 일어서려고] 손을 잡혔다.
　　다. 순이가 영이에게 [철수에게 손을 잡히라고] 설득하였다.

(9)는 소유물 논항이 주격으로, (10)은 대격으로 실현된 경우이다. 주격 소유물 피동문의 경우는 명령문으로 쓰일 수 없고, 목적을 나타내는 절의 공범주 PRO를 통제할 수 없다. 또한 서술어 '설득하-'의 보충어로 나타날 수도 없다. 이는 앞서 (3)에 보인 영어의 전형적인 피동문과 같은 특성을 보이는 것이다. 반면 대격 소유물 피동문의 경우는 이 모든 것들이 가능한데, 이는 이 피동문의 주어가 전형적인 피동문과는 달리 행위주 의미역을 받는 의미역 위치에 있음을 말해주는 것이다.

한편 '-어지다' 피동문은 (9)와 같은 양상을 보여, 전형적인 피동문의 속성을 보여준다.

(11) 가. *영이야, 손이 잡아져라.
나. *영이가$_i$ 철수에 의해 [PRO$_i$ 자리에서 일어서려고] 손이 잡아졌다.
다. *순이가 영이에게 [철수에 의해 손이 잡아지라고] 설득하였다.

요컨대 한국어의 접사 피동문의 주어 위치는 영어의 'be'-피동문과는 달리 비의미역 위치일 수도 있고, 의미역 위치일 수도 있다. 그 주어가 행위주성을 가질 경우, 피동접사가 사용되었더라도 대격을 부여할 수 있는 특성을 보인다. 반면 '-어지다' 피동의 주어 위치는 반드시 비의미역 위치로 전형적인 피동문의 속성을 보인다.

그렇다면 한국어의 목적어를 갖는 접사 피동문, 예를 들어 (7나)는 어떻게 분석해야 할까? 이를 피동문의 범주에 넣어야 하는가? 아니면 피동문이 아니라 일종의 타동사문으로 분석해야 하는가?

만약 주격 소유물 피동문과 마찬가지로 피동문으로 분석한다면 이들 문장에 관여하는 피동 접사를 일관적으로 설명할 수 있다는 장점이 있다. 반면 피동문이 아니라 타동사문으로 분석한다면 대격 소유물 피동문에 나타나는 피동 접사의 정체성이 애매해진다.

그런데 대격 소유물 피동문이 전형적인 피동문의 특성을 보이지 않지만, 그렇다고 해서 일반적인 타동사문의 특성을 보이는 것도 아니라는 증거가 있다.

(12) 가. *철수가 영이를 손을 잡아 있다.
나. 영이가 철수에게 손을 잡혀 있다.

(13) 가. 철수가 영이를 손을 잡지를 않았다.
*철수가 영이를 손을 잡지가 않았다.

나. 영이가 철수에게 손을 잡히지를 않았다.
영이가 철수에게 손을 잡히지가 않았다.

위 (12)에서 주로 자동사와 결합하는 '-어 있-'은 (12가)의 일반적인 타동사문에는 결합할 수 없지만, (12나)의 대격 소유물 피동문에는 결합할 수 있다. 또한 (13)에서 장형 부정문이 보이는 주격-대격 교체는 (13가)의 타동사문에서는 허용되지 않지만, (13나)이 대격 소유물 피동문에서는 가능하다. 이는 대격 소유물 피동문이 단순한 타동사문으로도 분석될 수 없음을 말해준다.

그렇다면 주격 소유물 피동문과는 대조적인 특성을 보이는 대격 소유물 피동문은 어떠한 식으로 분석해야 할 것인가?[3] 이 문제를 풀기위기 위해 5장에서 논의한 동사구 패각 구조를 활용해 보도록 하자. 이에 피동태 범주를 나타내는 기능핵 v_{pass}를 가정하고 피동 접사는 이 기능핵의 음성적 실현형으로 간주한다.[4] 그러면 기능핵 v_{pass}가 주격 소유물 피동문에서는 VP를 보충어로 취하고, 대격 소유물 피동문에서는 대격을 인허하는 기능핵 v가 투사된 vP를 보충어로 취하는 것으로 분석할 수 있다. 이에 따라 먼저 주격 소유물 피동문의 구조를 보이면 아래 (14)와 같다. '철수에게'는 잠정적으로 부가어로 처리한다.

3) 이에 대한 자세한 논의는 박소영(2013가), 김용하(2014가), 최기용(2017) 등 참고.
4) 애초 Larson(1988)과 Chomsky(1995)의 동사구 패각 구조에서 v는 대격을 인허하고 외부 논항을 도입하는 기능을 갖는 기능핵이었다. 그런데 의미론적으로 v가 사건을 지시하고 사건에는 여러 가지 유형이 있음이 밝혀짐에 따라 점차적으로 이를 포착하기 위해 다양한 유형의 v를 인정하여야 한다는 논의가 진행되고 있다(Folli and Harley 2005 등 참고).

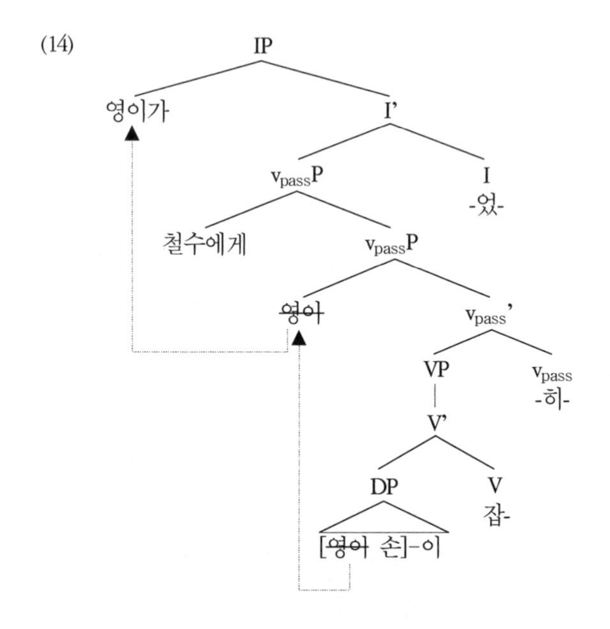

위 구조에서 '영이'와 '손'은 하나의 성분을 이루어, '잡다'의 보충어 위치에서 대상의 의미역을 부여받는다. '영이'는 피동의 v_{pass}P 명시어 위치를 거쳐,[5] IP 명시어 위치로 이동하여 주격을 인허받는다. 소유물 논항 '손' 역시 주격을 취하고 있는바, '영이'와 마찬가지로 I에 의하여 주격을 인허받는 것으로 이해할 수 있다.[6]

다음으로 대격 소유물 피동문은 아래 (15)와 같이 기능핵 v_{pass}가 대격 인허 기능핵을 갖춘 vP를 내포한 것으로 분석할 수 있다.

---

5) 이는 v_{pass}P의 명시어 자리가 명사구에 의해 채워져야 한다는 가정에 따른다. 물론 이 가정의 타당성 여부는 따로 따져야 하는데, 논의를 간략히 하기 위해 따로 논의하지 않는다.

6) 하지만 소유물의 주격이 실제로 어떻게 인허되는가는 쉬운 문제가 아니다. 이와 관련하여 7장과 8장 참고.

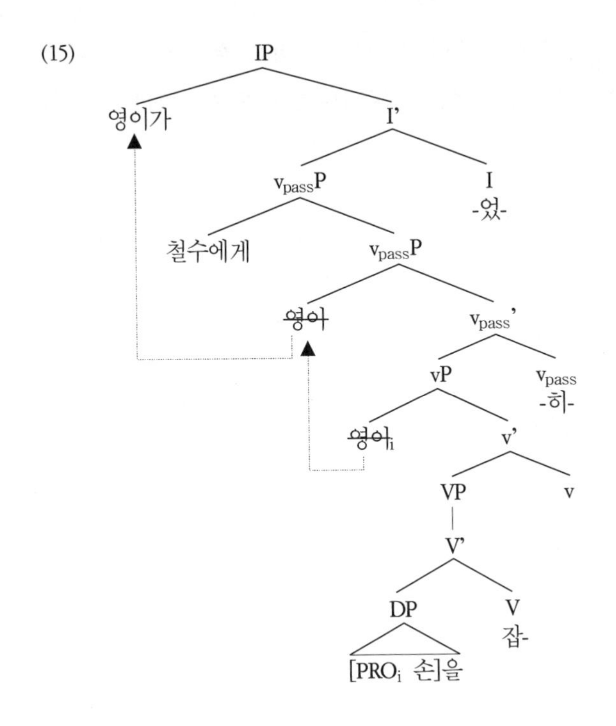

동사구 패각 구조에서 기능핵 v는 대격을 인허하고 행위주 논항을 도입하는 기능을 갖는다고 하였다. v는 소유물 논항 '손'에 대격을 부여하고, 행위주 논항 '영이'를 도입한다. '영이'는 상위에 투사된 피동 기능핵 v_{pass}P 명시어 위치로 인상되고, 이어서 IP 명시어 위치로 이동하여 주격을 인허받는다. 이 구조는 피동문의 주어 '영이'의 행위주 의미역 효과를 직접 포착한다. '영이'가 v에 의해 행위주 논항으로 도입되기 때문이다. 또한 인상의 비대격적 구조를 가지는 v_{pass}P의 존재는 대격 소유물 피동문이 단순한 타동사문으로 분석되지 않고, 일종의 자동사문적 속성도 함께 가짐을 나타내 준다.

요컨대 한국어의 접사 피동문은 영어의 전형적인 피동문과는 달리 그 주어가 행위주 의미역을 갖고 나타나기도 한다. 이러한 피동문은 동사구 패각 구조를 활용하여 분석할 수 있으며, 특히 대격 피동문은 피동의 기능핵 v_{pass}가 vP를 내포하기 때문에 나타나는 것으로 이해할 수 있다.

6.2. 사동문

사동은, 피동이 "당함"에 해당한다면, "시킴"에 해당하며, 논항 구조의 관점에서 특정 사건을 야기하는 사동주(causer) 논항이 도입되는 특성을 지닌다. 예를 들어 아래 (16)을 보자.

(16) 가. The ice melted. (비사동)
나. John melted the ice. (사동)

(16가)가 사동화되어 사동문 (16나)가 형성된다고 보면, (16가)에 사동주 'John'이 추가로 도입되고 (16가)의 주어 'the ice'가 새로 도입된 사동주 'John'에 주어 자리를 넘겨주고 목적어로 강등되면 사동문 (16나)가 나타나게 된다.

그렇다면 사동문의 통사구조는 어떠한가? 이에 답하기 위해 이 절에서는 사동태 범주를 관장하는 기능핵 v_{caus}를 설정하기로 한다. 사동핵 v_{caus}는 사동주 논항을 도입하여 전체적으로 자릿수를 늘리는 기능을 담당하며, 행위주 외부 논항을 도입하는 타동의 기능핵 v와는 구분된다. 단적으로 아래 (17)에서 보듯이 전자는 무정물이 외부 논항으로 나타날 수 있는 반면, 후자는 그럴 수 없다(Folli and Harley 2005 참고).

(17) 가. John opened the window.
가'. The wind opened the window.
나. John ate the apple.
나'. *Rot ate the apple.

(17가')에서 보듯이 사동문에서는 무정물 주어가 특정 결과 사건의 원인이 되는 사동주가 될 수 있다. 반면 (17나')에서 보듯이 행위주 주어를 요구하는 타동사 구문에서는 무정물 주어가 사용될 수 없는데, 이는 무정물 주어가 의도성을 가지는 행위주와 그 개념에 있어서 모순적이기 때문이다.

위 (16나)의 구조는 사동 기능핵을 사용하여 아래 (18)과 같이 나타낼 수 있다. 앞서 지적했듯이 사동핵 v_{caus}는 의미론적으로 사동 사건 뿐만 아니라 사동주 외부 논항을 도입하는 기능을 가진다.

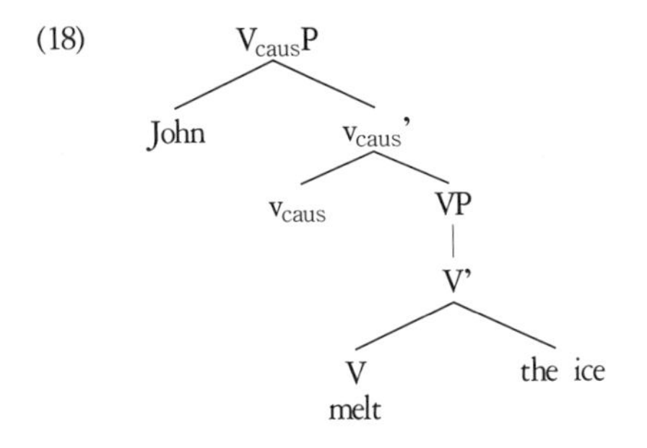

한편 영어는 비대격 동사만 사동화될 수 있고, 비능격 동사나 타동사는 사동화될 수 없다. 이는 아래 (19), (20)을 통해 확인할 수 있다.

(19) 가. The baby cried.
  나. *John cried the baby.

(20) 가. Mary learned Finnish.
  나. *John learned Mary Finnish.

그렇다면 한국어 사동문은 어떠한가? 한국어의 사동은 사동 접사 '-이/히/리/기/우/구/추-'나 '-게 하-' 구성에 의해 실현된다.

(21) 영이가 논문을 읽었다.
가. 철수가 영이에게 논문을 읽히었다.
철수가 영이를 논문을 읽히었다.
나. 철수가 영이에게 논문을 읽게 하였다.
철수가 영이를 논문을 읽게 하였다.
철수가 영이가 논문을 읽게 하였다.

(21가)에서 보듯이 사동 접사에 의한 어휘 사동은 사동주 논항 '철수'가 도입되면서 주동문의 주어 '영이'는 '-에게'나 대격으로 실현된다. 또 (21나)에서 보듯이 '-게 하-' 구성에 의한 통사 사동은 피사동주의 주격 실현도 허용하여, 사동 접사에 의한 어휘 사동보다 피사동주가 더 다양한 격 실현 양상을 보인다.

그런데 한국어는 영어와 달리 비능격 동사, 타동사에 대해서도 사동 접사에 의한 어휘 사동을 허용한다.

(22) 가. 아이가 걷는다.
철수가 아이를 걸리었다.
나. 아이가 책을 읽는다.
철수가 아이에게 책을 읽히었다.

만약 (18)의 영어 사동문 구조에서처럼 한국어 사동문에서도 사동핵 v_{caus}가 사동주를 직접 도입한다면 (22)와 같은 어휘 사동의 구조는 적절하게 표상될 수 없을 것이다. 왜냐하면 아래 (23)은 (18)의 구조를 따라 (22가)의 사동문 구조를 나타낸 것인데,

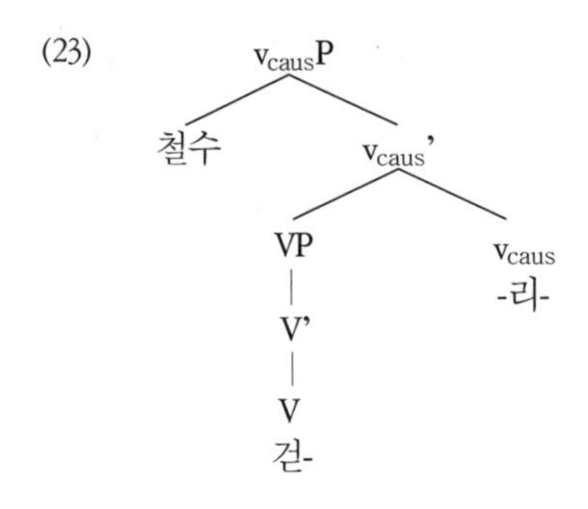

(23)에서 사동 접사로 실현되는 v_{caus}가 사동주 '철수'를 도입한다면, 그보다 구조적으로 하위에 위치하는 피사동주 '아이'를 구조적으로 표상할 수 없게 되기 때문이다. 피사동주 '아이'는 주동문 술어 '걷-'의 행위주 논항이다. 따라서 한국어의 어휘 사동은 영어의 그것과는 다른 유형으로 취급되어야 할 것이다.

이를 설명하기 위해서 한국어의 사동핵 v_{caus}는 의미론적으로 사동 사건만을 도입하고, 사동주 외부 논항은 다른 기능핵에 의해 도입된다고 가정해 보기로 하자. 이러한 가정 위에 (22가)의 사동문의 통사구조를 나무그림으로 다시 나타내면 아래 (24)와 같다.

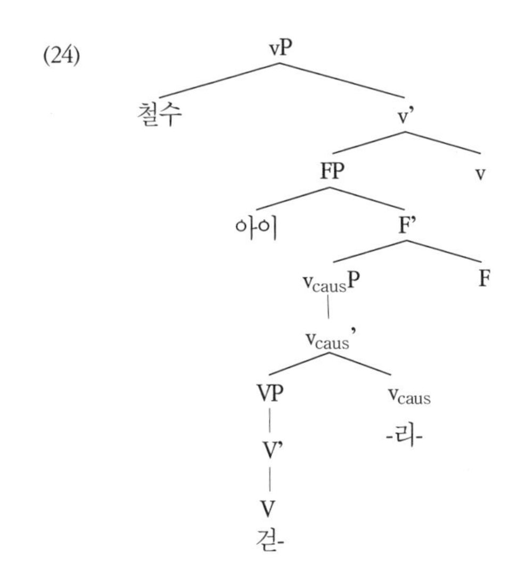

위 구조에 따르면 사동 사건은 사동 접사로 실현되는 사동핵 v_{caus}에 의해, 사동주 외부 논항은 별개의 v에 의해, 그리고 피사동주 논항은 사동주 논항의 하위에 별도의 기능핵 F, 가령 v_{appl}에 의해 도입된다.[7)]

그렇다면 피사동주 '아이'는 어떠한 성격을 갖는가? 원래 주동문에서는 행위주 논항으로 기능하는데, 사동화된 문장에서도 행위주성이 유지되는가? 이에 대해서는 어휘 사동과 통사 사동이 서로 다른 양상을 보여준다. 즉 어휘 사동의 피사동주는 진정한 행위주 논항이 아니지만, 통사 사동의 피사동주는 행위주 논항에 해당하는 것이다. 이는 행위주 지향성 부사 '일부러'의 수식 여부에 의해 알 수 있다.

(25) 가. 철수가$_i$ 영희를$_j$ 일부러$_{i/*j}$ 웃겼다.
　　나. 철수가$_i$ 영희에게$_j$ 일부러$_{i/*j}$ 책을 읽히었다.

(26) 가. 철수가$_i$ 영희를$_j$/영희에게$_j$/영희가$_j$ 일부러$_{i/j}$ 웃게 하였다.
　　나. 철수가$_i$ 영희를$_j$/영희에게$_j$/영희가$_j$ 일부러$_{i/j}$ 책을 읽게 하였다.

위 (25)가 보여주듯이, 어휘 사동일 경우 피사동주는 '일부러'에 의한 수식이 불가능하다. 이는 어휘 사동의 피사동주는 행위주성 자질이 없음을 말해준다. 반면 (26)의 통사 사동은 피사동주의 격 표지의 유형에 상관없이 '일부러'에 의한 수식이 가능하다. 이는 통사 사동의 피사동주는 진정한 행위주 논항으로 기능하고 있음을 보여주는 것이다. 이러한 양상은 '-게 하-' 구성이 행위주 논항을 자체적으로 투사하는, 적어도 vP 이상의 구성을 내포하고 있음을 단적으로 증명해주는 것이다.

이 관찰을 토대로 하여 (24)에 대조적인 '-게 하-' 통사 사동문의 구조를

7) 기능핵 v_{appl}은 다음 절에서 살피는 기능핵 Appl을 참고한 것으로 잠정적인 조치이다. 피사동주를 도입하는 v_{appl}과 다음 절에서 논의하는 Appl은 서로 다른 것이므로 둘을 구분하는 방안을 마련할 필요가 있다.

논의해 보도록 하자(김영희 1993, 박소영 2012, 2013나 등 참고). (24)의 어휘 사동 구조에서는 사동핵 v_{caus}가 VP와 결합하였다. 피사동주 논항은 그 상위의 기능핵 F에 의해 도입되며, 행위주 논항이 아니다. 반면 통사 사동의 피사동주는 행위주 논항으로서 사동핵이 vP와 결합하는 것으로 보면 피사동주의 행위성을 포착할 수 있다. 이에 따르면 통사 사동은 아래 (27)의 구조를 취한다.

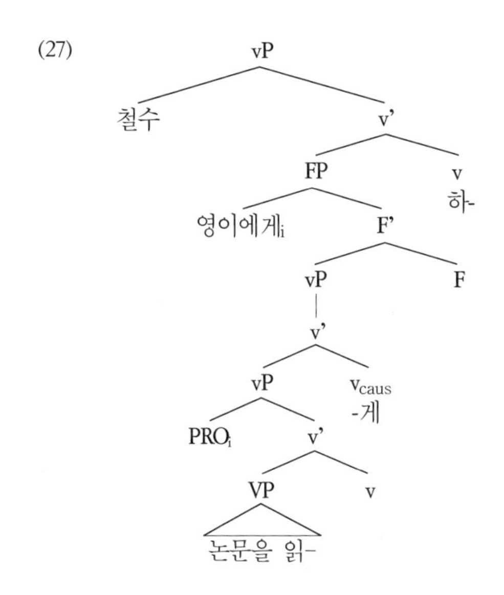

즉 (27)의 구조에서 '-게'로 실현되는 사동핵 v_{caus}는 행위주 외부 논항을 투사하는 vP와 결합한다.[8] 이 vP 구조에서 피사동주 외부 논항은 PRO로 실현되며, 이는 상위에 실현된 '영이'에 의하여 통제된다. 사동주 논항 '철수'는 '하-'로 실현되는 상위 v에 의하여 도입된다. (25)에서 통사 사동의 피사동주는 행위주 논항이라고 하였다. 이는 vP의 외부 논항으로 등장

8) 4장 2.5절에서는 '-게'를 보문소로 파악하였다. 하지만 '-게 하-'의 사동 의미가 주로 '-게'에 실려 있다는 직관에 착안하여 '-게'를 v_{caus}로 분석한다.

하며, 가시적인 여격 피사동주에 의해 통제되는 PRO의 존재에 의하여 직접적으로 설명된다.

요컨대 한국어의 사동은 영어의 사동과 달리 사동주 외부 논항이 사동 사건을 도입하는 사동핵에 의해서가 아니라 다른 별도의 기능핵에 의해 도입되어야 한다. 또 어휘 사동과 통사 사동의 사동핵이 다른 특성을 띠는데, 어휘 사동은 사동핵이 VP와 결합하지만, 통사 사동은 사동핵이 그 내부에 행위주 논항을 갖는 vP와 결합한다.

6.3. 부가논항 구문

주지하는 바와 같이, 영어에서는 소위 3형식과 4형식의 전환이 상당히 생산적이다. 다시 말해 영어에서는 전형적인 타동사가 형태 변화 없이 간접 목적어를 동반하는 이중 타동 형식으로 얼마든지 사용될 수 있는 것이다. 가령 (28가)에서 'bake'라는 동사는 행위주와 대상 논항을 요구하는 논항 구조를 갖는데, 수의적으로 (28나)에서처럼 해당 사건에 의하여 이익을 보는, 일종의 수혜자 논항으로 해석되는 간접 목적어의 실현이 허용된다. 이러한 구문을 부가논항 구문(applicative construction)이라고 하는데, 동사가 가지는 중심적인 논항 구조 이외에 다른 부차적인 논항이 나타나는 구문을 가리킨다. 영어에서는 (28)~(30)에서 보듯이 부가논항 구문이 비교적 자유롭게 형성된다.

(28) 가. I baked a cake.
　　나. I baked him a cake.

(29) 가. John melted the ice.
　　나. John melted me some ice.

(30) 가. I bought a new VCR.
나. I bought John a new VCR.

한편 영어와는 대조적으로 한국어에서는 이러한 부가논항 구문이 생산적이지 않다. (28)에 대응하는 한국어 문장에서는 아래 (31), (32)에서처럼 보조 용언 '주-'가 사용되어야 한다. 즉 한국어는 영어와 달리 동사 원형만으로는 수혜자 논항을 도입할 수 없고, '-어 주-' 구성을 동원해 해당 논항을 도입한다.

(31) 가. 나는 (*그에게) 케익을 구웠다.
나. 나는 그에게 케익을 구워 주었다.

(32) 가. 나는 (*그에게) 가방을 만들었다.
나. 나는 그에게 가방을 만들어 주었다.

위 (31), (32)에서 '-어 주-'는 수혜자 논항을 도입하는 기능을 갖는다. 따라서 부가논항을 도입하는 보조 동사 구성으로 간주될 수 있다.

(28)~(30)에서 영어 간접 목적어의 도입은 수의적으로 이루어진다고 하였는데, 이러한 구문에서 간접 목적어와 같은 부가논항은 부가논항 핵에 의해 도입되는 것으로 간주된다.[9] 그리고 부가논항의 도입을 담당하는 기

9) 부가논항 구문은 특정 형태를 동반하면서 중심적인 논항 이외의 부가적인 논항이 실현되는 구문으로 이해된다(Baker 1988, Marantz 1993 등 참고). 아래 (i)은 반투어족에 속하는 차가어의 예인데, 동사가 APPL '-i-'를 포함한 특별한 형태로 굴절하면서 피영향주 논항이 도입되고 있다. 'FOC'는 'fous'를 나타내고, 'FV'는 'final vowel'을 나타낸다.

(i) 가. N-a2-y2-lyi-i-a m-ka k-elya.
FOC-1SG-PRES-eat-APPL-FV 1-wife 7-food
'He is eating food for his wife.'
나. N-a2-i-zric-i-a mbuya.
FOC-1SG-PRES-eat-APPL-FV 9-friend
'He is running for a friend.'

능핵은 Appl로 명명한다(Pylkkänen 2002 참고). 가령 (28나)에서 간접목적어 'him'은 부가논항 핵 Appl에 의해서 도입된다. 또한 부가논항 'him'과 직접목적어 'a cake' 사이에는 필연적인 소유 관계가 성립하는 것으로 해석된다. 즉 동사구 하위에 투사된 부가논항 핵은 두 논항 사이의 소유 관계를 함의한다. 통사구조를 나무그림으로 보이면 아래와 같다.

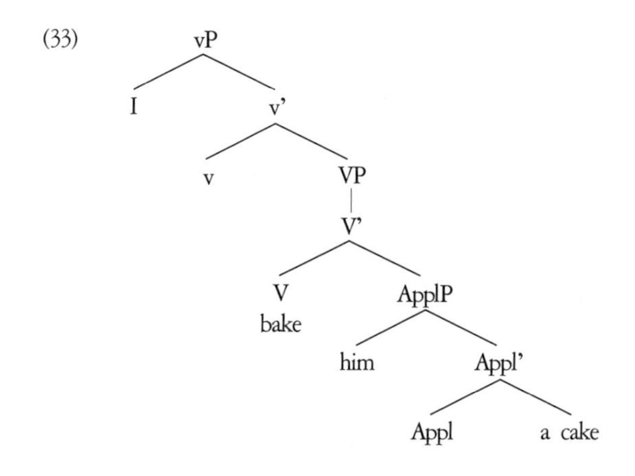

요컨대 영어에서는 어떤 형태론적 표지 없이도 수혜자 논항이 부가적으로 도입될 수 있다. 그리고 영어의 부가논항 구문은 두 목적어 개체 사이에 소유 관계가 반드시 성립되어야 한다.

한편 한국어의 '-어 주-' 부가논항 구문은 영어의 부가논항 구문과 다른 양상을 보여주는데, '-어 주-'에 의해 도입되는 '-에게' 논항은 실제 수혜

(i가)에서는 음식을 먹는 사건에 부가논항 'm-ka'(wife)가 도입되어 그 음식을 먹는 사건이 아내를 위한 것이라는 부가적인 의미가 더하여졌다. 기본적인 동사는 타동사이지만, 이 때 사용된 굴절 형태는 이중 목적어 구문을 형성하는 기능을 가진다. (i나)는 달리는 사건이 친구를 위한 것이라는 의미로 해석되며 특정 굴절 형태를 통해 부가논항을 도입함으로써 자동사가 타동사화되는 효과를 보인다. 요컨대 부가논항 구문은 논항을 하나 더 도입하는 기능을 가지며, 개별 구문에 따라 수혜자, 도구, 목표, 출처, 도구, 피해 입음, 처소 등의 의미 해석을 동반한다.

자가 아닌 해석도 가능하다(Zubizarretta and Oh 2007 참고). 이는 두 개의 목적어 사이에 항상 소유 관계가 성립해야만 하는 영어의 부가논항 구문과는 다른 특성이다.

(34) 가. 나는 그에게 (실제는 그의 아내를 위해) 케익을 구워 주었다.
나. 나는 그에게 (실제는 그의 아들의) 가방을 사 주었다.

위 (34)에서 보듯이 "케익을 굽고", "가방을 사는" 사건의 실제 수혜자가 '-어 주-'에 의해 도입되는 '그'가 아니어도 가능하다. 이는 '-어 주-'에 의해 도입되는 '-에게' 부가논항과 목적어 사이의 소유 관계가 함의되지 않고, '-에게' 부가논항과 동사구가 나타내는 전체 사건이 관계를 맺음을 의미하며, 나아가 (33)과 같은 부가논항 구문 분석이 한국어에는 맞지 않음을 말해준다.

또 영어의 부가 논항 구문과 달리 '-어 주-' 구문은 자동사와도 결합할 수 있다.

(35) 가. 철수는 웃었다.
나. 철수는 영이에게 웃어 주었다.

(36) 가. John smiled.
나. *John smiled Mary.

(35나)에서는 자동사 '웃-'에 '-어 주-'가 결합하여 '-에게' 논항이 도입되고 있으며, 이를 통해 "웃는" 사건과 수혜자 논항 사이의 관계가 맺어진다. 영어의 부가논항 구문은 항상 두 목적어 사이의 소유 관계를 함의하므로 자동사와는 어울리지 않는다.

이상의 논의를 기초로 한국어의 '-어 주-' 부가논항 구문을 분석해 보기로 한다. '-어 주-'에 의해서 도입되는 '-에게' 수혜자 논항은 특정 개체와 연관을 맺는 것이 아니라 동사가 나타내는 전체 사건과 관련을 갖는다. 이를 포착하기 위해 영어와 달리 한국어는 부가논항 핵이 동사구 상위에 놓이는 것으로 보고, '-어 주-'는 부가논항 핵 v_{appl}로 간주한다.[10] 나무그림을 보이면 다음과 같다.

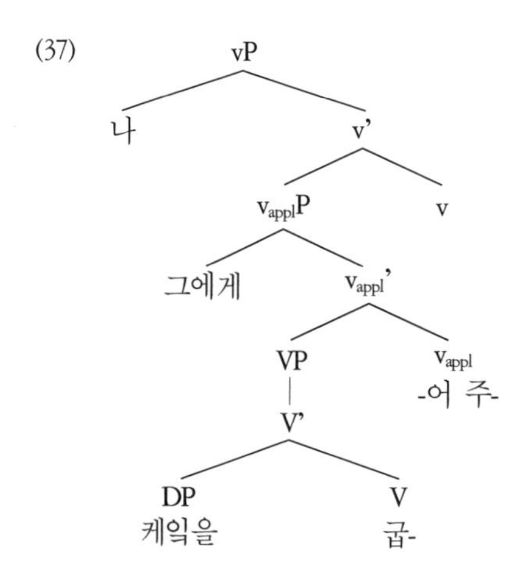

위에서 v_{appl} 즉 '-어 주-'는 VP와 결합되는데, '-어 주-'에 의해 도입되는 수혜자 논항은 목적어와의 직접적인 관계를 나타내지 않고 "케익을 굽는" 사건 위에 투사되어 그 사건 전체와 관계를 맺는다.

요컨대 '-어 주-'에 의해 도입되는 한국어의 부가논항은 동사구 상위에 투사되어 동사구가 나타내는 사건과 관계를 맺는 반면 영어의 부가논항 구문에서는 부가논항이 다른 목적어와 소유 관계를 맺는데 이는 동사구 하위에 투사되는 부가논항 핵에 의해 설명된다.

10) 영어의 Appl은 동사구 하위에 투사되는 하위 부가논항 핵(low applicative)에 해당하지만, 한국어의 Appl은 동사구 상위에 투사되는 상위 부가논항 핵(high applicative)에 해당한다. 자세한 논의는 Pylkkänen(2002), Zubizarretta and Oh(2007) 등 참고.

6.4. 마무리

이상으로 이 장에서는 논항 구조 논의를 확장하여, 피동문, 사동문, 부가논항 구문의 통사구조 문제를 논의하였다. 논항 구조와 통사구조 사이의 사상 문제는 활발히 논의되고 있는 분야로서 한국어의 논항 구조 관련 현상에 대한 깊이 있는 통찰과 보다 왕성한 통사론적 논의가 요청된다.

7장_격 이론 1: 격 이론 일반

이 장에서는 전통적으로 명사의 형태론적 자질로 인식되어 온 격에 대해서 살펴보고자 한다. 생성 문법에서는 격을 단순히 형태론적인 현상으로 다루기보다는 문장 내의 명사구 분포를 설명하는 중요한 개념으로 삼는다. 특히 원리 및 매개변인 접근법에서는 격 이론이라는 독립적인 하위 이론 체계를 두고 있는 만큼 격은 생성 문법에서 매우 중요한 개념이다. 따라서 격에 대한 이해는 생성 문법을 연구하는 데 매우 긴요한 일이다.

7.1. 격이란 무엇인가?

"격(格)"은 영어 "case"의 번역어이다. 알다시피 "case"는 경우, 사례 등의 뜻을 가진 명사인데 도대체 경우나 사례가 "격"과 무슨 상관인가 하는 생각이 들 것이다. 이환묵(1999)와 송경안(2015)에 따르면 격은 라틴어의 'casus'에서 유래하였고 이는 "떨어짐"이라는 의미의 고전 그리스어 'ptosis'를 번역한 것인데, Sittig이란 학자가 "떨어짐"을 주사위가 떨어지는 것과 같은 의미라고 보았다고 한다. 주사위 자체의 물리적 특성은 변하지 않으나 어느 면을 위로 해서 떨어지느냐에 따라 그것의 의미는 달라진다.

명사나 대명사도 그 자체의 의미는 그대로 지니면서 다른 낱말을 향하여 어떻게 기울어지느냐에 따라 형태적으로 차이가 드러나는 것이 격이다. 전통적으로 어떤 단어의 어형이 문법적 특성에 따라 바뀌는 것을 굴절(inflection)이라 하는데,[1] 용언의 어형 변화는 활용(conjugation)이라 하고 체언의 어형 변화는 곡용(declension)이라 한다. 여기서 곡용에 해당하는 영어 단어 'declension'의 원래 뜻은 "기울기"인바, 격의 어원인 'case'의 "떨어짐"과 일맥상통하는 면이 있다고 하겠다.[2] 따라서 우리는 격을 체언이 통사적 환경에 따라서 꼴을 바꾸는 형태론적 현상으로 이해할 수 있겠다.[3] 아래는 전통 문법으로 완성된 라틴어의 격 변화를 표로 나타낸 것인데,[4] 'puella'(여자아이)는 여성 명사이고, 'lupus'(늑대)는 남성 명사이며, 'bellum'(전쟁)은 중성 명사이다.

(1) 라틴어의 격 변화

단수(singular)			
주격(nominative)	puella	lupus	bellum
호격(vocative)	puella	lupe	bellum
대격(accusative)[5]	puellam	lupum	bellum
속격(genitive)	puellae	lupī	bellī

1) 어형의 변화가 단어의 본질을 바꾸지는 않는다. 그러므로 굴절은 어기에 일정한 접사가 붙어서 새로운 단어가 형성되는 파생이라는 절차와 근본적으로 다른 것이다.

2) 사실 격을 뜻하는 고전 그리스어 'ptosis'는 오늘날 굴절을 뜻하는 'inflection'과 같은 개념이였으니 활용과 곡용을 아울렀다고 할 수 있다. 송경안(2015)에 따르면 기원전 3세기쯤부터 스토아학파에 의해서 이 용어가 온전히 격을 가리키는 것으로 뜻이 고정되었다고 한다.

3) 그런데 정작 "격"이라는 용어가 어디서 나왔는지는 확실치 않다. 이광정(1999)에 따르면 "격"이라는 용어가 최초로 보이는 문헌은 ≪대한문법≫(김규식, 1908년)이지만, 짐작컨대 김규식은 일본 학계의 용어를 그대로 수입해서 썼을 것이다. 또한 추정컨대, 일본 학계에서는 체언이 통사적 환경에 따라 꼴을 바꾸는 것을, 자리에 따라 적절한 모습으로 "격(식)"을 차리는 것에서 유추했을 것이다.

4) 라틴어 체언의 격 변화에는 해당 체언의 문법적 성(gender)도 간여하기 때문에 그리 단순한 문제가 아닐 수 있다.

여격(dative) 탈격(ablative)	puellae puellā	lupō lupō	bellō bellō
복수(plural)			
주격(nominative) 호격(vocative) 대격(accusative) 속격(genitive) 여격(dative) 탈격(ablative)	puellae puellae puellās puellārum puellīs puellīs	lupī lupī lupōs lupōrum lupīs lupīs	bella bella bella bellōrum bellīs bellīs

여기서 우리가 주목할 것은 "격"이 어형의 변화를 가리키는 형태론적 개념이면서, 체언의 위치에 따라 해당 격이 결정되므로 매우 통사론적인 개념이기도 하다는 것이다. 형태론적인 개념을 통사론에서 다루는 이유가 바로 이 때문이다.

7.2. 생성 문법의 격 이론

앞서 살펴봤듯이 격은 전통적으로 명사에 굴절, 즉 곡용으로써 표시되는 형태론적 현상을 가리킨다. 그런데 이 격은 모든 언어에서 동일하게 표시되는 것도 아니고, 곡용에 의한 격의 종류도 언어마다 다를 수 있다. 예를 들어 앞서 본 라틴어는 호격을 제외하면 5격 체계를 갖고 있고,[6] 독일어는 4격 체계로 이루어져 있다. 그나마 우리에게 좀 친숙한 외국어인 영어의 경우는 어떠한가? 적어도 현대 영어에는 세 가지 격이 있는 것으

5) '대격'이나 '속격'이라는 용어가 생경한 독자들이 있을 것이다. 우리는 '목적격' 혹은 '관형격,' '소유격'이라는 용어에 더욱 익숙한데 이것은 전통 문법의 맥락에서 그리 바람직한 용어가 되지 못한다. 자세한 논의는 8장에서 베풀기로 하고 일단 '대격'은 학교문법의 '목적격'에 대응되고 '속격'은 '관형격'에 대응되는 용어라는 점만 밝혀 둔다.

6) 격 체계에서 호격은 제외하는 것이 일반적이다.

로 알려져 있다. 이는 대명사의 경우에 두드러지는데 3인칭 단수 대명사 'he'와 3인칭 복수 대명사 'they'를 예로 보이면 다음과 같다.

(2) 영어 대명사의 격 변화
가. 주격: he, they
나. 속격: his, their
다. 대격: him, them

위의 격 변화로 모습을 바꾸는 'he'가 어떤 격인지를 우리는 눈과 귀로 확인할 수 있다. 이처럼 눈과 귀로 그 변화를 확인할 수 있는 격을 생성문법에서는 "형태론적 격(morphological case)"이라고 부른다. 전형적으로 주격 'he'는 주어 자리에 나타나고, 속격 'his'는 관형어 자리에 나타나며, 대격 'him'은 목적어 자리에 나타난다. 아래는 그 예들이다.

(3) 가. He loves her.
나. She loves his mother.
다. She loves him.

이런 예들로부터 우리는 영어에 주격, 대격, 속격이라는 형태론적 격의 종류가 있다고 결론 내릴 수 있을 것이다. 그런데 문제는 그리 간단하지 않다. 아래 예를 보자.

(4) 가. The man loves her.
나. She loves the man's mother.
다. She loves the man.

(3)의 문장들에서 'he'가 나타나는 자리에 'the man'을 대입해 본 결과, (4나)의 속격을 제외하고는 'the man'에 아무런 곡용이 일어나지 않았다. 즉 (4가)와 (4다)에서 'the man'에는 형태론적 격이 전혀 표시되어 있지 않

은 것이다. 이렇게 형태론적 격이 드러나 있지 않으면 해당 명사구에는 격이 없는 것으로 취급해야 할까? 이에 대한 답을 얻기 위해서 아래 예를 살펴보자.

(5) 가. It is impossible for him to go there.
　나. *It is impossible him to go there.

격이라는 것이 명사에 곡용이 일어나는 것을 가리키기는 하지만 명사가 아무렇게나 격을 얻는 것은 아니다. 주로 유형론적인 접근으로 자연언어의 격에 대한 논의를 시도한 Blake(1994)라는 학자는 격을 아래와 같이 정의한다.

(6) 명사와 핵(head) 사이에 성립하는 관계의 유형에 따라 그 명사들을 표시하는 것

(6)이 말하는 바는 명사구의 격이 해당 명사구를 지배하는 핵에 의해서 결정된다는 것을 뜻한다. 이런 의미에서, 생성 문법에서는 어떤 핵이 자신의 딸림 성분인 명사구에 격을 "부여(assign)"한다고 말한다. (5나)가 비문법적인 이유는 오로지 'him'에 격을 부여해야 할 요소가 없어서이다. 즉 아무리 형태론적으로 대격이 표시되어 있다고 할지라도 격을 부여하는 요소가 없으면, 그 격 표시, 즉 곡용은 무위화된다고 할 수 있다. 이제 (7)을 보자.

(7) 가. It is impossible for the man to go there.
　나. *It is impossible the man to go there.

(7나)는 왜 비문법적일까? 그것은 아마도 (5나)가 비문법적인 이유와 동일할 것이다. 이는 역으로, (7가)에서 명사구 'the man'이, (5가)에서의

'him'과 마찬가지로 격을 부여받고 있다는 것을 말한다. 이처럼 형태론적으로 드러나지 않더라도 지배자에 의해서, 눈에 보이지 않게 추상적으로 부여되는 격을 "추상격(abstract Case)"이라고 한다. 이 추상격이 (5가)에서는 'him'에 형태론적으로 실현된 것이고 (7가)에서는 'the man'에 형태론적으로 실현되지 않은 것이다. (5나)에서는 'him'에 아무리 형태론적으로 격이 실현되어 있다고 해도, 지배자로부터 추상격이 부여되지 않았으므로 'him'은 격이 없는 것으로 간주된다.

8장에서 한국어의 격에 대해서 살펴볼 것이지만, 이해를 돕기 위해서 한국어의 예를 살펴보기로 하자. 알다시피 한국어는 격이 조사에 의해서 표시된다.[7] 격이 조사에 의해서 표시될 경우 이를 형태론적 격 표시라고 할 수 있을 것이다. 하지만 한국어에서 명사구에 조사가 첨가되지 않을 수도 있다는 것도 널리 알려진 사실이다.

(8) 가. 철수가 순희를 사랑한다.
　　나. 철수 순희 사랑한다.

(8가)에서는 두 논항 명사구에 '-가'와 '-를'에 의해 형태론적 격이 실현되어 있다. 그러나 (8나)에서는 형태론적 격이 실현되어 있지 않다. 우리는 위의 논의에 의거해서 이를 이렇게 설명할 수 있다. (8가)에서는 추상격이 부여되고 그것이 형태론적으로 실현되었고, (8나)에서는 추상격이 부여되었을 뿐 그것이 형태론적으로 실현되지 않은 것이다. 또한 한국어에서도 명사구가 추상격을 받지 못하면 비문법성이 유발된다. 다음을 보자.

7) 어떤 학자들은 조사가 명사구에 붙는 것을 곡용이라고 한다. 그러나 곡용이 명사 자체의 굴절적 변화를 가리키는 것이라면 이를 곡용이라고 부르는 것이 합당한 것인지는 확실치 않다.

(9) 가. 철수는 [PRO 공손하게] 인사를 했다.
나. *철수는 [자기가 공손하게] 인사를 했다.
다. *철수는 [자기 공손하게] 인사를 했다.

부사형 어미 '-게'가 이끄는 부사절에는 주어 명사구가 명시적으로 나타날 수 없는 경우들이 있다.[8] 이 절의 서술어 어간에는 최소한의 I 요소라고 할 수 있는 '-으시-'조차도 연결될 수 없고, 이 때문에 주어 명사구가 격을 받지 못하는 것이다.[9] 따라서 (9가)에서 분석한 바와 같이 음성 형식이 없는 대명사적 요소 PRO는 주어로 나타날 수 있다.[10] 하지만 (9나)에서 보듯이 대명사 '자기'가 형태론적인 주격이 표시된 채로 나타나더라도 이 문장은 비문법적인 문장이 된다.[11] 또 (9다)에서 보듯이 형태론적인 격이 표시되지 않아도 '자기'는 비문법성을 유발한다. 이는 이 절 안에서 주어 명사구가 추상격을 받을 수 없다는 것을 뜻한다. 즉 (9나)와 (9다)의 비문법성은 (5나)와 (7나)의 비문법성과 동일한 성격의 것이라고 할 수 있다.

(5나)와 (7나), 그리고 (9나), (9다)는 명사구에 추상격이 부여되지 않으면 그 명사구가 속한 문장 전체에 문제가 생긴다는 것을 잘 보여준다. 즉 격이 없는 명사구는 비문법성을 유발하는 것이다. 생성 문법에서는 이것을 "격 여과(Case filter)"라고 하는 기제를 이용해서 표현한다.

8) '철수는 [돌이가 노래를 부르게] 자리를 양보했다.'와 같은 문장에서는 '-게' 부사절에 주어가 나타날 수 있다.
9) '선생님은 다정하(*시)게 미소를 지으셨다.'와 같은 예가 이에 해당한다. 이와 달리 바로 앞의 각주에서 제시한 예는 '철수는 [선생님이 노래를 부르시게] 자리를 양보했다.'에서 보듯이 '-으시-'가 나타날 수 있다.
10) 6장의 각주 1)에서 언급했듯이 PRO는 소리 없는 대명사의 일종인데, 격이 부여되지 않는 자리에 나타나는 것으로 알려져 있다. 이에 따라 (10)의 격 여과에 "음성 형식을 갖고 있으며"와 같은 단서가 붙는다.
11) 여기서 '자기'는 '-게' 부사절의 주어 위치에 등장하고 있다. 재귀사처럼 보이는 '자기'가 선행사와 다른 절의 주어로 나타날 수 있는 이유에 대해서는 9장 참고.

(10) 격 여과
*NP, 여기서 NP는 음성 형식을 갖고 있으며, 추상격이 없다.

(10)의 격 여과는 명사구가 격을 받을 수 없는 자리에 나타날 경우 그 명사구가 속한 문장이 비문법적인 문장이 된다는 것을 효과적으로 표현하고 있다. 그렇다면 명사구가 격을 받는 자리는 어디인가? 생성 문법에서는 영어의 경우 다음과 같이 명사구의 격이 결정된다.

(11) 가. NP가 시제절 I의 지배를 받으면 주격을 부여받는다.
나. NP가 타동사의 지배를 받으면 대격을 부여받는다.
다. NP가 전치사의 지배를 받으면 사격(oblique case)을 부여받는다.[12)]
라. NP가 명사의 지배를 받으면 속격을 부여받는다.[13)]

(11)에 의해서 격이 어떻게 부여되는지를 아래의 구조로부터 파악해 보자.[14)] 아래에서 화살표는 지배를 나타낸다.

---

12) 사격은 전통적으로 직격(upright case)인 주격과 호격 이외의 격을 말하는 것이었으나 여기서는 주격, 대격, 속격 이외의 격을 말한다고 볼 수 있다.
13) (11가, 나, 다)에서는 핵인 I, 타동사, 전치사가 격 부여자이지만, (11라)에서 명사는 엄밀히 말해서 격 부여자가 아니다. 이는 영어에서 명사와 형용사가 격 부여 능력이 없기 때문이다. 일단 속격은 명사에 의한 지배가 이루어지면 그 구조 자체에 의해서 격을 받는 것으로 이해해 두자.
14) 우리는 4장과 5장에서 Agr과 v 등의 기능 범주들을 도입한 바 있다. 주어와 목적어는 이들 기능 범주 Agr과 v의 명시어 위치로 이동하여 격을 부여받는다고 가정되는데, 만일 이들이 이런 식으로 격을 부여받는다면 구조격은 지배보다는 핵-명시어 일치(head-specifier agreement)에 의해서 격을 부여받는다고 할 수 있게 된다.

(12) Tom received John's gift to him.

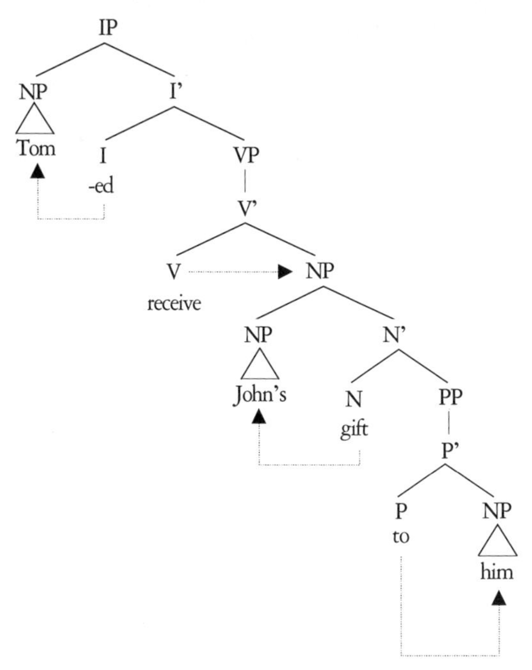

이와 같이 지배에 의해서 격이 부여되는 것을 보면 격 부여는 지배라는 구조적 조건이 만족되어야 가능하다는 것을 알 수 있다. 구조격(structural Case)이라는 명칭은 곧 구조적 요건의 만족에 의해서 주어지는 격이라는 의미에서 만들어진 것이다. 구조격의 대표적인 특징은 의미역과 관계없이 구조적 조건만 만족되면 부여된다는 것이다. 이에 대해 한국어의 예를 들어보자.

(13) 가. 사자가 토끼를 잡았다.
나. 토끼가 사자한테 잡혔다.

(13가)에서든 (13나)에서든 '토끼'가 받는 의미역은 대상(theme)이다. 그런데 '토끼'가 받는 격을 보면, (13가)에서는 대격이고 (13나)에서는 주격

이다. 이는 주격과 대격이 구조격이어서 해당 명사구가 어떤 의미역을 갖든 구조적 요건만 만족되면 부여된다는 것을 보여준다.

(14) 가. 철수는 [순희가 예쁘다고] 생각했다.
　　나. 철수는 [순희를 예쁘다고] 생각했다.

8장에서 살펴보겠지만 (14가)와 (14나)는 어떤 방식으로든 연관이 있는 문장들이다. 이 문장들에서 특이한 점은 내포문 주어 '순희'의 격이 다르다는 점이다. 주격은 의미역과 상관이 없는 I가 주는 것이므로 당연히 구조격일 터인데, (14나)에서 '순희'는 주절 서술어 '생각하-'로부터 대격을 받고 있다. '순희'가 '생각하-'의 논항이 아님이 분명하므로 여기서 '순희'가 받은 격은 의미역과 상관이 없는 구조격인 것이다.

그렇다면 모든 격은 구조격인가? 그렇지는 않다. 어떤 격은 지배자가 의미역을 부여할 때에만 부여되는 경우가 있는데 이때의 격을 구조격과 구분하여 고유격(inherent Case)이라고 한다. 예를 들어보자.

(15) 가. 철수가 순희한테 선물을 주었다.
　　나. 철수가 순희를 선물을 주었다.
　　다. 선물이 순희한테 주어졌다.
　　라. *순희가 선물이 주어졌다.
　　마. 순희한테 선물이 주어졌다.

(15가)의 '순희'에는 목표(goal) 의미역 표지인 '-한테'가 첨가되어 있다. (15나)의 '순희'에는 대격이 표시되어 있는데 이때의 대격은 같은 문장의 '선물'에 표시된 대격과 그 성격이 다르다. (15다)에서 '선물'은 의미역과 상관없이 구조적 위치에 따라 주격을 부여받았다. 이는 (15나)에서 '선물'이 구조격으로서 대격을 부여받았다는 것을 의미한다. 그러나 (15나)의 '순희'가 받은 대격은 '선물'이 받은 대격처럼 구조격이라고 보기 힘들다.

그 이유는 (15라)에서처럼 구조적인 위치에 의해서 '순희'가 주격을 받는 것이 불가능하기 때문이다. 다시 말해서, (15나)의 '순희'가 받은 대격은 구조격이 아니라 '목표'라는 특정한 의미역 표시와 관련되는 고유격인 것이다. (15마)는 (15다)의 어순 뒤섞기 문장이라고 할 수 있다.[15)]

7.3. 격 이론의 파장

(10)의 격 여과로 대표되는 생성 문법의 격 이론은 전체 이론의 발전에 어떻게 기여했는가? 이를 이해하기 위해서 다음의 문장들을 살펴보자.

(16) 가. It seems that Tom loves Jane
　　나. Tom seems to love Jane.

(17) 가. Someone loves Tom.
　　나. Tom is loved (by someone).

위의 각 문장 쌍들은 전통적으로 서로 변형에 의해서 관련을 맺고 있는 것으로 간주되어 왔던 것들이다. (16나)는 (16가)에서 주어-주어 올리기(subject-subject raising) 규칙에 의해 도출된 문장으로, (17나)는 (17가)에서 피동문 되기(passivization) 규칙에 의해 도출된 문장으로 분석되었다. 그러나 앞에서 논의했던 격 이론은 이런 분석에 적잖은 파장을 일으켰다. 이제 위의 각 문장 쌍들은 전혀 변형으로 연관되는 문장들이 아니다. 물론 이 문장 쌍들은 동일한 서술어들이 등장하여 의미 구조는 거의 동일하다. 예를 들어 (16)에서 'Tom'은 (16가)에서든 (16나)에서든 의미적으로 'love'의 주어이고, (17)에서 'Tom'은 'love'의 의미적 목적어이다. 1970년대까지의

15) 뒤섞기(scrambling)에 대해서는 11장 3절 참고.

생성 문법에서는 이렇게 의미 구조가 동일한 문장들을 변형규칙으로 연관시키는 것이 매우 당연하게 여겨졌고, 그래서 그러한 분석을 행했다. 그러나 이제 이들의 의미구조가 비슷하다는 사실은 이 문장 쌍들이 유사한 심층구조를 공유하는 것으로 포착된다. (16)의 두 문장의 심층구조는 아래와 같다.16)

(18) 가. [e seems [that Tom loves Jane]]
나. [e seems [Tom to love Jane]]

영어의 'seem'은 한 자리 술어이므로 내부 논항, 즉 보충어로 명제 내용에 해당하는 절을 취한다. (18가)에서는 시제가 드러나는 'that'-절이 이 술어의 보충어이고 (18나)에서는 시제가 없는 'to'-부정사 절이 이 술어의 보충어이다. 이처럼 (16)의 두 문장은 변형으로 관련되기보다는 유사한 심층구조 표상을 가진 것으로 연관성이 유지된다.

(17)의 두 문장도 심층구조가 유사하다. (19)는 이 문장들의 심층구조를 보여주고 있다.17)

(19) 가. [Someone loves Tom]
나. [e is loved Tom]

이제 이전에는 별개의 변형규칙으로 다루어졌던 (16나)와 (17나)의 문장들이 오히려 유사한 문법 작용(grammatical operation)을 포함한 것으로 취급된다. (16나)는 (18나)에서, (17나)는 (19나)에서 'Tom'이 'e'로 표시된 위치로 이동하여 도출된다.18) 그렇다면 이들이 이동하는 이유는 무엇인가? (18나)

16) 여기서 'e'는 채워지지 않은 빈자리를 뜻한다.
17) (19나)에서 특이한 점은 주어 자리가 비어 있다는 점이다. 심층구조가 순수한 의미역 구조라면 'love'의 외부 논항도 존재해야 마땅할 것이다. 여기서 한 가지 가정은 술어가 피동 접사 '-ed/en'과 결합하면 외부 논항이 흡수된다는 것이다(6장 1절 참고).

에서 'Tom'이 차지하고 있는 자리는 'to'-부정사 절, 즉 비시제절의 주어 자리이다. 영어의 격 부여 원리에 따라 여기서 'Tom'은 격을 받을 수 없다. 격 여과에 따라 격이 없는 명사구는 비문법성을 유발하므로 'Tom'은 격을 얻기 위해 격이 부여되는 자리를 찾아가야 하는 것이다.[19] 마침 시제절인 주절의 주어 자리가 비어 있으므로 'Tom'은 이 자리로 이동, 격을 부여받는다. (19나)에서 'Tom'은 언뜻 타동사 'love'의 목적어 위치에 있으므로 대격을 받을 수 있을 것으로 보인다. 하지만 타동사가 피동 접사 '-ed/en'과 결합하면 격 부여 능력을 잃는다(6장 1절 참고). 따라서 여기서도 'Tom'은 격을 얻을 수 없고 마침 비어 있는 주어 자리로 이동, 해당 절이 시제절이므로 주격을 부여받는다. 그 결과 두 문장의 표층구조는 다음과 같다.

(20) 가. [Tom$_i$ seems [t$_i$ to love Jane]]
나. [Tom$_i$ is loved t$_i$]

이런 식의 분석이 이전과 다른 점은, 단지 이전에 별개의 규칙으로 다루던 현상들에 대해 동일한 기제가 작용하는 현상으로 통합적 설명을 하고 있다는 것뿐만이 아니다. 이전에는 변형규칙을 설정하여 개별 구문들을 기술하는 데 머물렀다면, 이제는 그런 구문들이 "왜" 있는지를 설명하는 시도를 하고 있다는 점이 중요하다. 즉 (20가)와 (20나)에서 'Tom'이 이동한다고 단순히 분석만 하는 것이 아니라 'Tom'이 격이 없기 "때문에" 격을 얻으려고 이동을 한다는 설명을 제공하는 것이다. 이로써 문법 이론은 근원적인 "왜" 질문("why" question)을 제기하고 그에 대한 답을 구하는

---

18) (18가)의 빈자리는 나중에 허사 'it'에 의해 채워지고, 이로 인해 확대 투사 원리가 충족된다.

19) 그래서 이 이동은 문법 범주로는 NP가 이동하므로 NP-이동이고, 격을 받기 위한 이동이므로 격 이동이기도 하다. 또한 이동의 위치에 논항 위치만 관여되므로 논항 이동이라고도 할 수 있다. 논항 위치에 대해서는 이어지는 절에서 자세히 논의한다.

방식으로 근본적인 진보의 발걸음을 딛게 된다.[20]

7.4. 격과 의미역 그리고 논항 사슬

(20)의 예문들에는 't'로 표현된 성분이 있다. 이것은 흔적을 뜻하는 영어 'trace'에서 따온 기호로서 이동을 겪은 요소의 기저 위치 혹은 중간 위치를 명시해 주는 역할을 한다.[21] 그러나 사실 이 흔적이 하는 역할은 이렇게 단순하지만은 않다. 우리는 2장에서 다음과 같은 의미역 공준(Θ-criterion)을 살펴본 바 있다.

(21) 의미역 공준
가. 각 논항에는 하나의 의미역, 그리고 오직 하나만의 의미역이 부여된다.
나. 각 의미역은 하나의 논항, 그리고 오직 하나의 논항에만 부여된다.

(21)에 의하면 (20)에서 논항인 'Tom'은 의미역을 부여받아야 한다. 즉 (20가)에서는 'love'의 주어로서, (20나)에서는 'love'의 목적어로서 해당 의미역을 부여받아야 한다. 그런데 (20)에서 'Tom'이 등장한 위치는 이러한 의미역이 부여되는 위치가 아니다. 만일 'Tom'이 원래부터 이 위치에 생성되어 있는 것이라면 (20)의 두 문장은 (21)의 의미역 공준을 어긴 잘못된 문장이 되어 버린다. 그러나 (20)의 두 문장에서 'Tom'이 't'가 차지하고 있는 위치에 기저 생성되었다가 격을 받기 위해서 표면 위치인 시제절

20) 이와 관련하여 Chomsky는 여러 저작에서 격 이론으로부터 최소주의 기획(minimalist program)이 발전되었을 수 있다고 지적하기도 하였다.
21) 't'가 이동한 요소의 흔적이라는 사실은 아래첨자로 표기된 지표(index)에 의해 표시된다. 흔적이 여러 개일 경우 우리는 이 지표로써 해당 흔적이 어떤 것과 관련되는가를 판별할 수 있다.

의 주어 자리로 이동하고 원래의 위치에 흔적을 남긴다고 하면 'Tom'은 이를 통해서 의미역을 받을 수 있다.

'Tom'과 't'의 관계가 이러하다면 우리는 (20)에서 'Tom'과 't'를 별개의 구성 요소로 취급할 필요가 없다는, 아니 그렇게 취급해서는 안 된다는 것을 알게 된다. 왜냐하면 'Tom'이 't'를 통해 의미역을 부여받다시피, 't' 또한 그 범주는 명사구일 터이니 격을 부여받아야 할 터이고 'Tom'과의 연계를 통해서 격을 받게 될 것이기 때문이다. 그래서 생성 문법에서는 이동한 요소, 그리고 원래의 자리에 남겨진 요소가 하나의 "사슬(chain)"을 형성한다고 본다. (20)에서 두 사슬은 모두 'Tom'과 't'라는 두 개의 고리(link)로만 이루어져 있는데 이 사슬을 우리는 다음과 같이 나타낸다.

(22) (Tom, t)

여기서 고리 'Tom'은 격을 받는 위치로서 사슬을 이끌고 있으므로 사슬의 "머리(head)"라고 부르고 't'는 기저 위치에서 의미역을 받고 있으므로 사슬의 "꼬리(tail)"라고 부른다. 그런데 사슬은 (22)처럼 두 개의 고리로만 이루어지는 것은 아니다. 다음 예문을 보자.

(23) [Tom$_i$ seems [t$_i$' to be loved t$_i$]]

(23)에서 'Tom'은 원래 'loved'의 목적어 위치에서 아마도 대상이나 경험주의 의미역을 받고 'to'-부정사 절의 주어 위치로 이동했다가 주절의 주어 위치로 이동하면서 두 개의 흔적을 남겼다. 따라서 (23)의 사슬은 세 개의 고리로 이루어진 사슬이어서 다음과 같이 나타낼 수 있다.[22)]

22) 여기서 중간 흔적 't'의 어깻점은 꼬리의 't'와 구별하기 위한 표기법으로서 이론적인 의의가 있는 것은 아니다.

(24) (Tom, t', t)

만일 중간 기착지가 여러 개일 경우라면 사슬의 고리는 더욱 많아질 수 있다. 다만 (23)의 이동 양상과 관련해서 우리는 한 가지 의문을 가질 수 있다. (23)에서 'Tom'은 반드시 to-부정사 절의 주어 위치로 이동해야만 하는가? 즉 (23)의 NP-이동이 'loved'의 목적어 위치에서 주절의 주어 위치로 단번에(one-fell-swoop) 이루어질 수는 없는 것인가?

(20), (23)에서처럼 NP가 격 이동을 위해 이동해서 사슬이 형성될 경우, 그 이동은 논항 이동(argument movement, A-movement), 그 사슬은 논항 사슬(argument chain)이라고 부른다. 이 사슬을 이렇게 부르는 이유는 이 사슬을 이루는 구성 요소들이 모두 논항 위치에 있기 때문이다. 논항 위치란 무엇인가? 논항이 나타날 수 있는 위치가 곧 논항 위치이다. 이렇게 대답하면 간단할 것 같지만 사실 문제는 그리 간단하지 않다. 물론 논항이 나타날 수 있는 전형적인 위치는 의미역이 부여되는 위치이다. 심층구조가 의미역 구조라고 한다면 논항들이 심층구조에서 차지하는 위치가 곧 의미역 위치이고 그것이 논항 위치가 될 것이다. 그런데 논항 위치 중에는 의미역이 부여되지 않는 위치도 있다(5장 2절 참고). 예를 들어 아래 문장들을 보자.

(25) 가. It seems that Tom is stupid.
나. There is a man in the room.

학교에서 배운 영문법에 익숙한 사람들은 (25가)의 'it'을 가주어로, 'that'-절을 진주어로 알고 있을 것이고, (25나)의 'there'는 유도부사라고 배웠을 것이다. 그런데 만일 (25가)의 'it'이 가주어라면 진주어인 'that'-절이 주어 위치에 나타날 수도 있어야 할 것이지만 실상은 그렇지 않다.

(26) *That Tom is stupid seems.

그리고 (25나)에서 'there'가 부사라면 전체 절의 주어 위치는 비어 있고 'there'가 괜시리 문두 위치를 차지하고 있다는 이상한 가정을 해야만 한다.[23] 그래서 이런 식의 설명은 생성 문법에서 받아들이지 않는다. (25가)의 'it'과 (25나)의 'there' 이 둘은 공히 허사(expletive)라고 불리고, 비어 있는 주어 위치를 차지하고 있는 것으로 분석된다. 이들을 허사라고 부르는 이유는 이들이 그 자체로도 의미가 거의 없을 뿐만 아니라 의미 해석에도 영향을 미치지 못하기 때문이다.[24] 그러므로 이들은 의미역을 받지도 못하고 그저 주어 위치를 채우고 있을 뿐이다. 이 경우 이들이 차지한 위치에는 의미역이 부여되지 않으며 그런 의미에서 명백한 비의미역 위치(non-Θ position 또는 Θ'-position)이다. 그리고 이들의 위치는 비의미역 위치이지만 논항 위치인데, 그것은 실제로 의미역을 받는 논항이 나타날 수 있는 잠재적 위치이기 때문이다(5장 2절 참고).

그렇다면 'it'과 'there' 같은 허사들은 왜 나타나는가? 5장 2절에서 우리는 언어 보편적으로 다음과 같은 원리가 작용하고 있음을 논의한 바 있다.

(27) 확대 투사 원리(extended projection principle)
모든 문장은 주어가 있어야 한다. 즉, IP의 명시어 위치는 채워져야 한다.

(27)은 인간 언어의 수수께끼 중 하나로 취급된다. 왜냐하면 (27)의 원리를 어떤 다른 원리로부터 도출해 낼 수가 없기 때문이다.[25] 주어, 목적

23) 'There is a man in the room, isn't there?'에서 보듯이 'there'는 부가 의문문(tag question) 형성에서 주어와 같은 역할을 톡톡히 한다. 만약 'there'가 부사라면 이런 역할을 할 수 있을까?

24) 자세한 논의는 생략하지만 'it'은 격을 받으나 'there'는 격조차도 받지 못한다.

25) 따라서 (27)은 공리(axiom)로 간주된다. 즉 (27)은 정당화가 필요 없는 당연한 원리로 간주된다. 다만 공리라면 정당화 혹은 증명 없이도 자명한 것으로 인정할 수 있을 만한 것

어라 불리는 요소들은 논항들이고 이 논항들의 출현은 2장 5절에서 보았다시피 투사 원리(projection principle)에 의해 보장된다. 그러나 (27)은 투사 원리만으로는 설명되지 않기 때문에 투사원리의 확장된 부분이라는 의미에서 확대 투사 원리(extended projection principle)라고 부른다. 허사들은 곧 (27)의 확대 투사 원리를 만족시키기 위해서, 문장의 주어 자리가 비어 있을 경우 그 자리를 의미 없이 채우는 요소이다. 그리고 문장의 주어 위치, 즉 IP의 명시어 위치는 의미역이 없는 요소가 오더라도 논항 위치인 것이다.

이제 다시 (23)으로 돌아가 보자. 애초에 우리는 (23)에서 't'가 차지하고 있는 위치가 중간 기착지로서 반드시 상정되어야 하는가, 즉 'Tom'이 이 위치를 반드시 들러야 하는가 하는 질문을 제기하였다.

(23) [Tom$_i$ seems [t$_i$' to be loved t$_i$]]

이에 대해서 우리는 다음과 같은 원리가 논항 사슬을 형성하는 논항 이동(A-movement)에 대해서 작용하고 있다고 가정한다.

(28) 논항 이동은 논항 위치를 건널 수 없다.[26)]

(28)에 대한 증거는 있는가? 몇 가지 복잡한 증거가 있으나 여기서는 한 가지만 다루겠다. 그것은 곧 양화사 유동(quantifier floating) 현상인바, 양화 표현인 'all, both' 등은 자신과 결합한 선행 명사구와 떨어질 수가 있다(5장 3절 참고).

이어야 하는데 (27)이 과연 그러한지는 의문이다. 그래서 "수수께끼"이다.

26) (28)과 유사한 제약이 비논항 이동(A'-movement)과 핵 이동(head movement)에도 적용된다. 즉 비논항 이동은 비논항 위치를 건널 수 없고, 핵 이동은 핵 위치를 건널 수 없다. 이와 같은 이동에 대한 제약을 상대적 최소성(relativized minimality)이라고 한다(Rizzi 1990 참고). 이에 대해서는 12장에서 보다 구체적으로 논의한다.

(29) 가. People believed both the boys to love their country.
나. Both the boys are believed to love their country.
다. The boys are believed both to love their country.

이 양화사 유동 현상에서는 (29다)에서 보다시피 연계 명사구의 이동 전 위치에 양화사만을 남기고 연계 명사구만 따로 이동하는 것이 가능하다. 즉 유동 양화사는 명사구가 이동하기 전에 유동 양화사가 존재하는 곳에 있었거나 들렀다는 것을 표시해 준다. 이를 염두에 두고 다음을 보자.

(30) [The boys seem [both to be loved]]

(30)에서 'both'는 내포절인 to-부정사절의 주어 위치를 차지하고 있고, 이것은 곧 주어 명사구인 'the boys'가 이 자리를 들렀다는 것을 말해 준다. 따라서 우리는 (28)이 작동하고 있으며, (23)과 (30)에서 논항 사슬이 3개의 고리로 이루어져 있다는 것을 알 수 있다.[27]

7.5. 마무리

지금까지 우리는 전통 문법에서 발생한 격 개념에서부터 출발하여 생성 문법에서 어떻게 격을 다루는지를 살펴보았다. 생성 문법에서는 격을 명사구가 반드시 가져야 하는 자질 중의 하나라고 본다. 그리하여 만일 격을 갖지 못하는 명사구가 있다면 그것이 전체 문장을 비문법적인 것으로 만들어 버린다고 가정하여 격 여과(Case filter)를 설정한다. 이에 따라 어

27) 이동 현상 전반에 대해서는 10장, 11장에서 다루므로 명사구 이동에 대한 우리의 논의는 이 정도로 멈추고자 한다.

떤 명사구가 격이 없으면 전체 문장이 파탄하게 되므로 격을 받지 못하는 명사구는 격을 받기 위해 이동을 경험하게 된다. 이것은 이전의 문법에서 주어 올리기니 피동문 되기니 하는 식의 개별적인 변형 규칙을 설정해서 해명하려 했던 여러 구문 현상들을 격을 받기 위한 단일한 명사구 이동, 혹은 논항 이동으로 통합하는 효과를 낳는 것은 물론, 이동의 동기에 대한 근본적인 설명을 가능케 한다는 점에서 생성 문법 이론의 발전에 크게 기여한 의의를 지닌다.

8장_격 이론 2: 한국어의 격 현상

7장에서 우리는 생성 문법의 격 이론을 개괄적으로 살펴보았다. 이 책이 한국어 통사론을 생성 문법의 시각에서 다루고자 하므로 우리는 당연히 한국어의 격 현상을 생성 문법적 방법으로 설명해야 할 것이다. 그러나 격 현상은 한국어 문법에서 그 양상과 범위가 매우 넓어서 이 책에서 그 전모를 다루기는 힘들다. 따라서 이 장에서는 한국어에서 매우 현저한 것으로 인정되는 몇몇 격 현상을 선택하고 그것들을 생성 문법적으로 설명하는 것이 어떠한 것인지를 보이기로 한다.[1] 이를 통해 우리는 학교문법에서 익혔던 내용의 문제점 또한 새롭게 인식하는 계기도 얻게 될 것이다.

8.1. 학교문법의 격과 조사

생성 문법의 입장에서 한국어의 격 현상을 다루기 전에 이미 익숙한 표준적 학교문법에서 격을 어떻게 다루는지, 그리고 격과 밀접한 관계를 맺고 있는 조사라는 범주를 어떻게 처리하는지를 비판적으로 살펴볼 필요

1) 보다 상세한 논의는 김용하(1999), 이정훈(2005, 2007), 최기용(2009) 등 참고.

가 있다. 이를 통해 학교문법의 문제점을 살펴보고 논의의 기초를 다지고자 한다.

학교문법에서 인정하고 있는 격에는 주격, 목적격, 관형격, 보격, 부사격, 서술격 여섯 가지가 있다.[2) 7장의 논의를 상기해 보면, 희랍・라틴 전통 문법에서의 격과 비교할 때 주격은 주격에, 목적격은 대격에, 관형격은 속격에 대응되는 것으로, 언뜻 보면 그 보편성이 인정될 수 있는 것처럼 보인다. 그러나 형태론적 격 명칭인 대격(accusative) 대신에 목적격(objective), 속격(genitive) 대신에 관형격(adnominal)이라는 명칭을 사용한 것에는 이유가 있고, 이 이유를 알고 나면 주격이라는 명칭도 전통 문법에서의 격 명칭과 그 의미가 다름을 알 수 있다. 학교문법의 격 개념을 논의할 때 우리가 염두에 두어야 할 사실은 학교문법에서는 격을 문법 관계(grammatical relation) 혹은 문법 기능(grammatical function)으로 철저히 환원시킨다는 점이다. 대격을 목적격이라고 부르는 이유는 이 격이 목적어를 표시하는 격이기 때문이고 속격을 관형격이라고 부르는 이유는 이 격이 관형어를 표시하는 격이기 때문이다. 이렇게 보면 학교문법의 "주격"은 문법 용어 "nominative"보다는 "subjective"의 번역이라고 보는 편이 옳다.[3) "주체"에 착안하여 "주격"을 설정하는 것인데, 그러면 "주체"에 대비되는 "객체"와 통하는 "objective"는 "객격"이라고 하는 것이 옳겠으나 학교문법은 이 용어를 채택하지 않는다. 즉 학교문법에서 "주격"은 주어 자리를 표시하는 격이고, "목적격"은 목적어 자리를 표시하는 격이며, "관형격"은 관형어 자리를 표시하는 격인 것이다. 물론 주격이 주로 주어 자리에 쓰이는 요소들에 나타나고, 목적격이 주로 목적어 자리에 쓰이는 요소들에 나타나

2) 학교문법에는 호격 하나가 더 있다. 하지만 7장의 각주 6)에서 지적했듯이 격 체계에서 호격은 제외하는 것이 일반적이다.

3) 사실 "nominative"는 "명격(名格)"이라고 번역하는 것이 더 옳을지도 모른다. "nominative"의 뜻이 "명목적"이라는 점을 고려하면 명격은 명목상 주어진 격이라는 의미가 있다. 주격을 곡용의 기본형으로 보는 것도 이 이유 때문이다.

며, 관형격이 주로 관형어 자리에 쓰이는 요소들에 나타난다는 점을 고려하면 이런 격 명칭이 별 문제가 없는 것으로 언뜻 생각될지도 모르겠다. 그러나 이런 격 개념이 보격, 부사격, 서술격에 다다르면 우리가 받아들이기 힘든 지경에 이른다. 이를 좀 더 자세히 살펴보기로 하자.

8.1.1. 서술격의 문제

7장에서 우리는 격이 한 편으로는 명사의 형태론적 굴절의 범주이고 다른 한 편으로는 격이 서술어와의 관련성에 의해서 정해지는 면이 있음을 보았다. 그런데 우리 학교문법에서는 형태론적 측면에서도 정당화되기 어렵고 서술어와의 관련성이라는 측면에서도 이해하기 어려운 서술격 조사라는 개념을 과감히 채용한다. 여기서 서술격 조사란 곧 '-이다'이다.

(1) 철수는 학생이다.

'-이다'를 서술격 조사로 보는 데는 두 가지 문제가 있다. 첫째, '-이다'는 다른 조사와 전혀 다른 형태론적 특징을 가진다. 주지하다시피, '조사'라는 부류에 들어가는 요소들은 그 자체로 곡용(declension)을 담당하므로 활용(conjugation)을 하지 않는 것을 그 특징으로 한다. 그런데 '-이다'는 용언에 해당하는 요소들과 마찬가지로 굴절, 즉 활용을 한다. 이처럼 이질적인 형태론적 특징을 가진 요소를 조사라는 부류에 넣는 것은 매우 부당한 처사인 것으로 보인다. 둘째, 서술어와의 연관성에서 보더라도 서술격이라는 개념은 매우 이상한 개념이 된다. (1)에서 서술어는 무엇인가? (1)의 서술어는 '학생'이다. 그리고 '학생'이 서술어라면 '-이다'는 서술어 자체가 서술어라는 것을 표시하기 위해서 서술어에 부착되는 조사이고 "서술격"은 매우 의심스러운 재귀적 격으로서 주어지게 되는 것이다. 즉 어떤 서술어가, 서술어가 되기 위해서 격을 필요로 한다는 것은 매우 특이한 발상인 것이다. 사실 학교문법에 지대한 영향을 끼친 최현배(1937)도 이 "서술격"이라는 특이한 개념을 채택하지 않고 있다. 그는 "계사"와 상당히 비슷한 "지정사"라는 품사를 '-이다'에 배정함으로써 '-이다'를 격조사에서 제외시키고 있다. 생각건대 '-이다'를 조사에 넣는 것을 정당화 또는 뒷받침하는 증거는 '-이다'의 어간 '-이-'가 들어가는 자리가 다른 격조사가 들어가는 자리와 같다는 분포적 증거뿐이다. 이게 무슨 뜻인가 하면, 한국어의 조사들 간에는 명사 뒤에 부착될 때 고정된 순서가 정해져 있다. 명사를 변항 X로 두면 그 뒤에 올 수 있는 조사는 대략 네 가지가 될 수 있다.

(2) X-한테-까지-만-을

(2)로 보건대, 명사에 가장 가까이 후접되는 조사는 '-한테'와 같은, 뒤에서 다루게 될 부사격 조사이고, 그 뒤에 '-까지'류의 보조사, 그 뒤에 '-만'류의 보조사가 이어지며, 마지막에 주격 · 대격 · 속격 등의 격조사와 '-은/는' 류의 보조사가 같은 자리를 두고 다투어 나타난다. '-이다'를 격조사로 보는 입장에서는 주격 조사 등이 나타나는 자리에 '-이다'의 어간 '-이-'가 나타나는 것이 매우 중요한 사실인 것이다. 아래에서 보는 것처럼 '-이다' 앞에는 이런 격조사들이 나타날 수 없는 반면 '-만'류 조사는 나타날 수 있다.

(3) 가. *순희를 때린 것은 철수가이다.
*철수가 때린 것은 순희를이다.
나. 철수가 때린 것은 순희만이다.
철수가 순희한테 준 것은 자기 집조차이다.

이런 것에 바탕을 두어서 '-이다'를 조사로 취급하는 것에도, 특히 생성 문법의 틀에서조차도 이점은 있다. '-이다'를 계사로 취급하면 발생하는 한 가지 문제는, 서술어로 쓰이는 명사구에 격이 표시되지 못한다는 점이다. 서술어로 쓰이는 명사구에 격이 표시되지 못한다면 그 명사구는 7장에서 논의한 격 여과를 어기는 결과를 낳을 것이고 이는 비문법성을 유발해야 하는 것이다. 그러나 서술어 명사구는 도리어 격이 표시되지 않을 때에야 문법적인 결과를 낳으니 격 이론과 관련해서 이는 일종의 딜레마인 것이다. 이에 대해서는 여러 가지 해결책이 있을 수 있으나 여기서 더 이상 논의하지는 않는다. 다만 '-이다'를 서술격 조사로 취급하는 것은 체계 상 큰 문제를 야기할 수 있으므로 계사로 취급하고 형용사의 하위범주에 속하는 것으로 처리한다(양정석 1986, 엄정호 1989, 서정목 1993, 2017 이익섭·채완 1999 등 참고).[4)]

8.1.2. 보격의 문제

학교문법에서 지칭하는 보격은 무엇인가? 아래의 문장들을 보자.

(4) 가. 물이 얼음이 되었다.
    나. 물이 얼음이 아니다.

(4)에서 밑줄 친 조사는 소위 보격 조사라고 불린다. 즉 학교문법에서는 '되-'와 '아니-'가 서술어로 쓰인 문장의 두 번째 명사에 보격이 표시된 것으로 보는 것이다. 그런데 이 '-이'가 주격 조사 '-이'와 다른 보격 조사로 처리되는 것이 옳은 것인가? 이 '-이'는 주격 조사 '-이'와 형태적으로 전혀 구분되지 않는다. 그리고 학교문법에서 보격 조사라고 불리는 조사

4) 서술격 조사 '-이다'의 '-이-'를 주격 조사로 보자는 흥미로운 분석도 있다(최기용 2001나 참고). 그만큼 서술격 조사에 대한 논의는 한국어 문법에 생산적인 담론을 형성하고 있다.

'-이'는 주격 조사 '-이'와 마찬가지로 음운론적으로 조건지어진 이형태로서 '-가'를 가진다.

(5) 가. 서당이 학교가 되었다.
나. 서당이 학교가 아니다.

보격 조사의 두 출현형 '-이/가'가 주격 조사의 두 출현형 '-이/가'와 정확히 일치한다는 것은 우연의 일치인 것인가? 즉 보격 조사 '-이/가'와 주격 조사 '-이/가'는 동음이의어인 것인가? 이것을 우연의 일치이고 동음이의관계의 일종이라고 주장하는 것은 결코 설득력을 얻을 수 없을 것이다. 사실 (4)와 (5)의 '되-,' '아니-' 구문이 실제로 보어를 담고 있는 문장들인가 하는 데는 의심의 여지가 있다. 만일 '되-'와 '아니-'를 계사(copula) 부류의 단어들로 취급한다면, '되-,' '아니-' 구문은 전혀 다르게 분석될 수 있다. 즉 (4)에서는 '물'이, (5)에서는 '서당'이 주어이며, 또한 '얼음'과 '학교'가 각각 서술어가 되는 것이다. 또한 서술어 명사구에 표시된 격은 그 문법 관계의 지위, 즉 서술어라는 지위에 관계없이 형태론적으로 주격인 것이다.[5]

8.1.3. 부사격의 문제

학교문법에서 격을 문법 관계로 환원시킴으로써 생겨난 격의 개념 중 하나가 바로 부사격이다. 학교문법에서 정의하는 부사어(adverbial)는 용언이나 다른 부사를 수식하는 역할을 하는 요소들을 가리킨다.[6] 그러니 부

5) 참고로 주어와 주격 조사가 정확히 일치하는 것은 아니다. 예를 들어 주격 조사 '-께서'는 주어 위치에만 나타날 수 있을 뿐 보어 위치에는 나타날 수 없다. 이는 격이 아니라 '-께서'의 높임 자질이 보어 위치의 성분과 어울릴 수 없기 때문이다.

6) 이런 부사들을 성분 부사라고 부르는데, 부사가 문장을 수식할 경우에는 문장 부사라고

사격 조사는 부사어 역할을 할 체언에 결합해서 그 체언을 부사어로 만들어 주는 조사이다. 하지만 이론 문법의 전통에서 부사격이라는 개념은 존재하지 않으며 우리 학교문법에만 존재하는 특이한 개념이다.[7] 그래서 부사격 조사로 통칭되는 요소들은 처격, 여격 등의 구체적인 격 명칭으로 세분되는 것이 보통이다(고영근 · 남기심 2005:99-101 참고).

(6) 가. 영수는 집<u>에</u> 있다. (처격)
나. 그것은 부산<u>에서</u> 가져왔다. (탈격)
다. 어디<u>로</u> 가십니까? (향격)
라. 칼<u>로</u> 사과를 깎아라. (구격)
마. 배꽃의 희기가 눈<u>과</u> 같다. (비교격)
바. 나<u>와</u> 같이 가지 않겠니? (공동격)
사. 뽕밭이 바다<u>로</u> 바뀌었군. (변성격)
아. 철수가 순희<u>한테</u> 꽃을 주었다. (여격)

이런 구체적인 격 명칭이 지시하는 바와 같이, 이들 조사들의 기능은 인구어의 전치사와 매우 흡사하다. 그래서 많은 한국어 문법 연구자들이 이들을 전치사(preposition)에 대응하는 후치사(postposition)로 취급하고, 명사구와 후치사의 결합을 후치사구로 분석한다. 이런 분석은 이들 조사들의 기능도 기능이지만, 한국어와 영어가 핵 매개변인(head parameter, 4장 2.1절 참고)과 관련하여 핵-후행(head-final) 언어와 핵-선행(head-initial) 언어로서 거울 영상 구조를 보여준다는 사실에도 영향을 받은 것이다.

(7) 가. NP-P (한국어의 후치사구)
나. P-NP (인구어의 전치사구)

부른다. 문장 부사도 부사어임은 물론이다.

7) 7장에서 살펴보았다시피, 희랍 · 라틴 전통 문법에서 구조격인 주격, 대격, 속격 이외에 명사 곡용의 범례(paradigm)에 속하는 격은 여격과 탈격이었다.

그런데 생성 문법의 격 이론 하에서는, 후치사구 분석에 한 가지 문제가 있다. 7장 2절에서 아래와 같은 격 부여 규칙을 살펴본 바 있다.

(8) 가. NP가 시제절 I의 지배를 받으면 주격을 부여받는다.
나. NP가 타동사의 지배를 받으면 대격을 부여받는다.
다. NP가 전치사의 지배를 받으면 사격(oblique case)을 부여받는다.
라. NP가 명사의 지배를 받으면 속격을 부여받는다.

예를 들어 영어의 경우에 전치사는 자신의 보충어 명사구에 사격을 부여하고 그것이 대격이라는 형태론적 격으로 실현된다. 그런데, 부사격 조사들을 후치사로 분류한다고 해도, 한국어에서 (8다)의 "전치사"를 "후치사"로 대치하는 것이 가능하지 않다는 문제가 있다. 왜냐하면 부사격 조사 앞의 명사에는 어떤 격이든 표시되는 일이 없고, 오히려 부사격 조사 뒤에 구조격을 표시하는 조사가 나타나기도 하기 때문이다.

(9) 가. 철수가 학교에를 갔다.
나. 돌이가 그 책을 순희한테를 줬다.
다. 산 위에가 불이 났다.

그래서 부사격 조사들을 후치사로 취급했을 때의 문제를 해결하기 위해서, 격이 전통적으로 의미격과 문법격, 혹은 어휘격과 구조격으로 분류된다는 점에 착안해서 이들 조사들을 어휘격·의미격 조사로 분류하고, 주격, 대격, 속격 조사들은 구조격·문법격 조사로 분류하기도 한다.[8] 이에 따르면, 명사구와 조사의 결합을 조사구라 할 때, 예를 들어 (9가)의 '학교에를'은 다음과 같은 구조를 갖는다.

---

8) 어휘격, 의미격과 완전히 일치하는 개념은 아니어도 7장에서 보았던 고유격이 구조격과 대비된다고 할 수도 있다. 또한 어휘격을 사격으로 취급해서 부사격 조사 자체를 사격 표지로 분석할 수도 있다.

(10)

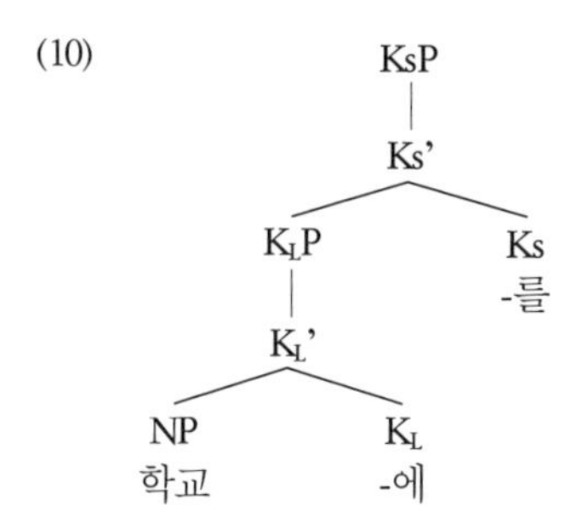

여기서 'K_L(lexical Kase)'은 어휘격 · 의미격 조사를 뜻하고 'K_S(structural Kase)'는 구조격 · 문법격 조사를 가리킨다. 어휘격과 구조격의 구분이 정당화될 수 있는 것이라면 (10)의 분석은 받아들일 만한 것이다. 그런데 이 분석의 문제는 다음과 같은 예들에서도 부사격 조사들을 어휘격 조사로 취급할 수 있을 것인가 하는 데에서 생긴다.

(11) 가. 철수가 도서관<u>에서</u> 책을 읽었다.
나. 순희가 칼<u>로</u> 사과를 깎았다.
다. 돌이가 저녁<u>에</u> 돌아갔다.

(11)의 조사들을 어휘격 조사로 부르기 껄끄러운 것은 '도서관에서, 칼로, 저녁에'가 서술어인 '읽-, 깎-, 돌아가-'의 논항이 아니라는 점에 기인한다. 어휘격이 의미역과 분명히 관련된 개념이라고 했을 때, '도서관에서, 칼로, 저녁에'는 이들 서술어로부터 의미역을 받는 것이 아니기 때문이다. 이럴 경우에는 이들 조사들을 후치사로 취급하는 것이 더 타당해 보이기도 한다.[9] 부사격 조사의 처리 문제는 이처럼 복잡하고 어려운 것이다.

그래서 이 책에서 부사격 조사의 처리에 대해 어떤 결론을 내리기는 어

9) 그러면 후치사는 2장 3절에서 언급한 수식(modification) 작용에 의해 나타나는 것으로 이해할 수 있다.

려울 듯하다. 그러나 앞으로의 논의를 위해서라도 격조사의 지위에 대해 애매함을 유지할 수는 없으므로, 잠정적으로 이들 부사격 조사들을 후치사(postposition)로 취급하기로 하겠다.[10] 5장에서 명사적 투사체에 다양한 핵이 존재할 수 있다고 보았고 이런 분석에서는 (10)이 다음과 같이 표상될 수 있다.

(12)

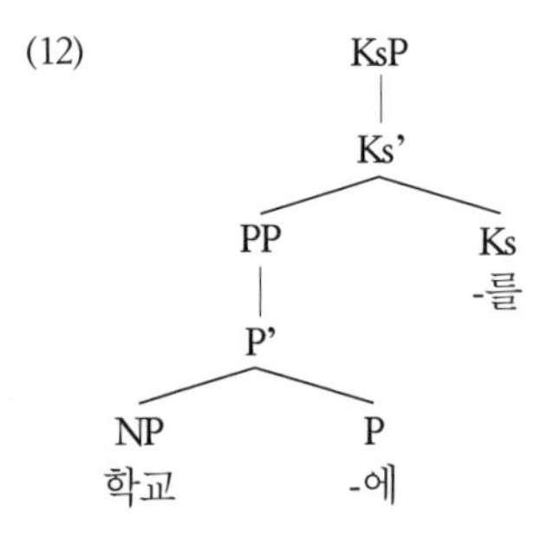

우리가 이 구조를 인정하면, 한국어는 격 부여자인 P가 KP에 매입되는 매우 특이한 구조를 가지게 되는 것이며 이에 의하면 PP는 다시 격을 부여받을 수 있어야 한다. 그러나 앞으로의 논의를 위해서, PP에 어찌하여 다시 격이 표시되는가 하는 문제에 대해서는 그 답을 구하지 않고 다음 하위 절에서 이와 관련된 몇 가지 가정을 하겠다.

8.1.4. 한국어의 격 부여 원리

우리는 부사격 조사에 대한 후치사 분석을 따른다. 그리고 한국어의 후치사는 그 자체로 사격 표지가 될 수 있다고 가정한다. 그래서 후치사의 보충어 명사구의 격은 사격으로 결정되며, 둘의 결합은 후치사구의 지위

10) 부사격 조사를 어휘격 조사와 후치사로 양분하는 입장도 가능하다(김영희 1999 참고).

를 갖는다. 이렇게 해서 한국어의 조사들은 다음과 같이 분류되고, "후치사, 보조사 Ⅰ, 보조사 Ⅱ"의 순서로 배열되며, "구조격 조사"는 "보조사 Ⅱ"와 동렬에 놓인다.[11)]

(13) 가. 후치사: -에/에게/한테, -로, -에서, -와/과[12)] 등
나. 보조사I: -부터, -까지, -밖에, -만, -조차 등
다. 보조사II: -은/는, -도, -이야, -이나 등
라. 구조격 조사: -이/가, -을/를, -의

그리고 7장의 논의에 기대어서 한국어의 기본적인 격 부여 원리를 다음과 같이 규칙화한다.[13)]

(14) 가. 명사구가 I의 지배를 받으면 주격을 부여받는다.[14)]
나. 명사구가 타동사의 지배를 받으면 대격을 부여받는다.
다. 명사구가 후치사와 결합하면 사격(oblique case)을 부여받는다.
라. 명사구가 또 다른 명사구 내에 있으면 속격을 부여받는다.[15)]

이제 격과 조사에 대한 이런 논의를 바탕으로 한국어의 격 현상에 대해서 살펴보기로 하자. 그 과정에서 필요하다면 위의 격 부여 원리에 대한

---

11) 서술격 조사는 앞서 이 장의 1.1절에서 밝힌 이유로 조사 목록에서 배제한다.
12) 이 '-와/과'는 접속조사가 아니라 공동격 조사이다. 접속조사는 격과 관련이 없으므로 이 분류에서 제외한다.
13) 여기서 명사구는 사실 NP라기보다는 NP, PP, KP, DP 등의 명사적 투사체를 아우르는 명칭이다. 아래에서는 이런 명사적 투사체를 통사적으로 표상할 때 NP라는 범주로 두루 표기하도록 하겠다. 명사구의 자세한 구조는 4장 참고.
14) (14가)가 (8가)와 달리 '시제절 I'가 아니라 단순히 'I'로 바뀐 것은 한국어의 경우, 시제소가 있어야만 주격이 인허되는 것은 아니기 때문이다. 우리는 I에 속하는 어미, 즉 선어말 어미가 나타날 수 있으면 주격이 부여되는 것으로 본다.
15) 우리는 4장에서 명사구가 DP의 명시어 위치에서 속격을 인허받는 것으로 분석한 바 있다. 4장의 속격 분석은 (14라)를 구체화한 하나의 예로 이해할 수 있을 것이다. 이 장에서는 논의의 일관성을 위해서 (14라) 정도로 속격 부여 원리를 표현한다.

수정도 이루어질 것이다.

8.2. 겹주어 현상

하나의 서술어에 주어나 목적어가 두 개 이상 나타나는 겹주어·겹목적어 현상은 한국어의 두드러진 문법 현상이다. 이 절에서는 우선 겹주어 현상에 대해서 살펴보기로 하자. 겹주어의 예는 아래와 같다.[16)]

(15) 가. 돌이가 동생이 똑똑하다.
나. 순희가 손이 크다.
다. 학생이 다섯 명이 왔다.
라. 전염병이 연구가 되고 있다.
마. 꽃은 장미가 아름답다.
바. 이 지방이 사과가 많이 난다.
사. 내일 날씨는 비가 온다.
아. 철수가 돈이 있다.
자. 영수는 순희가 좋았다.

위 예문들이 보여주다시피 겹주어 현상은 매우 다양한 양상을 보여준다. (15가)는 두 주어의 관계가 친족 관계에 있는 경우이다. (15나)에서 두 주어는 비양도성 소유 관계를 맺고 있다. (15다)의 두 주어는 수 분류사 구성을 이루고 있다. (15라)에서 '전염병'은 서술성 명사 '연구'의 논항이다. (15마)의 두 주어는 대소 관계라고 할 수 있다. (15바)에서 '이 지방'은 장소를 나타내는 말로 '이 지방에서 사과가 많이 난다.'에서 보듯이 처소

16) 겹주어는 원칙적으로 그 수가 제한이 없다고 할 만큼 많이 나타날 수 있다. '구두가 바닥이 구멍이 두 개가 났다.'와 같은 문장은 여러 개의 겹주어가 등장하는 예이다. 이런 예들까지 포함해서 논의를 진행할 경우 매우 복잡한 설명이 필요할 가능성이 높기 때문에 우리는 일단 두 개의 겹주어가 등장하는 자료만을 다루기로 한다.

어로 나타날 수도 있다. (15사)는 제1 주어와 제2 주어의 관계를 특정하기가 어렵고, 제1 주어가 주제어(topic)이지만 문장의 나머지 요소와 어떤 관계를 맺고 있다고 보기 힘든 예이다.[17] (15아)는 소유를 뜻하는 서술어 '있-'의 두 논항이 모두 주격을 달고 나타난 경우이고, (15자)는 심리 서술어 '싫-'의 두 논항이 모두 주격을 달고 나타난 경우이다. 이런 다양한 겹주어 구문은 어떻게 분석할 수 있을까? 한번 살펴보기로 하자.

8.2.1. 서술절 분석

겹주어 구문에 대해 학교문법은 어떻게 설명하고 있을까? 학교문법에는 "하나의 절에는 오직 하나의 주어와 하나의 서술어만 있다."라는 암묵적인 전제가 있다. 그런데 (15)의 문장들에는 주격이 표시된 요소가 두 개씩 있으니, 이 문장들이 하나의 절로 이루어진 단문으로 취급될 수가 없다. 더불어 이 문장들에는 두 개의 주어가 분명히 보이지만 서술어는 하나밖에 없는 듯하다. 주어가 둘이라면 이 주어에 대응하는 서술어도 둘이어야 하지 않은가? 이에 대한 학교문법의 해법은 간단하다. 학교문법은 이들 문장들이 모두 서술절이라는 내포문을 안고 있는 포유문, 즉 단문이 아니라 복문이라고 본다. (15)에 대해서 서술절 부분을 표시하면 다음과 같다.

(16) 가. 돌이가 [동생이 똑똑하다].

---

17) 문장을 정보 구조(information structure)의 관점에서 파악하면 크게 "말하여지는 것"과 "말하고 있는 것"으로 분석할 수 있다. 이때 "말하여지는 것"에 해당하는 부분을 주제(어)라 하고, 이 주제(어)를 두고 무언가를 "말하고 있는" 부분을 평언(comment)이라 한다. 주제(어)는 "말하여지는 것"이므로 구정보(old information)와 통하는데, 이에 평언에는 구정보와 대비되는 신정보(new information)가 나타나게 된다. 신정보를 나타내는 부분을 가리켜 초점(어)라고 한다. 이러한 사항들을 포함하여 정보 구조에 대한 자세한 논의는 김영희(1978), 박승윤(1986), H.-Y. Choi(1999), 전영철(2013) 등 참고.

나. 순희가 [손이 크다].
다. 학생이 [다섯 명이 왔다].
라. 전염병이 [연구가 되고 있다].
마. 꽃은 [장미가 아름답다].
바. 그 지방이 [사과가 많이 난다].
사. 내일 날씨는 [비가 온다].
아. 철수가 [돈이 있다].
자. 영수는 [순희가 좋았다].

즉 (16)에서 대괄호가 쳐진 부분이 하나의 주어와 하나의 서술어로 구성된 서술절이다. 서술절이라는 명칭이 지시하는 바와 같이, 이들 절들은 대괄호 바깥의 제1 주어에 대해서 서술어 역할을 한다. 학교문법의 용어대로라면 이들 서술절들은 하나의 문법 성분을 맡고 있는 성분절이다.[18]

학교문법의 서술절 분석은 생성 문법의 맥락에서 받아들일 수 없는 종류의 분석은 아니다. 실제로 생성 문법의 틀 안에서 한국어의 겹주어 구문을 서술화(predication)라는 기제를 동원해서 설명하려는 시도도 있다. 대괄호 쳐진 부분만 떼어 놓고 보면 언뜻 정상적인 문장 같아 보이지만 사실 이 부분은 하나의 완전한 명제라고 하기 어려운 부분이 있다.

(17) 가. 동생이 똑똑하다. (누구의 동생이?)
나. 손이 크다. (누구의 손이?)
다. 다섯 명이 왔다. (어떤 사람들이?)
라. 연구가 되고 있다. (뭐가?)
마. 장미가 아름답다. (장미가 뭔데?)

18) 학교문법의 틀 안에서 서술절이라는 성분절은 매우 특이하다. 우선 다른 성분절들은 명사절, 관형사절, 부사절 등에서 보듯이 품사명을 성분절의 명칭으로 쓴다. 하지만 서술절만은 유독 "서술"이라는 문법 관계상의 명칭을 쓰고 있다. 또한 다른 성분절들은 명사형 어미, 관형사형 어미, 부사형 어미 등의 소위 전성 어미가 결합되지만, 서술절에는 서술절을 만들기 위한 서술형 어미가 따로 존재하지 않는다. 이를 포함하여 서술절과 관련한 문제는 이정훈(2016가: 441-446 참고)

바. 사과가 많이 난다. (어디서?)
사. 비가 온다. (지금?)
아. 돈이 있다. (누구한테?)
자. 순희가 좋았다. (누가?)

이처럼 어떤 문장이 완전한 명제를 이루지 못한 불완전한 의미를 지닐 때 우리는 그런 문장을 열린 문장(open sentence)이라고 부르며, 서술화는 이 열린 문장을 서술부로 하고 거기에 주어를 연결함으로써 그 문장으로 하여금 완전한 명제를 이루게 하는 통사적 기제라고 할 수 있다.19)

그러나 위의 모든 문장들에 대해서 일률적으로 서술절 분석을 행하는 것에는 문제가 있다. 우선 (15)를 제시하며 언급했듯이 제1 주어와 제2 주어 혹은 문장의 나머지 부분 사이의 관계가 일률적이지 않다는 문제가 있다. 예를 들어 (15아)와 (15자)를 복문으로 분석하는 것이 옳겠는가? 이에 대한 답을 구하기 위해 아래를 보자.

(18) 가. 철수가 돈이 있다.
나. 철수가 돈을 가졌다.
다. 영수는 순희가 좋았다.
라. 영수는 순희를 좋아했다.

(18가)와 (18나)를 보면 '철수'와 '돈'이 (18가)에서 '있-'에 대해서 맺고 있는 관계가 (18나)에서 '가지-'에 대해서 맺고 있는 관계와 동일하다는 것을 알 수 있다. 이는 '영수'와 '순희'가 (18다)에서 '좋-'과 맺고 있는 관계가 (18라)에서 '좋아하-'와 맺고 있는 관계와 동일함과 같다. 즉 (18가)에서 '철수'와 '돈은' 각각 '있-'의 논항으로서 소유주와 대상의 의미역을 갖고 있고, (18다)에서 '영수'와 '순희'도 각각 '좋-'의 논항으로서 같은 의미

19) 이 서술화는 거듭해서 이루어질 수 있다. 그래서 주어의 숫자에 한계가 없다.

역을 갖고 있다. 이럴진대, (18나)와 (18라)는 단문으로 분석하면서 (18가)와 (18다)는 복문으로 취급하는 것이 옳은 일이겠는가? 그래서 서술절 분석은 다양한 유형의 겹주어 구문에 총체적으로 적용하기 어렵다는 문제가 있다. 이제 유형별로 겹주어 구문에 대한 생성 문법적 분석이 어떠할지 살펴보자.

8.2.2. 소유주 올리기 구문

아래에 (19)로 다시 인용된 (15가)와 (15나)는 흔히 소유주 올리기 (possessor raising) 구문이라고 불린다.[20] 그 이유는 (20)에서 보듯 이 구문의 제1 주어가 제2 주어의 속격 수식어로서 명사구 구성을 하는 것이 가능하기 때문이다.

(19) 가. 돌이가 동생이 똑똑하다.
  나. 순희가 손이 크다.

(20) 가. 돌이의 동생이 똑똑하다.
  나. 순희의 손이 크다.

(19)를 소유주 올리기 구문으로 보는 경우에는 우선 주어 명사구의 관형어 역할을 하던 (20)의 '돌이'와 '순희'가 어떤 이유로 인해 그 자리에서 속격을 잃고 격을 받기 위해 이동을 경험하는 것으로 분석된다. 어떤 이유로 격을 잃고 격을 얻기 위한 이동을 경험하느냐 하는 것은 쉽게 논의하기 어려운 것이지만, 한 가지 유력한 가설은 이들이 표층구조에서 초점 부여 규칙에 의해 초점을 부여받으면 격을 잃는다는 것이다(김귀화

20) 물론 이 구문을 소유주 올리기 구문으로 파악해야만 하는 것은 아니기 때문에 다른 분석도 가능하다. 다만 이 절에서는 소유주 올리기의 가능성만 보기로 한다.

1994 참고). 7장에서 살펴보았듯이 명사구는 격 여과를 통과하기 위해서 반드시 격을 부여받아야만 하며, 그 때문에 격이 없으면 격을 받을 수 있는 위치로 이동하는 것이다. (20)에서 '돌이'와 '순희'가 속격을 잃고 주격을 받기 위해 이동하는 위치는 어디이겠는가? '돌이의 동생'과 '순희의 손'이라는 전체 명사구가 이미 IP의 명시어 위치에서 주격을 받고 있으므로 이들이 이동할 위치는 아마도 IP의 부가어 위치일 것이다.[21) 이 부가어 위치는 I로부터의 지배가 가능한 위치이므로 이 위치에서 '돌이'와 '순희'는 주격을 부여받는다.[22) 관여적인 부분만 나무그림으로 보이면 아래와 같다.

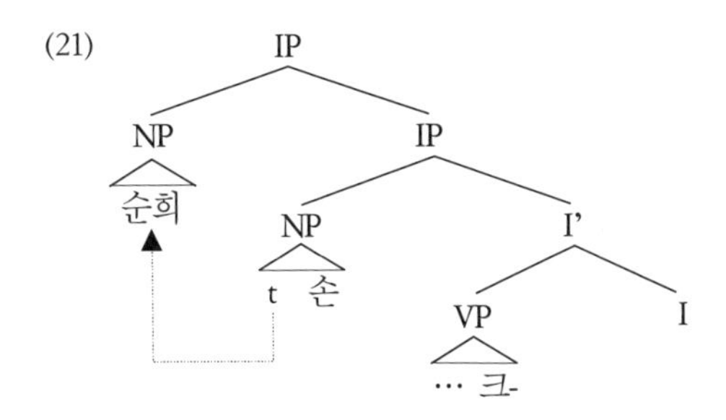

21) 지금까지 생성 문법의 얼개를 제대로 이해한 독자라면 부가어 위치가 비논항 위치인데 그 위치로 격 부여를 위한 명사구 이동이 가능한지 의문을 가질 수 있을 것이다. 그러나 한국어와 같은 언어에서의 IP 부가어 위치나 VP 부가어 위치는 간단히 비논항 위치라고 하기에는 좀 복잡한 양상을 갖고 있다. 여기서 길게 논의하기는 어렵지만 우리는 IP 부가어 위치와 VP 부가어 위치가 논항 위치일 수 있다고 보겠다.

22) 바로 앞의 각주에 더해서 부가어 위치에 있는 NP가 격 부여자로부터 지배를 받을 수 있느냐 하는 것도 논란의 여지가 있다. 이 장에서는 논증 없이 부가어도 해당 핵으로부터 지배를 받을 수 있다고 가정하겠다. 또한 한국어의 경우 I가 주격을 여러 번 부여하는 것이 가능하다는 매개변인이 설정되어야 하는데, 이러한 매개변인 설정은 있는 사실을 기술하는 것에 불과한 것 아닌가 하는 비판을 받을 가능성이 있다. 그러나 한국어에서 겹격 부여가 가능한 이유가 무엇인지를 밝히는 것은 현재의 연구 수준에서 매우 어려운 일이다. 따라서 우리는 이러한 매개변인에 의존할 수밖에 없음을 밝혀 둔다.

이러한 분석은 (19)와 (20)의 유기적인 관계를 보여 주면서 제1 주어가 전체 문장의 주어 역할을 한다는 것을 구조적으로 잘 표상하고 있다.[23)] 다만 이런 분석의 문제점은 주어 명사구 내부의 요소가 이동을 겪기 힘들다고 하는, 이른바 주어 조건(subject condition)을 어기는 이동을 상정한다는 것으로, 이에 대한 해명이 필요하다고 하겠다.

8.2.3. 수 분류사 구문

아래에 (23)으로 반복한 (15다)의 수 분류사 구문은 언뜻 보면 소유주 올리기 구문과 다름이 없어 보인다.

(23) 가. 학생이 다섯 명이 왔다.
　　나. 학생 다섯 명이 왔다.

(24)
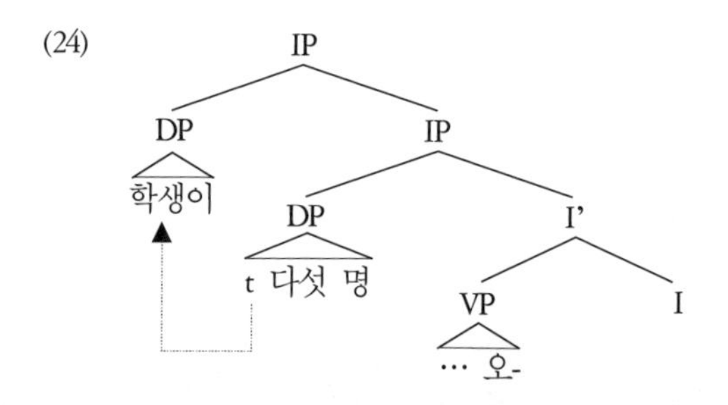

즉 (24)의 '학생 다섯 명'이라는 수 분류사 포함 명사구에서 '학생'이, 아마도 초점을 받아 격을 잃고, IP의 부가어 위치로 이동을 한 것이라고 분석할 수 있을 듯하다. 그러나 수 분류사 구문은 몇 가지 면에서 소유주

23) 5장 3절에서 논의한 바와 같이 동사구 내부 주어 가설에 의거하면 주어 '순희의 손이'는 동사구 내부에서 IP의 명시어 위치로 일차적인 이동을 이미 겪은 것이다. 아래에서도 이는 마찬가지이다.

올리기 구문과는 다른 모습을 보여주는데, 우선 소유주 올리기 구문과 달리 '학생 다섯 명'의 '학생'에는 외현적인 속격이 표시될 수 없다.

(25) *학생의 다섯 명이 왔다.

물론 이것이 (24)의 '학생 다섯 명'이 명사구 구성을 이루지 못함을 뜻하는 것은 아니다. 왜냐 하면 '돌이 동생,' '순희 손'에서 보듯 소유 구성에서도 속격 표지의 생략이 가능해서 '학생 다섯 명'을, '돌이 동생' 따위의 속격 조사 탈락 구성과 비슷한 구조를 가진 것으로 볼 여지도 있기 때문이다. 하지만 문제가 그리 간단치 않은 것이, 수 분류사 구문에서는 수 분류사에 외현적 격 표시가 없어도 되지만 소유주 올리기 구문에서는 소유물에 외현적 격 표시가 없어서는 안 된다.

(26) 학생이 다섯 명(이) 왔다.

(27) 가. 돌이가 동생*(이) 똑똑하다.
나. 순희가 손*(이) 크다.

이처럼 수 분류사 구문은 문법적 양상이 간단치 않으므로 여기서 이 문제를 깊이 다루는 것이 적절치 않을 수 있다. 우리는 잠정적으로 소유주 올리기 구문처럼 수 분류사 구문도 (24)에서 보듯이 (23나)에서 '학생'이 초점 부여로 격을 잃고 이동하여 (23가)가 도출되는 것으로 보겠다.

8.2.4. 서술성 명사 구문

서술성 명사 구문도 겉으로 보기에는 소유주 올리기 구문과 비슷한 구조를 가진 것으로 보인다. 그러나 수 분류사 구문과 마찬가지로 서술성 명사 구문도 소유주 올리기 구문과 평행하다고 보기엔 힘든 양상을 보여 준다. 우선 서술성 명사는 그 명칭이 지시하는 바와 같이 마치 용언처럼 서술어 역할을 하는 것으로 보인다. 그래서 생성 문법에서는 아래에 (28)로 반복한 (15라)의 문장에서 진짜 서술어는 '연구'이고 '되-'는 의미역 부여 능력이 없는 경동사(light verb)로 취급하기도 한다.

(28) 전염병이 연구가 되고 있다.

이 구문은 소유주 올리기 구문처럼 제1 주어에 외현적 속격 표시도 가능하고 속격 조사 탈락도 가능하다.

(29) 전염병(의) 연구가 되고 있다.

그러나 이 구문이 소유주 올리기 구문과 다른 점은 서술성 명사가 '되-'와 포합(incorporation)되어 하나의 동사가 되는 것이 가능하다는 것이다.[24)]

(30) 전염병이 연구되고 있다.

(28)~(30) 전체를 분석하는 것도 상당한 길이의 논의를 요하는 것이므로 일단 우리는 서술성 명사 구문의 특징을 이 정도 언급하는 것으로 멈추고자 한다. 다만 위에서와 마찬가지로 (28)은 (29)에서 역시 '전염병'이, 초점 부여로 격을 잃어서, 격을 얻기 위한 이동을 하여 도출된 것으로 보겠다.

---

24) 오히려 '연구되-'에서 '연구'가 분리되는, 소위 "어근 분리 현상"이 가능하다고 하여 반대로 분석하는 경우도 있다.

8.2.5. 대소 관계 구문

아래에 (31)로 반복한 (15마)의 대소 관계 구문은 이동이 포함된 구성으로 보기 어려운 면이 있다.

(31) 꽃은 장미가 아름답다.

왜냐하면 '꽃'이 '아름답-'의 논항도 아닐뿐더러, '*꽃(의) 장미가 아름답다'가 성립되지 않듯이, '꽃'이 '장미'와 심층구조에서 속격 구성을 이룬다고 보기도 힘들기 때문이다. 여기서 '꽃'과 '장미'는 일종의 유형-토큰(type-token) 관계로서 '장미'가 가리키는 개체의 집합은 '꽃'이 가리키는 개체의 집합의 진부분 집합이다. 그래서 (31)은 다음과 같이 환언(paraphrase)할 수 있다.

(32) 꽃 중에서는 장미가 아름답다.

이 구문의 제1 주어는 정말 주어라고 말할 수 있는 요소인지도 의심스러운 면이 있다. 왜냐하면 이 요소가 실제 주격 조사와 결합해서 나타나면 그 결과가 불가능하진 않더라도 상당히 어색하기 때문이다.[25)]

(33) ??꽃이 장미가 아름답다.

이런 점에서 많은 연구자들은 (31)의 '꽃'과 같은 요소를 심층구조에서부터 주제어인 기저 주제어(underlying topic)로 여겨서 '장미가 아름답다'라

25) '줄기가 아니라 꽃이 장미가 아름답다.'는 (33)에 비해 매우 자연스럽다. 그러나 이 예는 유형-토큰 관계를 나타내지 않는바, (33)이 아니라 '장미가 꽃이 아름답다.'에서 '꽃이' '장미가' 앞으로 뒤섞기되어 형성된 것으로 이해하는 것이 타당할 것이다.

는 절로부터의 이동을 상정하지 않는다. 이런 점에서 대소 관계 구문의 구조는 지금까지 보았던 구문들과 사뭇 다르다고 할 수 있다. (33)이 어색하더라도 불가능하지 않다면, 이 경우 제1 주어의 주격이 어떻게 부여되는지도 논란이 될 수 있다. 연구자에 따라서는 (31)과 (33)의 구조를 달리 설정하기도 하는데, (31)에서는 '꽃'이 CP의 명시어 위치에 기저 생성되고,[26] (33)에서는 IP에 부가된 위치에 나타나는 것으로 보는 것이 그것이다. IP 부가어 위치가 주격이 부여될 수 있는 위치라는 위에서의 가정에 따라 (33)에서 '꽃'은 기저 생성된 위치에서 주격을 부여받는다.

8.2.6. 장소 주어 구문

처소어가 제1 주어로 나타나는 장소 주어 구문 (15바)도 다른 겹주어 구문과는 다른, 독립적인 특징을 가지고 있다. 그것은 제1 주어가 처소어로서 후치사와 결합해서 나타날 수도 있다는 것이다.

(34) 가. 이 지방이 사과가 많이 난다.
　　나. 사과가 이 지방에서 많이 난다.

그런데 처소어가 후치사가 아니라 주격 조사와 결합하면 (34나)와 평행한 어순으로, 즉 문중에 나타날 수가 없다.

(35) *사과가 이 지방이 많이 난다.

게다가 처소어가 제1 주어로 나타나도 후치사와 결합한 처소어가 또 나타날 수 있다.

26) 이는 주제(어)의 위치를 CP의 명시어로 보기 때문이다.

(36) 이 지방이 사과가 저지대에서 많이 난다.

이런 점에서 제1 주어가 과연 진정한 처소어인가 하는 의심의 여지가 있을 수 있으나, 아래에서 보듯이 (36)에서 '이 지방'에 후치사가 결합해도 가능한 것으로 보아 제1 주어의 출처가 처소어라고 보아도 무방한 듯하다.

(37) 이 지방에서 사과가 저지대에서 많이 난다.

다만 (34가)와 (35)의 대조에서 알 수 있듯이 후치사와 결합하지 않고 주격 조사와 결합한 경우 문두 위치만이 허용된다는 점에서, 제1 주어는 기저 주제어로 분석되는 것이 옳아 보인다. 제1 주어를 주제어로 볼 경우 나머지 평언(comment)에 해당하는 부분은 제1 주어의 영구적인 속성을 기술하는 의미를 가져야 한다. 즉 평언 부분이 제1 주어의 비영구적, 순간적 속성을 기술할 경우 처소 주어 구문은 성립하기 어렵다.

(38) *이 지방이 절도 사건이 두 건 일어났다.

의미적으로 주어의 영구적인 속성을 기술하는 서술어를 개체-층위 술어(individual-level predicate)라고 부르며, 개체-층위 술어의 주어 위치가 전형적으로 IP 영역에 속하는 문두 위치이므로,[27] 처소 주어는 IP 부가 위치에 기저 생성된 주제어로 분석되는 것이 옳아 보인다.

27) 이런 점에서 서술화 이론이나 서술절 분석이 처소 주어 구문에 잘 적용된다고 볼 수도 있다. 한편 주어의 영구적인 속성을 기술하는 술어를 개체 층위 술어라 하고, 주어의 일시적인 속성을 기술하는 술어를 장면 층위 술어(stage-level predicate)라 하는데(Kratzer 1995 참고), Diesing(1992)는 이 두 술어의 주어 위치를 통사구조적으로 구별하여 개체 층위 술어의 주어를 IP 영역에 속하는 것으로 분석하였다.

8.2.7. 순수 주제어 구문

제1 주어가 기저 주제어로 보인다는 점에서 (39가)에 반복한 순수 주제어 구문 (15사)는 대소 관계 구문과 비슷해 보이기도 한다. 그리고 평언에 해당하는 부분이 제1 주어에 "대하여" 무언가를 이야기하고 있다는 점에서도 대소 관계 구문과 비슷하다. 그러나 '장미'는 '꽃'의 일종이지만 '비'는 '내일 날씨'의 일종이 아니다. 제1 주어와 제2 주어가 어떤 필연적인 관계가 있다면 (39나)와 같은 문장도 가능하다.

(39) 가. 내일 날씨는 비가 온다.
　　 나. 내일 날씨는 경기가 어렵다.

만일 (39나)에서 '경기'가 날씨와 필연적인 관계가 있는 야외 경기라면 (39나)는 꽤 자연스러운 문장으로 성립될 수 있다. 심지어 찻집이나 식당 등에서의 주문 상황에서는 아래와 같은 문장도 가능하다.

(40) 가. 나는 커피야.
　　 나. 철수는 짜장면이야.

물론 (40)이 이중주어 구문은 아니다. 하지만 상황이 허락하면 한국어에서 이와 같은 종류의 순수 주제어가 나타날 수 있다는 사실을 잘 보여준다. 이런 구문에 대해서도 대소 관계 구문과 마찬가지로 주제어가 기저 생성되는 분석을 행하는 것이 보통이다.

8.2.8. 소유 구문

제1 주어가 제2 주어의 소유주 해석을 갖는, '있-'을 서술어로 하는 소유 구문은 지금까지 보아온 겹주어 구문과는 다른 양상을 보여준다.[28] 애초에 밝혔다시피 겹주어 구문에서 주어의 숫자에 원칙적으로 제한이 없다고 했으나, 소유 구문의 제1 주어는 서술어의 외부 논항인 소유주 논항으로 여겨지므로,[29] 그러한 논항으로서의 주어는 제1 주어 외에 다른 주어가 나타날 수 없고, 예를 들어 제1 주어와 대소 관계를 이루는 여타 주어 따위는 나타날 수 있다.

(41) 가. 교수는 이공계 교수가 연구비가 충분히 있다.
　　나. 이공계 교수는 연구비가 충분히 있다.

이 구문에서 문제가 되는 것은 소유물, 즉 대상역 논항인 제2 주어의 지위에 관한 것이다. 학교문법 식으로 주격이 달렸으니 주어라는 식의 분석을 하는 것은 결코 옳지 않으며 격이 문법 기능과 별개의 개념이라는 점을 고려하면 제2 주어는 그 문법 기능이 사실상 목적어라고 보아야 한다. 생성 문법의 일반적인 용어를 빌리자면 이 구문의 제2 주어는 '있-'의 내부 논항이자 보충어이다. 생성 문법에서는 이와 같은 요소를 주격 목적어(nominative object)라고 부르기도 한다. 그래서 이 구문의 구조는 아래와 같아야 한다.

---

28) 소유 구문의 서술어가 '있-'으로 고정되는 것은 아니다. '있-' 외에도 '철수는 책이 많다, 순희는 책이 적다, 나는 책이 없다' 등에서 보듯이 '많-,' '적-,' '없-' 등이 소유 구문의 서술어로 쓰여서 "많이 가짐"과 "적게 가짐", "가지지 않음" 등의 의미를 나타낸다.

29) 무생물이 주어일 경우에는 그 의미역이 처소역일 수도 있다. 그리고 이들 소유 구문들은 소유주가 여격 조사와 결합하여 나타날 수도 있다.

i) 가. 철수에게 그 책이 있다.
　 나. 저 산에 나무가 많다.

(42)

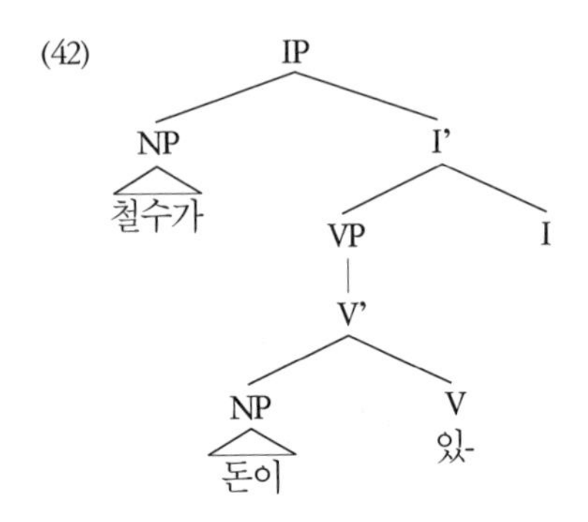

이 구조에서 문제가 되는 것은 주격 목적어에 주격이 어떻게 부여되느냐 하는 것이다. 우선 '있-'은 상태성 술어(stative predicate)로서 대격을 부여할 능력은 없다. 이는 비슷한 의미를 가진 동사 '가지-'와 분명히 대비되는 점이다.

(43) 가. *철수가 돈을 있다.
나. 철수가 돈을 가졌다.

한 가지 방법은 '있-'과 같은 상태성 술어들이 자신의 내부 논항에 주격을 부여할 수 있는 능력이 있다고 보는 것이다. 그러면 (42)에서 내부 논항 '돈'은 '있-'으로부터 주격을 받고 외부 논항 '철수'는 I로부터 주격을 부여받는다고 분석할 수 있다. 그런데 이런 분석 방법은 같은 종류의 격을 각기 다른 요소가 부여한다고 보는 것이 타당한가 하는 비판을 받을 가능성이 있다. 또한 외부 논항 없이 내부 논항만 가지는 서술어의 경우 이 분석이 문제를 일으킬 수 있다.

(44) 불빛이 밝다.

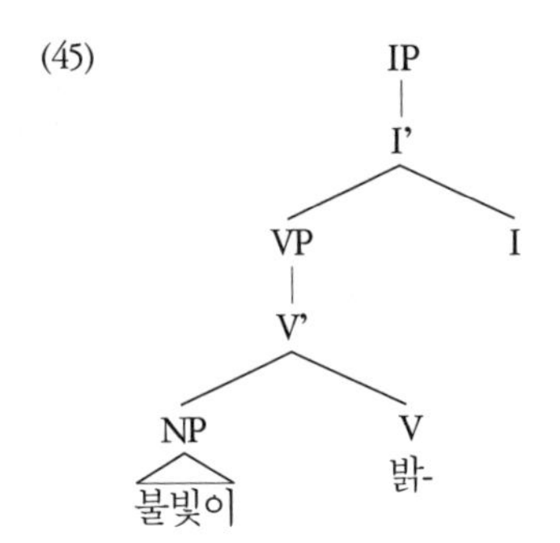

(45)에서 '불빛'이 VP 내부에서 상태성 술어 '밝-'으로부터 주격을 받으면 IP의 명시어로 이동해서 격을 받을 이유가 없어진다. 이런 문제점을 해결하기 위해 택할 수 있는 방법은 상태성 술어가 주격이든 대격이든 격을 부여할 능력이 없다고 보고, I가 내부 논항 NP에 격을 부여한다고 분석하는 것이다. 그런데 (45)에서 보다시피 내부 논항에는 I보다 더 가까운 지배자 V가 있으므로, I가 내부 논항을 지배할 수 없고 이에 따라 격도 부여할 수 없다(5장 3절 참고). 이 경우 I의 지배를 보장하는 방법으로, 격을 부여할 능력이 없는 요소는 격 지배를 막을 수 없다는 조건을 상정할 수 있다. 이럴 경우 I가 VP의 보충어를 지배하여 격을 주는 일종의 예외적 격 표시가 이루어지는 것이다. 우리는 잠정적으로 이 분석법을 채택한다.

8.2.9. 심리 술어 구문

(46)에 반복한 (15자)는 소위 심리 술어(psych predicate)를 서술어로 하는 심리 술어 구문 중 하나이다.

(46) 영수는 순희가 좋았다.

이 문장을 복문으로 분석하는 것이 불합리한 것임은 이 장의 2.1절에서 밝힌 바와 같다. 여기서 '영수'는 심리 술어의 외부 논항으로서 경험주역을 가지고 '순희'는 내부 논항으로서 대상역을 가진다. 논항 구조가 소유 술어와 거의 비슷한데 이 구문을 따로 분류한 이유는 소유 구문과 달리 이 구문에서 제1 주어가 주격을 달고 나타나면, 특히 시제가 비과거 시제일 경우, 수용성이 떨어지기 때문이다.

(47) ??영수가 순희가 좋다.

이것은 심리 술어가 주로 주관적인 감정을 나타내어 비과거 시제 평서문에서 1인칭 이외의 주어를 회피하는 경향이 한국어에 있기 때문인 것으로 보인다. (47)의 문장에 1인칭 주어를 대입하면 그 수용성이 훨씬 나아진다.

(48) 내가 순희가 좋다.

이런 차이가 있기는 하지만, 이 차이를 구조적으로 달리 포착하는 것이 가능해 보이지는 않으므로 우리는 심리 술어 구문의 구조와 격 부여 방식이 소유 구문의 그것과 동일하다고 가정하겠다.

8.3. 겹목적어 현상

겹목적어 현상도 겹주어 현상과 더불어 한국어의 두드러진 격 현상 중 하나이다. 한 가지 흥미로운 사실은 겹목적어의 범위가 겹주어의 범위보다 더 좁다는 것이다. 아래를 보자.

(49) 가. 철수가 순희를 손을 잡았다.
나. 돌이가 학생을 다섯 명을 만났다.
다. 김 박사가 전염병을 연구를 한다.
라. 철수가 돌이를 책을 주었다.
마. 종지기가 종을 세 번을 울렸다.
바. 철수가 꽃을 장미를 샀다.

우선 겹목적어의 유형은 겹주어의 유형보다 그 수가 적다. (49가)는 소유주 올리기 구문에 해당하는 겹목적어 구문이고, (49나)는 수 분류사 구문, (49다)는 서술성 명사 구문, (49라)는 수여 동사 구문, (49마)는 대격 수량 부사어 구문, (49바)는 대소 관계 구문으로서 아홉 가지로 분류되었던 겹주어 구문에 비해서 유형의 수가 적다. 이는 겹주어보다 겹목적어에 제약이 더 많음을 암시해 주는 사실이라 할 수 있겠다. 이제 각 유형을 하나하나 살펴보기로 하자.

8.3.1. 소유주 올리기 구문

아래에 (50)으로 반복한 (49가)는 겹주어의 경우에도 보았던 소유주 올리기 구문이다. 겹주어에 대해서 행했던 소유주 올리기 구문의 분석을 이 구문에도 (51)과 같이 적용할 수 있을 것 같다.

(50) 철수가 순희를 손을 잡았다.

(51)
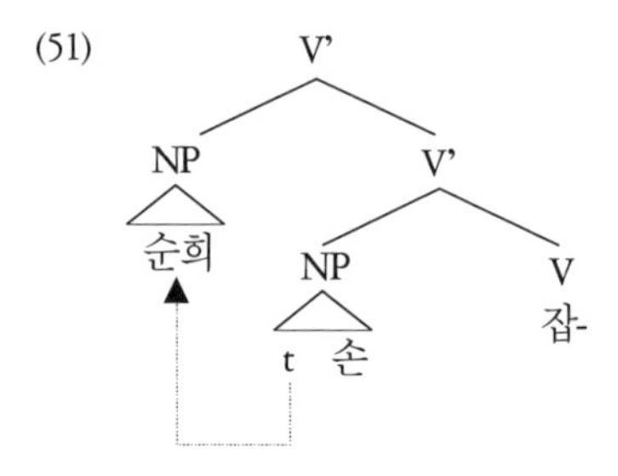

그러나 문제가 이처럼 간단하지 않다. 우선 (51)과 같은 분석을 받아들이지 않는 접근법도 존재한다. 즉 (51)에서 '순희'가 이동했다기보다는 기저 생성된 것으로, 즉 '순희를 손을 잡다'를 일종의 복합 동사구로 분석하는 접근법이 있다(김영희 1988: 2장~4장 참고). 복합 동사구는 목적어와 동사로 이루어진 단순한 동사구보다 더 복잡한 구조를 가진 동사구를 가리킨다.

(52)
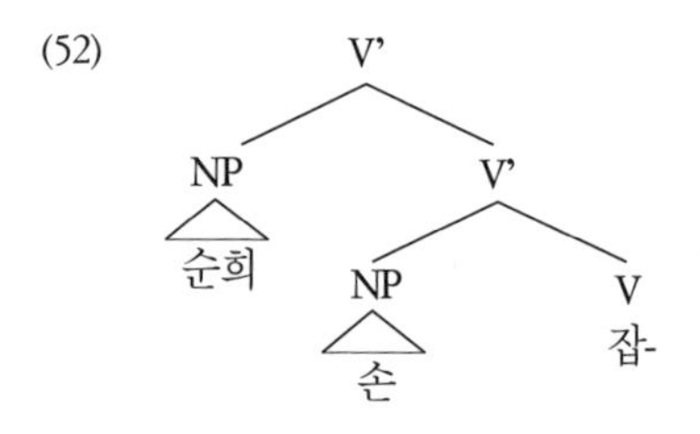

그런데 '순희'가 (52)와 같이 기저 생성되었다고 가정하면 위의 구조를 심층구조 표상이라고 보아야 한다. 이 경우 우리는 '잡-'이 '순희'와 '손' 두 NP를 논항으로 선택하는 것으로 볼 수밖에 없는데 과연 두 NP 모두를 '잡-'으로부터 의미역을 받는 논항으로 분석하는 것이 옳은지 알 수가 없다. 더구나 이 분석에서는 다음처럼 목적어의 숫자가 늘어나면 VP의 내부 논항 숫자를 계속해서 늘릴 수밖에 없다. 따라서 이 분석은 그다지 바람직하지 못한 부담을 이론에 안기게 된다.

(53) 철수가 순희를 몸을 뒤쪽을 잡았다.

결국 (51)과 같은 이동 분석을 택하는 것이 그래도 합리적인 방안이라고 할 수 있겠으나, 소유주 올리기에 있어서 겹주어와 겹목적어는 결정적인 차이를 보여준다. 예를 들어 겹주어의 경우 소유주 올리기는 소유물과 소유주의 관계에 제한이 없다.

(54) 가. 철수가 손이 작다.
나. 철수가 차가 비싸다.
다. 철수가 동생이 학교에 다닌다.
라. 저 건물이 문이 작다.

그러나 겹목적어의 경우에는 소유주와 소유물의 관계가 매우 제한된다. 그래서 겹목적어 구문의 소유주 올리기는 겹주어 구문에 비해 상대적으로 덜 생산적이다.

(55) 가. 돌이가 철수를 손을 건드렸다.
나. *정비사가 철수를 차를 고쳤다.
다. *돌이가 철수를 동생을 때렸다.
라. *불량배들이 저 건물을 문을 부쉈다.

(55가)와 나머지 문장들을 대조해 보면 '철수'와 '손'의 관계가 불가분의 관계라는 것을 알 수 있다. 이러한 소유 관계를 언어학에서는 비양도성 소유(inalienable possession)라고 한다. 비양도성 소유 관계에서 소유주 올리기가 일어나면 일종의 함의와 같은 의미 관계가 나타난다. 즉 "누군가가 철수의 손을 건드린다."면 그것은 "그 누군가가 철수를 건드린다."는 함의를 가지지만, 누군가가 "철수의 차를 고친다."면 그것은 "철수를 고친다."는 함의를 가질 수 없다.[30] 왜 이런 의미론적인 소유 관계의 구분이 겹목

적어 현상에 영향을 미치는가 하는 의문이 드는 것은 당연하지만, 현재까지는 이에 대한 명확한 답이 없다. 물론 양도성 소유와 비양도성 소유라는 소유 관계가 속격 구성의 구조적 차이로 발생하는 것이라는 분석이 존재하긴 하지만(Maling and Kim 1992, J.-M. Yoon 1997 등 참고), 그 구조와 겹목적어 현상의 관계도 또한 충분히 명확하지는 않다. 어쨌든 우리는 (50)과 같은 구문에 대해 초점 부여와 격 상실에 의한 소유주 올리기 분석을 유지할 것이고, 이것이 비양도성 소유에만 국한된다는 조건이 존재하는 것으로 처리하겠다.

8.3.2. 수 분류사 구문

겹목적어 현상에 있어서 수 분류사 구문은 겹주어 현상의 그것과 거의 일치한다. 그래서 이 구문에 대해서는 겹주어에 대해서 행했던 분석을 그대로 유지할 수 있다. 한 가지 흥미로운 것은 수 분류사에 격 표시가 있느냐 없느냐에 따라, 뒤섞기(scrambling)의 결과가 달라질 수 있고, 여기에 주어와 목적어 사이의 비대칭성이 존재한다는 사실이다.

(56) 가. 남자가 세 명(이) 맥주를 마셨다.
　　나. *남자가 맥주를 세 명 마셨다.
　　다. 남자가 맥주를 세 명이 마셨다.

(57) 가. 남자가 맥주를 세 병(을) 마셨다.
　　나. 맥주를 남자가 세 병 마셨다.
　　다. 맥주를 남자가 세 병을 마셨다.

---

30) 소유주와 소유물이 불가분의 관계에 있느냐의 여부는 일관되지 않을 수도 있다. 예를 들어 (55라)를 문법적인 문장이라고 여기는 사람들은 "문"과 "전체 건물"이 불가분의 관계에 있는 것이라고 보는 것이다. 그래서 "건물의 문"을 부수면 해당 "건물"을 부수는 것으로 여긴다.

수 분류사에 격조사가 결합하지 않는 경우, (56나)에서 보듯이 수 분류사와 관련 명사구 주어 사이에 목적어가 끼어들면 비문법성이 발생한다. 그러나 (57나)에서 보듯이 수 분류사와 관련 명사구 목적어 사이에 주어가 끼어들면 문법성에 이상이 발생하지 않는다. 수 분류사에 격조사가 결합하면 어떻게 되는가? 그러면 (56다)와 (57다)에서 보듯이 주어와 목적어 사이의 비대칭성이 사라진다. 왜 이런 비대칭성과 문법성 차이가 발생하는지에 대해서는 여러 분석들이 해답을 찾으려고 하고 있다. 물론 상당히 복잡한 논의가 필요하기 때문에 여기서는 다루지 않고 이런 흥미로운 비대칭성이 존재한다는 것만 지적하겠다.

8.3.3. 서술성 명사 구문

겹목적어 현상에서 서술성 명사 구문이 보여주는 양상은 겹주어 현상에서의 그것과 비슷하다. 이에 자세한 논의는 하지 않고 겹주어 현상의 서술성 명사 구문에 대한 분석을 그대로 적용하기로 한다. 즉 서술성 명사가 내부 논항에 의미역을 주는 진정한 술어이고, '하-'는 일종의 경동사로서 시제 등을 지탱하는 역할을 하며(김용하 1995, 이정훈 2016나 등 참고), 서술성 명사가 조사 없이 출현할 경우, 서술성 명사가 '하-'와 포함하는 것으로 보겠다. 이를 구조적으로 나타내면 다음과 같다.

(58)

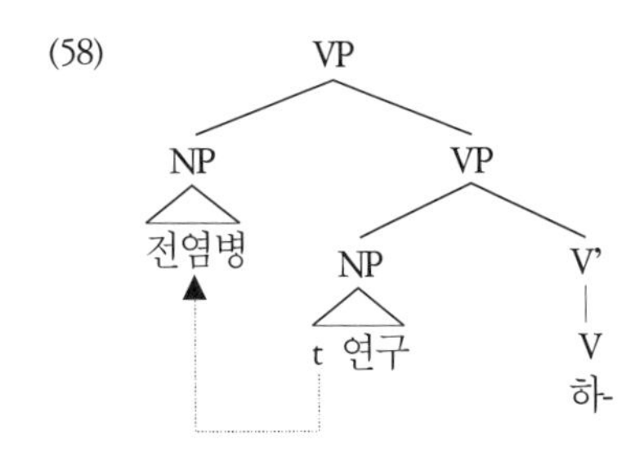

(59)

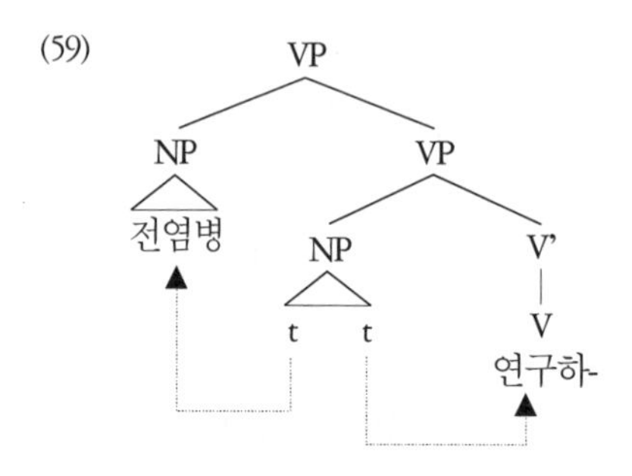

8.3.4. 수여 동사 구문

아래에 (60가)로 반복한 (49라)의 수여 동사 구문은 앞에서 본 겹목적어 유형들과 상당히 다른 양상을 보여준다.

(60) 가. 철수가 돌이를 책을 주었다.
　　나. 철수가 돌이에게 책을 주었다.

무엇보다 (60가)는 (60나)와 분명한 연관을 보여준다. 두 문장이 다른 점은 수혜자인 '돌이'에 대격과 여격이 각각 표시되어 있다는 점뿐이다. 생성 문법의 초창기에는 의미역을 분명히 드러내는 여격 조사가 수혜자 역에 표시된 (60나)가 더 기저적인 문장으로 여겨졌고 (60가)는 여기에 일정한 변형 규칙이 적용되어 도출되는 문장으로 취급된 적도 있다. 그러나 우리가 채택한 이론에서는 두 문장 중 어느 하나가 다른 하나보다 더 기저적이라고 봐야 할 근거가 없다. 사실 '주-'의 두 목적어의 순서가 (60)과 같아야 하는지도 분명하지 않은 부분이 있다. 왜냐하면 아래처럼 두 목적어의 순서가 바뀌어도 문법성에 큰 차이가 없기 때문이다.

(61) 가. 철수가 책을 돌이를 주었다.
　　나. 철수가 책을 돌이에게 주었다.

(61)의 문장들이 (60)의 문장들로부터 도출된 것인지를 판별할 수 있을 것인가? 지금으로서는 명백한 방법이 없다. 다만 대체로 의미역 위계 상 수혜자역이 대상역을 앞서므로 수혜자역이 상위에 위치하는 (60)의 문장들을 (61)의 기저로 삼는다. 즉 (61)의 문장들은 (60)의 문장들에서 대상역 목적어 '책'이 뒤섞기되어 형성된다.

(62)

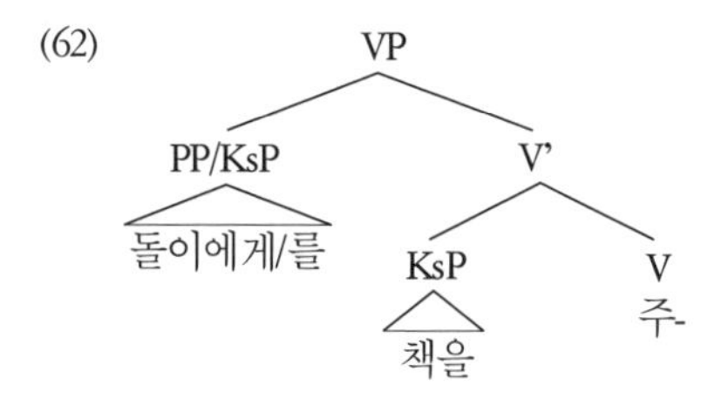

(63)

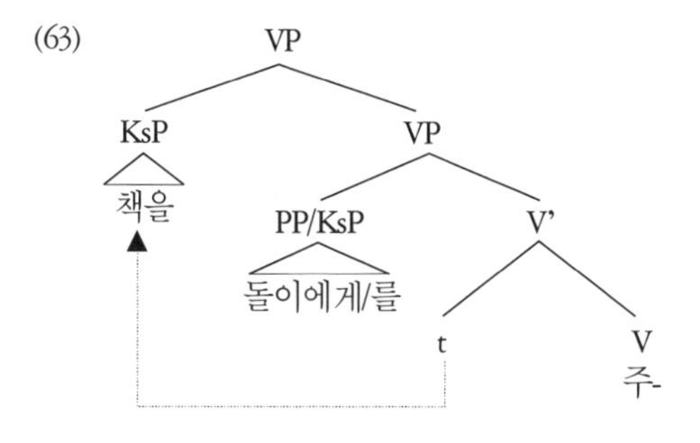

다시 (60)의 두 문장으로 돌아가 보자. 현재로서는 이 두 문장이 이동 등에 의해 관계를 맺고 있는 것으로 파악할 수 있는 방법이 없다. 예를 들어 (60나)에서 '돌이에게'가 초점을 부여받아 격을 잃는다는 식으로 가정하는 것 자체가 힘들다. 왜냐하면 이때의 '돌이에게'는 고유격이 부여된 것으로 보아야 하므로 이때 격을 잃게 되면 그것은 의미역을 잃는 것이나 마찬가지이기 때문이다. 이는 투사원리의 명백한 위반이다. 또한 이것이 어찌어찌 이루어진다고 해도 '돌이에게'가 어딘가로 이동하여 대격을 받아 '돌이를'이 될 터인데, 어디로 이동하는 것인지를 특정하기가 어렵다. 따라서 우리는 두 문장이 격과 관련된 '주-'의 이중성에 의해서 나타나는 것이라고 잠정적인 분석을 할 수밖에 없다. 이에 따르면 '주-'는 선택적으로 '-에게'를 통해 사격으로 표시되는 고유격을 부여할 수도 있고, 해당 논항에 '-에게'로 표시되는 사격이 아닌 대격을 부여할 수도 있는 것이다.

8.3.5. 대격 수량 부사어 구문

우리는 (64가)로 반복한 (49마)를 비롯해서 다양한 대격 수량 부사어 구문을 목격할 수 있다.

(64) 가. 종지기가 종을 세 번을 울렸다.
나. 아이들이 운동장을 두 바퀴를 돌았다.
다. 도사가 도를 삼 년을 닦았다.

혹자는 언뜻 이 구문을 수 분류사 구문과 동일한 것이 아니냐고 반문할지도 모른다. 물론 이 문장에 등장하는 부사어들은 수사와 분류사로 구성되어 있어서 수 분류사와 동일한 형식을 취하고 있긴 하다. 하지만 이들 수량 부사어들은 관련 명사구의 수량을 직접 재어 표시하는 것이 아니라 해당 서술어가 나타내는 사태의 횟수, 범위, 기간 등을 표시하는 역할을 하고 있다.

어찌하여 이런 부사어들에 대격이 표시될 수 있느냐 하는 것도 대답하기 쉬운 질문은 아니다. 일부에서는 이런 부사어들에 표시된 대격이 추상격의 실현이 아니라 그저 형태론적인 격일 뿐이라고 하거나, 이때의 대격 조사는 이른바 보조사와 같은 역할을 하는 것이어서 초점(focus)을 표시할 뿐 격과는 무관하다고 주장하기도 한다. 그런데 이 부사어들이 동사구를 수식 영역으로 하는 부사어들이라는 점, 초점과 관련하여 비슷한 역할을 하는 주격 조사가 있음에도 불구하고 하필이면 대격 조사가 표시되는 점 등은 격과 분리해서 논의하기 어려운 것이라고 하겠다. 우리는 이들 부사어들이 분류사를 핵으로 하는 명사적 구성에서 출발했으므로 일종의 명사구로 분석될 수도 있다는 점, 그리고 서술어가 나타내는 사태를 수량화하므로 서술어와 긴밀한 연관성을 맺고 있다는 점을 들어 이들 부사어들에 대한 대격 부여가 인허된다고 보겠다.[31]

8.3.6. 대소 관계 구문

(65)로 반복한 대소 관계 구문 (49바)는 여러모로 (66)에 제시한 겹주어 현상에서의 대소 관계 구문을 연상케 한다.

(65) 철수가 꽃을 장미를 샀다.

(66) 꽃은 장미가 아름답다.

우리는 앞에서 (66)과 같은 대소 관계 겹주어 구문에 대해서는 제1 주어가 IP 부가어 위치에 주제어로 기저 생성되는 분석을 제시한 바 있다. 이 분석을 원용한다면 우리는 (65)에서 '꽃'이 VP 부가어 위치에 일종의 주제어로 기저 생성되는 것으로 분석할 수 있을 것이다. 하지만 우리는 (65)와 (66)에 대해서 평행한 분석을 행하지 않을 것이다. 그 이유는 (65)와

31) 여기서 격 '부여'가 아니라 '인허'라는 용어를 선택한 것은 이들 부사어들의 대격이 서술어에 의해서 부여되는 것이라고 보기가 어려운 측면이 있기 때문이다. 사실 이들 수량 부사어들은 타동사 구문에만 나타나는 것이 아니어서 가령 '새들이 여러 번을 날았다'에서 처럼 자동사 구문에도 나타날 수가 있다. 다만 학교문법에서 형용사로 구분하는 상태성 동사들이 서술어로 나타나는 경우에는 이 요소들이 대격 표시되어 나타나는 것이 불가능하므로 이들의 대격 표시는 해당 서술어의 동작성과 관련되는 것 같다.

(66)이 함의와 관련해서 보여주는 양상이 다르기 때문이다. 즉 (65)에 대해서는 (67)과 같은 함의 관계를 도출해 낼 수 있지만 (66)에 대해서는 (68)과 같은 함의 관계를 도출해 낼 수 없다.

(67) 철수가 장미를 샀으면, 철수는 꽃을 샀다.

(68) #장미가 아름다우면, 꽃이 아름답다.

또한 (66)은 '꽃' 일반을 주제어로 삼아 '장미가 아름답다'가 평언을 이루고 있으나, (65)에서도 '꽃'이 주제어이고 '장미를 사다'가 평언을 이루고 있다고 보기는 힘들다. 즉 (66)은 "꽃에 대해서 말하자면, 장미라는 꽃이 아름답다"라는 의미를 갖고 있으나 (65)는 "꽃에 대해서 말하자면 철수가 장미라는 꽃을 샀다"라는 의미를 갖고 있다고 보기 힘들다.

더욱이 (65)는 상응하는 부정문에서도 매우 흥미로운 양상이 나타나는데, 아래 (69)는 "철수가 장미를 포함해서 꽃이라고 부를 수 있는 어떤 것도 사지 않았다."라는 의미가 아니라 "철수가 꽃을 사긴 했지만, 그 꽃이 장미는 아니다."라는 의미를 가진다.

(69) 철수가 꽃을 장미를 사지 않았다.

즉 (69)는 여전히 '철수가 꽃을 샀다'를 함의하고 있다. 이것은 이 구문과 비슷해 보이는 소유주 올리기 구문에서는 성립되지 않는 의미 양상이다. 즉 소유주 올리기 구문에서는 이러한 함의가 반드시 성립하지는 않는다.

(70) 가. 철수가 순희를 손을 잡았다.
나. "철수가 순희를 잡았으면, 순희의 손을 잡았다."

(71) 가. 철수가 순희를 손을 잡지 않았다.

나. "철수가 순희를 잡기는 했지만, 잡은 것이 순희의 손은 아니다." 또는 "철수가 순희의 손을 포함해서 순희의 어떤 신체 부위도 잡지 않았다."

그래서 우리는 이 대소 관계 겹목적어 구문이 다른 겹주어, 겹목적어 구문과는 다른 특이한 도출 과정을 담고 있다고 분석할 터인데, 그것은 이 구문이 생략의 결과라는 것이다(김용하 2010 참고). 즉 (65)는 아래 (72)에서 선행절의 서술어 부분이 생략되어 만들어졌다고 볼 수 있다.

(72) 철수가 꽃을 ~~샀는데~~, 장미를 샀다.

한국어 접속문에서 어느 한쪽 절의 서술어가 생략되면 선행절의 서술어가 생략되는 것이 보통이다. 그것은 후행절의 서술어에는 시제를 비롯하여 절 유형을 결정하는 어미들이 포함되어 있어서 이를 생략할 경우 생략에 대한 다음의 복원 가능성(recoverability of deletion) 조건을 어기게 되기 때문이다.

(73) 생략은 복원 가능한 데까지만 행하라.

그런데 선행절의 서술어가 생략되는 경우는 주로 연결어미가 등위 접속문에서 의미 부담량이 극히 적은 연결어미 '-고'가 쓰였을 경우이다. 그래서 (74)와 같은 문장을 접속문 줄이기 구문이라고 부른다.

(74) 철수는 책을 ~~읽고~~, 돌이는 신문을 읽는다.

그러나 (72)에서는 연결어미 '-고'가 아니라 '-는데'가 쓰이고 있다. '-는데'는 흔히 종속적 연결어미로 불리는, 의미부담량이 상당히 큰 어미인바, 우리는 즉각 어찌해서 이런 어미가 선행절 서술어와 함께 생략될 수 있는지를 물어야 한다. 한 가지 가능성은 '-는데'가 배경 제시 등의 의미 기능을 맡는 연결어미여서, '꽃'-'장미'와 같은 유형-토큰 관계에 의해서 그 의미 기능이 복원될 수 있기 때문이라고 보는 것이다. 이런 설명이 허락된다면 생략의 복원 가능성 조건을 어기지 않고도 대소 관계 구문을 생략으로 분석할 수 있다. 우리는 잠정적으로 이 접근법을 택한다.

8.4. 예외적 격 표시

예외적 격 표시(exceptional case marking)는 격 부여자가 자신의 지배 영역 밖에 있는 요소에 격을 부여하는 현상을 가리키는 용어이다. 가장 대표적인 예외적 격 표시의 예는 영어의 'believe' 류 동사가 비한정절인 'to'-부정사절을 보충어로 취할 때 그 절의 주어에 대격을 부여하는 현상이다.

(75) Tom believed [her to be honest].

'believe' 류 동사는 명제 내용을 보충어로 취하므로 주로 절이 보충어로 나타나며, 그 보충절은 (75)에서처럼 비한정절일 수도 있고, 아래 (76)에서처럼 시제가 나타나는 한정절일 수도 있다.

(76) Tom believed [that she was honest].

(75)와 (76)의 보충절은 한정성에 있어서만 차이가 나는 것이 아니다. (76)의 보충어 내포절은 그 지위가 CP이지만 (75)의 보충어 내포절은 그 지위가 CP까지 투사되지 못하고 IP에 그치고 만다. 그리고 영어에서 시제가 나타나지 않는 비한정절의 I는 자신의 주어에 주격을 부여할 수 없다. 그래서 이 I가 이끄는 IP는 외부로부터의 지배를 막는 장벽(barrier)이 되지

못한다(이 장의 2.8절 참고). 그래서 'believe' 류 동사들은 보충어 내포절이 비한정절일 때 그 절의 주어에 의미역을 주지도 않으면서, 또 원래는 지배도 하지 못하면서 예외적으로 격을 부여할 수 있다. 그래서 이러한 현상을 예외적 격 표시라고 부르는 것이다.

한국어에도 예외적 격 표시라고 부를 만한 현상이 존재하는데, 영어의 'believe' 류 동사들과 평행한 '생각하다' 류 동사들의 보충어 내포절 주어에 대격이 표시되는 경우가 있다.

(77) 철수는 [순희를 착하다고] 생각했다.

영어와 마찬가지로 분석하면 될 것 같은 이 구문은 한국어 통사론에서 매우 뜨거운 논쟁거리가 되는 구문이라고 할 수 있다. 왜냐하면 한국어의 이 구문이 영어와는 전혀 다른 복잡한 문제를 제기하기 때문이다.

무엇보다 한국어에서 예외적 격 표시가 일어나는 내포절은 영어의 경우와 달리 시제가 표시되지 않는 비한정절이 아니다. 한국어에서는 이 내포절이 시제가 표시되는 한정절이고, 그래서 주어에 주격이 부여될 수 있다.

(78) 가. 철수는 [순희가 잘 웃는다고] 생각했다.
나. 철수는 [순희를 잘 웃는다고] 생각했다.

주어가 이미 주격을 받을 수 있다는 것에 더해서 내포절이 시제절이므로 그 지위가 CP일 것이고, 따라서 모문 서술어인 '생각하다' 류 동사가 이 CP를 뚫고 그 주어를 지배하는 것이 이론적으로 불가능해진다.

그러나 이론은 이론일 뿐 현실적으로 이러한 현상이 존재하는 한 문법은 이 현상을 분석하고 설명할 수 있어야 한다. 한 가지 가능한 분석 방법은 내포절 주어를 CP의 명시어 위치로 이동시키고 이 위치에서 모문 서술어로부터 대격을 부여받는 것으로 분석하는 것이다(김귀화 1994 참고).

(79)

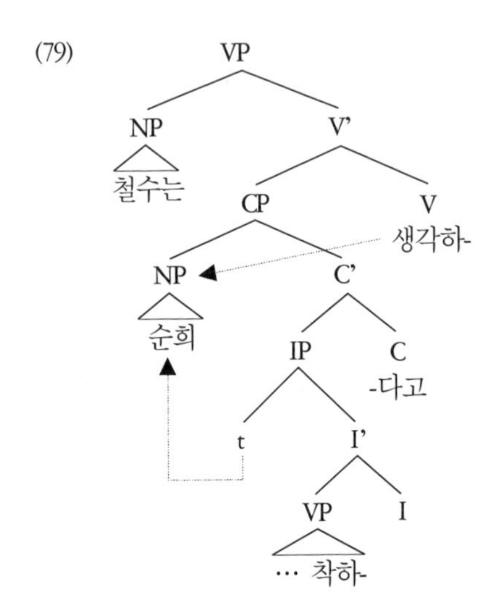

CP의 명시어 위치는 보충어 위치와는 달리 외부의 지배에 대해 투명하다고 가정하면 이는 가능한 분석이 될 수도 있다. 하지만 CP의 명시어 위치는 의문사 이동의 착지를 그 전형적인 쓰임새로 가지는 대표적인 비논항 위치이다(10장 5절 참고). 내포절 주어가 비논항 이동을 겪어서 CP의 명시어 위치로 이동하는 것이 가능하다고 하더라도 그 착지에서 격을 받을 수 있다고 가정하는 것은 다른 문제인 것이다. 또한 이 분석에서 't'는 비논항 결속되는 변항이 될 터인데, 일반적으로 변항은 격을 부여받는 것으로 가정된다. 그러면 이 분석에서 '순희'는 주격과 대격, 두 가지의 격을 받게 되는데, 이는 이론적으로 쉽게 수용하기 어렵다.

예외적 격 표시 구문을 분석하는 다른 한 가지 방법은 (79)에서 '순희'를 기저 생성 주제어로 분석하고 그 흔적 't'가 있는 자리에 영 대명사 요소인 'pro'를 설정하는 것이다.[32] 이 경우에는 이동으로 인해 발생하는 문제를 해결할 수 있는 이점이 있으나 비논항 요소인 주제어가 왜 격을 요

32) 'pro'는 'PRO'와는 성격이 다른 공 대명사(null pronoun)이다. 이에 대한 개괄적인 논의는 12장 7절 참고.

구하느냐 하는 의문에 답을 하기가 어려워진다.

이 절에서 우리가 행하고자 하는 분석은 예외적 격 표시가 사실은 이동에 의해서 일어난다고 보는 것이다. 그 근거는 무엇인가? 예외적 격 표시 구문의 대격 주어가 심층구조에서 내포절 내에 생성되었다가 표층구조에서 모문의 어딘가로 이동한다는 것을 보여주는 증거들이 있다. 첫째, 주격 주어가 나타났을 때는 주절 주어 관련 부사어 따위가 주격 주어 뒤에 나타나는 것이 불가능하지만 대격 주어의 경우에는 그것이 가능하다.

(80) 가. *철수는 순희가 바보처럼 천재라고 생각했다.
　　나. 철수는 순희를 바보처럼 천재라고 생각했다.

둘째, 대격 주어는 결속조건 B의 위반을 유발한다.[33]

(81) 가. 철수$_i$는 그$_i$가 바보라고 생각했다.
　　나. ??철수$_i$는 그$_i$를 바보라고 생각했다.

셋째, '아무도'와 같은 부정 극어가 내포절 주어로 나타날 경우, 내포문의 부정소는 물론 모문의 부정소에 의해서도 인허될 수 있다.

(82) 가. 철수는 [아무도 천재가 아니라고] 생각했다.
　　나. 철수는 아무도 [t 천재라고] 생각하지 않았다.

이런 증거를 토대로 예외적 격 표시 구문의 내포절 주어가 표층구조에서 모문의 어딘가에 있는 것이라고 보면, 애초에 내포절의 주어 위치에서 어찌

33) 결속 조건 B에 대해서는 9장 참고. 결속 조건 B는 대명사가 같은 절의 주어에 결속되면 곤란하다는 내용을 담고 있다. 사실 9장은 (81나)에 대한 문법성 판단에 논란이 있음을 지적하고 있다. 그러나 (81나)가 확실히 정상적인 문장이 아니라는 데는 이견이 없을 것이다.

하여 이동을 겪는 것인가? 우리는 여기서도 초점 부여에 의해 내포절 주어의 격이 상실되고 격을 상실한 내포절 주어가 모문의 동사구 명시어 위치로 이동해서 대격을 받는다고 분석한다.

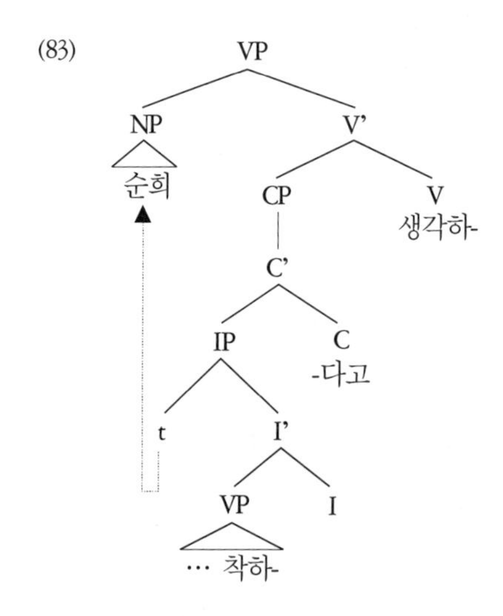

이 분석에도 문제는 있다. 보통 격을 받기 위한 명사구 이동은 CP 경계를 넘지 않는 것으로 알려져 있다. 이는 CP가 그 보충어인 IP와 함께 이동에 대한 장벽, 즉 이동을 막는 기능을 발휘하기 때문이다. IP-CP 장벽을 한꺼번에 넘는 것이 불가능하므로 CP 경계를 넘을 때는 CP의 명시어 위치를 들르게 되어 있다. 하지만 CP의 명시어 위치가 비논항 위치이므로 여기서 다시 논항 위치로 이동하는 것은 소위 비적정 이동(improper movement)이 되어 금지된다. 그런데 (83)의 이동은 비적정 이동은 아니지만 CP 경계를 부당하게 넘어서 이동하고 있다. 이것이 가능한가?

사실 한국어의 예외적 격 표시 구문의 내포절에는 한 가지 제약이 작동한다. 그것은 내포절의 명제 내용이 주어가 가리키는 개체의 어떤 영속적인 속성을 가리키는 것이어야 한다는 것이다.[34] 예를 들어서 아래 문장의 대조를 보자.

(84) 가. 철수는 종지기가 어제 종을 한 번 쳤다고 생각했다.
나. *철수는 종지기를 어제 종을 한 번 쳤다고 생각했다.

(85) 가. 철수는 종지기가 하루에 한 번 종을 친다고 생각했다.
나. 철수는 종지기를 하루에 한 번 종을 친다고 생각했다.

(84가)와 (84나)의 대조는 흔히 한국어 예외적 격 표시 구문에 대한 타동성 제약(transitivity condition)으로 알려져 있는 제약을 보여준다. 즉 영어와 달리 한국어는 예외적 격 표시 구문 내포절의 서술어가 타동사일 때는 예외적 격 표시가 성립하지 않는다는 것이다. 그러나 (85)에서처럼 내포절의 명제 내용이 주어가 가리키는 개체의 영속적 속성을 진술할 때에는 타동성 제약이 무력화된다. 그래서 내포절의 시제도 보편적 속성을 나타내는 데 용이한 비과거형이 나타난다. 이것은 한국어 예외적 격 표시 구문의 내포절이 한정절인 듯하지만, 한정절이 허용하는 시제 모두가 허용되지는 않는, 일종의 비한정절 혹은 반한정절임을 시사한다. 이것이 사실이라면 (83)의 내포절 CP에는 일종의 CP 경계 생략이나 약화 같은 것이 적용되어서 이동에 대한 장벽이 허물어지는 결과가 생긴다고 가정할 수 있다. 그러면 (83)의 명사구 이동은 합법적인 이동이 된다.

8.5. 마무리

지금까지 우리는 한국어의 격 현상들을 겹주어, 겹목적어, 예외적 격 표시 현상으로 나누어 살펴보았다. 한국어의 격 현상이 비단 이 세 가지

34) 이에 대한 자세한 논의는 홍기선(1997) 참고.

로 국한되는 것은 아니다. 이들 외에도 매우 다양한 격 현상들이 존재한다. 예를 들어 '철수가 순희한테 손을 잡혔다.'에서 보듯이 대격이 표시되는 피동문 현상이 있으며(6장 1절 참고), 이외에도 '나는 그 책을/이 읽고 싶다, 철수가 순희(를) 좋아한다, 철수는 학교에를 갔다' 등에서 보듯이 주격-대격 교체 현상, 격조사 생략 현상, 격 중첩 현상 등이 존재한다. 이들 격 현상들을 모두 다루는 것은 상당한 지면을 요하는 일이므로 이 책에서는 다루지 않았다. 그러나 이 모든 현상에 대해서 생성 문법 학계에서 활발히 논의하고 있으며 매우 흥미로운 설명들이 전개되고 있고 또 여전히 남은 문제들이 많으니, 생성 문법의 지침을 따르면서도 기존의 틀을 극복하고 새로운 분석과 설명의 틀을 제공할 수 있는 한국어 연구자들의 역량이 요구된다.

9장_결속 이론: 명사구의 지시적 의존성

명사구의 기본적 의미 속성은 어떤 개체를 지시하거나 가리키는 것으로 이를 흔히 지시성(referentiality)이라 부른다. 지시성이 다른 표현에 의존하는 양상과 관련하여 명사구는 흔히 대용사(anaphor), 대명사(pronoun), 지시 표현(R-expression: referential expression), 이 세 가지 유형으로 나뉜다.[1] 이들 간의 차이는 다음과 같다. 먼저 대용사와 대명사가 다른 표현에 의존하여 지시성을 가지는데 반해, 지시 표현은 다른 표현에 의존해서는 안 되며, 독자적으로 지시적 성격을 가진다. 한편 대용사와 대명사 간의 차이는 지시적 의존성의 필수성 여부에 있다. 즉 대용사가 문장 내 다른 표현에 의존하지 않고서는 지시성을 갖지 못하는데 비해, 대명사는 문장 내 다른 표현에 의존하여 지시성을 가지거나 독자적으로 지시성을 갖는다. 그런데 이런 지시적 의존성은 단순히 문장 내 다른 표현의 존재 여부에 의해서만

1) 전통 문법은 이 현상을 다소 다른 각도에서 파악한다. 즉 앞에서 이미 언급한 사람이나 사물을 다시 가리키는 데 쓰이는 대체 혹은 대용 언어 표현 및 현상의 관점에서 바라보고 있다. 그리고 이런 현상을 총칭하는 용어로 "대용"(남기심 2001) 혹은 "조응"(장경희 1990) 등이 쓰여 왔다. 게다가 "대용"의 한 유형인 "anaphor"를 "조응사"로 부르는 경우도 있다(양명희 1994). 생성 문법에서는 지시적 의존성의 관점에서 명사구를 분류하는데, 이 책에서는 그 중 한 유형인 "anaphor"를 생성 문법의 관례에 따라 "대용사"라고 부르기로 한다(양동휘 1985, 1986 등 참고).

결정되는 것이 아니고 다른 표현과의 통사구조적 관계가 중요한 역할을 하며, 이에 따라 서로 다른 지시적 의존성을 갖는 명사구들의 분포가 다른데 이를 관장하는 부문이 결속 이론(binding theory)이다. 이 장에서는 결속 이론의 기본 개념 및 원리를 최소한의 영어 자료를 토대로 소개하면서 이런 결속 이론의 기본 내용이 한국어의 대응 표현에 어느 정도로 적용될 수 있는지를 살펴 본다.

9.1. 지시적 의존성의 기본 양상

다음 예를 보자.

(1) 가. 철수가 냉면을 아주 좋아한다.
 나. 그가 냉면을 아주 좋아한다.
 다. *자기가 냉면을 아주 좋아한다.
 라. *자신이 냉면을 아주 좋아한다.

(1가)의 '철수'와 (1나)의 '그'는 각각 한국어의 지시 표현 및 대명사의 전형적 예로 파악되는데 그 이유는 물론 이들이 앞에서 지적한 성격을 보이기 때문이다. 즉 (1가)의 '철수'는 다른 표현, 즉 선행사(antecedent)의 도움 없이 독자적으로 담화상에서 '철수'라는 이름을 가진 개체를 가리킨다. 그리고 (1나)의 '그'도 선행사의 도움 없이 담화상 개체를 가리킨다.[2] 그에 반해 (1다)와 (1라)의 '자기' 및 '자신'은 대용사의 전형적 예로 간주되는데,[3] 그 이유는 (1다)와 (1라)의 '자기' 및 '자신'이 독자적으로 담화상 개

2) "선행사"와 "antecedent"는 그 자체에 "앞선다"는 뜻을 포함하고 있다. 하지만 결속 이론에서는 선행 또는 후행 여부와 상관없이 단순히 문장 내 지시적 의존성의 대상이 되는 표현을 일컫는 용어로 사용한다.

3) '자기', '자신' 외에 '자기 자신', '그 자신', '철수 자신' 그리고 '서로' 등이 대용사의 예

체를 가리키지도 못하거니와 각각의 문장 내에서 지시적으로 의존할 수 있는 표현 즉 선행사가 없기 때문이다.

그러나 (1)의 예만으로 지시 표현, 대명사 및 대용사의 지시적 의존성의 특성이 다 드러나는 것은 아니다. 지시적 의존성은 선행사와의 관계가 중요한데, (1)의 예에는 선행사가 없기 때문이다. 이제 선행사가 있는 문장을 통해 이들의 지시적 의존성의 기본 양상을 살피기로 한다.

9.2. 대용사: 결속 조건 A

먼저 대용사의 경우를 보자. 이 장을 시작하며 언급한 대용사의 성격에 의하면 대용사는 선행사를 통해서만 지시성을 가질 수 있는데, 이를 일단 다음과 같은 조건으로 표현할 수 있을 것이다.

(2) 대용사는 선행사를 필요로 한다.

(1다, 라)는 (2)를 어겨서 안 좋은데, 선행사를 가진 다음 문장은 (2)를 준수하여 좋은 것으로 판단된다.[4)]

(3) 가. 철수가 자기를 너무 심하게 비판했다.
나. 철수가 자기를 꼬집었다.
다. 철수가 자기를 달달 볶고 있다.

로 간주되고 있다. '자기'와 '자신' 계열 표현은 재귀사(reflexives), 그리고 '서로'는 상호사(reciprocals)로 불린다.

4) '자기'와 '자신'이 대용사로서 같기만 한 것은 아니나, 앞으로 '자기'를 자료로 논의를 진행한다.

물론 선행사가 단순히 있다는 것만으로 (3)이 좋은 것은 아니다. '자기'가 선행사인 '철수'에 의존하여 '철수'와 같은 개체를 가리키는 해석을 가질 경우에만 좋으며, '철수'에 의존하지 않게 되면 (1다)와 마찬가지로 나쁜 문장이 되는데, 이런 지시적 의존성을 나타내는 방법으로 흔히 지표(index)를 이용한다. 즉 두 명사구 간의 지시적 의존성을 두 명사구의 지표가 같은 것으로 표현하는데, 이를 반영하여 (2)를 수정하면 다음과 같다.

(4) 대용사는 대용사와 같은 지표를 갖는 선행사를 필요로 한다.

그리고 (3)에서 '철수'와 '자기'의 지표가 같음으로 해서 좋은 상황과 지표가 서로 다름으로 해서 나쁜 상황을 구분해서 나타내면 다음과 같다.

(5) 가. 철수$_i$가 자기$_{i/*j}$를 너무 심하게 비판했다.
나. 철수$_i$가 자기$_{i/*j}$를 꼬집었다.
다. 철수$_i$가 자기$_{i/*j}$를 달달 볶고 있다.

(4)에 의하면 대용사 '자기'는 문장 내에 대용사와 같은 지표를 가진 명사구만 있으면 문제가 없어야 한다. 그러나 실제로는 그렇지 않은 경우들이 있어 (4)에 대한 수정이 필요하다. 다음이 그런 경우들이다.

(6) 가. *자기$_i$가 철수$_i$를 너무 심하게 비판했다.
나. *자기$_i$가 철수$_i$를 꼬집었다.
다. *자기$_i$가 철수$_i$를 달달 볶고 있다.

(7) 가. 철수$_i$의 형$_j$이 자기$_{*i/j}$를 너무 심하게 비판했다.
나. 철수$_i$의 형$_j$이 자기$_{*i/j}$를 꼬집었다.
다. 철수$_i$의 형$_j$이 자기$_{*i/j}$를 달달 볶고 있다.

그러면 (4)를 어떻게 수정해야 하는가? 우선 (5)와 (6)만 봐서는 대용사와 지표가 같은 선행사가 대용사보다 뒤에 오면 안 된다고 생각해 볼 수 있으나, (7)은 그런 어순 조건이 효과가 없음을 보여준다. 그러면 (6)과 (7)에 공동으로 적용되어 (6, 7)과 (5)를 구분하는 조건은 무엇인가? 그것은 바로 선행사와 대용사 간의 통사구조적 관계의 차이이다. 먼저 (5)를 보자. (5)에서는 선행사인 '철수'가 주어이고 대용사인 '자기'는 목적어이므로, 주어 이동 여부와 무관하게, 선행사인 '철수'는 항상 '자기'를 성분-통어한다. 편의상 (5나)의 구조만을 제시한다.[5)]

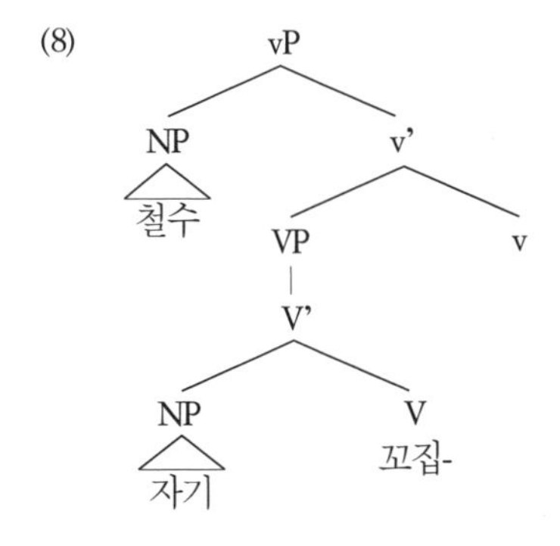

그러나 (6)과 (7)에서는 선행사인 '철수'가 '자기'를 성분-통어하지 못하는데, 다음 구조가 이를 잘 보여준다. 편의상 (6나), (7나)의 구조만을 제시한다.

5) (5)의 예들은 구조격 조사가 조사 앞 명사구의 성분-통어를 방해하지 않음을 보여주며, 이는 (17), (57가)에서 보듯이 보조사와 어휘격 조사의 경우도 마찬가지이다. 이에 편의상 KP, DelP, PP 등은 나타내지 않는다. 한편 구조격 조사를 독자적인 기능핵 K로 인정하지 않으면 성분-통어와 관련한 문제는 제기되지 않는데 이에 대해서는 4장의 각주 18) 참고.

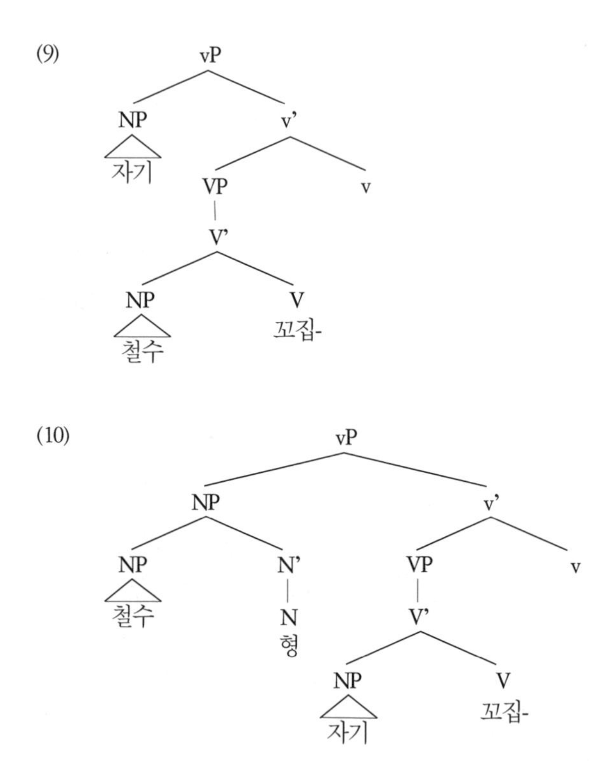

이와 같은 성분-통어 조항을 반영하여 (4)를 수정하면 다음과 같다.

(11) 대용사는 대용사와 같은 지표를 갖는 선행사에 의해 성분-통어되어 야 한다.

(11)은 대용사의 지시적 의존성에서 중요한 조항이 크게 두 가지임을 말하는데 하나는 대용사와 같은 지표를 갖는 선행사가 있어야 한다는 것이고 다른 하나는 그 선행사가 대용사를 성분-통어하는 위치에 있어야 한다는 점이다. 이 두 가지 조항을 별도로 다루기보다는 "결속(bind)"을 통해 하나로 묶는 것이 일반적인데, "결속"의 정의는 아래와 같다.

(12) α와 β의 지표가 같고 α가 β를 성분-통어하면 α는 β를 결속한다.

"결속"을 통해 대용사의 지시적 의존성을 다음과 같이 형식화할 수 있는데, 이를 흔히 결속 조건 A라 부른다.

(13) 결속 조건 A
대용사는 결속되어야 한다.

(13)으로 정리된 결속 조건 A는 다음과 같은 표준 결속 조건 A와는 한 가지 점이 다르다.

(14') 표준 결속 조건 A
대용사는 일정한 결속 영역 내에서 결속되어야 한다.

즉 표준 결속 조건에는 "일정한 결속 영역 내"라는 국지성(locality) 조건이 추가되는데 이는 영어 대용사의 다음과 같은 현상들 때문이다.[6]

(15) 가. *Poirot$_i$ thinks that Miss Marple hurt himself$_i$.
나. *Poirot$_i$ believes that himself$_i$ is the best.
다. Poirot$_i$ believes himself$_i$ to be the best.

6) 이후의 영어 예문은 Haegeman(1994), Carnie(2012) 등에서 가져온 것이다. 한편 영어의 'X-self' 형이 (13)을 준수함은 아래 (i)이 보여주는데, (i나)와 (i다)는 선행사가 대용사를 성분-통어하지 못해서, 그리고 (i라)는 선행사와 대용사의 지표가 같을 수 없어서 좋지 않다. (i라)에서 선행사와 대용사는 둘의 성이 여성과 남성으로 그 자질값이 달라서 동지표될 수 없다. 동지표가 가능하려면 성, 수 등의 자질값이 같아야 한다. 이 장의 6.1.1절 참고.

(i) 가. Poirot$_i$ hurt himself$_i$.
나. *Poirot$_i$'s sister invited himself$_i$.
다. *Herself$_i$ bopped Heidi$_i$ on the head with a zuccinni.
라. *Miss Marple$_i$ hurt himself$_i$.

(16) 가. *Poirot$_i$ believes Miss Marple's description of himself$_i$.
나. Poirot$_i$ believes any description of himself$_i$.

(15), (16)에서 대용사인 'himself'는 선행사인 'Poirot'에 의해 결속되어 (13)을 준수한다. 하지만 좋은 경우도 있고 나쁜 경우도 있는데, 나쁜 경우들의 선행사들이 대체로 대용사가 나타나는 일정한 영역의 바깥에 있다는 점에 착안하여 문제의 대비를 국지성 여부로 포착한 것이다.[7]

그러나 한국어 '자기'는 이 점에 있어 영어 대용사와 다르다. 다음 예를 보자.

(17) 가. 철수$_i$는 영미가 자기$_i$를 좋아한다고 믿었다.
나. 철수$_i$는 자기$_i$가 최고라고 믿고 있다.
다. 철수$_i$는 자기$_i$가 반에서 일등을 했다고 믿고 있다.
라. 철수$_i$는 자기$_i$가 참석해야 하는 회의를 깜빡 잊어 버렸다.

(17)의 예에서 보듯이 한국어 '자기'는 시제문 형태인 내포문의 주어 위치에 오든 목적어 위치에 오든, 모문 주어인 '철수'를 선행사로 가질 수 있어 국지성 조건이 적용되지 않는 양상을 보이고 있다.[8] 한국어 대용사의 이런 결속 양상을 흔히 "비국지적(non-local)" 혹은 "장거리(long-distance)" 결속이라 부르는데, 이는 일차적으로는 영어와 한국어 간의 매개변인적 차이로 파악되어 왔다. 그러나 한국어 '자기'와 영어 대용사 사이의 차이가 국지성에만 국한되는 것은 아니므로 매개변인적 처리의 정당성에 대해서는 좀 더 논의가 필요하다고 본다.[9]

7) 국지성 개념에 의하면 선행사와 대용사는 같은 영역 내에 있어야 한다. 한편 이 영역이 어떻게 규정되느냐는 결속 이론 논의에서 아주 중요한 주제이나 주요 자료가 영어를 토대로 한 것이므로 이 책에서는 소개하지 않는다. 이에 대한 소개는 한학성(1995), Haegeman (1994), Ouhalla(1999), Büring(2005) 등 참고.
8) 이에 대한 실증적 검토는 강범모(1998) 참고.

9.3. 대명사: 결속 조건 B

이 장을 시작하며 대명사와 대용사 간의 차이로 지시적 의존성의 필수성 여부를 언급하였는데, 결속의 개념을 빌면 다음과 같이 표현할 수 있다. 대용사는 결속되어야 하는 반면, 대명사는 결속되지 않아도 된다. 즉 대명사는 선행사와 무관하게 독자적으로 담화 상 개체를 가리키거나, 아니면 성분-통어하지 않는 선행사에 지시적으로 의존할 수 있다는 것인데 다음 예들을 통해 확인할 수 있다.

(18) 가. 철수$_i$가 그$_j$를 너무 심하게 비판했다.
나. 철수$_i$가 그$_j$를 꼬집었다.
다. 철수$_i$가 그$_j$를 달달 볶고 있다.

(19) 가. 그$_i$가 철수$_j$를 너무 심하게 비판했다.
나. 그$_i$가 철수$_j$를 꼬집었다.
다. 그$_i$가 철수$_j$를 달달 볶고 있다.

(20) 가. 철수$_i$의 형이 그$_i$를 너무 심하게 비판했다.
나. 철수$_i$의 형이 그$_i$를 꼬집었다.
다. 철수$_i$의 형이 그$_i$를 달달 볶고 있다.

대명사의 이런 일차적 특성이 결속 개념을 이용해 다음과 같이 기술될 수 있는데, 대명사를 관장하는 조건은 흔히 결속 조건 B라 불린다.[10)]

---

9) 이 장의 6.1절에서 보게 되듯이 '자기'는 매개변인적 요인이 고려된 결속 조건 A로 잘 포착되지 않는 여러 모습을 보인다. 이런 현상이 아직 밝혀지지 않은 매개변인으로 분석될 수 있는지 아니면 지금까지와는 전혀 다른 분석을 필요로 하는지를 본격적으로 논의할 필요가 있다.

10) 아래 (i)은 영어의 대명사도 (21)과 같은 내용의 결속 조건 B를 준수함을 보여준다. 한편 (ii)는 대명사 'she'가 자유롭지만 좋지 않은데, 이는 다음 절에 소개될 결속 조건 C를 어

(21) 결속 조건 B
대명사는 결속되지 않아도 된다.

혹은 결속되지 않은 상태를 "자유로운(free)" 상태로 규정해서 다음과 같이 기술하기도 한다.

(22) 대명사는 자유로울 수 있다.

(21), (22)에 따라 대명사는 결속되지 않을 수 있다. 그렇다면 대명사가 결속되면 어떻게 되는가? 사실 표준 결속 조건 B는 아래에서 보듯이 (21)보다 좀 더 강할 뿐 아니라, 국지성 조건도 포함한다.

(23) 표준 결속 조건 B
대명사는 일정 결속 영역 내에서 자유로워야 한다.

(23)에 의하면 대명사는 일정 결속 영역 내에서 (21)보다 강한 조건을 준수해야 한다. 즉 결속되지 않아도 되는 것이 아니라 결속되어서는 안 되는데, 이는 영어의 다음과 같은 예들에 의한 것이다.

(24) 가. *Poirot$_i$ hurt him$_i$.
나. *Poirot$_i$ believes any description of him$_i$.
다. *Poirot$_i$ believes him$_i$ to be the best.

한편 대명사와 일정 결속 영역 바깥에 있는 선행사와의 관계는 아무런

기기 때문이다.

(i) 가. Poirot$_i$ hurt him$_j$.
나. Miss Marple$_i$ hurt him$_j$.
다. Poirot$_i$'s sister invited him$_i$.

(ii) *She$_i$ bopped Heidi$_i$ on the head with a zuccinni.

제약을 안 받는다. 따라서 이 경우 대명사는 결속되어도 좋고, 결속되지 않아도 좋다. 이는 아래 예들을 통해 확인할 수 있다.

(25) 가. Poirot$_i$ beleives that he$_{i/j}$ is the best.
나. Poirot$_i$ thinks that Miss Marple hurt him$_{i/j}$.

그럼 한국어 대명사 '그'는 어떤가? 일반적으로는 한국어 '그'도 (24)와 같은 더 강한 조건을 준수하는 것으로 보고 있으며 이는 다음 예들이 아주 나쁘다는 판단에 의거하고 있다(S.-H. Cho 1999, 심봉섭 1993 등 참고).[11)]

(26) 가. *철수$_i$는 그$_i$가 싫었던가 보다.
나. *철수$_i$가 그$_i$를 꼬집었다.
다. *철수$_i$가 그$_i$를 더 심하게 비판했다.

그러나 (26)의 문장이 아주 나쁜가에 대해서는 재고할 필요가 있다. 임홍빈(1988/1998:594) 등에서 다른 판단이 제기된 바 있듯이 화자가 '철수'라는 이름을 통해 가리키던 개체를 (26)에서처럼 '그'로 다시 가리키는 것이 허용되기 때문이다. 즉 (26)이 아주 나쁜 것으로 판단되지 않는다. 결국 (26)이 아주 나쁘지 않다면 이 또한 영어와 한국어 간의 차이가 될 것인데 문제는 이 차이가 두 언어 간의 매개변인적 차이냐 하는 점이다. 이 문제에 대한 본격적 논의는 이 책의 수준을 넘어서는 것이나, 영어 대명사와 한국어 대명사 '그' 간에 국지성 조건의 포함 여부를 둘러싼 차이 말고도 다른 차원의 차이들이 존재한다는 점이 지적되어야 할 것으로 보인다. 이

11) 아래 예에서 보듯이 (25)에 대응되는 한국어의 '그'는 영어 대명사와 같은 특성을 띤다. 그러나 이 경우는 (21)과 (23)의 구분이 유의미한 경우가 아니므로 따로 논의하지 않는다.

(i) 가. 철수$_i$는 그$_{i/j}$가 영미를 좋아한다고 말했다.
나. 철수$_i$는 영미가 그$_{i/j}$를 좋아한다고 믿고 있다.

러한 차이의 구체적인 내용은 다음 절로 넘기고, 지금은 앞으로의 논의를 위해 이제까지 소개한 대용사와 대명사의 핵심적 차이를 정리하기로 한다.

먼저 대용사와 대명사가 준수하는 것으로 제시된 결속 조건 A와 B를 아래에 다시 옮겨 보자.

(13) 결속 조건 A
대용사는 결속되어야 한다.

(21) 결속 조건 B
대명사는 결속되지 않아도 된다.

두 조건 모두 성분-통어에 기반을 둔 "결속"이라는 개념으로 규정되었으므로 선행사의 성분-통어 여부가 대용사와 대명사의 분포를 가르는 중요한 기준이 될 것으로 예측되며, 실제로 다음 예가 이를 보여준다.

(27) 가. *철수$_i$의 형이 자기$_i$를 달달 볶고 있다.
나. 철수$_i$의 형이 그$_i$를 달달 볶고 있다.

또한 이런 성분-통어 여부에 의한 대비는 장거리 결속의 경우에도 나타난다.

(28) 가. 철수$_i$는 자기$_i$가 영미를 좋아한다고 말했다.
나. *철수$_i$의 형은 자기$_i$가 영미를 좋아한다고 말했다.

(29) 가. 철수$_i$는 그$_i$가 영미를 좋아한다고 말했다.
나. 철수$_i$의 형은 그$_i$가 영미를 좋아한다고 말했다.

(30) 가. 철수$_i$는 영미가 자기$_i$를 좋아한다고 믿고 있다.
나. *철수$_i$의 형은 영미가 자기$_i$를 좋아한다고 믿고 있다.

(31) 가. 철수$_i$는 영미가 그$_i$를 좋아한다고 믿고 있다.
나. 철수$_i$의 형은 영미가 그$_i$를 좋아한다고 믿고 있다.

즉 '자기'의 장거리 결속은 여전히 성분-통어 조건을 준수해야 하나, '그'의 장거리 결속은 성분-통어 조건을 준수하지 않아도 된다.

9.4. 지시 표현: 결속 조건 C

다음 예를 보자.

(32) 가. *그$_i$가 철수$_i$를 너무 심하게 비판했다.
나. *그$_i$가 철수$_i$를 꼬집었다.
다. *그$_i$가 철수$_i$를 달달 볶고 있다.

위 예는 각 명사구에 부여된 지표를 논외로 한다면 앞의 (19)와 같은 예이다. 다만 '철수'에 배정된 지표가 (19)와 다른데, 이로 인해 수용성도 다르다. 즉 (19)는 좋으나, (32)는 안 좋다. 문제는 두 경우 모두에서 '그'가 결속 조건 B를 준수하는 것은 마찬가지라는 점이다. 즉 (19), (32)에서 '철수'는 '그'를 성분-통어하지 않으므로 '그'는 자유로운 상태이며, 따라서 결속 조건 B를 준수한다. 결국 이 두 문장들 간의 대비는 지시 표현인 '철수'의 결속 여부에 있다고 보아야 하는데, '철수'와 같은 지시 표현은 다음의 결속 조건 C를 준수하는 것으로 본다.

(33) 결속 조건 C
지시 표현은 자유로워야 한다.

결속 조건 C는 지시 표현이 지시적으로 선행사에 의존하지 않고 담화

상 개체를 독자적으로 가리키는 성격을 반영한다. 그래서 다음과 같이 국지성 조건과도 무관한 것으로 알려져 있다.

(34) 가. *그$_i$는 철수$_i$가 영미를 좋아한다고 말했다.
나. *그$_i$는 영미가 철수$_i$를 좋아한다고 믿고 있다.

앞에서 결속 조건 A와 B의 경우 한국어와 영어 간에 차이가 있음을 보았는데, 결속 조건 C의 경우에도 차이가 있는 것으로 보인다. 즉 선행사가 대명사가 아닌 경우의 양상이 다소 다르게 나타난다. 먼저 영어의 경우를 보면, 선행사가 대명사이건 아니건 지시 표현이 결속되면 안 좋다.

(35) 가. *She$_i$ kissed Heidi$_i$.
나. *She$_i$ said that Heidi$_i$ was a disco queen.
다. *He$_i$ told Sue about John$_i$'s mother.

(36) 가. *John$_i$ saw John$_i$.
나. *John$_i$ regret that John$_i$ wasn't chosen.
다. *John$_i$ thinks that I admire John$_i$.

즉 영어의 경우는 선행사가 지시 표현인 경우에도 나쁜 것으로 알려져 있다. 그에 반해, 한국어의 다음 예들은 (32)만큼 나쁜 것으로 보이지는 않는다(임홍빈 1987:21 참고).

(37) 가. ??철수$_i$가 철수$_i$를 너무 심하게 비판했다.
나. ??철수$_i$가 철수$_i$를 꼬집었다.
다. ??철수$_i$가 철수$_i$를 달달 볶고 있다.

두 언어 간의 이런 차이에도 불구하고 선행사가 대명사인 경우 지시 표현이 자유로워야 한다는 것은 두 언어가 공통적인데,[12] 이에 결속 조건 C는 선행사를 대명사로 국한하여 형식화되기도 한다(이 장의 6.2절 및 Sportiche 2013:90 참고).

9.5. 동지표의 두 가지 해석: 동일 지시 대 변항 결속

지금까지 지시적 의존성과 관련하여 명사구에 세 가지 유형이 있음을 확인하였는데, 영어의 대용사와 대명사는, (13)과 (21)의 결속 조건에 더해 국지성 조건도 준수해야 해서, 대부분의 경우 상보적 분포를 보인다(Chomsky 1986, 한학성 1995 등 참고). 그러나 한국어의 경우는 다르다. 앞서 지적했듯이 한국어 '그'의 국지적 결속이 기본적으로 가능하다고 보면 국지적 환경에서도 대명사와 대용사가 중첩될 수 있으며, 이 경우를 논외로 하더라도 '자기'의 장거리 결속이 가능하므로 장거리 결속에서는 대개 '자기'와 '그'가 같은 위치에 나타나는 모습을 보인다.

(38) 가. 철수$_i$는 영미가 자기$_i$를/그$_i$를 좋아한다고 믿고 있다.
나. 철수$_i$가 자기$_i$가/그$_i$가 최고라고 믿고 있다.
다. 철수$_i$는 자기$_i$가/그$_i$가 참석해야 하는 회의를 깜빡 잊어 버렸다.
라. 철수$_i$가 자기$_i$의/그$_i$의 엄마를 제일 좋아한다.

그리고 지표를 이용한 지금까지의 제안에 의하면 '자기'나 '그'나 모두 선행사와 같은 지표를 가지므로 '자기'와 '그' 간에 의미적 차이가 없는 것이 된다. 그러나 과연 그런가? 예를 들어, (38)의 각 문장에서 '그'와 '철수'가 동일 개체를 가리키는 해석이 '자기'와 '철수'가 동일 개체를 가리

12) 한국어와 유사한 양상을 보이는 타이어, 베트남어에서도 선행사가 대명사인 경우는 항상 나쁘다고 한다.

키는 해석과 차이가 없는가? (38)에서처럼 선행사가 단순한 지시 표현인 경우는 둘 사이에 해석적 차이가 없는 것처럼 보이나, 그렇지 않은 경우는 해석적 차이를 드러낸다. 먼저 선행사가 '-만'을 동반한 명사구인 다음 예를 보자.

(39) 가. 철수만$_i$이 자기$_i$의 엄마를 좋아한다.
　　나. 철수만$_i$이 그$_i$의 엄마를 좋아한다.

두 문장의 의미가 같다면 동일한 상황에서 두 문장이 같이 참이거나 거짓이어야 하나 그렇지 않다. 다음 상황을 보자.

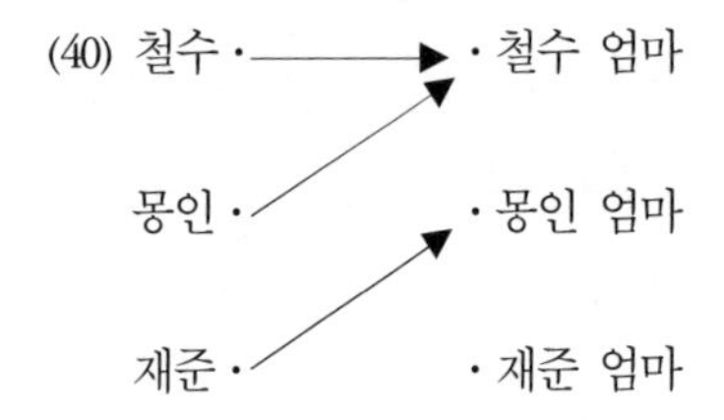

(40)에서 화살표는 왼쪽 개체가 오른쪽 개체를 좋아하는 관계를 나타내는데, (40)의 상황에서 (39가)는 참이지만, (39나)는 거짓이다. 한편 아래 상황에서는 (39가)가 거짓이지만, (39나)는 참이다.

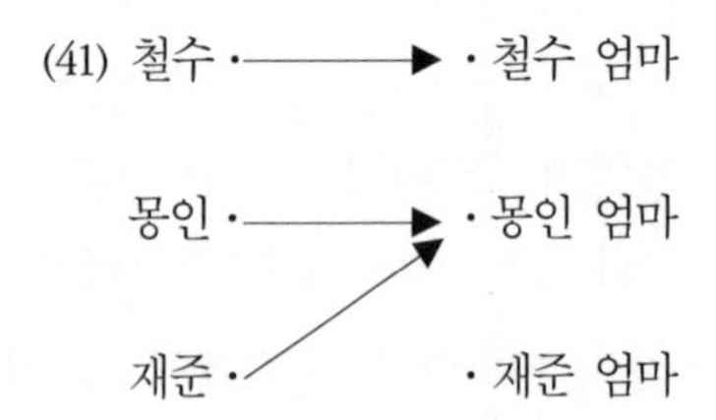

(39)의 두 문장은 결국 진리 조건을 달리하는데, 그 차이는 '자기'와 '그'의 해석적 차이로 귀결된다. 구체적으로 '자기'는 변항적 해석을 가지

는데 반해, '그'는 변항적 해석을 가지지 못하고 담화 상 개체를 가리키는 지시적 해석만을 가진다. 이런 해석적 차이가 영어에서는 대명사를 통해 나타나는 것으로 알려져 있다. 즉 영어의 다음 문장은 중의적인데, (42가)의 해석은 대명사가 변항 용법을 갖는 경우이고 (42나)는 지시 용법을 갖는 경우로 분석된다.

(42) John loves his mother.
  가. John, λx(x loves x's mother).
  나. John loves John's mother.

이런 해석적 차이를 각각 변항 결속(variable binding) 해석, 동일 지시(coreference) 해석이라 부르는데, (39)의 각 문장의 진리 조건적 차이는 (38)의 각 문장에서 한국어의 '자기'는 변항 결속 해석을, '그'는 동일 지시 해석을 가짐을 보여준다.

'자기'와 '그'의 해석적 차이는 이른바 다음과 같은 '그리하-/그러하-' 동사구 대용 구문에서도 나타난다.

(43) 가. 철수가 자기 엄마를 좋아했고, 대석이도 그랬다.
    i. 철수는 철수의 엄마를 좋아했고, 대석이는 대석이의 엄마를 좋아했다.
    ii. ?철수는 철수의 엄마를 좋아했고, 대석이도 철수의 엄마를 좋아했다.
  나. 철수가 그의 엄마를 좋아했고, 대석이도 그랬다.
    i. *철수는 철수의 엄마를 좋아했고, 대석이는 대석이의 엄마를 좋아했다.
    ii. 철수는 철수의 엄마를 좋아했고, 대석이도 철수의 엄마를 좋아했다.'

'자기'와 '그' 간에 해석적 차이가 없다면 (43가)와 (43나)에서 '그리하-/

그러하-'가 나타나도 접속항의 해석이 다를 이유가 없다. 그러나 실제로 각 문장의 '그리하-/그러하-'의 해석 양상은 서로 다르다. 먼저 '자기 엄마를 좋아하-'를 대신하는 (43가)에서는 (43가i)의 해석이 자연스러운 반면, (43가ii)의 해석은 불가능하거나 혹은 (43가i)의 경우만큼 자연스럽지 않다. (43가i)의 해석은 앞 접속항에서의 '자기'와 뒤 접속항에서의 '자기'가 가리키는 개체가 각각의 선행사에 따라 달라짐을 말하는데, '자기'의 이런 해석적 특성은 영어의 VP 생략(ellipsis) 구문에서의 이른바 이완 동일성(sloppy identity) 해석과 같은 것으로서 '자기'가 변항으로서의 용법을 가짐을 의미한다.

(44) John loves his mother and Bill does too.
가. John loves John's mother, and Bill loves Bill's mother. (이완 동일성)
나. John loves John's mother, and Bill loves John's mother. (엄밀 동일성)

한편 '그의 엄마를 좋아하-'를 대신하는 (43나)의 해석 양상은 (43가)와 다르다. 먼저 (43가)와 달리 이완 동일성 해석은 안 좋으며 '자기'에서는 어색하거나 안 좋았던 (43나ii)의 해석은 자연스럽다. (43가ii)와 (43나ii)의 이런 해석은 영어의 (44나)와 같은 양상으로 앞 접속항의 '그'의 지시적 속성이 뒤 접속항에서도 그대로 유지된다 하여 엄밀 동일성(strict identity) 해석으로 불리는데 이는 결국 '그'가 '자기'와는 다른 지시 용법을 가짐을 보여준다.

이상의 논의는 결국 변항 용법과 지시 용법이 동일한 대명사로 표현되는 영어와 달리 한국어에서 변항 용법은 '자기', 지시 용법은 '그'에 의해 표현됨을 말한다. 즉 (38)에서 선행사와 동지표를 가진 '자기'와 '그'의 해석이 다음과 같이 다름을 의미한다. 편의상 (38가)의 경우만 제시한다.[13)]

13) 지표로는 이런 해석적 차이가 포착될 수 없지만, 편의상 계속 지표를 이용한다. 최소주의에서는 지표 자체가 비언어적 장치이므로 언어 기술에서 단지 편의상으로만 사용한다. 한편 동지표의 해석이 이와 같이 두 가지로 나뉠 경우, 결속 이론이 이들 해석 중

(45) 가. 철수는 영미가 자기를 좋아한다고 믿고 있다.
Cheolswu, λx(x believes that Youngmi likes x).
나. 철수는 영미가 그를 좋아한다고 믿고 있다.
Cheolswu believes that Youngmi likes Cheolswu.

'자기'와 '그' 간의 이런 차이는 선행사가 담화 상 개체를 가리키지 못하는 비지시 표현인 경우에도 나타난다. '그'의 동일 지시 해석은 (45나)에서 보듯이 선행사가 가리키는 개체와 '그'가 가리키는 개체가 동일함을 나타내는데, 선행사가 가리키는 개체가 없는 비지시 표현인 경우에는 동일 지시 해석이 불가능하게 된다. 그에 반해, 변항 결속 해석의 경우는 선행사에 대해 그런 제약이 없다. 즉 변항 결속 해석은 선행사가 어떤 해석을 가지든 그 선행사에 따라 변항의 값이 정해지는 경우이므로 변항인 '자기'의 경우에는 선행사로 비지시 표현이 가능할 것으로 예측된다. 다음 대비는 이 예측이 맞음을 보여준다.

(46) 가. *누$_{i}$가 그$_{i}$의 엄마를 좋아하니?
나. *모두$_{i}$가 그$_{i}$의 엄마를 좋아한다.
다. *아무$_{i}$도 그$_{i}$의 엄마를 좋아하지 않는다.

(47) 가. 누$_{i}$가 자기$_{i}$ 엄마를 좋아하니?
나. 모두$_{i}$가 자기$_{i}$ 엄마를 좋아한다.
다. 아무$_{i}$도 자기$_{i}$ 엄마를 좋아하지 않는다.

어느 하나를 관장하느냐 아니면 둘 다를 관장하느냐의 문제가 새롭게 제기된다.

9.6. 지시적 의존성의 다양성

지금까지 선행사와의 지시적 의존성과 관련하여 대부분의 언어에서 발견되는 세 가지 유형을 소개했다. 이들 세 가지 유형 간의 핵심적 차이는 크게 두 가지로, 하나는 성분-통어라는 구조적 요인이고, 다른 하나는 결속의 필수성 여부라 할 수 있다. 즉 지시 표현이 선행사에 결속되어서는 안 되는 성격을 가지는 반면, 대용사나 대명사는 선행사에 결속될 수 있되, 대용사가 선행사에 반드시 결속되어야 한다면, 대명사는 결속될 수도 있으나, 안 될 수도 있다. 그리고 이런 세 유형을 관장하는 원리로 방금 언급된 표현의 순서대로 결속 조건 C, A, B가 있다고 하였으며 한국어의 '자기' 및 '그'가 각각 대용사 및 대명사로 취급되고 있음을 지적했다.

그러나 앞 절에서 한국어의 '자기' 및 '그'가 영어의 대용사 및 대명사와 지시적 의존성의 양상이 같지 않음을 지적했는데, 기존 연구는 두 언어 간에 더 많은 차이가 있음을 지적하고 있다. 이 차이를 어떻게 볼 것인가는 전적으로 경험적 문제인데, 원리 및 매개변인 틀 하에서는 크게 두 가지 접근법이 가능하다. 하나는 두 언어의 대응 표현 간의 차이를 매개변인적 차이로 보는 것이고, 다른 하나는 두 언어의 대응 표현이 전혀 다르다고 보는 것으로 이는 매개변인적 처리와는 거리가 멀다. 일반적으로는 전자의 입장을 택하나 개념적으로 후자의 입장도 고려되어야 한다는 점을 지적하고, 이 절에서는 이 문제와 관련된 앞으로의 연구를 위해 '자기'와 '그'의 지시적 의존성에서 발견되는 몇몇 속성을 추가로 소개하고자 한다.[14]

14) 이후의 내용은 최기용(2013, 2014)에 주로 의존하고 있다.

9.6.1. '자기'의 경우

전형적 대용사의 특징을 결속과 국지성이라고 할 때, 앞에서 본 한국어 '자기'의 예들은 이 중 국지성이 준수되지 않음만을 보여주었다. 그러나 기존 연구들은 국지성 외에도 고려할 사항들이 더 있음을 지적하고 있다. 다시 말해 결속 조건으로 쉽게 포착되지 않는 여러 사례가 있으며, 통사적 결속 외에 담화적 요인도 고려할 필요가 있다. 이 절에서는 이들 내용을 선행사와 대용사의 자질, 비논항 결속, 비결속, 담화적 요인의 순서로 소개한다.

9.6.1.1. 선행사와 대용사의 자질

영어 대용사는 'myself, ourselves', 'yourself, yourselves', 'himself, herself, itself, themselves' 등에서 보듯이 형태적으로 성, 수, 인칭의 구분이 반영되어 있어 선행사는 대용사와 성, 수, 인칭 자질의 값이 같아야 한다. 그에 반해, 한국어 '자기'는 형태적으로 성, 인칭의 구분이 없어 아무 명사나 선행사가 될 수 있을 것으로 예측되나, 실제로는 그렇지 않다.[15]

(48) 가. *내$_i$가 자기$_i$를 꼬집었다.
나. *내$_i$가 영미를 자기$_i$ 집에서 만났다.
다. *내$_i$가 자기$_i$ 책을 잃어 버렸다.

---

15) '자기'의 복수형으로 '자기들'이 가능해, '자기'의 선행사는 단수, '자기들'의 선행사는 복수로만 제한될 것으로 예측되나, 실제로는 안 그렇다. '자기들'의 경우는 선행사가 반드시 복수라야 하나, '자기'의 경우는 단수는 물론이요, 복수도 가능하다.

(i) 가. 철수와 영미가 나에게 자기들이 그 일을 하겠다고 말했다.
나. *철수가 나에게 자기들이 그 일을 하겠다고 말했다.

(ii) 가. 그들이 자기 방으로 돌아갔다.
나. 그들 모두가 자기 옆에 있는 상대자를 부르고 있었다.
다. 저 선수들이 자기 나라에서는 인기가 대단합니다. (이익섭 1978:10)

(49) 가. *바위$_i$는 자기$_i$ 생김새에 따라 쓰임이 달라진다.
나. *버스$_i$는 자기$_i$를 산 사람한테 이득을 주어야 한다. (이익섭 1978:15)

위의 예들은 각각 '자기'의 선행사로 일인칭과 무정(inanimate) 명사가 허용되지 않음을 보여준다.

9.6.1.2. 비논항 결속

결속 이론이 대상으로 하는 결속 양상은 선행사가 논항인 경우로 국한되는데, 비논항 성분이 '자기'의 선행사가 되는 경우가 있다는 지적이 여러 연구에서 있었다.[16] 즉 아래 예문의 '그 사람' 및 '철수'는 술어로부터 의미역 부여가 안 되는 성분으로 비논항 성분임에도 불구하고 '자기'의 선행사가 될 수 있다.

(50) 가. 그 사람$_i$은 자기$_i$가 망쳤다.
나. 그 사람$_i$은 자기$_i$가 자기$_i$를 망쳤다.

(51) 가. 철수$_i$가/철수$_i$는 애인이 자기$_i$ 방에서 죽었다.
나. 철수$_i$가/철수$_i$는 자기$_i$ 형이 변호사이다.
다. 철수$_i$가/철수$_i$는 자기$_i$가 직접 선생님을 찾아 뵈었다.
라. 철수$_i$는 자기$_i$의 아버지가 교수이다.

9.6.1.3. 비결속

결속의 정의에 의하면 비결속 상황은 다음과 같은 경우를 말하게 되는데 기존 연구들은 각 경우에 해당하는 사례가 있음을 지적하고 있다.[17]

16) 아래 예들은 C. Lee(1974), 이익섭(1978), 양동휘(1986), 김용석(1992) 등에서 가져온 것이다.
17) 이들 예는 액면 그대로는 '자기'의 지시적 의존성을 성분-통어와 같은 구조적 요인으로 포착하는 입장에 대한 반례가 된다.

(52) 가. '자기'가 성분-통어하지 않는 표현에 지시적으로 의존하는 경우
나. '자기'가 지시적으로 의존하는 표현이 다른 문장에 있는 경우
다. 표면상 '자기'가 지시적으로 의존하는 표현이 없는 경우

먼저 (52가)와 같은 경우로는 여러 특정 구문 및 표현이 지적되어 왔다 (C. Lee 1974, 김용석 1992, Y. Shim 1995, S.-Y. Kim 1996 등 참고). 즉 심리 술어 구문, 사동 구문, 하위-통어(sub-command), 분열문(cleft sentence) 및 '-에게' 표현 등에서 (52가)의 양상이 나타나는 것으로 보고되고 있다.

(53) 심리 술어
가. 자기$_i$가 자기$_i$를 돌보는 것이 수$_i$에게 쉬었다.
나. 자기$_i$ 동생이 영미$_i$에게 실망스러웠다.
다. 자기$_i$ 건강이 영미$_i$에게 걱정스러웠다.

(54) 사동 구문
가. 자기$_i$가 승리했다는 사실이 철수$_i$를 기쁘게 했다.
나. 잘못이 자기$_i$에게 있다는 사실이 철수$_i$를 괴롭혔다.

(55) 하위-통어[18]
가. 철수$_i$의 그런 태도가 자기$_i$의 출세를 막았다.
나. 철수$_i$의 시체가 자기$_i$ 고향에 묻혔다.

(56) 분열문
가. 철수$_i$의 의견은 내가 자기$_i$를 배반했다는 것이다.
나. 철수$_i$의 믿음은 자기$_i$가 용감하다는 것이다.

---

18) "하위-통어"는 명사구 핵이 (55)의 '태도, 시체'처럼 [-유정성], 즉 [+무정성]을 띨 경우 명사구 내 속격 성분이 대용사를 결속하는 현상을 가리킨다(Cole, Hermon and Sung 1993 참고).

(57) '-에게' 표현

가. 내가 철수$_i$에게 자기$_i$ 담임을 소개했다.

나. 내가 철수$_i$를 자기$_i$ 담임에게 소개했다.

다. 아무도 자기$_i$에게 표를 찍어 주지 않은 것이 철수$_i$에게 큰 충격을 주었다.

(52나)의 경우로는 다음과 같은 예들이 지적되어 왔다(S. Chang 1977, 김정대 1981, 양동휘 1985, 1986, 임홍빈 1987, 김용석 1987, 1992, B.-M. Kang 1988, S.-Y. Kim 1996, Ahn and Cho 2006 등 참고).

(58) 가. 나는 순이$_i$에게 책을 빌려주었다. 그런데 사실 그 책은 자기$_i$ 오빠가 전에 내게 빌려준 것이다.

나. 빌$_i$은 어제 이상한 얘기를 했다. 내가 영미에게 자기$_i$가 이겼다고 말했다는 것이다.

(59) 가. 철수$_i$는 다시 그 소녀를 생각해 보았다. 자기$_i$가 한결같이 아끼고 마음속으로 생각했던 소녀였다.

나. 설화 공주$_i$는 누구를 위해서 하는 단장인가 하고 생각해 본다. 자기$_i$가 마음속으로 흠모하고 아끼고 사랑하던 사람은 이미 자기$_i$의 것이 아니었다.

다. 철수$_i$가 불평을 털어 놓았다. 그것은 자기$_i$가 한 일이 아니라고 하였다.

(60) 가. 철수$_i$가 사람을 보냈니?

나. 아니, 자기$_i$가 직접 왔다.

(61) 가. 영미$_i$는 어제 매우 기뻤다. 철수가 드디어 자기$_i$를 사랑한다고 말했기 때문이다.

나. 철수$_i$가 경찰서에 갔다. 서장이 자기$_i$를 호출했기 때문이었다.

(62) 가. 누가 철수$_i$를 비판했니?
나. 자기$_i$가

마지막으로 (52다)의 경우로 지적된 예들은 다음과 같다(성광수 1981, 장석진 1986, 김용석 1992, S.-Y. Kim 1996 등 참고).

(63) 가. 자기 문제는 자기가 해결해야 한다.
나. 자기가 자기 문제를 해결해야지 누가 하겠니?
다. 자기 문제를 자기가 해결해야 한다.
라. 자기가 자기 문제를 해결해야 한다.

(64) 가. 자기의 건강은 자기가 지키자.
나. 자기의 건강은 자기가 지킵시다.
다. 자기의 건강은 자기가 지켜야 한다.

(65) 가. 자기는 모른대요.
나. 자기 뜻대로 되는 세상은 없다.
다. 자기 안의 또 다른 자기에게 말하는 것 같았다.
라. 자기만이 아는 비밀이 있다.

9.6.1.4. 담화적 요인

'자기'가 결속 조건 A의 적용을 받는다면 선행사에 의해 결속되는 모든 경우는 항상 좋아야 한다. 그러나 그렇지 않음을 보이는 사례들이 지적되어 왔다(Kuno 1972, 이익섭 1978, O'Grady 1984, 양동휘 1986 등 참고).

(66) 가. 철수$_i$는, 영미가 자기$_i$를 죽이려 했을 때, 미애와 자고 있었다.
나. *철수$_i$는, 영미가 자기$_i$를 죽였을 때, 미애와 자고 있었다.

(67) 가. 철수가 숙제를 끝낸 후에 저녁을 준비했다.

나. ?*철수$_i$가 자기$_i$가 숙제를 끝낸 후에 저녁을 준비했다.

(68) 가. 철수$_i$는 영미가 자기$_i$를 때렸을 때 화를 냈다.
나. *철수$_i$는 영미가 자기$_i$를 때렸을 때 이미 죽어 있었다.

이런 사례들은 선행사가 "담화 참여자가 담화에 표현된 지시체의 입장이나 관점에 서서 담화에 참여하고 기술하는"(장석진 1986:14) 시점(viewpoint) 혹은 공감(empathy)을 취해야 한다는 담화적 요인이 '자기'의 해석에 유효함을 보이는 것으로 받아들여지고 있다.[19)]

한편 시점, 공감 등과는 다른 차원의 담화적 요인으로 선행사가 담화상에서 명제의 내용과 관련해 다음 중 한 역할을 가져야 한다는 조건이 제시된 바 있다(Sells 1987:457 참고).[20)]

(69) 가. 출처(source) 조건: 선행사가 의사소통상의 의도적 주체이다.
나. 자아(self) 조건: 선행사의 심적 상태나 태도를 명제의 내용이 기술한다.
다. 중심축(pivot) 조건: 선행사의 시공간적 위치와 관련하여 명제의 내용이 평가된다.

---

19) 그러나 이런 요인이 '자기'의 결속적 성격에 큰 문제가 되지는 않는다고 본다. 시점 조건을 준수하는 (66가), (68가)에서 선행사 '철수'가 '자기'를 성분-통어하고 있기 때문이다. 또한 다음 예는 (66가), (68가)와 같은 상황이어도 성분-통어 관계가 성립하지 않으면 시점 조건도 준수할 수 없음을 보여준다.

(i) 가. *철수$_i$의 형은, 영미가 자기$_i$를 죽이려 했을 때, 미애와 자고 있었다.
나. *철수$_i$의 형은 영미가 자기$_i$를 때렸을 때 화를 냈다.

20) 출처, 자아, 중심축의 정의는 아래와 같다.
가. 출처: 의사소통상의 의도적인 주체.
나. 자아: 명제의 내용이 기술하는 심적 상태나 태도를 가지는 존재.
다. 중심축: 시공간적 위치를 가지는 존재. 이 존재의 시공간적 위치에 따라 명제의 내용이 평가됨.

자아(self) 역할은 앞에서 본 (53) 심리 술어나 (54) 사동 구문의 선행사가 취하는 역할이며, 중심축 및 출처 조건의 효과를 보이는 예로는 다음과 같은 것이 있다(이익섭 1978, 조숙환 1992 등 참고).

(70) 중심축 조건의 사례
가. 철수$_i$는 영미가 자기$_i$를 만나러 오자 기뻐서 울었다.
나. ??철수$_i$는 영미가 자기$_i$를 만나러 가자 기뻐서 울었다.
다. 철수$_i$가 영미에게 대석이가 자기$_i$를 보러 왔다고 말했다.
라. *철수$_i$가 영미에게 대석이가 자기$_i$를 보러 갔다고 말했다.

(71) 출처 조건의 사례
가. 철수$_i$는 [영미가 자기$_i$를 좋아하는 것 같다고] 말했다.
나. 철수$_i$는 [자기$_i$가 영미를 좋아하는 것 같다고] 말했다.

먼저 중심축 조건의 경우를 보면, '오-'가 쓰인 (70가), (70다)에서는 선행사 '철수'가 중심축이므로 좋은 데 반해, '가-'가 쓰인 (70나), (70라)에서는 선행사 '철수'가 중심축이 아니므로 안 좋다는 제안이다. 그리고 (71)의 선행사 '철수'는 모두 '말하-'라는 서술어의 행위주로 출처의 역할을 하므로 출처 조건을 준수한다.

9.6.2. '그'의 경우

앞 절에서는 한국어 '그'가 자유로울 수 있다는 점에서 대명사로서의 기본적 성격을 가진다고 봤다. 그런 가운데 (26)에 대한 다른 판단을 토대로 한국어 '그'에는 영어와 달리 국지성 조건이 적용되지 않을 수도 있음을 지적하였다. 이 절에서는 결속 양상과 관련하여 한국어 대명사 '그'와 영어 대명사 사이의 추가적인 차이점을 살펴본다.[21]

첫째, (37)을 살피며 언급했듯이 지시 표현의 결속 양상을 관장하는 결속 조건 C의 내용을 기술함에 있어 단순히 자유로워야 한다는 조건 외에 선행사가 대명사로만 제한되어야 한다는 논의가 있다. 이 조건을 포함하여 결속 조건 C를 기술하면 다음과 같이 된다.

(72) 결속 조건 C
지시 표현은 대명사로부터 자유로워야 한다.

이 조건과 관련해 앞에서 본 한국어 및 영어의 예들, 즉 (32), (34), (35)는 (72)에 부합한다. 즉 이 예들은 선행사인 대명사가 지시 표현을 성분-통어하므로 (72)를 위반하게 되고 이에 따라 모두 나쁜 문장으로 판정된다. 그럼 대명사가 지시 표현을 성분-통어하지 않는 위치에 오면 어떠한가? (72)는 그런 예들이 좋을 것으로 예측하는데, 다음 예들은 영어 3인칭 대명사와 한국어 '그'가 이 점에 있어 서로 다름을 보여준다. 즉 영어 3인칭 대명사는 (72)를 준수하는 양상을 보이나, 한국어 '그'를 가진 문장은 (74나), (75나)에서 보듯이 (72)를 준수함에도 불구하고 여전히 나쁘다.

(73) 가. *He_i told Sue about $John_i$'s mother.
나. His_i mother told Bill about $John_i$.

(74) 가. *$그_i$는 $철수_i$가 싫은가 보다.
나. *$그_i$의 형은 $철수_i$가 싫은가 보다.

(75) 가. *$그_i$는 $철수_i$를 심하게 비판했다.
나. *$그_i$의 형은 $철수_i$를 심하게 비판했다.

21) 그 외 다른 차이점에 대해서는 최기용(2013) 참고.

둘째, 결속 조건의 핵심은 지시적 의존성이 성분-통어와 같은 구조적 요인의 지배를 받는다는 것인데 한국어 '그'의 경우 구조적 요인보다는 어순 요인이 작동함을 보이는 예들이 있다. 다음이 그런 예들이다(S.-H. Cho 1999, 최기용 2013 등 참고).

(76) 가. 영미가 철수$_1$의 집에서 그$_1$를 만났다.
나. *영미가 그$_1$의 집에서 철수$_1$를 만났다.

(77) 가. 영미는 철수$_1$가 가기 전에 그$_1$를 껴안았다.
나. *영미는 그$_1$가 가기 전에 철수$_1$를 껴안았다.

(78) 가. 나는 철수$_1$에게 처음으로 그$_1$에 대해 물었다.
나. *나는 그$_1$에게 처음으로 철수$_1$에 대해 물었다.

먼저 (76), (77)에서 '-에서', '-에'는 부가어 성분이므로 대강의 구조는 다음과 같다.

(79)

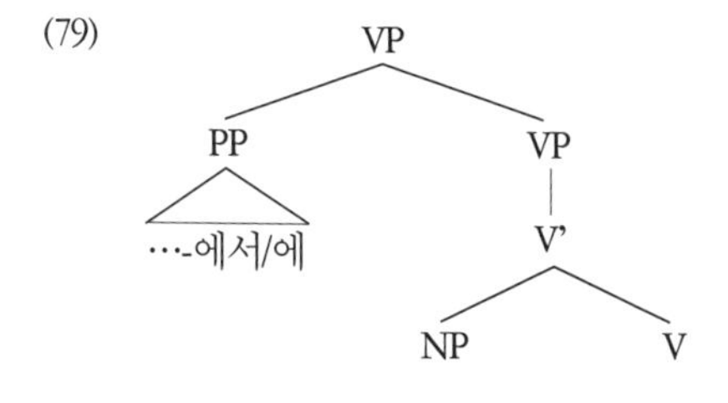

이 구조에서 PP 안에 있는 명사구는 해당 서술어의 목적어 NP를 성분-통어하지 못하고 그 역도 마찬가지이다. 성분-통어 관계에 있어 (76가), (77가)와 (76나), (77나)가 차이를 지니지 않는 것이다. 따라서 (76), (77)에 제시한 예들의 문법성이 같으리라 예측된다. 그러나 실제는 그렇지 않아서 '그'가 '철수' 앞에 오는 (76나), (77나)는 나쁘고 그 반대인 (76가), (77가)는 좋다.

이런 점은 (78)에서도 마찬가지이다. '-에게'를 후치사구 PP로 보면 '철수'와 '그' 사이에 성분-통어 관계가 성립하지 않는바,[22] (78가)와 (78나) 사이의 대비가 예상되지 않으나 실제로는 그렇지 않음을 보여준다. 그리고 이 경우도 '그'가 '철수' 앞에 오는 경우는 나쁘고 그 반대의 경우는 좋다.

셋째, 앞서 논의한 바 있듯이 영어 3인칭 대명사는 지시적 용법과 변항적 용법을 가지며 선행사가 양화사, 의문사와 같이 비지시 표현인 경우 해당 선행사에 의해 변항 결속되는 해석을 가질 수 있다.

(80) Every boy told Bill about his mother.
Every boy, λx(x told Bill about x's mother).

그러나 한국어 '그'는 (46)에서 확인하였듯이 영어와 다르다. 즉 비지시 표현인 양화사, 의문사에 의해 결속되는 해석이 안 좋으며, 그런 해석은 '자기'에 의해 표현된다. 이에 대한 추가 예문을 아래에 제시한다.

(81) 가. *누구$_i$나 그$_i$가 똑똑하다고 생각한다.
나. *누구$_i$나 영미가 그$_i$를 사랑한다고 말했다.
다. *누$_i$가 그$_i$가 메리를 봤다고 말했니?
라. *누$_i$가 영희가 그$_i$를 좋아한다고 생각하니?

(82) 가. 누구$_i$나 자기$_i$가 똑똑하다고 생각한다.
나. 누구$_i$나 영미가 자기$_i$를 사랑한다고 말했다.
다. 누$_i$가 자기$_i$가 메리를 봤다고 말했니?
라. 누$_i$가 영희가 자기$_i$를 좋아한다고 생각하니?

22) 각주 5)에서처럼 성분-통어에서 조사를 무시하면, (78나)는 (72)를 위반하게 된다. 따라서 성립하지 않는 것으로 판정된다.

9.7. 마무리

결속 이론은 성분-통어와 같은 구조적 요인이 명사구의 지시적 의존성에 관여하고 있음을 주장한다. 그리고 관여하는 양상에 따라 명사구를 크게 세 가지 유형, 즉 반드시 결속되어야 하는 대용사, 결속되어도 되고 안 되어도 되는 대명사, 그리고 결속되어서는 안 되는 지시 표현으로 나눈다. 한국어에서는 각 유형에 속하는 대표적 표현으로 각각 '자기', '그', '철수'와 같은 표현들이 주로 논의되어 왔는데, 각각의 특성을 보이는 예문을 통해 이들의 기본적 속성을 확인했다.

한편 이런 기본적 속성 외 국지성 조건의 적용 여부에 있어 한국어와 영어가 다름을 보았는데, 기존 연구들은 대개 이런 차이를 매개변인적 차이로 보고자 하였다. 그러나 한국어의 '자기'와 '그'는 국지성 조건 외에 여러 가지 다양한 양상들을 보이는 것이 사실인데 이런 차이들까지 고려할 때, 한국어의 '자기' 및 '그'가 보이는 양상이 과연 매개변인적 차이로 포착될 수 있을지는 의문이다.

마지막으로 한국어에는 지시적 의존성을 보이는 표현으로 '자기'와 유사한 '자신'이 있으며 이외에도 '그 자신', '자기 자신', '철수 자신' 등이 있는데, 이들은 결속 이론에 흥미로운 문제를 제기하는 듯하다. 예를 들어 '자기'와 마찬가지로 '자신'도 대용사로 보는 것이 일반적인데, 그렇다면 대용사로 결속 조건 A의 적용을 받는 '자신'이 어떻게 결속 조건 B 및 C의 적용을 받는 '그' 및 '철수' 등과 결합할 수 있는가? 또 '그 자신' 및 '철수 자신'이 보이는 지시적 의존성은 결속 조건으로 어떻게 포착할 수 있는가? 이에 더해 같은 조건이 적용되는 '자기'와 '자신'이 결합한 '자기 자신'도 자못 흥미로운 문제를 제기한다.

10장_이동 이론 1: 이동 이론 일반

언어는 구조 의존성을 지니는 한편으로 선형성(linearity)도 지닌다. 선형성은 순서 개념과 통하는 것으로, 예를 들어 '아주 새 책'에서 '아주'는 '새'에 선행하면서 '책'에도 선행하며 '새'는 '책'에 선행하고 '아주'에 후행한다. 선형성은 언어가 일반적으로 소리를 매체로 한다는 점과 밀접히 관련된다. 소리가 시간의 흐름에 따라 실현되므로 소리에 기댄 언어도 시간의 흐름에 순종해야 하고 이로 인해 언어의 선형성이 나타나는 것으로 파악할 수 있기 때문이다.

흥미로운 것은 선형 관계가 '아주 새 책, *아주 책 새, *새 아주 책, *새 책 아주, *책 아주 새, *책 새 아주'에서 보듯이 어느 한 가지로 고정되기도 하고, '영이가 철수를 만났다, 철수를 영이가 만났다, 만났다 철수가 영이를' 등에서 보듯이 그렇지 않기도 하다는 점이다. 이러한 현상은 어떻게 포착할 수 있을까? 이 질문에 답하기 위해 이 장에서는 소위 "이동(movement)" 현상을 이해하기 위한 기초를 닦는다.

10.1. 이동의 독립성

한국어는 문장을 이루는 구성성분의 순서, 즉 어순(word order)이 비교적 자유로운 특징을 지닌다.[1] 예를 들어 아래 (1)에서 '철수가', '영이에게', 그리고 '책을' 사이의 순서는 '철수가, 영이에게, 책을', '철수가, 책을, 영이에게', '영이에게, 책을, 철수가' 등을 포함하여 여섯 가지로 실현될 수 있다. 물론 '주었다'를 고려하고, '어제'와 같은 부가어가 나타나는 경우까지를 고려하면 가능한 어순의 수는 큰 폭으로 증가한다.

(1) 가. 철수가 영이에게 책을 주었다.
나. 철수가 책을 영이에게 주었다.
다. 영이에게 철수가 책을 주었다.
라. 영이에게 책을 철수가 주었다.
마. 책을 철수가 영이에게 주었다.
바. 책을 영이에게 철수가 주었다.

위와 같은 현상은 어떻게 가능할까? 우선 생각해 볼 수 있는 것은 (1)에 제시된 문장 각각을 구구조 규칙으로 형성하는 방법이다.[2] 이 방법에 따라 (1)의 각 문장을 형성하기 위한 구구조 규칙을 대략적으로 보이면 아래와 같다. 편의상 조사는 따로 적고 '주었다'는 V로 나타낸다.[3]

---

1) 구성성분의 순서와 어순이 정확히 대응하지는 않는다. 어순은 단어를 단위로 하지만, 구성성분은 단어뿐만 아니라 형태소나 구, 절 등도 포함하기 때문이다. 여기서는 관습에 따라 구성성분의 순서 대신에 어순이라는 용어를 사용한다. 또한 이 장을 시작하며 언급했듯이 모든 어순이 허용되는 것은 아니므로 "비교적"이라는 단서를 둔다. 어순이 엄격히 고정되는 것에 비해서 자유롭다는 정도로 이해하면 된다.

2) 이하 이 절의 내용은 이정훈(2002)의 일부를 수정, 보완한 것이다.

3) 3장에서 논의한 구구조 규칙에 따르면 (2)의 구구조 규칙들은 좀 더 다듬어져야 하는데, 논의의 편의상 생략한다. 한편 구구조 규칙은 3장에서 제시한 핵 계층 이론과 잘 어울리지 않는다. 하지만 논의의 순서상 구구조 규칙으로 다룰 수 있는지를 먼저 검토하고, 구구조 규칙으로 다룰 수 있다고 판단되면 그러한 구구조 규칙이 핵 계층 이론으로 환원될 수 있는지를 따지는 것이 효율적이다. 그래서 핵 계층 이론은 잠시 미뤄두고 (2)의 구구

(2) 가. S → NP가 NP에게 NP를 V
  나. S → NP가 NP를 NP에게 V
  다. S → NP에게 NP가 NP를 V
  라. S → NP에게 NP를 NP가 V
  마. S → NP를 NP가 NP에게 V
  바. S → NP를 NP에게 NP가 V

그러나 (1)에 제시한 현상을 (2)의 구구조 규칙으로 다루는 방안은 적잖은 문제를 지닌다. 대표적인 문제 세 가지를 제시하면 다음과 같다.

첫째, 구구조 규칙 (2)는 (1가)~(1바)가 서로 관련되어 있다는 직관을 포착하지 못하는 문제를 지닌다. 예를 들어 (2가)는 (1가)뿐만 아니라 '영이가 철수에게 논문을 주었다'나 '민수가 순이에게 마음을 주었다'와 같은 문장도 생성하고 (2나)는 (1나)뿐만 아니라 (1나)와 상관없는 문장도 생성하기 때문에 (1가)와 (1나)의 관련성, 즉 동일한 어휘 항목으로 형성되었으되 어순만 다른 특성이 (2가)나 (2나)로는 포착되지 않는다.

둘째, 구구조 규칙 (2)는 앞서 살핀 의미역 이론이나 격 이론에 심각한 문제를 제기한다. 예를 들어 (2다)나 (2마)의 구구조 규칙을 인정하면 앞서 8장에서 논의한 한국어의 격 이론은 유지되기 어렵다. 이론은 가급적 서로 조화를 이루고 설명력을 더해가면서 구성되어야 하므로 의미역 이론과 격 이론을 훼손하는 구구조 규칙을 선불리 인정할 수는 없다.

셋째, 구구조 규칙 (2)는 아래 (3)과 같은 문장에서도 문제를 야기한다.

(3) 그 책을 민수는 [철수가 영이에게 주었다고] 말했다.

(1)과 (2)에서처럼 (3)을 구구조 규칙으로 형성하려면 구구조 규칙 (4)를 상정해야 하는데, (4)는 'NP를'에 해당하는 (3)의 '그 책을'이 V '말했다'

조 규칙을 살핀다.

와 관련된 것이 아니라 내포절 S의 '주었다고'와 관련된다는 사실을 제대로 포착하지 못하기 때문이다. 다시 말해 (4)는 문장의 앞머리에 나타난 'NP를'이 내포절의 목적어임을 포착하지 못하는 한계를 지닌다.

(4) S → NP를 NP는 S V

위와 같은 (4)의 한계는 의미역 이론에 문제를 야기한다. (4)에 따르면 내포절 S는 '철수가 영이에게 주었다고'가 되는데 여기에는 대상(theme) 논항이 모자라고, 문두의 '책을'은 의미역을 지니지 못하기 때문이다. 이는 위에서도 지적했듯이 (4)가 문두의 '책을'과 내포절 술어 사이의 의미역 관계를 포착하지 못하기 때문에 야기되는 문제이다.

물론 구구조 규칙 (4)를 (5)와 같이 정교하게 다듬으면 위에서 제기한 문제를 피할 수 있을는지도 모른다. 아래 (5)에서 'Ø'는 음성적인 효과가 없다는 것을 나타내며, 내포절 술어와 모문 술어는 각각 V_j, V_k로 나타낸다.

(5) S → NP를$_i$ NP는 [$_S$ NP가 NP에게 $Ø_i$ V_j] V_k

위에 따르면 내포절 술어 V_j의 목적어 '$Ø_i$'와 문장의 맨 앞에 나타난 'NP를$_i$'가 동지표로 표시했듯이 동질적인 성분으로 간주되므로 의미역 이론을 만족시킬 수 있는 길이 열리게 되고, 격 이론도 만족시킬 수 있게 된다. 의미역 부여와 격 부여에서 'NP_i를'와 '$Ø_i$' 각각이 독립적으로 기능하는 것이 아니라 둘이 함께 하나로 기능한다고 보면 되기 때문이다.

그러나 (5)는 (4)가 지닌 문제는 피할 수 있을지 몰라도 언어의 회귀성(recursiveness)과 어울리지 못하는 근본적인 문제에 맞닥뜨리게 된다. 왜냐하면 논리적으로 언어는 무한한 접속이 가능하듯이 무한한 내포가 가능한데 (5) 식의 구구조 규칙을 인정하면 내포된 횟수만큼의 구구조 규칙이 더 필요하기 때문이다. 예를 들어 (6가)에서 보듯이 문두의 'NP를' 성분이 내포절 S에 포함된 또 다른 내포절 S의 목적어라면, (6나)와 같은 구구조 규칙이 별도로 요구된다.

(6) 가. 그 책을 민수는 [순이가 [철수가 영이에게 주었다고] 주장했다고] 말했다.
　 나. S → NP를$_i$ NP는 [$_S$ … [$_S$ NP가 NP에게 $Ø_i$ V] …] V

물론 내포가 무한할 수 있는 가능성을 포착하기 위해 구구조 규칙의 가짓수를 무한정 늘릴 수는 없다. 타당한 문법이라면 무한한 것을 유한한 가짓수의 규칙으로 포착할 수 있어야 한다.

결국 한국어의 어순 현상을 설명하기 위해서는 구구조 규칙과는 별도의 규칙이 필요하다고 할 수 있다. 여기서 구구조 규칙과는 별도로 요구되는 규칙의 성격은 (1)에 제시한 문장들이 서로 관련되어 있다는 점을 포착할 수 있어야 되고, 의미역 이론이나 격 이론과 잘 어울릴 수 있어야 하며, (6)에서 지적한 언어의 회귀성과도 어울릴 수 있어야 한다. 특히 언어의 회귀성과 어울리려면 (5)나 (6)처럼 서로 관련된 성분인 'NP를$_i$'와 '$Ø_i$' 이외의 'NP는'이나 'V_j', 'V_k' 등을 규칙에 포함하지 말아야 한다. 그렇지 않으면 (6)에서 확인했듯이 무한한 개수의 구구조 규칙을 인정해야 하기 때문이다.

위와 같은 점을 고려하여 구구조 규칙과는 별도로 필요한 규칙을 (3)을 예로 삼아 구조 기술과 구조 변경으로 나누어 나타내면 다음과 같다.[4]

---

4) 일반적으로 규칙은 구조 기술(structural description)과 구조 변경(structural change)으로 나타낸다. 예를 들어 'ABC'를 'AC'로 바꾸는 규칙, 다시 말해 A와 C 사이의 B를 삭제하는 삭제(deletion) 규칙이 있다고 하자. 그러면 삭제 규칙의 구조 기술은 'ABC'가 되고, 구조 변경은 'AØC'가 된다. 이동과 삭제에 더해 삽입(insertion) 규칙도 있다. 이 규칙은 A와 B 사이에 C를 삽입하는 역할을 담당하는데 그 구조 기술은 'AB'가 되고, 구조 변경은 'ACB'가 된다. 흔히 구조 기술과 구조 변경은 화살표를 사용하여 'ABC → AØC'(삭제), 'AB → ACB'(삽입) 식으로 한꺼번에 나타내기도 한다.

(7) 가. 구조 기술: [… NP를$_1$ …]
나. 구조 변경: NP를$_1$ [… $Ø_1$ …][5)]

(7)은 서로 관련된 성분만을 규칙에 포함함으로써 (5)나 (6)이 야기하는 문제에 빠지지 않는다. 내포가 몇 번 이루어지더라도 (7)만으로 (5)나 (6)이 노리는 효과를 보장할 수 있기 때문이다.

(7)에 따르면 (3)은 아래와 같이 분석되는데, '민수는 [철수가 영이에게 책을 주었다고] 말했다'에서 '책을'이 문두로 위치를 바꾸는 듯한 모습을 보이는 데 착안하여 (7)을 이동(movement) 규칙이라고 한다.

(8) 그 책을$_1$ 민수는 [철수가 영이에게 $Ø_1$ 주었다고] 말했다.

10.2. 이동의 다양성

이동 규칙 (7)을 요약하면 "어떤 성분 α를 이동하라(Move-α)."가 되는데 이 규칙은 사뭇 다양한 현상으로 나타난다. 그렇다면 α를 이동시키는 단순한 이동 규칙이 다양한 현상으로 나타나게 되는 이유는 무엇인가? 여러 가지 이유가 있겠지만 대표적인 것 세 가지를 제시하면 아래와 같다.

첫째, 이동은 수의적(optional)일 수도 있고, 필수적(obligatory)일 수도 있는데 이로 인해 이동 현상은 수의적 이동과 필수적 이동으로 나뉘고, 이에 따라 이동 현상은 다양성을 띠게 된다.

(9) 가. 철수가 영이를 만났다.
나. 영이를$_1$ 철수가 $Ø_1$ 만났다.

5) 'Ø'의 자세한 속성에 대해서는 이 장 3절과 12장 1절에서 논의한다.

(10) 가. *John loves whom?

나. Whom$_i$ does John love Ø$_i$?

한국어에서 목적어는 (9)에서 보듯이 이동 없이 제자리에 머무르기도 하고 앞쪽으로 이동하기도 한다. 따라서 (9)는 수의적 이동에 속한다. 이와 달리 영어의 의문사는 (10)에서 보듯이 문두로 이동해야만 하므로 필수적 이동에 속한다.[6] 이렇게 이동의 수의성 여부에 따라 이동 현상은 다양성을 띠게 된다.

둘째, 이동하는 경우에도 그 구체적인 이동 양상은 자못 다채로운 모습을 보인다. (10)에서 접한 의문사 이동 현상을 예로 들면 아래에서 보듯이 의문사의 실제적인 이동 양상이 언어에 따라 다양하게 나타난다(Rudin 1988 참고).

(11) 영이가 어제 누구를 만났니?

(12) 프랑스어

가. Tu as vu qui?
you have seen whom

나. Qui as-tu vu?
who have you seen

(13) 영어

What did you give to whom?

(14) 러시아어

Kto cto kogda skazal?
who what when said

6) 반향 의문(echo question)이라면 (10가)가 허용된다. 여기서는 반향 의문과 같은 특수한 맥락을 고려하지 않는다. 사실 특수한 맥락에서만 허용된다는 것은 그것이 일반적, 정상적이지 않다는 것을 의미하는 것이기도 하다.

의문사 이동에 대해 (11)~(14)는 무엇을 말하는가? (11)은 의문사가 이동하지 않는다는 것을 말하고,[7] (12)는 의문사가 수의적으로 이동한다는 것을 말한다. 또한 (13)과 (14)는 의문사가 이동하는 경우에도 의문사가 둘 이상 등장하면, 즉 다중 의문사 의문문(multiple wh-question)에서는 하나의 의문사만 이동하기도 하고 모든 의문사가 이동하기도 함을 말해주고 있다.

셋째, 이동은 어떤 성분 α를 원래 위치보다 앞으로 옮길 수도 있지만 원래 위치보다 뒤로 옮기기도 한다. 이 두 가지를 구분할 때는 각각 전치(preposing)와 후치(postposing)라고 한다.

(15) 전치
 가. 영이가 철수를 만났다.
  → 철수를$_i$ 영이가 $Ø_i$ 만났다.
 나. Mary gave the book [to John].
  → [To John]$_i$, Mary gave the book $Ø_i$.

(16) 후치
 가. 영이가 철수를 만났다.
  → 영이가 $Ø_i$ 만났다, 철수를$_i$.
 나. Mary returned [all the books she had borrowed] to the library.
  → Mary returned $Ø_i$ to the library [all the books she had borrowed]$_i$.

물론 전치와 후치도 전치되고 후치되는 구체적인 위치가 문장의 맨 앞,

7) 물론 '누구를 영이가 어제 만났니?'에서 보듯이 한국어에서도 '누구를'이 문두로 이동할 수 있다. 하지만 이러한 이동은 의문사에 국한된 것이 아니며, 또 의문문에 국한된 것도 아니다. 예를 들어 '영이가 어제 철수를 만났다, 철수를 영이가 어제 만났다'에서 보듯이 의문사가 아닌 '철수를'이 문두로 이동할 수 있으며, 또 이러한 이동은 평서문에서도 가능하다. 한국어에 존재하는 이러한 이동을 뒤섞기(scrambling)라고 하는데 11장 3절에서 살핀다. 참고로 (12)는 프랑스어 자료인데 이 언어에서는 뒤섞기 현상이 나타나지 않는다. 따라서 '누구를 영이가 어제 만났니?'의 경우와 달리 (12나)에서 의문사가 이동하는 것은 의문사 이동 현상으로 간주된다.

맨 뒤처럼 한 가지로만 고정되는 것은 아니므로 이동 현상의 다양성은 더 해진다.

단순한 이동 규칙이 다양하고 풍부한 이동 현상으로 실현되는 요인은 여기서 살핀 세 가지 이외의 것도 있을 수 있다. 이에 통사론은 다양하고 풍부한 이동 현상을 발굴하고, 다채로운 이동 현상이 나타나게 된 요인을 분석하면서 이동 현상 일반을 설명하는 것을 목표로 삼는다.

10.3. 이동과 흔적

규칙을 나타내는 일반적인 방법에 따라 이동 규칙을 기술하면 앞서 (7)로 제시한 아래 (17)과 같다.

(17) 가. 구조 기술: [… NP를$_1$ …]
  나. 구조 변경: NP를$_1$ [… Ø$_1$ …]

그런데 (17)은 한 가지 의문을 제기한다. (17나)에 나타난 'Ø'의 정체는 무엇인가? 구체적으로 아래 예에서 'Ø'는 무엇이며 또 어떤 역할을 담당하는가?

(18) Whom$_1$ did you meet Ø$_1$ yesterday?

일단 생각해 볼 수 있는 것은 'Ø'를 문법적으로는 별다른 의의를 지니지 않은 편의상의 표기로 보는 방법이다. 다시 말해 (18)의 'Ø'는 의문사 'whom'이 이동하기 전에 있었던 위치를 표시하기 위한 편의상의 표시로 간주할 수 있다. 이에 따르면 (18)은 사실 (19)와 마찬가지이다. 다만 (19)는 의문사 'whom'의 이동 전 위치를 한 눈에 파악하기 어려운 불편을 지닐 따름이다.

(19) Whom did you meet yesterday?

하지만 (18)의 'Ø'를 편의를 위한 표시로 간주하는 견해는 의미역 이론이나 격 이론에서 문제를 야기한다. 'Ø'는 의미역이 부여되는 성분이자 격이 부여되는 성분에 해당하므로 문법적 의의를 지니지 않은 존재로 볼 수 없는 것이다. 또 의미역과 격을 고려하면 'whom'은 'meet'의 목적어 역할을 담당해야 하는데 이 역할과 (19)에서 'whom'이 나타난 위치는 어울리지 않는다. 주어보다 앞 위치에는 의미역도 부여되지 않고 대격도 부여되지 않기 때문이다.

의미역과 격을 고려하면 의문사 'whom'은 'meet' 뒤의 목적어 자리에 존재한다고 보아야 하고, 발음을 고려하면 문장의 맨 앞자리에 존재한다고 보아야 한다. 그러면 존재함에도 불구하고 발음으로 나타나지 않는 것을 표시한 것이 (18)의 'Ø'가 되며, 'i'는 'whom'과 'Ø'가 마치 동전의 앞면과 뒷면처럼 불가분의 관계임을 나타내는 것이 된다.

위와 같은 논의를 고려하면 (18)에서 의문사 'whom'은 이동 전에 'Ø'로 표시한 목적어 위치에서 의미역과 격을 부여 받고 모종의 필요에 의해 문장의 앞으로 이동한다고 보는 것이 합리적이다.[8] 때로 'Ø' 대신에 't'로 표시하기도 하는데, 이는 이동한 성분이 이동하면서 원래 자리에 흔적(trace)을 남긴다고 간주한 표시이다.

(20) Whom_i did you meet t_i yesterday?

'Ø'는 음성으로 실현되지 않음을 강조한 표시라면 't'는 의미역이나 격

8) '모종의 필요'는 구체적으로 무엇인가? 이에 대한 답은 이동 현상을 분석하면서 경험적으로 찾아야 하는데, 예를 들어 (18)에서는 설명 의문문임을 표시하기 위해 의문사에 이동 규칙이 적용되는 것으로 볼 수 있다. 한편 설명 의문문 표시가 의문사 이동으로만 가능한 것은 아니다. 예를 들어 한국어에서는 '너는 어제 누구를 만났니?'에서 보듯이 의문사와 의문 어미로 설명 의문문을 표시한다.

과 같은 문법적 차원에서 역할이 있음을 강조한 표시에 해당한다.[9)]

10.4. 이동의 유형 1: 논항 이동

언어에는 얼마나 다양한 이동 현상이 나타나는가? 이에 대한 답은 실제 언어 자료를 분석하면 저절로 드러난다. 이에 대표적인 이동 현상 몇 가지를 살피는데 먼저 아래 예를 관찰해 보자.

(21) 가. A unicorn is in the garden.
나. There is a unicorn in the garden.

'a unicorn'은 (21가)에서는 주어 자리를 차지하고 있지만, (21나)에서는 그렇지 않다. (21나)에서 주어 자리를 차지하고 있는 것은 허사(expletive) 'there'이다.[10)] 그렇다면 (22)의 빈칸, 즉 주어 자리를 채우기 위해 'a unicorn'이 이

---

9) 'Ø'와 't' 외에도 'e'(empty), '0'(영) 등의 표시를 사용하기도 한다. 어떻게 표시하든 소리로 나타나지 않는 문법적인 존재라는 점은 마찬가지이다. 한편 흔적이 소리 없는 존재이기는 하지만 그렇다고 해서 아예 소리와 관련된 현상과 무관한 것만은 아니다. 예를 들어 흔적은 (i)에서 볼 수 있는 'wanna-축약'(*wanna*-contraction)을 저지한다. 그래서 (i)과 달리 'want'와 'to' 사이에 흔적이 끼어든 (ii)는 (iii)에서 보듯이 'wanna-축약'이 허용되지 않는다. 사실 의미역 이론을 고려하면 (i)의 'want'와 'to' 사이에도 소리 없는 성분이 존재한다고 보아야 하는데, 그 소리 없는 성분은 흔적이 아니라 'drink'로부터 행위주 의미역을 부여 받는 소리 없는 대명사 PRO이다.

(i) Which wine do you {want to, wanna} drink?
(ii) Who do you want to get the wine? (Who$_i$ do you want t$_i$ to get the wine?)
(iii) *Who do you wanna get the wine?'

10) 허사 'there'는 장소 부사 'there'와 구별되며 그 자체로는 의미를 지니지 않는다(7장 4절 참고). 또한 아래 예에서 보듯이 아이슬란드어에서는 타동사 구문에 허사가 등장하는 타동 허사 구문(transitive expletive construction)이 나타나기도 한다.

(i) Það lasu einhverjir stúdentar bókina.
there read some students the book (Some students read the book)
cf. Einhverjir stúdentar lasu bókina.

동하면 (21가)가 되고, 'a unicorn'이 이동하는 대신에 허사 'there'가 삽입 되면 (21나)가 되는 것은 아닐까?

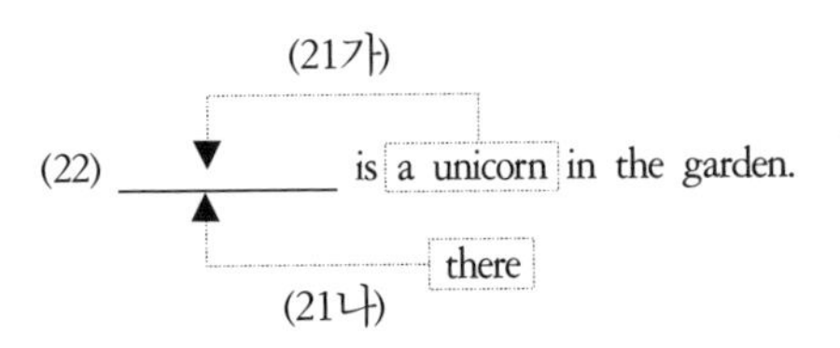

'a unicorn'과 'in the garden' 사이에는 의미역 관계가 성립하며 이 의미역 관계는 (21가)와 (21나)가 다르지 않다. 의미역 관계에서 (21가)와 (21나)가 동질적인 셈인데 이러한 동질성은 당연히 포착되어야 한다. 여기에 의미역이 심층구조에서, 즉 이동 전 위치에 부여된다는 점을 더해 보자. 그러면 (22)와 같은 분석이 타당하다는 것이 드러난다. (22)에 따르면 (21가)와 (21나) 둘은 공히 이동 전 위치에서 의미역이 부여되며 주어 자리를 채우기 위해 이동이 동원되느냐 'there'가 삽입 되느냐에서만 차이를 지닌다. 물론 주어 자리 채우기는 확대 투사 원리에 의한다.

위와 같은 분석을 따르면 'a unicorn'은 주어 위치로 이동을 하게 되는데 이렇게 주어와 같은 논항 위치(argument position)를 목적지로 하는 이동을 논항 이동(A-movement)이라고 한다.

한편 논항 위치에는 주어 위치에 더해 목적어 위치도 포함된다. 그렇다면 주어 자리를 목적지로 하는 논항 이동이 가능하듯이 목적어 자리를 목적지로 하는 논항 이동도 가능할까? 앞서 2장 5절에서 논의한 의미역 공준을 고려하면 목적어 자리로의 논항 이동은 불가능하다. 예를 들어 내포절 주어 α가 모문의 목적어 자리로 이동한다고 해 보자. 그러면 α는 내포절 주어로서의 의미역에 더해 모문 목적어로서의 의미역도 부여 받게 되고, 그 결과 하나의 논항에는 하나의 의미역만 부여되어야 한다는 의미역 공준을 위반하게 된다. 따라서 목적어 자리로의 논항 이동은 불가능하다.

(21)을 (22)와 같이 이해하면 아래 예도 그리 어렵지 않게 설명할 수 있게 된다.

(23) 가. Mary seems to love Tom.
나. It seems that Mary loves Tom.

(23)은 (21)과 평행한 모습을 보인다. (21)의 'a unicorn'처럼 (29)의 'Mary'도 서로 다른 두 위치에 나타날 수 있으며 그 중 한 위치는 (23나)에서 보듯이 허사 'it'이 채울 수 있다.[11] 따라서 (23가)는 (21가)와 마찬가지로 아래와 같이 분석된다.

(24) ______ seems Mary to love Tom.

(24)의 'Mary'도 주어 자리로 이동하는 것이므로 (22)와 마찬가지로 논항 이동에 해당한다. 다만 (22)에서는 논항 이동이 한 절 내에서 이루어진데 비해 (24)에서는 절을 가로지르며 논항이 이동한다.

이제 (24)에 의미역 관계에 대한 고려까지 더해 보자. (24)에서 'Mary'는 이동 전 위치, 즉 'to' 앞에서 의미역을 부여받을 수 있는가? (22)에서 의미역 관계에 참여하는 'a unicorn'과 'in the garden'은 서로 인접(adjacent)하고 있다.[12] 그런데 (24)에서는 그렇지 않다. 'Mary'와 의미역 관계를 맺는

11) 'there'와 'it'은 허사인 점에서는 같지만 서로 다른 특성을 지닌다. 특히 일치(agreement) 현상에서 'it'은 3인칭, 단수로 기능하지만 'there'는 그렇지 않으며 아예 일치에 영향을 미치지 못한다. 그래서 (21나)에서 'are'가 아니라 'is'가 나타난 것은 'there'가 아니라 'a unicorn' 때문이며, 단수 'a unicorn' 대신에 복수 표현이 나타나면 'is'가 아니라 'are'가 나타난다. 한편 7장 각주 24)에서 지적한 사항, 즉 'it'은 격을 받으나 'there'는 그렇지 않은 것까지 고려하면, 일치와 격의 관련성을 설정해 볼 수 있다(Chomsky 1995 등 참고). 이런 배경에서 일치와 격의 관계에 대한 논의가 활발히 이루어지고 있다.

것은 'love'인데 'Mary'와 'love' 사이에는 I 'to'가 끼어들어 있다. 그렇다면 혹시 아래에서 보듯이 'Mary'가 'love'에 인접해 있다가 'to' 앞으로 이동한 것은 아닐까? 다시 말해 'Mary'는 의미역이 부여되는 위치인 vP의 명시어 자리에 있다가 IP의 명시어 자리로 가는 것은 아닐까? 이렇게 주어가 애초에는 술어의 투사 내에 있다가 이동을 통해 술어와 분리되는 것으로 보는 견해를 동사구 내부 주어 가설이라고 한다(5장 3절 참고).

(25)

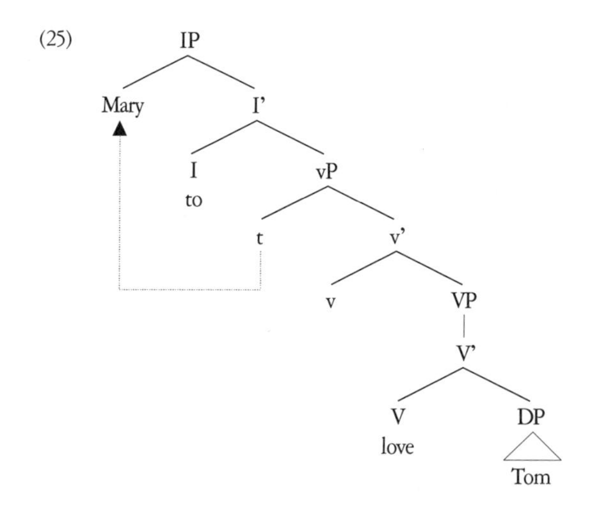

만약 위의 분석이 타당하다면 (21)과 (23)은 같은 토대 위에서 통합적인 설명이 가능하다. 그렇다면 의미역이 부여되는 위치에 있다가 이동을 겪는다는 견해는 타당한가? 사실 (23)은 'Mary'의 이동 전 위치를 vP의 명시

12) 나아가 'a unicorn'과 'in the garden'이 성분(constituent)을 이룬다고 볼 수도 있다. 이러한 시각을 따를 때 'a unicorn in the garden'과 같은 성분을 흔히 소절(small clause)이라고 한다. 의미상 절과 통하지만 형식적으로는 시제나 일치와 같은 문법범주를 결여하고 있다는 데 착안한 용어이다. 소절 가설에 따르면 (22)의 'a unicorn in the garden'은 P 'in'이 핵인 PP [$_{PP}$ a unicorn [$_{P'}$ in [$_{DP}$ the garden]]]으로 분석할 수 있다. 참고로 소절의 통사 범주는 언어마다 다를 수 있다. 예를 들어 이탈리아어에서 소절은 AgrP로 파악되기도 한다(Haegeman 1994: 2장 참고).

어 위치로 보는 견해와 배치되지는 않지만 그렇다고 해서 그러한 견해를 크게 지지하지도 않는다. 무엇보다도 'Mary'의 이동 전 위치가 vP의 명시어임을 보여주는 증거가 제시되지 않았기 때문이다. 그렇다면 이러한 증거는 존재하는가? 이와 관련하여 소위 양화사 유동(quantifier floating) 현상은 주목을 요한다(5장 3절 참고).

(26) 가. All the men have left the party.
나. The men have all left the party.

일반적으로 수식어와 피수식어는 성분을 이룬다. 그런데 (26가)는 이 일반성에 별다른 문제를 제기하지 않지만 (26나)는 그렇지 않다. (26가)와 달리 (26나)에서는 수식어인 양화사 'all'과 피수식어 'the men'이 하나의 성분으로 묶이지 않고 분리되어 있기 때문이다. 그런데 (26)을 아래와 같이 이해하면 일반성을 위반하는 문제가 발생하지 않는다.

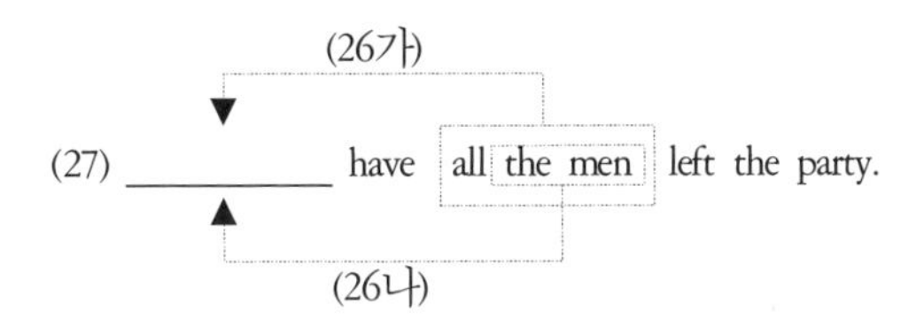

주어가 의미역이 부여되는 vP의 명시어 위치에 있다가 IP의 명시어 위치로 이동하는 것으로 보면 아일랜드어와 같은 언어가 보이는 VSO 어순도 별다른 어려움 없이 설명할 수 있게 된다.

(28) Thóg sí teach dófa ar an Mhullach Dubh.
raised she house for them on the Mullaghaduff
(She built a house for them in Mullaghaduff)

동사구 내부 주어 가설을 따르면 (28)의 VSO 어순은 다음과 같이 설명된다. 주어가 애초에 vP의 명시어 자리에 나타나는 점에서 아일랜드어와 영어는 같다. 다만 아일랜드어는 영어와 달리 vP의 명시어 위치에 나타난 주어가 IP의 명시어 자리로 이동하지 않는다. 다음으로 아일랜드어에서 V는 I로 이동한다.[13] 이 점을 반영하면 (28)의 VSO 어순은 아래와 같이 분석된다.

(29) [$_{IP}$ thóg [$_{vP}$ sí [$_{VP}$ t teach …]]]

지금까지 논항 이동 현상을 살폈다. 그렇다면 논항 이동은 왜 나타나는가? 이에 대해서는 대략적으로 격(case)이 동기로 파악되고 있다. 즉, DP는 격을 지녀야 하는데 애초에 병합된 의미역 위치가 격을 부여받을 수 없는 자리이면 DP는 격을 부여받을 수 있는 자리로 이동을 하게 되는바, 이에 따른 이동이 바로 이 절에서 살핀 논항 이동인 것이다.

영어의 경우 주격은 한정절(finite clause)의 I가 부여한다. 그리고 한정절의 I가 주격을 부여하는 것과 달리 비한정절의 I는 주격을 부여하지 못한다. 그래서 (21가)와 (23가)에서 보듯이 'a unicorn'은 주어 자리 즉 한정절 I의 명시어 자리로 이동하고, 'Mary'는 비한정절을 떠나 한정절의 주어 자리로 이동해서 주격을 부여받는다.[14]

격이 논항 이동의 요인이라고 해서 격이 논항 이동을 필수적으로 요구하는 것은 아니다. (21나)의 'a unicorn'이나 (28)의 주어 'sí'가 IP의 명시어 자리로 이동한다고 보기는 어렵기 때문이다. 언어에 따라, 그리고 현상에 따라 격이 해소되는 방식은 논항 이동을 동원하기도 하고 그렇지 않기도

13) V가 I로 이동하는 현상은 이 장의 6절에서 살핀다.
14) 피동화(passivization)는 대격 부여 능력을 없애는 것으로 알려져 있다. 그래서 피동문에서는 목적어가 제 자리에 있지 못하고 주어 자리로 이동하게 된다(6장 1절 참고).

한 것이다. 이러한 맥락에서 논항 이동의 동기에 대한 탐구가 현상 분석과 이론 구성의 두 측면에서 진행되고 있다.

10.5. 이동의 유형 2: 비논항 이동

이동이 주어 자리와 같은 논항 위치만 목적지로 삼는 것은 아니다. 예를 들어 아래 예에서 'which book'이 어디로 이동해 가는지 고려해 보자.

(30) Mary wonders which book John have read?
Mary wonders [which book [$_{IP}$ John have read t]]?

논항 자리는 주어와 목적어에 해당하는 자리이고, 위에서 주어 자리는 'John'이 차지하고 있다. 'which book'이 이동해 간 자리는 주어 'John'보다 앞자리이다. 그렇다면 이 자리는 어떤 자리인가? 이 의문에 대해 벨파스트 영어에서 가져 온 아래 현상은 시사하는 바가 크다(Radford 1997 참고).

(31) 가. I wonder [which dish that they picked t]

나. They didn't know [which model that we had discussed t]

위 예에서 'that'은 절 표지로서 보문소 C(complementizer)이고 'which dish'와 'which model'은 C보다 앞서고 있다. 따라서 위에서 제기한 의문에 대한 답으로 합당한 것은 'which dish'와 'which model'이 C가 투사한 CP의 명시어 자리로 이동하는 것으로 보는 견해이다. 이에 따라 (31가)의 나무그림을 개략적으로 나타내면 (32)와 같은데, 이렇게 이동이 CP의 명시어 위치처럼 논항 위치가 아닌 위치, 다시 말해 비논항 위치를 목적지로 삼는 경우를 가리켜 비논항 이동(A'-movement)이라고 한다.

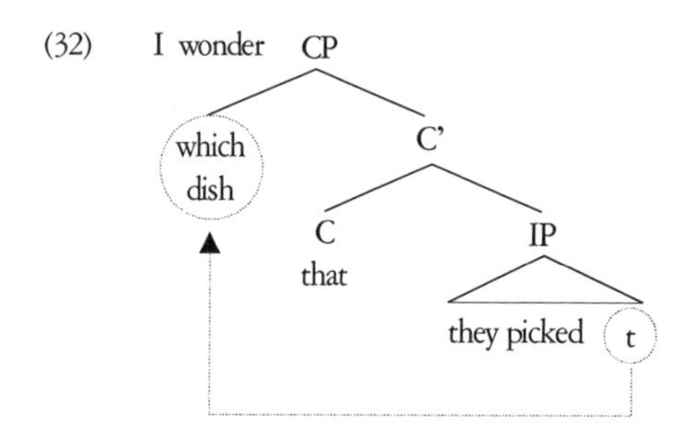

비논항 이동은 의문사 이동 외에 아래 제시하는 현상들도 포함한다.

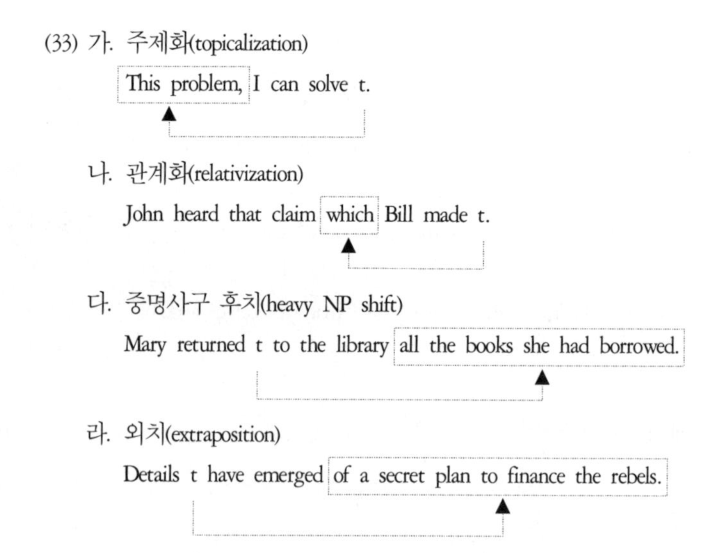

마. 뒤섞기(scrambling)

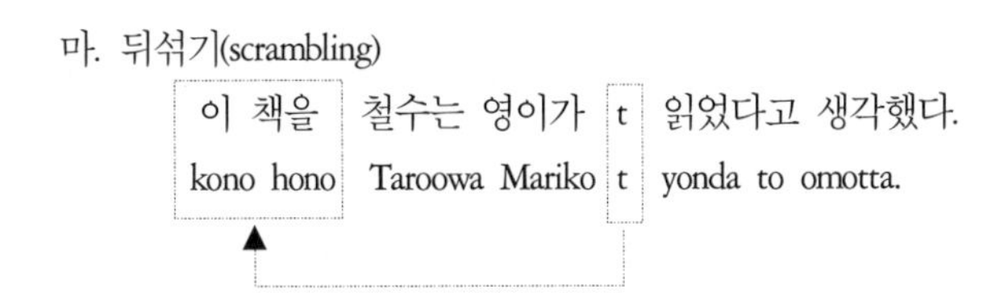

주어와 목적어가 고유하게 차지하는 자리 이외의 자리를 비논항 위치로 뭉뚱그리다 보니 사실 비논항 이동의 목적지를 어느 한 위치로 고정하기는 어렵다. 다시 말해 (30)~(32)에서 확인했듯이 의문사는 CP의 명시어 자리로 이동하지만, 그렇다고 해서 의문사 이동과 함께 비논항 이동으로 묶이는 (33)의 현상들이 모두 CP의 명시어 위치를 목적지로 삼는 비논항 이동 현상이라고 보기는 어렵다. 어떤 것은 의문사 이동과 마찬가지로 CP의 명시어 자리로 이동하는 것일 수도 있고 또 어떤 것은 비논항 위치이되 CP의 명시어는 아닌 곳으로 이동하는 것일 수도 있다. 단적으로 (33다)와 (33라)에서 이동의 목적지를 CP의 명시어로 보기는 어렵다. 물론 각각의 비논항 이동의 목적지가 어디인지는 탐구해야 할 주제이다.

10.6. 이동의 유형 3: 핵 이동

논항 이동과 비논항 이동은 구 범주(phrasal category)가 이동하는 현상이다. 그런데 구구조에는 X', X"와 같은 구 범주뿐만 아니라 핵 범주 X도 존재한다. 그렇다면 구 범주와 마찬가지로 핵 범주도 이동할 수 있는 것은 아닐까? 이 의문을 해소하기 위해 아래 대화에 등장한 A$_2$와 A$_3$에 주목해 보자(Radford 1997 참고).

(34) A$_1$ Honey-buns, there's something I wanted to ask you.

B1 What, sweetie-pie?
A2 If you will marry me.
B2 (못 들은 체하며) What d'you say, darlin?
A3 Will you marry me?

주어가 IP의 명시어 자리를 차지함을 고려하면 A2의 발화에서 주어 'you' 앞의 'if'는 보문소 C로 보는 것이 가장 무난하다. 'if'가 보문소임은 판정 의문문이 내포되는 경우를 살피면 잘 알 수 있다.

(35) 가. I wonder [$_{CP}$ if he is feeling better].
나. I wanted to ask you [$_{CP}$ if you will marry me].[15)]

이제 'if'를 보문소 C로 파악하면 (34A2)는 아래와 같이 분석된다. 'you_i'와 't_i'는 주어가 vP의 명시어 위치에서 IP의 명시어 위치로 이동한 것을 나타낸다.

(36)
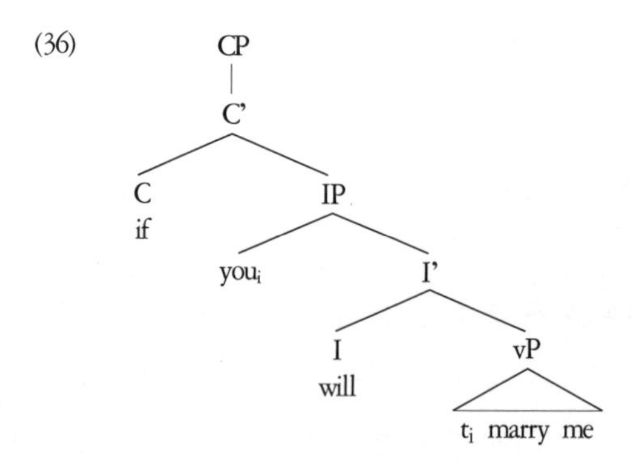

위의 구조를 바탕으로 A3의 구조에 대해 생각해 보자. A3에서 'will'은

15) 이 문장에서 'I wanted to ask you'가 생략(ellipsis)되면 (34A2)가 된다. 생략에 대해서는 12장 참고.

주어 'you'보다 앞에 위치하므로 (36)의 IP보다 위에 놓여야 한다. 그리고 아래에서 보듯이 주어 앞으로 이동한 'will'과 'if'는 함께 나타나지 못한다.

(37) 가. Will you marry me? (= 34[A]3)
나. *Will if you marry me?
다. *If will you marry me?

'will'과 'if'가 함께 나타나지 못하는 것은 이 둘이 한 자리를 놓고 경쟁한다고 보면 어렵지 않게 설명할 수 있다. 그러면 (34[A]3)은 아래에서 보듯이 I 위치에 있던 'will'이 C로 이동해서 형성되는 것이 된다. 물론 이때 C 자리는 'if' 등에 의에 채워져 있지 않고 비어있기 때문에 이동해 온 'will'을 수용할 수 있다.

(38)
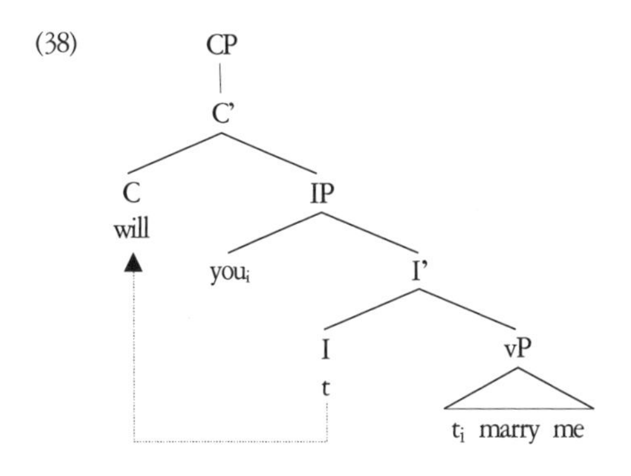

위와 같이 핵이 또 다른 핵으로 이동하는 것을 핵 이동(head movement)이라 하는데 I가 C로 핵 이동하는 것에 더해 V가 I로 핵 이동하기도 한다.[16]

16) 보다 정확히는 V가 v로 핵 이동하고 이어서 I로 이동하는데 편의상 자세히 나타내지 않는다. 주어 'Jean'의 이동도 표시하지 않는다.

(39) 프랑스어

Jean embrasse souvent Marie.

Jean kisses often Marie

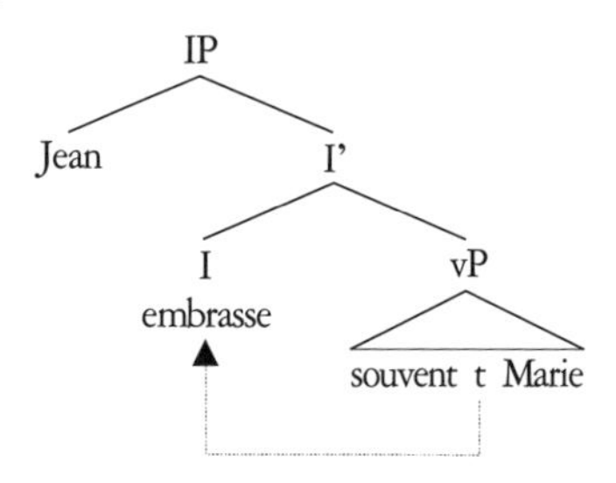

다른 이동과 마찬가지로 핵 이동도 언어에 따라, 또 현상에 따라 서로 다른 모습을 보여서 영어는 (39)와 달리 V가 I로 핵 이동하는 것이 아니라 I가 V로 하강(lowering)하는 모습을 보인다.[17)]

(40) John often kisses Mary.

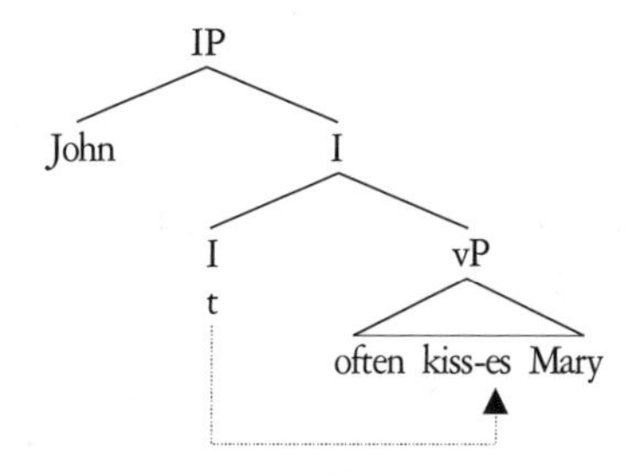

10.7. 이동에 대한 조건

이동은 무분별하게 적용되지 않는다. 만약 이동이 아무렇게나 적용된다면

---

17) 다음 절에서 논의하듯이 일반적으로 이동은 어떤 성분을 원래 위치보다 위로 옮긴다. 따라서 하강은 일반성을 벗어난 독특한 규칙이라 할 수 있다. 한편 (40)에서 I '-es'가 'like'로 하강하는 것은 I '-es'가 접사(affix)이기 때문이다. 이에 'do'가 동원되면 'John do-es often kiss Mary'에서 보듯이 I '-es'는 하강하지 않는다. (40)처럼 접사가 하강하는 것을 때로 접사 도약(affix hopping)이라고도 한다.

(41가)와 마찬가지로 (41나)도 성립해야 하는데 실상은 그렇지 않은 것이다.

(41) 영이는 민수에게 [철수가 순이를 만났다고] 말했다.
　가. 순이를 영이는 민수에게 [철수가 t 만났다고] 말했다.
　나. *영이는 t [철수가 민수에게 순이를 만났다고] 말했다.

그렇다면 어떻게 허용되는 이동은 허용하고 그렇지 않은 이동은 걸러낼 수 있는가? 이 질문은 두 가지 방향에서 해결책을 모색할 수 있다.

먼저, 이동은 지금까지처럼 "어떤 성분 α를 이동하라(Move-α)."로 두고 이동의 결과를 따지는 방법이 있다. 이에 따르면 (41가)의 이동은 물론이고 (41나)의 이동도 가능하다. 다만 이동의 결과 (41가)는 적격한 것으로 판정되고 (41나)는 그렇지 않은 것으로 판정된다. 물론 (41가)와 (41나)의 적격성 여부를 판단하기 위해서는 아래와 같은 조건(condition)을 설정해야 한다.[18]

(42) 적정 결속 조건(proper binding condition)
　흔적(trace)은 결속(binding)되어야 한다.

다음으로, 이동 자체를 정밀하게 규정하는 방법이 있다. 예를 들어 이동을 "어떤 성분 α를 이동하라(Move-α)."처럼 느슨하게 규정하는 대신에 "어떤 성분 α를 위로 이동하라."로 규정하면 (41가)과 (41나)의 대조를 포착할 수 있다.

18) (42)는 논의를 간략히 하기 위해 단순화한 것으로 적정 결속 조건의 정확한 내용은 (42)보다 자세하다(12장 3절~6절 참고). 한편 조건은 때로 제약(constraint)이라 불리기도 하고, 여과(filter)라고 불리기도 한다. 다만 애초에 붙여진 명칭이 관습적으로 쓰여서 '적정 결속 조건' 대신에 '적정 결속 제약'이나 '적정 결속 여과'와 같은 용어는 쓰이지 않는다.

사실 위의 두 방법은 그리 어렵지 않게 서로 환언될 수 있다. 조건을 규칙, 즉 이동 자체에 반영한 것이 "어떤 성분 α를 위로 이동하라."이고, 역으로 방금 제시한 이동 규칙에서 '위로'를 떼어내서 조건화한 것이 (42)이기 때문이다. 이러한 점을 염두에 두고, 여기서는 첫 번째 방법, 즉 조건을 설정하는 방법에 따라 논의를 진행한다.[19)]

이제 조건의 실상을 본격적으로 검토해야 하는데, 그 전에 한 가지 더 살필 것이 있다. 바로 예외(exception)의 존재이다. 예를 들어 앞서 (40)에서 살핀 하강(lowering)은 적정 결속 조건을 위반하며 또 "어떤 성분 α를 위로 이동하라."에도 어긋나므로 예외에 해당한다.

이론이 견고해지기 위해서는 "예외"의 존재를 최소화해야 한다. 예외가 적다는 것은 그만큼 이론이 현상을 잘 설명한다는 것을 의미하기 때문이다. 그렇다면 예외는 어떻게 최소화할 수 있을까? 다시 말해 예외가 발견되었을 때 그러한 예외는 어떻게 제거할 수 있을까?

우선은 예외를 일반적인 현상으로 재해석하는 방법이 추구된다. 예를 들어 (40) 이후에, 소리로 반영되지는 않지만, 'kiss-es'가 I로 핵 이동한다고 보면 (40)의 예외성은 해소된다. 최종적으로는 V 'kiss'가 I '-es'로 이동한 셈이기 때문이다(Chomsky 1995: 2장 참고). 물론 이러한 분석의 타당성 여부는 엄밀히 따져봐야 한다.

모든 예외적 현상이 위와 같이 재해석될 수 있다고 보기는 어렵다. 그런 경우에는 예외를 예외로 둘 수밖에 없다. 위의 방법이 통하려면 예외로 발견된 현상이 어느 정도는 빈발해야 하고, 또 일반적인 현상으로 재해석될 수 있는 단서를 보여 주어야 하는데, 한두 사례만 나타나고 재해석의 단서도 발견되지 않으면 예외로 인정하는 것이 온당하다.[20)]

---

19) 조건을 설정하는 방법과 규칙을 섬세하게 하는 방법이 항상 서로 환언된다고 단정할 수는 없다. 둘 사이의 관계는 자료를 통해 검증해야 하는 것이기 때문이다. 이에 둘 사이의 차이점을 부각하고 어느 한 쪽을 택하는 연구 경향도 존재한다.

10.8. 순환 조건

이동에 적용되는 조건에는 (42)의 적정 결속 조건 외에 무엇이 더 있는가?[21] 아래 현상을 관찰하며 어떠한 조건이 추가로 필요한지 생각해 보자.

(43) Which book$_i$ did you say that John thinks that Bill should read t_i?
가. Which book did you say that John thinks that Bill should read t?
나. Which book did you say that John thinks that Bill should read t?

(43가)가 옳은가, 아니면 (43나)가 옳은가? (43가)는 의문사 구가 한꺼번에 문장의 앞으로 이동하는 것으로 간주하는 반면, (43나)는 의문사 구가 일정한 단위, 이를 흔히 순환(cycle)이라고 하는데, 순환을 단위로 하여 이동하는 것으로 간주한다.[22] 그렇다면 (43가)와 (43나) 중에 어떤 것이 타당한 분석인가? 이동하는 성분이 이동의 목적지뿐만 아니라 목적지 중간중간에서 음성적으로 실현되는 아래 현상은 (43가)보다는 (43나)와 어울린다(12장 1절 참고). 즉, (44)에 제시한 현상에 따르면 (43가)보다 (43나)가 더 타당하다.

---

20) 현상을 분석하고 이론을 구성하다 보면 예외가 쌓이게 된다. 예외가 쌓여가기만 하고 그에 대한 적절한 처리 방안이 나타나지 않으면 이론은 위기에 처하게 되고 새로운 이론의 등장을 맞을 수도 있다(Kuhn 1962/2012). 이론 구성에 대한 일반적인 논의는 장하석(2014), Boeckx(2006), Larson(2010) 등 참고.

21) 이동의 조건에 대한 보다 상세한 개괄과 연구 경향에 대해서는 Radford(1981), van Riemsdijk and Williams(1986), Ouhalla(1999), Hornstein 외(2005) 등 참고. 여기서는 조건에 대한 연구의 흐름에서 핵심적인 사항만을 간략히 살핀다. 한편 이동 규칙에만 조건이 붙는 것은 아니다. 삭제나 생략, 삽입에도 나름의 조건이 따라 붙는데, 예를 들어 삭제나 생략은 복원 가능성 조건을 준수해야 한다(8장 3.6절 참고).

22) (43나)에서는 절이 순환이 된다. 어떤 단위가 순환으로 간주되는가는 언어마다 다소 다를 수 있다. 예를 들어 절 외에 vP와 명사구도 순환으로 간주되기도 한다.

(44) Who do you think who's in the box?

이제 (43나)가 이동 규칙이 적용되는 일반적인 모습이라고 보면 아래와 같은 조건이 설정된다.

(45) 순환 조건(cyclicity condition)
이동은 순환을 단위로 적용된다. 특히 가장 작은 순환에서부터 그 다음으로 큰 순환으로 순차적으로 적용된다.

영어에서는 절이 순환이므로 (43)에는 세 개의 순환이 존재한다. 그리고 (45)에 따라 작은 순환, 즉 가장 깊이 내포된 절에 우선 이동 규칙이 적용되고, 그 다음으로 바로 위의 내포절에 이동 규칙이 적용된 후 최종적으로 가장 큰 절, 즉 모문에 이동 규칙이 적용된다. 이러한 이동을 나타낸 것이 바로 (43나)이다.

순환 조건을 염두에 두고 아래 현상을 설명해 보자. 왜 (46가)는 성립하지만 (46나)는 성립하지 않는가?

(46) 가. Which book did you say that Bill should read?
나. *Which book did you ask John where Bill bought?

위의 질문에 답하기 위해서는 (46가)와 (46나)에서 이동이 어떻게 진행되는지 살펴보아야 한다. 이에 (46가)와 (46나)의 이동 양상을 분석하면 아래와 같다.

(47) 가. [$_{CP}$ Which book did you say [$_{CP}$ t' that Bill should read t]] ?[23)]

23) 하나의 성분이 두 개 이상의 흔적을 남기면 흔히 t, t', t" 식으로 구별해서 표시하지만 구별 없이 t로만 써도 괜찮다.

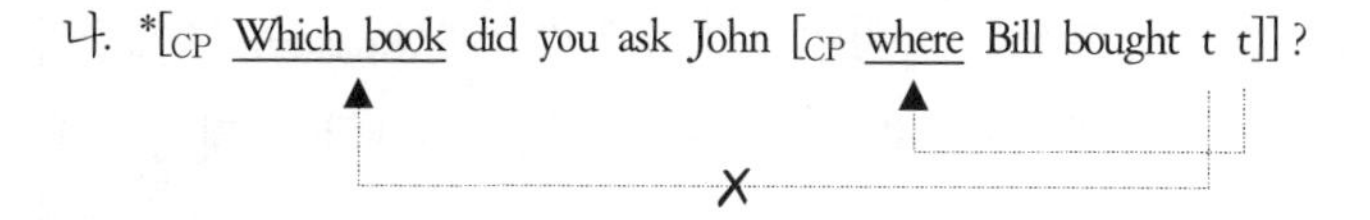

의문사 이동과 순환 조건의 관점에서 (47가)와 (47나)의 다른 점은 (47가)에 포함된 두 번의 의문사 이동은 순환 조건 (45)를 준수하지만 (47나)는 그렇지 않다는 점이다. (47나)에 포함된 두 번의 의문사 이동 중 'X'로 표시한 이동은 순환 조건 (45)를 위반하기 때문이다. 따라서 (46가), (47가)와 (46나), (47나)의 대조는 순환 조건 (45)로 설명할 수 있다.

그런데 한 가지 분명히 할 것이 있다. 만약 (46나)가 (47나)가 아니라 아래 (48)처럼 의문사를 이동하면 순환 조건 (45)를 준수할 수 있는바, 아래와 같은 이동을 배제하는 조건이 요청된다.

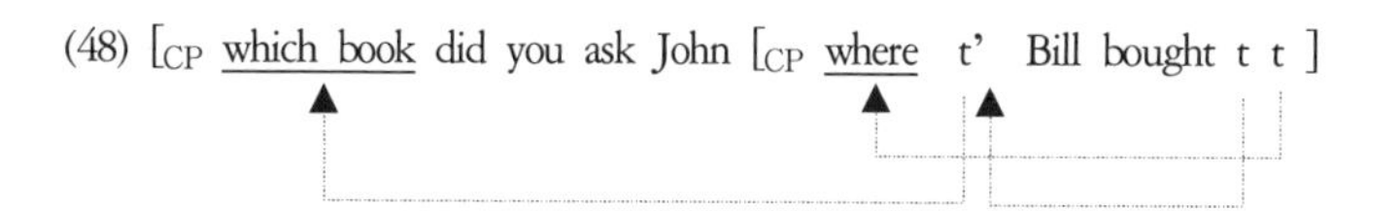

(48)에서 'where'는 'which book'이 문장 앞으로 이동하다가 잠깐 들렀던 자리 't'로 이동한다. 중요한 것은 (48)에 표시된 어떤 이동도 순환 조건 (45)를 위반하지 않는다는 사실이다. 따라서 순환 조건 (45)가 제대로 작동하기 위해서는 (48)에 보인 이동, 즉 하나의 위치에 두 개의 의문사가 이동하는 것을 막는 제약이 따로 설정되어야 한다.

(49) 의문사-보문소 제약 (wh-complementizer constraint)
보문소 C의 명시어 위치에 의문사가 있으면, 이 명시어 위치로는 또 다른 의문사가 이동해 올 수 없다.[24]

---

24) (14)에서 보았듯이 언어에 따라서는 두 개 이상의 의문사가 문장의 앞으로 이동하기도 한다. 이 언어에도 (49)가 작용한다고 보면 어떻게 되는가? 그러면 그 언어는 의문사의 개수만큼 명시어가 존재한다고 보아야 한다. 또는 언어에 따라 (49)가 활성적이지 않다

순환 조건은 추상적인 차원에서 소위 “경제성(economy)” 개념과 통한다. 즉, 장거리 이동은 배제하고 단거리 이동은 허용하는 것이 순환 조건의 요체인데 이러한 특성은 경제성 개념과 잘 어울린다. 그리고 순환 조건의 개념적 뿌리인 경제성은 아래와 같은 현상에도 적용된다.

(50) 가. 영이는 철수에게 어디 가냐고 물었다.
나. 영이는 철수에게 어디 간다고 말했니?
다. 영이는 철수에게 어디 가냐고 물었니?

한국어에서 의문사와 의문어미는 서로 어울려야 하며, 이 둘은 (50가)와 (50나)에서 보듯이 하나의 절에 함께 포함될 수도 있고, 서로 다른 절에 나타날 수도 있다.[25] 흥미로운 것은 (50다)처럼 의문사가 포함된 절에도 의문어미가 나타나고, 그보다 상위의 절에도 의문어미가 나타나는 경우이다. 이 경우 전체 문장은 설명 의문문이 아니라 판정 의문문으로 해석되는 경향이 강한데 이는 아래에서 보듯이 의문사가 가장 가까이 있는 의문어미와 어울리는 것을 선호하기 때문인 것으로 볼 수 있다(11장 2절 참고).

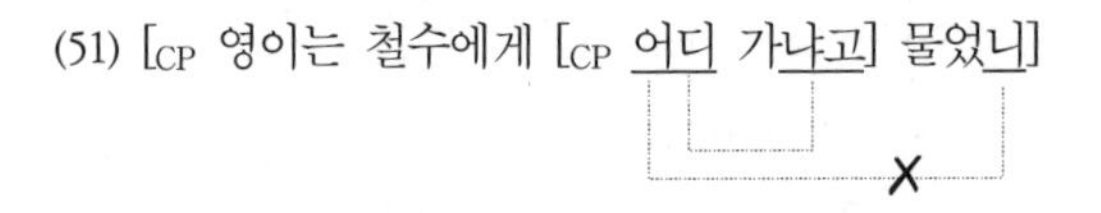

또한 아래와 같은 의문사 이동 현상은 소위 우위성 조건(superiority condition)의 존재를 말해주는데 이 조건도 경제성 개념과 통한다.

(52) 가. Which check did you send to whom?

고 볼 수도 있다. (49)가 비활성적이면 C의 명시어가 하나여도 이 명시어에 두 개 이상의 의문사가 이동하는 것을 막을 수 없다. 의문사 이동 현상을 폭넓게 다루면서 가장 타당한 방안을 찾는 것이 상책이다.

25) 편의상 인용 표지 ‘-고’는 따로 분석하지 않고 어미의 일부로 다룬다.

나. *Whom did you send which check to?

다.

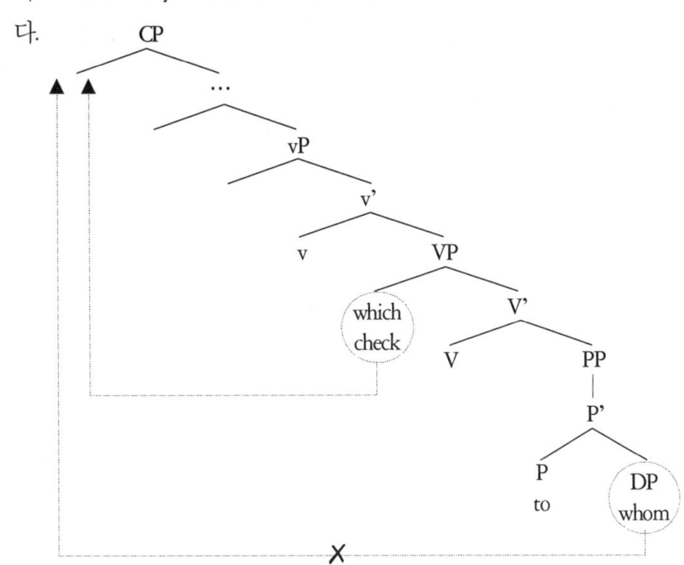

나무그림을 통해 명확히 확인할 수 듯이 의문사 이동 전에 'which check'은 'whom'을 성분-통어하지만 그 역은 성립하지 않으며, 이 경우 의문사 이동은 성분-통어하는 'which check'을 대상으로 삼고, 성분-통어되는 'whom'을 대상으로 삼지는 않는다. 의문사 이동과 관련하여 성분-통어 관계에 민감한 조건이 성립하는 셈인데, 이를 일반화한 것이 우위성 조건이다. 우위성 조건에 따르면, 어떤 성분이 다른 성분을 일방적으로 성분-통어하는 경우 성분-통어하는 성분이 성분-통어되는 성분보다 우위에 있는 것으로 간주되며, 이동 등의 문법 작용은 우위에 있는 성분, 즉 성분-통어하는 성분에만 적용될 수 있다.

흥미로운 것은 경제성 개념이 이동 현상에만 통하는 것이 아니라는 점이다. 특히 물리 현상과 같은 자연 현상도 경제성 개념에 순응하는 것으로 알려져 있다. 예를 들어 평평한 벽에 공을 던지는 상황을 가정해 보자.

벽과 던진 공의 경로가 이루는 각도가 Θ이면 벽에 부딪친 후 튀어 나오는 공의 경로와 벽이 이루는 각도도 Θ이다. 왜 이럴까? 알 수 있는 것은 두 각도가 같아야 공의 이동 경로가 가장 짧다는 사실이다. 이에 벽에 던진 공이 보이는 물리 현상도 경제성에 순응한다고 보게 된다. 그렇다면 언어 현상과 자연 현상은 왜 경제성에 순응하는가? 이 질문에 대한 답은 언어와 자연에 대한 이해가 심화되어 가며 조금씩 구체화되어 가고 있으며, 언젠가 구체적이고 신뢰할 만한 답이 나타나면 언어 현상과 자연 현상에 대한 통합적 이해를 달성할 수 있을 것이다.

10.9. 제약

이동은 마구잡이로 적용되어서는 안 된다. 앞에서 논의했듯이 적정 결속 조건, 순환 조건, 우위성 조건 등을 준수해야 한다. 그렇다면 이 세 가지 조건이면 충분한가? 이에 답하기 위해서는 이동 현상 전반을 면밀히 검토하면서 세 가지 조건 이외의 것이 더 필요한지 확인해야 한다. 이와 관련하여 이동에 대한 몇 가지 제약들이 발견되어 왔는데 대표적인 것들을 소개하면 아래와 같다(Radford 1981, Riemsdijk and Williams 1986, Boeckx 2012 등 참고).[26]

(53) 가. 복합 명사구 제약(complex NP constraint)

*Which book$_i$ did John meet [a child who read t$_i$]?

나. 등위 구조 제약(coordinate structure constraint)

26) 이들 제약은 흔히 "섬 제약(island constraints)"으로 일컬어진다. "섬 제약"의 "섬"은 내부 성분의 이동을 허용하지 않는 일정한 단위를 가리키는 비유적 표현이다. 한편 앞서 각주 18)에서 지적했듯이 "제약"은 "조건(condition)"이나 "여과(filter)"와 그다지 다르지 않다. 동질적인 현상에 두 가지 이상의 이름이 붙었다고 보면 된다.

*What$_i$ did you eat [ham and t$_i$]?

다. 문장 주어 제약(sentential subject constraint)

*Who$_i$ did [that Mary kissed t$_i$] bother you?

라. 좌분지 제약(left branch constraint)

*Whose$_i$ did you buy [t$_i$ book]?

위 예들은 대괄호로 묶인 단위의 내부 성분들이 대괄호 밖으로 이동한 결과 성립하지 않는 것으로 판단되며, 대괄호로 묶인 단위의 성격들이 복합 명사구, 등위 구조, 문장 주어, 좌분지 성분 등으로 서로 다르다. 그래서 그 명칭들도 대괄호로 묶인 단위의 성격을 반영해서 부여되었다.

이제 적정 결속 조건, 순환 조건, 우위성 조건에 더해 (53)의 네 가지 제약, 도합 일곱 가지의 이동에 대한 금기 목록이 작성되었다.

그렇다면 이것으로 충분한가? 확언하기 어렵다. 앞서도 지적했듯이 이동 현상 전체를 다루어야 충분하다 할 수 있는데 이러한 작업은 계속 진행 중이며 이에 따라 새로운 조건이나 제약이 추가되고 있기 때문이다. 예를 들어 (54가)와 (54나)의 대조를 포착하기 위해 핵 이동 제약 (55)가 설정된다.

(54) I will be missing you.

가. Will I be missing you?

나. *Be I will missing you?

(55) 핵 이동 제약(head movement constraint)

핵은 바로 위의 핵으로 이동해야 한다.

즉, [$_{ZP}$ [$_{YP}$ [$_{XP}$ … X …] … Y …] … Z …]에서 핵 X가 핵 Y를 건너서 핵 Z로 곧바로 이동할 수 없다.

다른 한편으로 조건과 제약들이 너무 잡다한 것은 아닌가? 즉, 세 가지 조건과 네 가지 제약 그리고 핵 이동 제약을 보다 적은 수로 통합할 가능성은 없는가? 이 가능성 또한 계속 탐구 중이며, 앞 절에서 제시한 "경제성"이 조건과 제약을 통합하는 핵심으로 추정되고 있다.

10.10. 마무리

언어에는 이동 현상이 존재하고, 이로 인해 다양한 어순(word order)이 나타나게 된다. 또 이동 현상은 논항 이동, 비논항 이동, 핵 이동 등 그 특성에 따라 몇 가지 유형으로 나뉘며, 일정한 조건과 제약을 준수해야 한다.

이동에 대한 조건과 제약은 새로 발굴되는 한편으로 보다 적은 수로 통합되기도 한다. 조건과 제약을 새로이 제시하는 것은 언어 현상 자체에 대한 충실한 기술 또는 설명과 통한다. 어떤 특정 언어 현상이 있고, 기존의 조건과 제약이 이 현상을 설명하는 데 한계를 지니므로 새로운 조건과 제약이 설정되기 때문이다. 이와 달리 조건과 제약이 보다 적은 수로 통합되면, 또 그러한 통합이 강화되면 강화될수록 개별 언어 현상에 대한 충실한 기술이나 설명에서는 멀어지게 된다. 이는 여러 가지를 보다 적은 수로 통합하고 추상화하는 데 따른 당연한 귀결이다.

따라서 이동 현상을 다룰 때는 개별 언어 현상을 면밀히 관찰해서 그 현상에 특유한 조건과 제약을 밝히는 노력, 그리고 여러 가지 조건과 제약을 통합하려는 노력, 이 두 가지 노력이 균형을 이루어야 한다.

11장_이동 이론 2: 한국어의 이동 현상

다른 여러 언어와 마찬가지로 한국어도 이동 현상을 보인다. 예를 들어 '철수를 영이가 만났다'와 '영이가 만났다, 철수를'은 '영이가 철수를 만났다'에서 목적어 '철수를'이 문장의 앞으로 전치될 수도 있고 문장의 뒤로 후치될 수도 있다는 것을 잘 보여준다.

그렇다면 한국어에서는 얼마나 다양한 이동 현상이 나타나는가? 이 의문을 풀고자 이 장에서는 한국어의 이동 현상을 살피고자 하는데 본격적인 논의에 앞서 주의할 것 두 가지가 있다.

첫째, 이동은 위에서 제시한 예처럼 그 효과가 겉으로 직접 드러날 수도 있지만 경우에 따라서는 효과가 겉으로 잘 드러나지 않을 수도 있다. 어순 변이가 이동에 대한 증거이긴 하지만 이로부터 어순 변이만이 이동에 대한 증거라는 결론은 성립하지 않으며, 이동의 효과가 여러 요인에 의해 은폐될 수도 있는 것이다.

둘째, 현상에 대한 설명은 때로 하나가 아니라 둘 이상일 수 있다. 하나의 현상에 대해 두 가지 설명이 제안되었다고 하자. 그러면 두 제안을 비교하는 연구가 뒤따르게 되고, "어느 이론이 보다 다양한 자료를 설명할 수 있는가?", "어느 이론이 보다 체계적이고 간명한가?" 등에 대한 답을 찾게 된다. 그 결과 어느 한 이론을 택하기도 하고 경우에 따라서는 기존의 이론들을 아우르는 통합적인 이론을 구성하기도 한다.

지금부터 위의 두 가지 사항에 주의하면서 한국어 이동 현상에 대한 이해를 도모한다.

11.1. 주어 이동?

한국어든 영어든 주어는 동사구 내부 주어 가설에 따라 심층구조에서 vP의 명시어 자리에 생성된다(5장 3절 참고). 그리고 vP가 형성되면 여기에 I와 같은 기능 범주가 보태지면서 통사구조가 계속 형성된다.

위와 같은 맥락에서 vP와 I가 결합했다고 하자. 그러면 주어는 어떻게 되는가? 앞서 살펴보았듯이 영어의 주어는 IP가 형성되면서 IP의 명시어 자리로 이동한다(10장 4절 참고). 그렇다면 한국어의 주어는 어떠한가? 한국어의 주어도 (1가)에서 보듯이 영어처럼 vP의 명시어 위치에 있다가 IP의 명시어 위치로 이동하는가, 아니면 영어와 달리 (1나)에서 보듯이 vP의 명시어 위치에 머무는가?

(1) 영이가 철수를 만났다.

가.

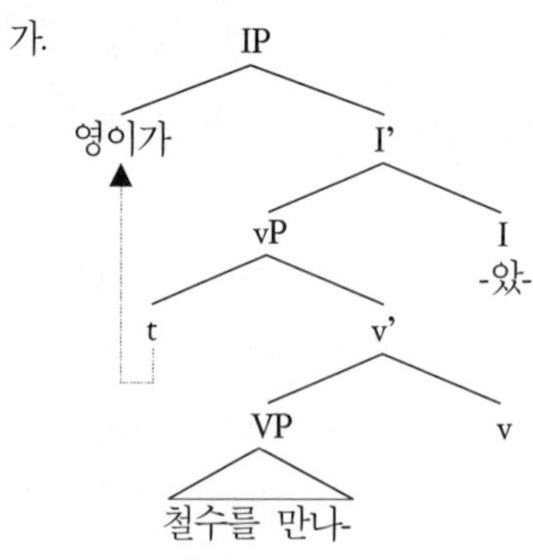

나.

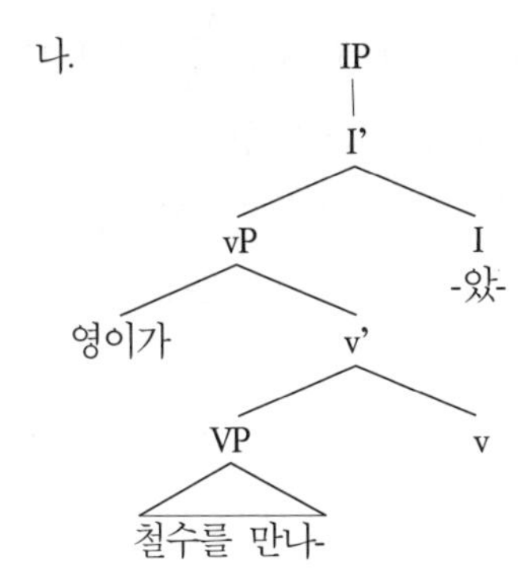

(1가)와 (1나) 중에 어느 것을 선택해야 하는가? 한국어는 핵-후행 언어(head-final language)이므로 주어가 vP의 명시어에서 IP의 명시어로 이동을 해도 표면적인 어순에는 변화가 없다.[1] 따라서 어순만으로는 (1가)가 옳은지 아니면 (1나)가 옳은지를 정할 수 없다.

어순 외에 주어의 이동 유무를 판단할 수 있는 현상은 무엇인가? 우선 떠오르는 것은 허사(expletive)의 존재이다. 허사는 독자적인 의미를 지니지 않으며 IP의 명시어 자리를 채우는 역할만 담당하므로 허사의 존재는 곧 IP의 명시어가 채워져야 한다는 조건의 존재를 의미한다. 따라서 한국어에 허사가 존재한다면, 즉 한국어 IP의 명시어 자리가 채워져야 한다면,[2] (1나)보다는 (1가)를 택하게 된다. (1가)는 주어의 이동으로 IP의 명시어 자리를 채우고 있지만 (1나)는 그렇지 않기 때문이다. 그러나 한국어는 허사를 지니지 않는다. 따라서 허사를 고려해도 (1가)와 (1나) 중에 어느 것이 더 나은지 정하기 어렵다.[3]

1) 핵-선행 언어(head-initial language)이면 'John$_i$ will t$_i$ meet Mary'에서 보듯이 주어가 IP의 명시어로 이동하면서 어순이 바뀐다.

2) IP의 명시어 자리를 채워야 하는 요건을 흔히 확대 투사 원리(EPP. extended projection principle)라 한다(1장 7절, 5장 2절 참고). 때로 IP를 포함하여 어떤 기능 범주의 명시어 자리를 채워야 하는 요건을 EPP라 하기도 하는데, 이에 따르면 영어와 같은 언어에서 의문사가 CP의 명시어 자리로 이동하는 것은 기능 범주 C가 EPP 속성을 지니기 때문이다.

3) "허사 부재"를 "확대 투사 원리 부재"로 해석하면 (1가)보다는 (1나)를 택하게 된다.

자료를 통해, 즉 경험적 차원에서 (1가)와 (1나)를 비교해서 어느 하나를 선택하기 어려운 셈인데 그렇다면 이론적인 면에서 고려하면 어떤가? 이론적 잣대는 (1가)를 선호하는가, 아니면 (1나)를 선호하는가?

(1가)와 (1나) 중에 어느 하나를 쉽게 선택하기 어려운 것은 이론적 차원에서도 마찬가지이다. 왜 그런가?

모든 언어를 가급적 같은 방식으로 설명하는 것이 좋다는 이론적 입장을 취해 보자. 그리고 주어가 vP 명시어에서 IP 명시어 자리로 이동하는 현상이 확실한 영어와 같은 언어의 존재를 고려해 보자. 다시 말해 (1나)로 설명할 수 없는 언어가 존재한다는 사실에 주목해 보자. 그러면 (1가)가 (1나)보다 우월한 것으로 평가된다. 주어가 vP 명시어 위치에서 IP 명시어 위치로 이동하는 한 가지 방식으로 한국어와 영어를 설명하기 때문이다. 그리고 한국어의 주어가 vP의 명시어에서 IP의 명시어로 이동한다는 견해에 대한 결정적 반례가 존재한다고 보기도 힘들다.[4)]

그런데 이론적 차원에서 고려해야 하는 것이 설명의 일률성만은 아니다. 언어 이론은 특정 언어 현상에 대한 설명이 언어 습득(language acquisition)과 부합해야 한다는 요건도 충족해야 한다(1장 5절 참고). 주어 이동을 지지하는 자료가 없는 상황에서 한국어를 습득하는 아이들이 과연 (1가)를 습득할 수 있을까? vP 명시어에서 IP 명시어로의 주어 이동을 지지하는 자료의 부재는 (1나)를 지지한다고 보는 것이 합당하지 않을까?

물론 IP의 명시어 자리를 채우는 것은 경험 이전에 선천적으로 결정된 언어 보편적 속성이라고 주장할 수도 있다. 하지만 경험, 즉 자료를 통한 실증에서 벗어난 주장을 하기 위해서는 그 주장이 지극히 자명해야 한다.

---

4) 일반적으로 어떤 것이 이동하는 언어와 이동하지 않는 언어를 한 가지 방식으로 설명하려면 이동 방식을 택할 수밖에 없다. 그러면 이동하는 언어는 이동 방식으로 직접 설명되고, 이동하지 않는 언어는 겉으로 잘 드러나지 않는 이동이 개입하는 것으로 이해된다. 반면에 이동하지 않는 방식을 택하면 이동하는 언어에 대한 설명이 아예 불가능해진다.

예를 들어 기하학에서는 점과 선의 존재를 별다른 증명 없이 가정하는데 이러한 가정은 자명하며 또 필수불가결하다. 다시 말해 점과 선 개념을 가정하지 않고는 아예 기하학을 시작조차 할 수 없다. 그렇다면 IP의 명시어 자리를 채워야 한다는 요건이 과연 기하학의 점과 선 개념만큼이나 자명하고 필수불가결한 것인가? 그렇다고 답하기 어렵다. 따라서 IP의 명시어 자리를 채우는 것이 자료를 통한 실증 없이도 주장될 수 있다고 보기 어렵다.

정리하면 한국어에 과연 주어 이동 현상이 존재하는지는 아직 깔끔히 해결되지 않은 문제라 할 수 있다. 이러한 상황에서는 미해결의 문제를 지속적으로 의식하면서 다른 현상을 다루는 것이 상책일 수 있다. 다른 현상을 다루다 보면 주어 이동 유무를 해결할 수 있는 단서를 찾을 수도 있기 때문이다. 다만 여기서는 (1가)와 (1나)를 염두에 두되, 설명의 편의상 (1가)를 택하는데, (1가)가 아니라 (1나)를 택하면 논의가 어떻게 전개될지를 늘 고려하기 바란다.

11.2. 의문사 이동?

언어는 의문사가 이동하는 언어와 그렇지 않은 언어로 나뉜다(10장 2절, 5절 참고). 이 두 유형 중 한국어는 의문사가 이동하지 않는 언어 유형에 속하는데 이는 의문사가 이동하지 않은 아래 예가 아무런 이상을 지니지 않는 것을 통해 잘 알 수 있다.[5]

(2) 영이가 누구를 만났니?

5) 물론 '누구를 영이가 만났니?'에서 보듯이 의문사가 이동할 수도 있다. 하지만 이 이동은 10장 2절에서도 지적했듯이 의문사 이동이 아니라 뒤섞기(scrambling)에 의한 것이다. 뒤섞기는 다음 절에서 논의한다.

그런데 의문사가 이동하지 않음에도 불구하고 의문사가 이동하는 언어의 특성을 보이는 현상이 나타나는바 주목을 요한다. 이와 관련하여 먼저 아래 예를 통해 한국어 의문문의 특성을 파악해 보자.

(3) [문] 철수 왜 왔니?
[답] 공부하러.

(4) [문] 철수 왔니?
[답] 응, 왔어
아니, 안 왔어.

(3[문])처럼 의문사가 등장하는 의문문을 설명 의문문이라 하며, 이 의문문에 대한 적절한 대답은 (3[답])에서 보듯이 의문사에 대한 정보를 제공하는 것이다. (3[문])과 마찬가지로 (4[문])도 의문문이다. 다만 (4[문])은 (3[문])과 구별하여 판정 의문문이라 하는데, 판정 의문문에 대해서는 (4[답])에서 보듯이 가부 여부로 대답하면 된다.

설명 의문문과 판정 의문문은 의문사 유무에서는 차이를 보이지만, '-니'와 같은 의문어미를 요구하는 점에서는 공통적이다.[6] 따라서 의문어미가 나타나지 않으면 아래에서 보듯이 의문이 성립하지 않으며 아예 문장 자체가 성립하지 않기도 한다.

---

6) 설명 의문문과 판정 의문문은 억양에서 차이를 보여서 판정 의문문은 상승조로 종결되지만 설명 의문문은 그렇지 않다. 한편 '철수가 누구를 만났다.'와 같은 예는 일견 의문어미 없이 의문사 '누구'가 나타난 예로 보기 쉬우나 이 예의 '누구'는 의문사가 아니라 '어떤 사람, 누군가'와 통하는 부정사이다. '누구, 무엇, 어디' 등의 쓰임을 통해 알 수 있듯이 한국어는 부정사와 의문사를 형태적으로 구분하지 않는다. 다만 '왜'는 의문사로만 쓰인다. 그리고 중세국어와 동남방언에서는 설명 의문문과 판정 의문문의 의문어미가 형태적으로 구분되기도 한다(서정목 1987 참고). 예를 들어 동남방언은 '니 어데 가노?', '니 장에 가나?', '누가 학생이고?', '니가 학생이가?'에서 보듯이 설명 의문문과 판정 의문문의 의문어미가 각각 '-노/고'와 '-나/가'로 구분된다.

(5) *철수 왜 왔다.

이제 위의 논의를 바탕으로 아래 현상을 분석하고자 하는데, 먼저 (6가)와 (6나)가 설명 의문문인지, 판정 의문문인지부터 판단해 보자.

(6) 가. 너는 [철수가 어디에서 누구를 만났다고] 기억하니?
나. 너는 [철수가 어디에서 누구를 만났는지] 기억하니?

(6가)는 설명 의문문으로 해석되는 데 아무런 이상을 지니지 않는다. 그래서 대답으로 (7가)가 가능하다. 그런데 (6가)와 달리 (6나)는 설명 의문문으로는 해석되기 어렵고 판정 의문문으로 해석된다. 그래서 (6나)에는 (7가)가 아니라 (7나)가 어울리는 대답이 된다.

(7) 가. 학교에서 민수를.
나. 응, 기억 나.
아니, 기억 안 나.

(6가)는 설명 의문문으로 해석되고, (6나)는 판정 의문문으로 해석되는 이유는 무엇인가? 이 의문에 답하기 위해 (6가)와 (6나)의 차이점, 즉 내포절 어미에 주목해 보자. (6가)의 내포절 어미는 평서형 '-다고'이고,[7] (6나)의 내포절 어미는 의문형 '-은지'이다. 그러면 아래와 같이 (6가)와 (6나)의 차이를 설명할 수 있다.

(3문)과 (5)의 대조에서 알 수 있듯이 의문사는 의문어미와 어울려야 한다. 이를 흔히 의문사와 의문어미가 일치를 이룬다고 한다(서정목 1987 참고). 의문사-의문어미 일치에 유념하면서 (6가)를 살펴보자. (6가)에 나타난 의문사-의문어미 일치는 구체적으로 어떠한가?

7) 편의상 인용의 '-고'는 어미의 일부로 간주한다.

(6가)에서 의문사 '어디에서'와 '누구를'은 내포절에 나타났다. 그런데 내포절은 의문형이 아니라 평서형 어미를 포함하고 있으며 의문어미는 모문의 '-니'뿐이다. 따라서 (6가)의 의문사는 모문의 '-니'와 일치하게 되고 이로 인해 의문사의 영향력이 모문에까지 미치게 된다. 그래서 (6가)는 의문사가 모문에 영향력을 미치는 해석, 즉 설명 의문문의 해석을 지닌다.

(8) 너는 [철수가 어디에서 누구를 만났다고] 기억하니?[8]

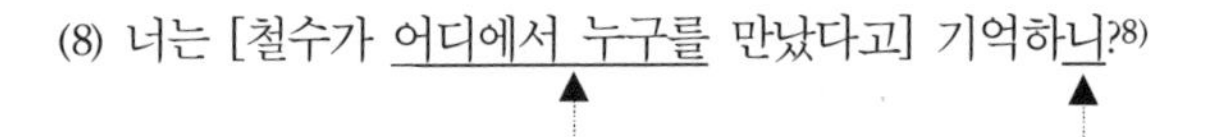

(6나)의 의문사도 의문어미와 일치해야 한다. 그런데 (6가)와 달리 (6나)에는 두 개의 의문어미가 나타나 있다. 하나는 내포절의 '-은지'이고, 다른 하나는 모문의 '-니'이다. (6나)가 설명 의문문이 아니라 판정 의문문으로 해석되는 것은 의문사의 영향력이 모문에까지 미치지 못함을 의미하는바, 이는 (6나)에서 의문사가 내포절의 의문어미와 일치하며, 나아가 의문사에 가까이 있는 내포절의 의문어미가 의문사에서 보다 멀리 떨어져 있는 모문의 의문어미가 의문사와 일치하는 것을 저지한다는 것을 의미한다.

(9) 너는 [철수가 어디에서 누구를 만났는지] 기억하니?

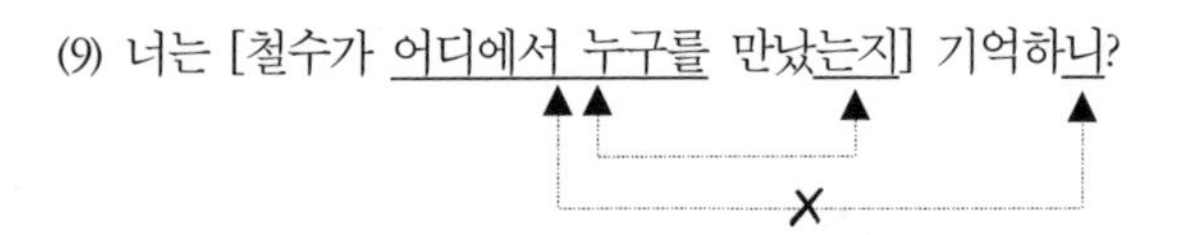

주목할 것은 가까이 있는 의문어미가 멀리 있는 의문어미의 일치를 저지하는 현상과 비견되는 것이 의문사가 이동하는 언어에서도 관찰된다는 점이다(10장 8절 참고).

8) 의문사 '어디에서'와 '누구를'은 각각 의문어미 '-니'와 일치한다. 편의상 각각의 일치를 따로따로 표시하지 않는다.

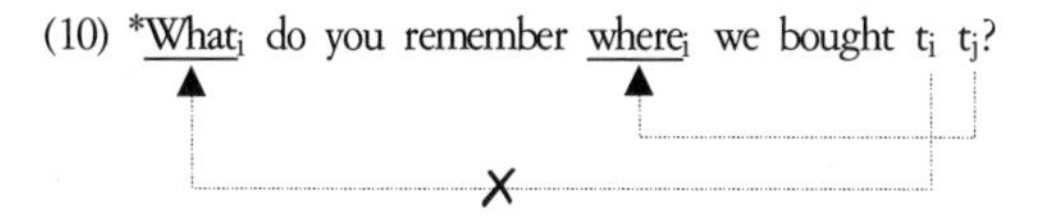

(9)에서 가까이 있는 의문어미 C가 멀리 있는 의문어미 C의 일치를 막듯이 (10)에서는 문장의 앞, 즉 의문사가 이동해 가는 CP의 명시어에 보다 가까운 의문사 'where'가 보다 멀리 있는 의문사 'what'의 이동을 막는다.

(9)와 (10)이 통하는 셈인데 이 둘을 한꺼번에 설명할 수는 없을까? 통합적으로 설명하기 위해 겉보기와 달리 (9)에서도 의문사가 CP 명시어 자리로 이동한다고 해보자. 그러면 (9)와 (10)은 동일한 방식으로 설명된다. (9)에서 의문사가 이동하면 아래에서 보듯이 (10)과 평행한 모습이 나타나기 때문이다.

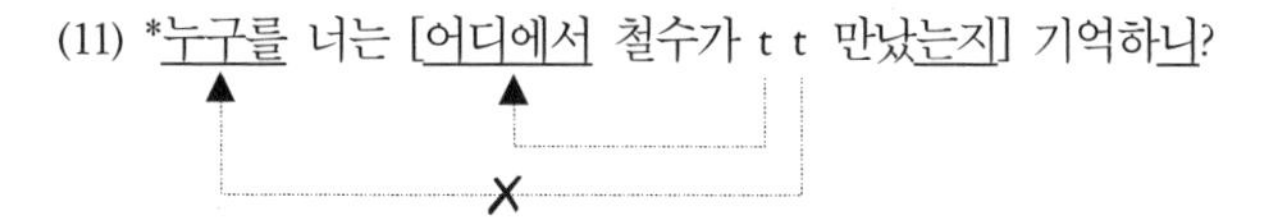

한국어 현상과 영어 현상을 통합적으로 설명할 수 있는 제안은 사뭇 매력적이다. 그런데 통합적 설명은 눈에 보이지 않고 귀에 들리지 않는 이동을 필요로 한다. 다시 말해 (9)에서 의문사는 겉으로는 제자리에 머무는 듯이 보이지만 사실은 눈에 보이지 않고 귀에 들리지 않게 이동한다고 보아야 한다. 이렇게 겉으로 드러나지 않는 이동을 가리켜 내현적 이동(covert movement)이라고 한다.[9] 이와 달리 겉으로 드러나는 이동은 외현적 이동(overt movement)이라고 한다.

내현적 이동의 가능성을 적극적으로 고려하면 영어와 중국어의 의문문

---

9) 1장 7절에서 제시했듯이 이동은 심층구조 층위와 표층구조 층위 사이에서 적용될 수 있을 뿐만 아니라 표층구조 층위와 논리형식 층위 사이에서 적용될 수도 있다. 내현적 이동은 표층구조 층위와 논리형식 층위 사이에 적용되는 이동을 가리킨다.

에서 관찰되는 현상도 통합하여 설명할 수 있게 된다.

(12) 가. What$_i$ does John think Mary bought t$_i$?
가'. *John thinks what$_i$ Mary bought t$_i$.
나. John wonders what$_i$ Mary bought t$_i$.
나'. *What$_i$ does John wonder Mary bought t$_i$?

(12)에서 보듯이 V 'think'는 내포절 의문사가 모문으로 이동하는 것을 막지 않고 V 'wonder'는 내포절 의문사가 모문으로 이동하는 것을 막는다. 이러한 차이는 V 'think'와 V 'wonder' 사이의 의미적 차이로 설명할 수 있다. 의미적으로 V 'think'는 평서의 내포절을 요구하고, 평서의 내포절은 의문사와 어울리지 않으므로 의문사는 의문문인 모문으로 이동하게 된다. V 'think'와 달리 V 'wonder'는 의문의 내포절을 요구한다. 그리고 의문사는 의문의 내포절과 잘 어울린다. 그래서 의문사는 의문의 내포절에 머무르게 되며 의문의 내포절을 넘어 모문으로까지 이동하지 않는다.[10)]

위의 논의를 바탕으로 아래 중국어 현상을 관찰해 보자(Huang 1982 참고). 아래에서 영어의 V 'think'와 통하는 중국어의 V 'yiwei'는 평서의 내포절을 요구하고, 영어의 V 'wonder'와 통하는 중국어의 V 'xiang-zhidao'는 의문의 내포절을 요구한다.

(13) 가. Zhangsan yiwei Lisi mai-le shenme?
Zhangsas think Lisi bought what
(What does Zhangsan think Lisi bought?)
나. Zhangsan xiang-zhidao Lisi mai-le shenme.
Zhangsan wonder Lisi bought what
(Zhangsan wonders what Lisi bought.)

10) 이는 (9)와도 통하는 현상이다. 다만 한국어는 의문의 내포절이 아예 '-은지'와 같은 어미로 표시되지만 영어는 그렇지 않다는 차이를 지닌다.

(13가)는 설명 의문문으로 해석되지만 (13나)는 그렇지 않다. 이러한 점은 의문사가 외현적으로 이동하지 않은 점만 제외하고는 (12)와 평행하다. 여기에 내현적 의문사 이동을 적극적으로 고려해 보자. 그러면 의문사 이동이 내현적이냐, 외현적이냐에서만 차이를 보일 뿐 (12)와 (13)은 동일한 현상으로 간주된다.

지금까지 살펴보았 듯이 외현적 의문사 이동에 더해 내현적 의문사 이동까지 인정하는 이론은 여러 언어의 의문사 현상을 통합적으로 설명하는 힘을 지닌다. 특히 (9)와 (10), 그리고 (12)와 (13)은 외현적 의문사 이동과 내현적 의문사 이동이 서로 통하는 현상임을 잘 보여주는데, 이는 내현적 의문사 이동이 어느 정도는 경험적으로도 타당함을 의미한다.[11] 이 정도의 경험적 타당성으로 내현적 의문사 이동을 인정할 수 있을지, 또 내현적 의문사의 경험적 타당성을 보다 공고히 할 수 있는 방안은 무엇인지를 논의할 필요가 있다(Pesetsky 2000 등 참고). 물론 내현적 의문사 이동 없이 (9)와 (10), 그리고 (12)와 (13)의 평행성을 설명하는 방안도 추구해야 하며, 어느 쪽이 보다 타당한지는 연구가 진행되면서 자연스레 드러날 것이다.

---

11) 이와 관련하여 내현적 이동은 양화사의 영향권(quantifier scope) 현상을 설명하는 데 기여하기도 한다(S.-H. Ahn 1990, J.-H. Suh 1990, K.-W. Sohn 1995, May 1985, Haegeman 1994: 9장 등 참고). 예를 들어 '누구나 누군가를 사랑한다', 'Everyone loves someone.'은 중의성을 띠어서 "누구나 > 누군가" 해석(각자 사랑하는 사람이 따로따로 있음)과 "누군가 > 누구나" 해석(모두에게 사랑받는 사람 하나가 있음)을 지니는데 내현적 이동은 이러한 중의성을 설명하는 힘을 지닌다. 간단히 말해 '누구나, 누군가, everyone, someone'같은 양화사는 내현적 이동을 겪는데 내현적 이동의 결과 '누구나, everyone'이 '누군가, someone'보다 상위에 놓이면 "누구나 > 누군가" 해석이 되고, 역으로 '누군가, someone'이 '누구나, everyone'보다 상위에 놓이면 "누군가 > 누구나" 해석이 된다. 이와 관련하여 다음 절의 논의도 참고.

11.3. 뒤섞기

한국어에 주어 이동이 있다고 말하기 어렵고 의문사 이동이 있다고 말하기 애매한 데 비해 뒤섞기(scrambling)의 존재는 확실하다. 아래에서 보듯이 뒤섞기의 존재를 눈과 귀로 직접 관찰할 수 있기 때문이다.

(14) 가. 철수가 영이를 만났다.
 나. 영이를 철수가 만났다.

그렇다면 뒤섞기는 성분을 어떻게 뒤섞는가? 예를 들어 (14가)가 소위 기본 어순(basic word order)이고 여기에 뒤섞기가 적용되어 '영이를'이 주어 '철수가' 앞으로 이동하여 (14나)가 되는가, 아니면 (14나)가 기본 어순이며 여기에 뒤섞기가 적용되어 '철수가'가 '영이를' 앞으로 이동하여 (14가)가 되는가?

위의 두 가지 해석 가운데 의미역 이론이나 격 이론을 고려하면 전자가 올바른 것으로 판단된다. 의미역 이론과 격 이론은 (14가)에 해당하는 구조를 필요로 하므로 (14가)의 구조에서 의미역과 격이 부여되고 그 다음에 '영이를'이 '철수가' 앞으로 이동하여 (14나)가 형성되는 것으로 보는 것이 합리적이기 때문이다.[12] 이에 따르면 (14나)는 아래와 같이 분석된다.

(15) 영이를 철수가 t 만났다.

12) 이러한 판단은 의미역 부여와 대격 부여가 이동 전에 이루어진다는 가정에 기대고 있다는 점에 주의할 필요가 있다. 만약 의미역 부여와 대격 부여가 이동 전이 아니라 이동 후에 이루어지는 것으로 보면, 나아가 하강(lowering)의 가능성을 적극적으로 고려하면 (Richards 2004 참고), (14나)에 이동이 적용되어 (14가)가 될 수도 있다(Bošković and Takahashi 1998 참고). 이 경우 (14가)는 't_i 철수가 영이를$_1$ 만났다'로 분석된다.

그렇다면 의미역 이론이나 격 이론 외에 (15)의 분석을 지지하는 구체적인 현상은 무엇인가? 이와 관련하여 아래 현상을 살펴보자.

(16) 가. *그$_i$는 [영이가 철수$_i$에게 준 책을] 아직 읽어보지 않았다.
나. [영이가 철수$_i$에게 준 책을] 그$_i$는 아직 읽어보지 않았다.

(16가)에서 보듯이 주어 자리에 나타난 대명사 '그'는 목적어에 포함된 선행사 '철수'와 동지표될 수 없다. 그런데 선행사 '철수'를 포함한 목적어가 주어 앞에 위치한 (16나)에서는 '철수'와 '그' 사이의 동지표가 얼마든지 가능하다. 흥미로운 것은 이러한 현상이 목적어가 주어 앞으로 이동한 경우와 통한다는 사실이다.

(17) 가. *He$_i$ has not read the letter that Mary sent to John$_i$.
나. The letter that Mary sent to John$_i$, he$_i$ has not read t.

이론이라면 모름지기 여러 현상을 통합해서 설명할 수 있어야 한다. 따라서 결정적인 반증이 없는 한, (16)은 (17)과 평행하게 설명되어야 하며 이에 따라 (16나)는 (17나)와 평행하게 아래와 같이 분석된다.

(18) 영이가 철수$_i$에게 준 책을 그$_i$는 t 아직 읽어보지 않았다.

어순과 대명사 해석 사이의 관련성에 주목하면 소위 간접 목적어와 직접 목적어 사이에 성립하는 기본 어순이 무엇이며 뒤섞기에 의한 어순이 무엇인지 정할 수 있다.

(19) 가. *영이는 그$_i$에게 순이가 철수$_i$에게 보낸 편지를 전했다.
나. 영이는 순이가 철수$_i$에게 보낸 편지를 그$_i$에게 전했다.

선행사와 대명사 사이의 관계에 있어서 (19가)는 (16가)와 평행하고, (19나)는 (16나)와 평행하다. 이에 맞추어 (19나)는 (18)과 평행하게 아래와 같이 분석되며, 이에 따라 "간접 목적어, 직접 목적어" 어순이 기본 어순이 된다.

(20) 영이는 [순이가 철수$_i$에게 보낸 편지를] 그$_i$에게 t 전했다.

위와 같은 해석이 보다 타당하려면 어순과 해석 사이의 상관관계가 대명사 해석 이외의 경우에도 나타나야 한다. 어순과 해석 사이의 유관성이 대명사 해석에만 한정된 것이면 위와 같은 해석의 일반성을 인정하기 어렵기 때문이다. 그렇다면 어순과 해석 사이의 관련성을 보여주는 또 다른 현상은 존재하는가? 아래 예는 양화사 해석과 어순 사이의 관련성을 잘 보여준다.

(21) 가. 누구나 누군가를 사랑한다.
나. 누군가를 누구나 t 사랑한다.

(22) 가. 선생님은 누구에게나 누군가를 추천했다.
나. 선생님은 누군가를 누구에게나 t 추천했다.

(21가)는 두 가지로 해석된다. 하나는 '철수는 영이를 사랑하고, 영이는 민수를 사랑하고, 민수는 순이를 사랑하고 …' 식으로 모든 사람 각각이 사랑하는 사람이 따로따로 존재하는 해석이고, 다른 하나는 '철수도 영이를 사랑하고, 민수도 영이를 사랑하고, 순이도 영이를 사랑하고 …' 식으

로 한 사람을 모든 사람이 함께 사랑하는 해석이다. 그런데 (21나)처럼 어순이 바뀌면 두 가지 해석 가운데 전자보다 후자의 해석이 훨씬 선호된다. 주목할 것은 이러한 해석 양상이 (22)에서 보듯이 간접 목적어와 직접 목적어 사이의 어순과 관련해서도 유효하다는 점이다. (22가)는 (21가)와 마찬가지로 중의성을 띠는 반면 (22나)는 (21나)처럼 한 가지 해석이 선호되는 것이다.

이상의 논의를 종합하면 한국어의 기본 어순은 (23가)와 (24가)이며 뒤섞기가 적용되면 (23나), (24나)의 어순이 나타나게 된다.

(23) 가. 철수가 영이를 만났다.
나. 영이를$_i$ 철수가 t_i 만났다.

(24) 가. 철수가 영이에게 책을 주었다.
나. 철수가 책을$_i$ 영이에게 t_i 주었다.[13)]

지금까지 뒤섞기가 이동 현상임을 확인했다. 그렇다면 뒤섞기는 주어 이동과 같은 논항 이동이나 의문사 이동과 같은 비논항 이동과는 얼마나 같고, 얼마나 다른가? 다시 말해 뒤섞기는 논항 이동이나 비논항 이동으로 통합할 수 있는가, 아니면 새로운 유형의 이동으로 설정해야 하는가? 이러한 의문에 대한 답을 찾아가며 뒤섞기에 대한 통사적 연구는 심화되고 있다(Sato and Goto 2014, Ko 2018 등 참고).

13) 뒤섞기에 의해 '책을'이 주어 '철수가' 앞으로까지 이동하면 '책을$_i$ 철수가 영이에게 t_i 주었다'가 된다. 이 경우 '책을'이 '영이에게' 앞에 들렀다가 주어 앞으로 가는지는 확실치 않다. 들렀다가 가면 '책을$_i$ 철수가 t_i' 영이에게 t_i 주었다'에서 보듯이 '영이에게' 앞에 흔적이 추가된다. 한편 논의는 생략했지만 간접 목적어도 뒤섞기를 겪을 수 있다. 간접 목적어에 뒤섞기가 적용되면 '영이에게$_i$ 철수가 t_i 책을 주었다'가 된다. 뒤섞기 덕으로 여기서 논의하는 어순에 더해 10장의 (1)에 소개한 다양한 어순이 나타나게 된다.

11.4. 핵 이동과 활용

한국어에는 핵 이동 현상이 나타나는가? 이 의문을 해소하기 위해 먼저 한국어 어미의 문법적 특성을 살펴보자.[14]

어미는 파생접사와 마찬가지로 의존형식(bound form)에 속한다. 하지만 그 문법적 성격은 파생접사와 사뭇 다르다. 예를 들어 어미의 영향력은 단어 내부를 벗어나 구(phrase)에까지 미쳐서 (25가)와 (25나)는 서로 환언될 수 있는 반면 일반적으로 파생접사는 그렇지 않아서 (26가)와 (26나)는 서로 환언될 수 없다.

(25) 가. 신속하게 그리고 정확하게 일을 마무리해라.
　　나. 신속하고 정확하게 일을 마무리해라.

(26) 가. 새하얗고 새파랗다.
　　나. 새하얗고 파랗다.

구에까지 영향력을 미치는 어미의 문법적 성격을 통사구조의 관점에서 파악하면 어미는 통사적 핵(syntactic head)의 문법적 지위를 갖게 된다(4장 및 우순조 1997, 서정목 1998, 2017 이정훈 2008 등 참고). 왜 그런가?

단순한 사실이지만 A와 B가 결합하면 A의 영향력이 B에 미친다는 점에 주목하자. 그러면 (25가)와 (25나)의 환원 가능성은 (25나)에서 어미 '-게'가 '신속하고 정확하-'와 결합한다는 것을 의미한다. 그런데 '신속하고 정확하-'는 구이며, 구는 통사적 존재이다. 따라서 '신속하고 정확하-'와 결합하는 어미 '-게'도 통사적 존재, 즉 통사적 핵(head)일 수밖에 없다.

---

14) 한국어 어미의 문법적 특성은 앞서 4장 2절에서도 논의하였다. 한편 이 절에서 다루는 현상은 핵 이동 이외의 방법으로 설명하는 견해도 존재한다. 다만 논의의 목적상 핵 이동으로 설명하는 방법을 살핀다.

위의 논의를 바탕으로 어미 일반이 통사적 핵의 자격을 지닌다고 보면 아래와 같은 통사구조가 나타난다.

(27) 철수가 영이를 만났다.

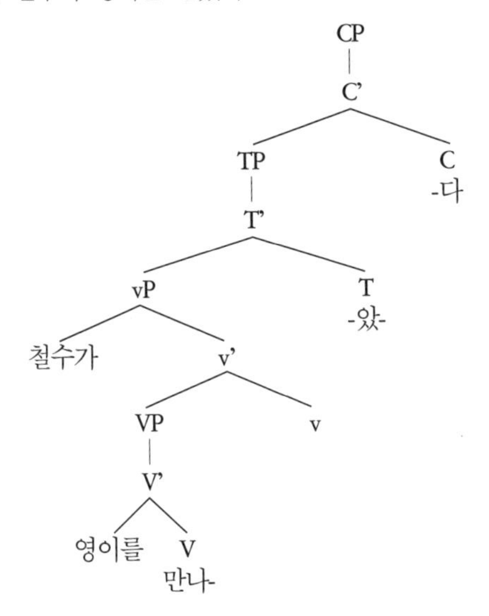

그런데 위의 통사구조는 구에 영향력을 미치는 어미의 문법적 성격과는 잘 어울려도 활용(conjugation)에서 문제를 일으킨다. 활용형 '만났다'를 고려하면 V '만나-'와 T '-았-', C '-다'는 하나의 성분을 이루면서 단어의 성격을 지녀야 하는데 위의 나무그림은 이러한 점을 충족시키지 못하기 때문이다. (27)에서 V '만나-'와 T '-았-', C '-다'는 하나의 성분을 이루지 못할 뿐더러 그 사이에 구 경계(phrasal boundary)가 놓여서 단어와도 거리가 먼 것이다.

그렇다면 (27)이 아직 풀지 못한 채 가지고 있는 활용의 문제는 어떻게 해소할 수 있을까? 여기서 핵 이동(head movement)이 문제의 해결책으로 부상한다. (27)에 핵 이동이 적용되면 V '만나-'가 T '-았-'으로 핵 이동하여

'만났-'이 형성되고 이렇게 형성된 '만났-'이 다시 C '-다'로 핵 이동하여 최종적으로 활용형 '만났다'가 형성되기 때문이다.15) 핵 이동은 핵이 핵에 부가되는 구조를 산출한다. 따라서 방금과 같은 핵 이동이 적용되면 [$_C$ [$_T$ [$_V$ 만나-] [$_T$ -았-]] [$_C$ -다]]에서 보듯이 핵과 핵 사이에는 더 이상 구 경계가 놓이지 않으며 '만나-았-다'는 단어 단위를 이루게 된다.16) 핵 이동을 나무그림으로 보이면 아래와 같다. 편의상 주어 이동은 고려하지 않는다.

(28) 철수가 영이를 만났다.

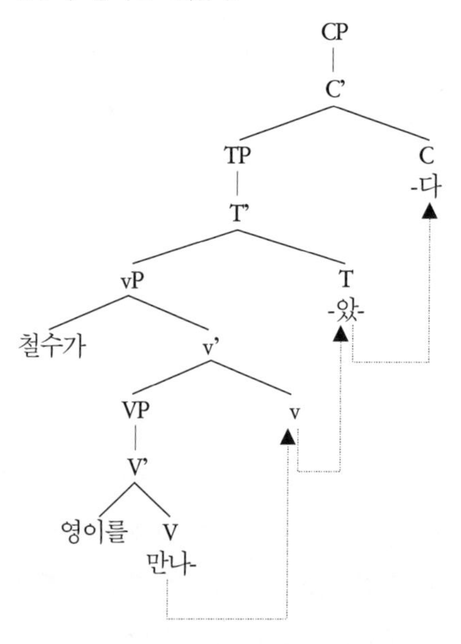

핵 이동은 어간과 어미가 통사적 핵이라는 사실과 어간과 어미가 합쳐

15) 편의상 V의 v로의 핵 이동은 따로 언급하지 않는다.

16) 핵 이동은 여러 핵이 모여 다시 핵을 이룬다. 그래서 때로 핵 이동으로 형성된 단위를 복합핵(complex head)이라고도 한다. 내부에 구 경계를 지니지 않는 복합어를 떠올리면 알 수 있듯이 복합핵은 단어의 성질을 띤다.

져서 단어 단위가 된다는 사실을 포착하는 효과적인 방법이다. 문제는 핵 이동의 존재에 대한 독립적인 증거가 존재하는가의 여부이다. 이와 관련하여 아래 예의 통사구조가 어떠한지 생각해 보자(이정훈 2007, 2008 참고).

(29) 철수는 논문을 (그리고) 영이는 책을 읽었다.

위 예는 해석상 접속문 '철수는 논문을 읽고, (그리고) 영이는 책을 읽었다'와 통한다. 따라서 접속문에서 후행절의 술어와 동일한 선행절의 술어가 생략되어 (29)가 형성되는 것으로 볼 수 있을 듯하다(8장 3절 참고).

(30) 철수는 논문을 ~~읽고~~, (그리고) 영이는 책을 읽었다.

하지만 (29)를 (30)으로 분석하는 것은 아래와 같은 현상에서 한계를 드러낸다.

(31) 철수는 논문을 (그리고) 영이는 책을 열심히들 읽었다.

'{*철수는, 철수와 영이는, 그들은} 열심히들 놀았다'와 '*그들은 [영이가 열심히들 놀았다고] 말했다'에서 알 수 있듯이 밑줄 친 '열심히들'의 '-들'은 '-들'이 포함된 절의 주어가 복수일 것을 요구한다. 이 점은 접속문의 경우에도 마찬가지여서 (32)는 전혀 성립하지 않는다. '열심히들'이 포함된 절의 주어는 '영이는'으로 복수가 아니기 때문이다.

(32) *철수는 논문을 읽고, (그리고) 영이는 책을 열심히들 읽었다.

그런데 비문법적인 (32)에 (30)의 생략을 적용하면 이상한 결과가 초래된다. 비문법적인 (32)에 생략을 적용하여 '읽고'를 생략하면 (31)이 되는데 (31)은 지극히 문법적이기 때문이다. 다시 말해 생략이 생략 대상의 음성적 실현을 막을 뿐 문법적인 면에는 아무런 영향을 끼치지 않는 작용임을 고려하면, 비문법적인 문장이 생략을 통해 문법적인 문장이 된다는 것은 수긍하기 어렵다.

위와 같은 논의를 고려하면 (29)를 (30)으로 분석하기는 곤란하다. 그렇다면 (29)에 대한 합리적인 처리 방안은 무엇인가? 먼저 V와 어미는 통사적 핵이며 V가 어미로 핵 이동한다는 점을 상기하자. 그리고 여기에 더해 아래에서 보듯이 같은 성분들은 이동을 겪으면서 한 번만 실현된다는 점을 고려해 보자.[17)]

(33) 철수는 영이를 사랑하고, 순이는 영이를 미워한다.
가. 영이를 철수는 t 사랑하고, 순이는 t 미워한다.
나. 철수는 t 사랑하고, 순이는 t 미워한다, 영이를.

그러면 (29)를 아래와 같이 분석하는 새로운 길이 열리게 된다.[18)]

17) 이런 식의 이동을 전역 이동(across-the-board movement)이라 한다. 전역 이동은 'Who$_i$ should Jane detest t_i and Hary adore t_i?'에서 보듯이 한국어 외의 언어에서도 나타난다.
18) 편의상 접속 구성은 접속항들이 한꺼번에 결합하여 형성되는 것으로 간주한다. 그래서 (34)에서 보듯이 이분지 구조가 아닌 삼분지 구조가 나타난다. 이분지 구조를 토대로 하는 접속 구성의 통사구조를 모색할 필요가 있는데, 이에 대해서는 이정훈(2015) 등 참고

(34) 철수는 논문을 (그리고) 영이는 책을 읽었다.

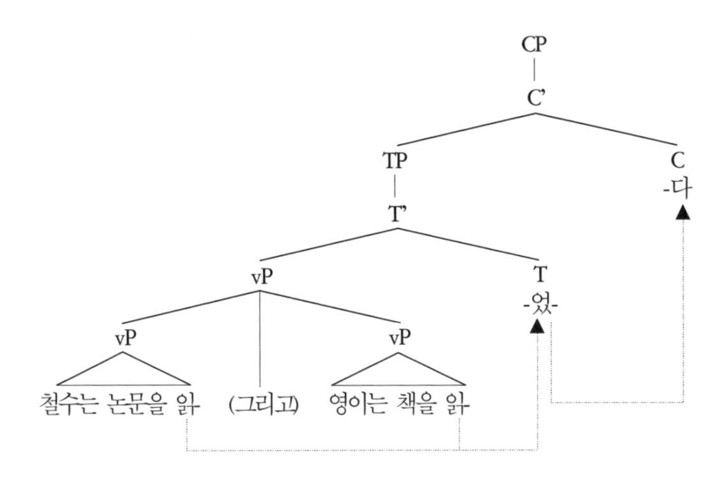

위에서 선행 V '읽-'과 후행 V '읽-', 이 두 개의 V '읽-'은 (33)의 방식으로 T '-었-'으로 핵 이동한다. 그러면 '읽-었-'이 형성되고 다시 여기에 핵 이동이 적용되어 C '-다'로까지 이동하면 '읽었다'가 형성된다. 중요한 것은 (34)가 두 절의 접속이 아니라 하나의 절이라는 사실이다. (34)에서 접속되는 것은 vP이지 절이 아니기 때문이다.

(34)의 분석에 따르면 (29)는 하나의 절 내에 '철수는'과 '영이는' 이렇게 두 개의 주어, 즉 복수성을 띤 주어를 갖게 되어 '열심히들'과 충분히 어울릴 수 있으며 이로 인해 (31)이 나타날 수 있게 된다.

한국어는 핵-후행 언어여서 표면적인 어순만 봐서는 핵 이동의 유무를 확인하기 어렵다. (28)에 표시한 핵 이동은 실제로 적용되어도 핵 이동 전과 핵 이동 후의 어순에서 변화가 없기 때문이다. 이에 쉽지만은 않은 현상 (29)를 분석하였고 그 결과 핵 이동에 대한 증거를 확보하였다.

핵 이동을 지지하는 또 다른 현상은 없는가? 핵 이동에 부합하는 현상이 많으면 많을수록 핵 이동이 한국어에 나타난다는 견해의 타당성은 높아지므로 핵 이동을 지지하는 현상을 발굴하는 것은 중요하다. 이러한 맥락에서 핵 이동을 지지하는 현상 한 가지를 더 제시하고자 하는데, 아래 예에서 '영이한테서'가 어떻게 해석되는지 고려해 보자.[19)]

(35) 가. 철수는 [순이가 영이한테서 저 책을 샀다고] 들었다.
나. 영이한테서 저 책을, 철수는 [순이가 샀다고] 들었다.

(35가)와 마찬가지로 (35나)에서 '영이한테서'는 책의 출처로 해석될 수 있다. 내포절 '순이가 영이한테서 저 책을 샀다고'에서 '영이한테서'와 '저 책을'이 문장의 앞으로 이동해서 (35나)가 되는 것으로 보면 방금과 같은 해석은 지극히 자연스럽다. 그런데 흥미로운 것은 (35나)처럼 내포절의 '저 책을'과 '영이한테서'가 문장의 앞으로 함께 이동하면 '영이한테서'가 책의 출처로 해석될 수 있지만 '영이한테서'만 단독으로 문장의 앞으로 이동하면 그럴 수 없다는 점이다. 아래에서 보듯이 내포절의 '영이한테서'가 단독으로 문장의 앞으로 이동하면 이동 전에 지니는 책의 출처 해석은 불가능하기 때문이다. 이는 내포절의 '영이한테서'가 단독으로 문장의 앞으로 이동하지 못함을 의미한다.

(36) *영이한테서 철수는 순이가 t 저 책을 샀다고 들었다.[20)]

내포절의 '영이한테서'가 단독으로 이동할 수 없다는 점을 고려하면 '영이한테서'와 '저 책을'이 따로따로 문장의 앞으로 이동하여 (35나)가 된다고 보기 어렵게 된다. 물론 따로따로 이동하되 (35)처럼 '영이한테서'

19) 12장 5절에서 살피는 '용언 반복 구문'도 핵 이동을 지지한다.

20) '영이한테서'가 소문의 출처, 즉 '들었다'의 수식어로 해석될 수는 있다. 하지만 이 경우는 '영이한테서'가 내포절에서 모문으로 이동한 것이 아니라 애초에 모문에 나타난 예에 해당한다.

와 '저 책을'이 서로 인접(adjacency)하면 '영이한테서'가 '저 책을'과 관련된 해석, 즉 책의 출처로 해석된다고 가정할 수도 있다. 하지만 이러한 가정은 가급적 피해야 한다. 무엇보다도 인접 개념은 통사론의 근본 속성인 구조와 어울리지 않기 때문이다. 가급적이면 통사론의 근본 속성인 구조를 바탕으로 현상을 해석해야 하는 것이다.

통사론의 근본 속성인 구조를 존중하면서 (35나)와 (36)의 대조를 설명할 수 있는 방법은 무엇인가? 특히 핵 이동은 이 문제를 푸는데 어떻게 기여하는가? 이 문제에 답하기 위해 (35가)의 내포절에 핵 이동이 적용되면 어떻게 되는지 생각해 보자. 편의상 '영이한테서'는 VP의 명시어 자리에 둔다.

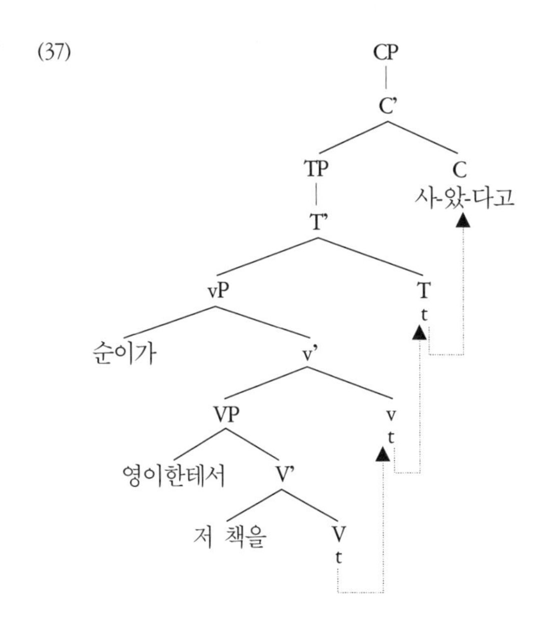

위에서 보듯이 V '사-'가 T '-았-'으로 핵 이동하고 이어서 다시 '사았-'이 C '-다'로 핵 이동하면 VP는 [$_{VP}$ 영이한테서 저 책을 t]가 된다. 이제 (37)이 내포되어 (35가)가 되고 내포절 (37)의 VP [$_{VP}$ 영이한테서 저 책을

t]가 문장의 앞으로 이동한다고 해 보자.[21] 그러면 (35나)가 된다. 그리고 이러한 이동에 따르면 '영이한테서'는 책의 출처로 해석될 수밖에 없다. (37)에서 보듯이 '영이한테서'는 내포절 VP에 포함될 뿐 모문의 술어와는 아무런 관계를 맺지 않기 때문이다.

11.5. 후보충

앞서 살펴보았듯이 어떤 성분에 뒤섞기가 적용되면 그 성분은 원래 위치보다 앞으로 이동하게 된다. 그런데 원래 위치보다 앞으로 이동하는 현상만 존재하는 것은 아니다. 이와 대척적으로 원래 위치보다 뒤로 이동하는 현상도 존재하는데 이러한 현상을 후보충(afterthought)이라 한다. 아래 (38)에서 (38가)는 이동 작용이 동원되지 않은 기본 어순에 해당하며 (38나)와 (38다)는 각각 뒤섞기와 후보충에 해당한다.

(38) 가. 철수가 영이를 만났다.

나. 영이를 철수가 t 만났다.

다. 철수가 t 만났다, 영이를.

그렇다면 (38다)로 예시한 후보충 현상은 어떻게 설명할 수 있을까? 일단은 지금까지의 논의를 토대로 설명을 시도하는 것이 순리이므로 일단 아래처럼 서술어에 뒤섞기가 적용되어 후보충 현상이 나타나는 것으로

21) 이러한 이동은 10장 7절에서 살핀 '적정 결속 조건'을 위반하는 듯하다. 따라서 '적정 결속 조건'을 준수하는 이동 방식을 강구하거나, 이 조건과 VP 이동을 아우르는 방안을 모색할 필요가 있다. 물론 통사론은 이 문제에 대한 답을 찾아가며 발전하고 있다.

볼 수 있을 듯하다.

(39) 철수가 만났다 영이를 t.

그렇다면 후보충 현상을 서술어가 뒤섞기된 경우로 파악하는 (39)는 과연 합당한가? 아래의 세 가지 사항을 고려하건데 그렇다고 보기 어렵다.

첫째, 뒤섞기와 달리 후보충은 (38다)와 아래 (40가)에서 쉼표로 표시했듯이 끊어짐의 억양을 동반한다.

(40) 가. 철수가 영이에게 주었다, 책을.
나. 책을(,) 철수가 영이에게 주었다.

물론 뒤섞기도 (40나)에서 보듯이 끊어짐의 억양을 동반할 수 있다. 하지만 후보충은 끊어짐의 억양이 필수적인 반면 뒤섞기는 수의적이라는 점에서 차이가 난다. 뒤섞기와 후보충 현상이 억양 실현에서 차이를 드러낸다는 것은 이 둘이 이질적임을 의미한다.

둘째, 아래에서 보듯이 뒤섞기는 관형 성분에 적용될 수 없는 반면 후보충은 관형 성분에 적용될 수 있다는 차이도 지닌다.

(41) 어머니는 성질이 모나고 말투가 억센 아들을 유독 사랑하셨다.
가. *성질이 모나고 말투가 억센 어머니는 t 아들을 유독 사랑하셨다.
나. 어머니는 t 아들을 유독 사랑하셨다. 성질이 모나고 말투가 억센.

더불어 (41나)는 서술어 뒤섞기로 후보충 현상을 설명하더라도 그러한 설명은 한계가 있음을 잘 보여준다. 서술어 뒤섞기만으로는 수식 성분

'성질이 모나고 말투가 억센'이 피수식 성분 '아들을'보다 뒤에 오는 것을 설명할 수 없기 때문이다.

셋째, (39)의 분석을 수용해도 일반적인 뒤섞기와 후보충 현상에 나타나는 뒤섞기는 다르다. 일반적인 경우, 예를 들어 목적어는 내포문의 것이든 모문의 것이든 뒤섞기의 대상이 된다. 그런데 서술어는 아래 (42가)와 (42나)의 대조에서 보듯이 모문의 것은 뒤섞일 수 있지만 내포문의 것은 그럴 수 없다.

(42) 영이는 [철수가 책을 읽었다고] 말했다.
 가. <u>말했다</u> 영이는 [철수가 책을 읽었다고] t.
 나. *<u>읽었다고</u> 영이는 [철수가 책을 t] 말했다.

따라서 후보충 현상을 뒤섞기의 한 사례로 보려면 일반적인 뒤섞기와는 구별되는 종류의 뒤섞기로 다루어야 하는데, 이는 후보충 현상을 뒤섞기로 뭉뚱그려 다루는 방안이 그다지 신통치 않음을 의미한다.

그렇다면 후보충 구문은 어떻게 이해해야 하는가? 세 가지 정도로 해결책을 모색해 볼 수 있다.

먼저 후보충 현상도 이동으로 분석하되, 어순에서 다른 성분들보다 후행하는 것으로 해석할 수 있다.

(43) 철수가 만났다, 영이를.

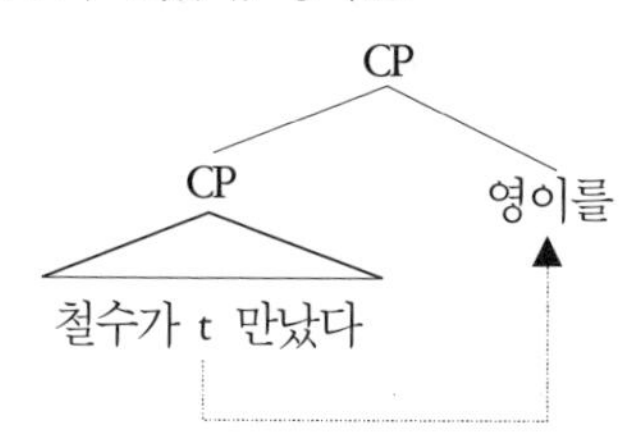

다음으로 후보충 현상이 끊어짐의 억양을 동반하며, 끊어짐의 억양은 '철수는 오고, 영이는 갔다'에서 보듯이 전형적으로 절 경계에서 실현되는 점에 착안하여 아래와 같은 분석을 제시할 수도 있다.

(44) 철수가 만났다, 영이를.

[$_{CP}$ [$_{CP}$ 철수가 ~~영이~~를 만났다] [$_{CP}$ 영이를 ~~철수가 t 만났다~~]]

cf. Jack bought something, but I don't know what ~~Jack bought~~ t.

(44)는 CP '철수가 영이를 만났다' 복사, 복사를 통해 나타난 동일한 두 개의 CP 결합, 선행절 '영이를' 삭제, 후행절 '영이를' 이동, 그리고 후행절 '철수가 t 만났다' 삭제 등의 일련의 과정을 통해 후보충 현상이 나타나는 것으로 간주한다. 주의할 것은 일견 매우 복잡한 과정인 듯하지만 형성 과정에서 동원된 수단들이 문법적으로 하자를 지니지 않는다는 점이다. 즉, 복사든 결합이든 삭제든, 나아가 이동이든 이들 각각은 문법적이므로 위와 같은 형성 과정의 가능성을 무시할 수 없다. 더불어 이러한 형성 방식이 영어와 같은 언어를 설명하는 데에 유효하다는 점도 유념할 필요가 있다.

(43)과 (44) 외에 또 다른 방법은 없을까? 이에 후보충 현상이 억양의 끊어짐을 동반할 뿐만 아니라 문말억양도 동반할 수 있다는 점에 주목해 보

자. 아래에서 우상향 화살표(↗)는 의문의 문말억양을 나타낸다.

(45) 가. 철수가 영이를 만났니↗
나. 철수가 만났니↗ 영이를↗

그런데 아래에서 보듯이 문말억양은 문장을 이루는 다른 성분들과 독립적으로 존재한다. 예를 들어 어미가 생략됨에도 불구하고 문말억양이 유지되는 것은 문말억양이 어미와는 구별되는 독자적인 존재임을 의미한다.

(46) Ⓐ 철수가 영이를 만났대.
Ⓑ 철수가 ~~영이를 만났다고~~↗
철수가 영이를 ~~만났다고~~↗
~~철수가~~ 영이를 ~~만났다고~~↗

또한 문말억양은 독자적인 존재이며 억양이라는 소리적인 특성에 더해 '책 읽어?(↗)', '응, 책 읽어.(↘)'에서 보듯이 의문, 평서와 같은 의미적인 특징도 지닌다. 이렇게 나름의 소리와 의미를 지니며 문장 차원에서 독자성을 지니는 것은 통사적 핵으로 다루는 것이 순리이다. 그러면 문장은 CP위에 문말억양으로 실현되는 핵 Ω를 갖는 것으로 분석되고,[22)]

(47) 철수가 영이를 만났니?

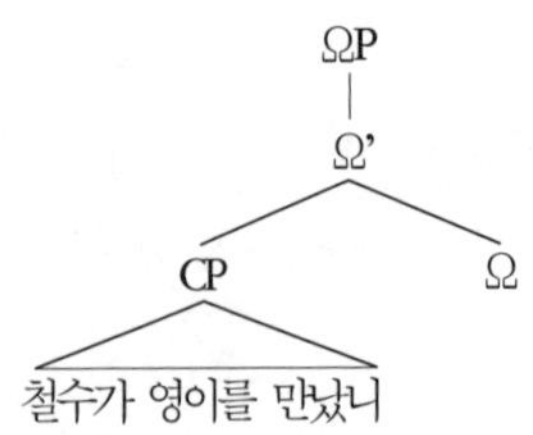

22) Ω(오메가)는 문말억양이 문장의 최상위에 존재한다는 점에 착안한 것이다.

이에 맞춰 후보충 현상은 후보충 성분이 Ω 쪽으로 이동하여 형성되는 것으로 이해된다(이정훈 2014 참고).

(48) 철수가 만났니? 영이를?

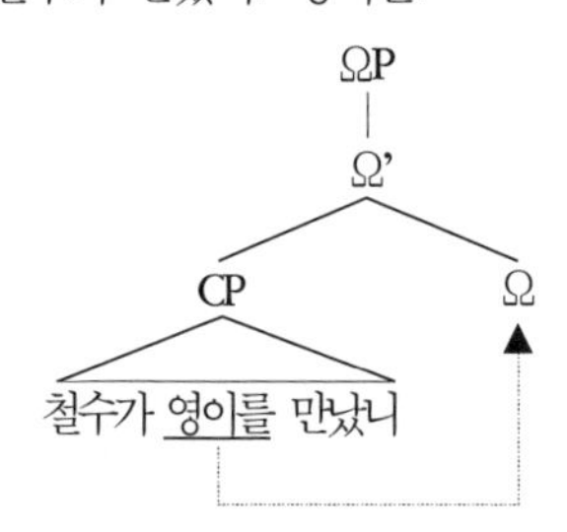

물론 '영이를'이 이동하여, (43)에서 '영이를'이 CP의 우측에 부가되듯이, ΩP의 우측에 부가되는지, 아니면 아래에서 보듯이 Ω에 부가되는지는 따로 따져 보아야 한다.

(49) 철수가 만났니? 영이를?

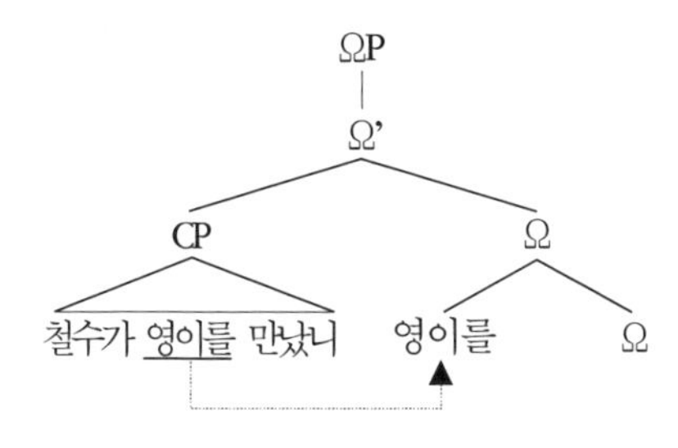

후보충 성분이 Ω쪽으로 이동하여 후보충 현상이 나타나는 것으로 보면 (45)에 제시한 문말억양 실현을 어렵지 않게 설명할 수 있다. 문말억양으로 실현되는 Ω에 근접함으로써 후보충 성분도 문말억양을 동반할 수 있다고 보면 된다.

지금까지 후보충 현상을 설명하는 세 가지 방법을 살펴 보았다. 그렇다면 이 세 가지 방법 중에 어떤 것을 선택해야 하는가? 이에 대한 답은 후보충 현상과 관련된 사항 전반을 검토하는 과정에서 저절로 드러날 것이다. 예를 들어 절 경계에서는 문말억양이 실현되지 않는다는 점에 주목해 보자.

(50) 가. 철수는 영이를 만나고 순이는 민수를 만났니↗
나. *철수는 영이를 만나고↗ 순이는 민수를 만났니↗

(50)은 세 가지 방법 중에 어느 것을 지지하는가? (50)과 세 번째 방법이 어울리는 것은 분명하다. 세 번째 방법에 따르면 후보충 성분과 문장의 나머지 사이에 절 경계가 놓이지 않기 때문이다. 다시 말해 후보충 성분과 문장의 나머지는 하나의 절에 속한다. 그리고 이러한 점은 첫 번째 방법도 마찬가지이다. 하지만 두 번째 방법은 사정이 다르다. 두 번째 방법에 따르면 (44)에서 보듯이 후보충 성분과 문장의 나머지 사이에는 절 경계가 놓이므로 (45나)와 같은 경우를 설명하려면 절 경계에서 문말억양이 실현될 수 있다고 해야 하는데, 이 주장은 (50)과 어울리지 않기 때문이다.

11.6. 마무리

이동 현상은 언어의 일반적 속성 중 하나이다. 이에 한국어에도 뒤섞기와 핵 이동 그리고 후보충과 같은 이동 현상이 존재한다. 그렇다면 주어 이동과 의문사 이동은 어떠한가?

한국어에서 주어가 이동한다는 증거는 찾기 어렵다. 따라서 한국어의 주어 이동은 유보적인 성격을 띠게 된다. 다만 설명의 편의를 위하여 한국어의 주어 이동을 인정하였고, 또 이후의 논의도 주어 이동을 토대로 진행된다. 그리고 사실 이 장에서 한국어의 주어 이동 문제를 살피기에 앞서 이미 한국어의 주어도 이동하는 것으로 간주해 왔다. 이를 통해 주어 이동의 장점이나 근거가 발견되면 한국어의 주어도 이동한다는 결론을 얻게 될 것이고, 주어 이동의 장점도 드러나지 않고 또 그에 대한 증거도 계속 발견되지 않으면 한국어의 주어는 이동하지 않는다는 결론을 얻게 될 것이다.

의문사 이동의 사정은 주어 이동보다는 긍정적이고, 뒤섞기나 핵 이동, 후보충보다는 부정적이다. 의문사 이동을 위해서는, 이동이긴 이동이되 이동의 효과가 겉으로 드러나지 않는 내현적 이동을 인정해야 하기 때문이다.

시야를 넓히면 이 장에서 논의한 것 이외의 이동 현상이 한국어에서 발견될 수도 있다. 그리고 주어 이동, 의문사 이동, 뒤섞기, 핵 이동, 후보충 이외의 이동이 존재할 가능성은 충분하다. 예를 들어 핵 이동을 논의하면서 VP도 이동할 수 있음을 살펴보았다. 그렇다면 한국어의 이동 현상은 얼마나 다양할까? 또 그 이동 현상들은 어떻게 설명할 수 있을까? 한국어의 이동 현상은 이 두 가지 질문에 대한 답을 추구하며 심화되고 있다.

12장_공범주: 흔적과 영대명사 및 생략

통사구조는 어휘 항목이 지닌 정보와 핵 계층 이론에 따라 형성되며, 이동 등의 변형 규칙이 적용되기도 한다. 이동이 적용되면 이동 전 위치에는 흔적(trace)이 남게 되는데, 여기서 다음과 같은 질문이 적용된다. 흔적은 구체적으로 어떤 특성을 지니는가?

앞서 10장, 11장 등에서 이동을 논의하면서 이동 전 위치에 흔적이 남는다고 했지만, 이동이 여러 종류임을 고려하면 이동 전 위치에 남는 흔적도 하나가 아니라 여러 종류일 가능성을 배제할 수 없다. 따라서 이동의 종류와 관련하여 흔적의 특성을 살필 필요가 있다.

시각을 확대하면 다음과 같은 문제도 제기된다. 흔적은 문법에 소리 없는 존재가 있음을 의미하는 것인데, 이렇게 소리 없는 문법적 존재는 흔적뿐인가? 다시 말해 소리 없는 문법적 존재이면서 흔적이 아닌 것은 없는가? 이 문제에 답하기 위해서는 흔적과 구분되는 소리 없는 존재의 가능성 여부를 검토할 필요가 있다.

존재하지만 음성적으로 실현되지 않는 존재를 일반적으로 공범주(empty category)라고 한다. 이 장에서는 위와 같은 맥락에서 흔적을 포함한 공범주의 문제를 다루고자 하는데, 먼저 흔적을 살피고 이어서 흔적 아닌 공범주의 가능성을 타진한다.

12.1. 흔적의 정체

이동하는 성분은 이동 전 위치에 흔적 't'(trace)를 남긴다. 흔적 't'는 의미역이나 격 등을 고려할 때 없어서는 안 되는 필수적인 존재이다(10장 3절 참고). 이동이 적용됨에 따라 흔적이 나타난 예를 하나 제시하면 아래와 같다.

(1) Whom_i did you meet t_i yesterday?

그러면 흔적 't'는 어떤 자격으로 존재할까? 독립적인 어휘 항목(lexical item)일까? 다시 말해 어휘부에 't'가 존재할까? 이 의문에 대해 아래 예들은 시사하는 바가 적지 않다(Felser 2004 참고).

(2) 가. 영어

Who do you think who's in the box?

나. 독일어

Wen glaubst Du, wen sie getroffen hat?
who think you who she met has
(Who do you think she has met?)

다. 프리지아어

Wêr tinke jo wêr't Jan wennet?
where think you where that-CL Jan resides
(Where do you think that John lives?)

라. 아프리칸스어

Waarvoor dink julle waarvoor werk ons?
wherefore think you wherefore work we
(What do you think we are working for?)

마. 로마니어

Kas o Demìri mislenola kas i Arìfa dikhla?
whom Demir think whom Arìfa saw
(Who does Demir think Arifa saw?)

위의 예들은 의문사가 이동하면, 이동한 위치에서 발음될 수 있을 뿐만 아니라 이동하면서 남긴 흔적 위치에서도 발음될 수 있다는 것을 잘 보여 준다.

이동하는 성분 α와 그 흔적 't'가 동전의 앞뒷면처럼 실상은 하나라는 점과 (2)에서 확인했듯이 흔적이 이동 성분과 동일한 음성으로 실현될 수도 있다는 점을 적극적으로 고려해 보자. 그러면 이동을 아래와 같이 재해석할 수 있다.

(3) 이동 = 복사(copy) + 병합(merge) + 삭제(deletion)

(3)은 이동을 복사와 병합과 삭제 이렇게 세 가지 작용으로 이루어진 복합 작용으로 간주하는 시각인데 복사, 병합, 삭제의 내용은 아래와 같다.

먼저 (3)에서 "복사"는 '끼리끼리 놀았다'나 '콜록콜록', '집집마다 웃음이 가득하다'에서 보듯이 어떤 요소를 마치 복사하듯이 반복하는 작용으로서 때로 '얼룩덜룩', '다달이, 나날이'에서 보듯이 약간의 변형을 동반하기도 한다. 이 예들은 단어 형성 차원에서 복사 작용이 있음을 의미하는데 단어 형성 차원에서 복사 작용이 있으면 통사부 차원에서도 복사 작용이 존재할 가능성이 제기되고 이 가능성을 적극적으로 고려하면 (3)과 같은 이해가 가능하다. 그리고 실제로 (2)와 아래 (4)에서 보듯이 통사 차원에서도 복사 현상이 나타나기도 한다.

(4) 가. 철수가 영이를 만나기는 만났다.

나. 철수가 만나기는 영이를 만났다.
다. 영이를, 철수가 영이를 만났다.
라. 철수가 영이를 만났다, 영이를.

다음으로 (3)에서 "병합"은 어떤 성분 α와 또 다른 어떤 성분 β를 하나의 성분 γ $[_{\gamma}\ \alpha\ \beta]$로 결합하는 작용으로서 핵 계층 이론과 통한다. 핵 계층 이론을 살피면서 논의했지만 γ는 α나 β 둘 중에 하나와 통해서 $[_{\gamma}\ \alpha\ \beta]$는 실제로 α가 투사한 αP $[_{\alpha P}\ \alpha\ \beta]$나 β가 투사한 βP $[_{\beta P}\ \alpha\ \beta]$가 된다.[1)]

끝으로 (3)에서 "삭제"는 어떤 성분이 음성적으로 실현되지 않는 것을 가리킨다. 예를 들어 아래와 같은 대화 맥락에서 '그 책을'은 음성적으로 실현되기도 하지만 삭제가 적용되면 음성적으로 실현되지 않을 수도 있다.[2)]

(5) [A] 영이는 그 책을 읽어 보았다.
[B] 철수도 ~~그 책~~을 읽어 보았다.

위와 같은 논의를 토대로 이동을 (3)에서처럼 "복사, 병합, 삭제"로 이루어진 복합작용으로 이해하면 (1)과 (2)는 삭제 여부에서만 차이를 보이는 것이 된다. 즉, "의문사 복사, 복사된 의문사의 병합, 원 위치의 의문사 삭제"를 거치면 (1)이 되고,

---

1) 물론 αP, βP가 아니라 α', β'가 될 수도 있다.
2) (5[B])와 같은 삭제를 흔히 생략(ellipsis)이라 한다. 삭제와 생략을 구분하기도 하는데, 여기서는 생략을 삭제의 일종으로 간주한다.

(6) Whom did you meet ~~whom~~ yesterday? (= 1)

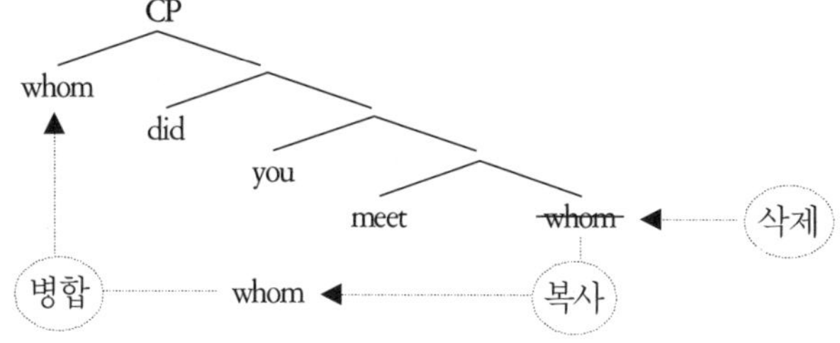

"의문사 복사, 복사된 의문사 병합"만 적용되고 "삭제"가 적용되지 않으면 (2)에 제시한 예들이 된다.

이동을 "복사, 병합, 삭제"로 이루어진 복합 작용으로 간주하면 이동이라는 별도의 작용을 따로 가정할 필요가 없는바, 이는 이론적 차원에서 진일보한 것으로 평가할 수 있다. 나아가 (2), (4)와 같은 현상에 더해 아래의 결속 현상도 이동을 "복사, 병합, 삭제"로 이루어진 복합 작용으로 보는 견해의 장점을 잘 보여준다(Chomsky 1995, Hornstein 외 2005 등 참고).

(7) Which picture of himself$_i$ did John$_i$ see?

이동이 복사가 아니라 흔적 't'를 남긴다고 해 보자. 그러면 (7)은 (8)로 분석되는데, (8)로는 'himself'와 'John' 사이의 결속 관계를 이해하기 어렵다.[3]

(8) [which picture of himself$_i$]$_j$ did John$_i$ see t_j?

하지만 이동을 "복사, 병합, 삭제"로 이해하면 (7)의 결속 현상은 별다른 어려움 없이 해명할 수 있게 된다. 이 견해에 따르면 (7)은 (9)로 분석

3) 물론 결속 원리 A가 이동 전에 적용된다고 보면 문제를 피할 수 있다. 그러면 결속 원리 A, B, C 각각이 언제 적용되는지를 규정해야 하는데, 이는 문법에 부담을 야기한다. 한편 1장 (12나)에서 표층구조 층위를 설명하면서 '일부 결속 이론이 적용되는 층위'라고 하였는데, 이 역시 결속 원리의 적용 층위와 관련된 문제를 제기한다.

되는데, (9)에서 'John'은 'himself'를 성분-통어하므로 'John'과 'himself' 사이의 결속이 가능하기 때문이다. 일견 삭제된 것이 결속의 대상이 된다는 것이 이상할 수 있다. 하지만 삭제는 음성 실현 여부에만 영향을 미칠 뿐, 통사적인 면이나 의미적인 면에는 영향을 미치지 않으므로,[4] (9)에서 이동 전 위치의 'himself'가 결속이라는 통사적, 의미적 현상에 관여하는 것은 당연하다.

(9) [which picture of himself] did John see ~~[which picture of himself]~~?

(John ↔ himself: 결속)

이동을 "복사, 병합, 삭제"로 이루어진 복합 작용으로 이해하면 α의 이동은 '⋯ α ⋯ ~~α~~ ⋯'와 같이 표시해야 하는데 편의상 '⋯ α_i ⋯ t_i ⋯'에서 보듯이 흔적 't'와 동지표(coindex)를 사용하기도 한다.

12.2. 이동과 흔적

앞서 10장, 11장에서 살폈듯이 이동은 몇 가지 유형으로 나뉜다. 이동이라는 점에서는 논항 이동(A-이동), 비논항 이동(A'-이동), 핵 이동 등이 서로 통하지만 이들 이동은 서로 다른 특성도 지니기 때문이다. 그러면 이동에 따른 흔적도 몇 가지 유형으로 나뉘는 것은 아닐까? 다시 말해 여러 이동에 따른 흔적은, 음성적으로 실현되지 않는다는 점에서는 서로 통하지만, 또 다른 측면에서는 서로 구분될 가능성이 존재하는바, 이 가능성이

4) 의미적인 면에 영향을 미친다고 해 보자. 다시 말해 삭제는 음성에 더해 의미도 없애는 작용이라고 해 보자. 그러면 예를 들어 (5🄱)에서 삭제된 목적어가 '그 책을'이라는 것을 알 수 없게 된다. 그런데 실제로는 (5🄱)에서 삭제된 목적어는 '그 책을'로 해석된다. 따라서 삭제는 의미적인 면에 영향을 미치지 않는 것으로 보아야 한다. 물론 담화나 화용 차원에서는 삭제가 나름의 효과, 예를 들어 정보구조적인 효과를 발휘한다(김미경 1999 등 참고).

실제로 나타나는지 검토할 필요가 있다.

위와 같은 맥락에서 논항 이동, 비논항 이동, 핵 이동을 이동 단위의 특성, 흔적 즉 이동 전 위치의 특성, 선행사 즉 이동 후 위치의 특성으로 나누어 비교해 보면 아래와 같다.

(10) 가. 논항 이동
　　i. 이동 단위: XP
　　ii. 흔적: 의미역이 부여되는 위치이며, 격이 부여되지 않는 위치
　　iii. 선행사: 의미역이 부여되지 않는 위치이며, 격이 부여되는 위치
　나. 비논항 이동
　　i. 이동 단위: XP
　　ii. 흔적: 의미역이 부여되는 위치이며, 격이 부여되는 위치
　　iii. 선행사: 의미역이 부여되지 않는 위치이며, 격이 부여되지 않는 위치
　다. 핵 이동
　　i. 이동 단위: X.
　　ii. 흔적: 의미역이 부여되지 않는 위치이며, 격이 부여되지 않는 위치
　　iii. 선행사: 의미역이 부여되지 않는 위치이며, 격이 부여되지 않는 위치

(10가)에 정리해 놓았듯이 논항 이동은 XP를 이동 단위로 삼으며 의미역이 부여되는 위치에서 격이 부여되는 위치로 이동하는 현상이다. 이는 (11)을 통해 확인할 수 있는데 (11가)에서 'Mary'는 XP로서 의미역이 부여되는 [Spec, vP]에서 주격이 부여되는 [Spec, IP]로 이동한다.

(11) 가. 논항 이동
　　Mary_i can t_i read the book.
　나. 비논항 이동
　　Whom_i does John love t_i?

다. 핵 이동

Can$_i$ you t$_i$ help me?

(10나)의 비논항 이동도 (10가)의 논항 이동처럼 이동 단위는 XP이다. 하지만 (10가)와 달리 (10나)의 비논항 이동은 의미역과 격이 보장된 자리에서 그렇지 않은 자리로 이동하는 현상이다. 예를 들어 (11나)에서 'whom'은 의미역과 격이 부여되는 V 'love'의 보충어 자리에서 의미역이나 격과 무관한 [Spec, CP]로 이동한다.

(10다)의 핵 이동은 이동 단위가 XP가 아니라 핵 X라는 점에서 (10가) 논항 이동이나 (10나) 비논항 이동과 구분되며, 흔적의 위치와 선행사의 위치가 공히 의미역도 격도 부여되지 않는 위치라는 점에서 또한 (10가) 논항 이동이나 (10나) 비논항 이동과 구분된다. 예를 들어 (11다)에서 이동의 대상인 'can'은 핵 X이며 흔적 위치와 선행사 위치에 의미역이 부여되지 않고 격도 부여되지 않는다. 더불어 (10다)는 선행사가 위치하는 자리의 성격에서도 (10가) 논항 이동이나 (10나) 비논항 이동과는 다른 성격을 드러내는데, (10가) 논항 이동과 (10나) 비논항 이동은 선행사가 명시어(specifier) 자리를 차지하지만 (10다) 핵 이동은 선행사가 핵(head)에 부가되는 자리를 차지한다.

이제 이 절을 시작하며 제기한 가능성, 즉 이동이 몇 가지로 나뉘듯이 흔적도 몇 가지로 나뉜다는 점을 확인했다. 이동이 다르면 이동에 따른 흔적의 성격도 다른 것이다.[5)]

물론 앞서도 지적했듯이 흔적들이 서로 다르기만 한 것은 아니다. 이동이라는 점에서 논항 이동, 비논항 이동, 핵 이동이 서로 통하듯이 논항 이

---

5) (10가)~(10다) 이외의 가능성은 어떠한가? 즉, 격은 부여되고 의미역은 부여되지 않는 흔적은 존재하는가? 'Who is loved by John?'과 같은 예에서 'who'는 목적어 위치에서 의미역을 부여받고 주어 위치로 이동하여 주격을 부여받은 후 다시 CP의 명시어 자리로 이동한다. 그러면 주어 위치에는 주격은 부여되고 의미역은 부여되지 않는 흔적이 남게 된다. 따라서 격은 부여되고 의미역은 부여되지 않는 흔적도 존재한다.

동의 흔적과 비논항 이동의 흔적, 그리고 핵 이동의 흔적도 서로 통하는 점을 가지기 때문이다. 무엇보다도 흔적은 논항 이동의 흔적이든 비논항 이동의 흔적이든 핵 이동의 흔적이든 상관없이 음성적으로 실현되지 않는 특성을 공유한다. 그러면 음성적으로 실현되지 않는다는 것 외에 또 다른 특성은 없는가? 이에 대해서는 절을 달리하여 살피기로 한다.

12.3. 흔적과 선행사 지배 조건

이동은 논항 이동, 비논항 이동, 핵 이동으로 나뉘며 각각의 이동은 이동 전 위치에 흔적을 남긴다. 그런데 앞 절에서 제시한 (11)을 고려하면 알 수 있듯이 어떤 종류의 이동이든지 간에 다음과 같은 조건을 만족시켜야 한다.

(12) 선행사 지배 조건
흔적은 선행사(antecedents)에 지배되어야 하며, 이를 위해서는 다음의 두 가지를 충족해야 한다. 첫째, 선행사는 흔적과 지표가 같아야 한다(동지표 조건). 둘째, 선행사는 흔적을 성분-통어해야 한다(성분-통어 조건).

(11가)에서 선행사 'Mary'는 흔적 't'와 동지표되어 있으며, 또한 흔적 't'를 성분-통어한다.[6] 따라서 (11가)는 선행사 지배 조건 (12)를 준수한다. 선행사 지배 조건을 준수하는 것은 (11나)도 마찬가지여서, (11나)에서는

6) 지표는 자유롭게 부여된다. 그래서 (11가)에서 선행사 'Mary'의 지표와 흔적 't'의 지표가 다를 수도 있다. 다만 지표가 다른 경우 문법적으로 성립하지 않을 따름이다. 단적으로 'Mary'는 흔적 't'와 연관되지 않으면, 의미역과 격에서 문제를 야기하게 된다. 한편 앞에서 논의했듯이 이동을 "복사, 병합, 삭제"로 이루어진 복합 작용으로 보면 동지표는 별다른 추가적인 조치 없이 보장된다. "복사"가 동일성을 보장하기 때문이다.

선행사 'Whom'이 동지표된 흔적 't'를 성분-통어하고 있다.

남은 것은 (11다)인데 동지표 조건을 충족시키는 데에는 별다른 문제가 없다. 그런데 성분-통어 조건은 약간의 논의를 필요로 하는바, 이를 구체화하려면 성분-통어에 있어서 (11가) 논항 이동이나 (11나) 비논항 이동과 구별되는 (11다) 핵 이동의 특성을 분명히 해야 한다. 그렇다면 성분-통어 면에서 (11가) 논항 이동이나 (11나) 비논항 이동과 구별되는 (11다) 핵 이동의 특성은 무엇인가?

(11가) 논항 이동과 (11나) 비논항 이동은 이동하는 성분이 비어 있는 명시어 자리로 이동하는 것이므로 성분-통어 조건이 충족되는 것은 분명하다. 예를 들어 (11가)의 통사구조 (13)에서 'Mary'를 관할(domination)하는 모든 절점, 즉 IP, C', CP 등은 흔적 't'도 관할하며, 'Mary'와 't' 사이에는 관할 관계가 성립하지 않기 때문이다(3장 5절 참고).

(13)

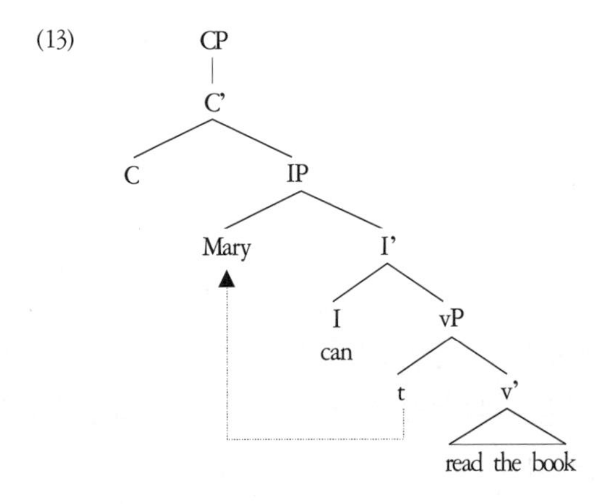

그런데 (11다)의 핵 이동은 사정이 다소 다르다. 핵 이동은 이동하는 성분이 이동 후에 비어 있는 위치를 차지하는 것이 아니라 다른 핵에 부가되므로, (11다)의 통사구조 (14)에서 'can'을 관할하는 모든 절점이 흔적 't'도 관할한다고 할 수 없기 때문이다. 다시 말해 (14)에서 'can'이 부가된 결과 나타는 절점 C_2는 't'를 관할하지 않으므로 선행사 'can_j'가 흔적 't_j'를 성분-통어한다고 볼 수 없다.

(14)

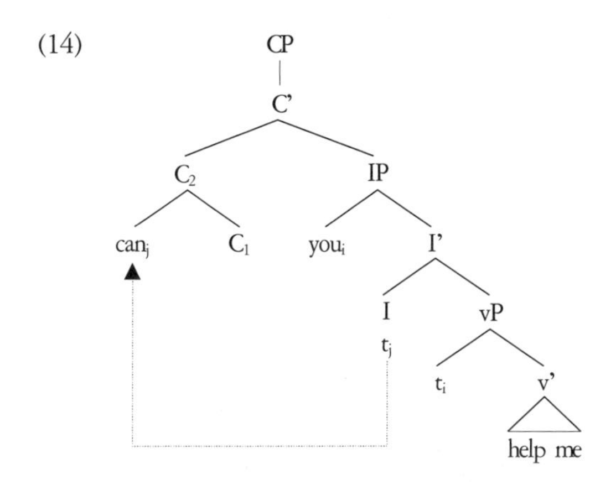

이에 (12)의 선행사 지배 조건 중 "성분-통어 조건"은 (11가) 논항 이동과 (11나) 비논항 이동, 그리고 (11다) 핵 이동을 포괄할 수 있도록 조정해야 하는데 이를 위해 성분-통어는 아래와 같이 수정된다.

(15) 성분-통어
아래 두 조건이 충족되면 절점 α는 절점 β를 성분-통어한다.
가. 절점 α를 관할하는 모든 범주 절점이 절점 β를 관할한다.
나. 절점 α와 절점 β는 서로를 관할하지 않는다.

수정의 핵심은 (15가)에서 "절점"이 "범주 절점"으로 바뀐 것으로 이는 핵 이동과 같은 경우에 형성되는 부가 구조에서 성분-통어를 규정하기 위한 것이다. 이를 위해 조각 절점과 범주 절점 개념을 구분한다.

(16) 가. A가 B에 부가되면 B는 두 개의 조각(segment) 절점으로 나뉜다.
나. 범주 절점은 조각 절점들의 합이다.

(16)에 따르면 (14)에서 핵 이동을 통해 'can'이 C에 부가되면 C는 두 개의 조각 절점 C_1과 C_2로 나뉜다. 그리고 범주 절점은 조각 절점 C_1과 조각 절점 C_2의 합이므로, 'can_j'를 관할하는 C_2는 범주 절점이 아니라 조각 절점이다. 따라서 C_2는 'can_j'를 관할하는 범주 절점이 되지 못한다. 'can_j'를 관할하는 범주 절점은 조각 절점 C_1과 C_2보다 위에 있는 C'와 CP이다. 그런데 이 범주 절점들은 흔적 't_j'도 관할한다. 따라서 (14)에서 선행사 'can_j'는 흔적 't_j'를 성분-통어하게 된다.

12.4. 흔적과 최소성 조건

앞 절의 논의를 토대로 아래 예가 왜 성립하지 않는지 생각해 보자.[7)]

(17) *$John_i$ seems that it is likely t_i to win.

(17)에서 'John'은 의미역은 부여되지만 격은 부여되지 않는 자리에서 의미역은 부여되지 않고 주격은 부여되는 자리로 이동을 겪는다. 따라서 (17)의 이동은 (11가)와 마찬가지로 (10가) 논항 이동에 속한다. 그런데 (11가)와 달리 (17)은 성립하지 않는다. 왜 그럴까?

(10가)에서 살핀 이동 단위, 흔적의 특성, 선행사의 특성을 고려하면 (11가)와 (17)은 차이를 보이지 않는다. (11가)든 (17)이든 (10가)에 제시한 특성들을 공유하기 때문이다. 따라서 (11가)와 달리 (17)이 성립하지 않는 이유는 (10가)에서 언급하지 않은 요인에서 찾을 수밖에 없다.

이에 (12)에 제시한 선행사 지배 조건을 고려해 보자. 아울러 비문법적

7) (17)에서 'John'은 'win' 앞의 [Spec, vP]에서 'to'가 핵인 [Spec, IP]를 거쳐 문두의 [Spec, IP]로 이동한다. 편의상 [Spec, vP]에서 'to'가 핵인 [Spec, IP]로의 이동은 나타내지 않는다.

인 (17)에서는 'John$_i$'와 't$_i$' 사이에 'it'이 개입하고 있는데, 아래에서 보듯이 중간에 'it'이 개입하지 않으면 아무런 이상이 발생하지 않는다는 사실에 주목해 보자.

(18) John$_i$ seems t$_i$' to be likely t$_i$ to win.

그러면 선행사 지배 조건 (12)를 아래 (19)로 개정하고 최소성 조건 (20)을 설정함으로써 (17)의 비문법성과 (18)의 문법성을 설명할 수 있게 된다 (Rizzi 2001 참고).

(19) 선행사 지배 조건
흔적은 선행사에 지배되어야 하며, 이를 위해서는 다음의 세 가지를 충족해야 한다. 첫째, 선행사는 흔적과 지표가 같아야 한다(동지표 조건). 둘째, 선행사는 흔적을 성분-통어해야 한다(성분-통어 조건). 셋째, 최소성 조건 (20)을 준수해야 한다.

(20) 최소성(minimality) 조건
α가 β를 선행사 지배하기 위해서는 아래와 같은 γ가 없어야 한다.
가. α와 β와 γ는 서로 같은 유형이다.
나. α는 γ를 성분-통어하고, γ는 β를 성분-통어한다.

(20)에 따르면 (18)과 달리 (17)은 최소성 조건을 위반하고 있고, 이에 따라 선행사 지배 조건을 충족시키지 못해서 비문법적인 것으로 판단된다. (17)이 최소성 조건을 위반하고 있음은 (20)의 α, β, γ에 각각 (17)의 'John$_i$', 't$_i$', 'it'를 대응시켜보면 잘 알 수 있다. 즉, 'John$_i$', 't$_i$', 'it'는 모두 주어 자리를 차지하고 있으므로 (20가)의 같은 유형 α, β, γ에 해당하는데, α인 'John$_i$'는 γ인 'it'을 성분-통어하고, γ인 'it'은 β인 't$_i$'를 성분-통어하므로 최소성 조건 (20)을 어기게 된다. 이를 나무그림으로 간략히 보

이면 아래와 같다.

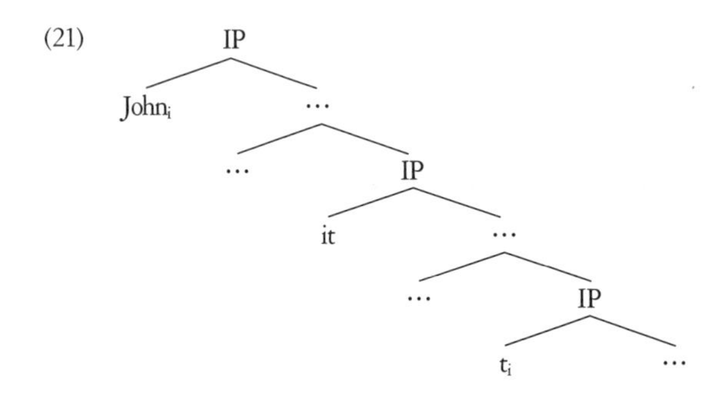

(17)과 달리 (18)에서는 '$John_i$'와 't_i'' 사이에 이들과 같은 유형에 속하는 성분이 없으며, 't_i''와 't_i' 사이에도 이들과 같은 유형에 속하는 성분이 없다. 즉, (18)에는 (20)에서 언급하는 ɣ가 아예 존재하지 않는다. 이에 (18)은 최소성 조건을 준수하게 되고, 나아가 선행사 지배 조건도 충족하게 된다.

선행사 지배 조건 (19)와 최소성 조건 (20)이 타당하다면 (17), (18)과 같은 논항 이동 뿐만 아니라 비논항 이동이나 핵 이동에서도 그 효과가 나타나야 할 것이다. 그리고 실제로 아래에서 보듯이 선행사 지배 조건 (19)와 최소성 조건 (20)은 비논항 이동과 핵 이동의 경우에도 성립한다.[8)]

(22) 가. Do you wonder why John fixed the car how?
나. *How_i do you wonder why John fixed the car t_i?

(23) They could have left.
가. *$Have_i$ they could t_i left?
나. $Could_i$ they t_i have left?

8) 10장의 논의에 따르면 (23가)는 핵 이동 제약 위반에 해당한다. 그런데 선행사 지배 조건 (19)와 최소성 조건 (20)이 있으면 핵 이동 제약은 따로 둘 필요가 없다. 그렇다면 핵 이동 제약 이외에 또 어떤 제약과 조건이 선행사 지배 조건 (19)와 최소성 조건 (20)으로 재해석될 수 있을까? 이 질문에 대한 답을 모색하며 제약과 조건에 대한 이해가 심화되고 있다.

(22나)가 성립하지 않는 것은 'why'가 (20)의 γ로 나타났기 때문이고, (23가)가 성립하지 않는 것은 'could'가 (20)의 γ로 나타났기 때문이다. 물론 (23나)에서 보듯이 'could'가 핵 이동하면 'could$_i$'와 't_i' 사이에 개입하는 γ가 없으므로 아무런 이상이 발생하지 않는다.[9]

지금까지 논의했듯이 이동에 따른 흔적은 선행사 지배 조건 (19)와 최소성 조건 (20)을 준수해야 한다. 그런데 흥미로운 것은 이 두 조건이 대용사의 경우에도 성립한다는 사실이다.

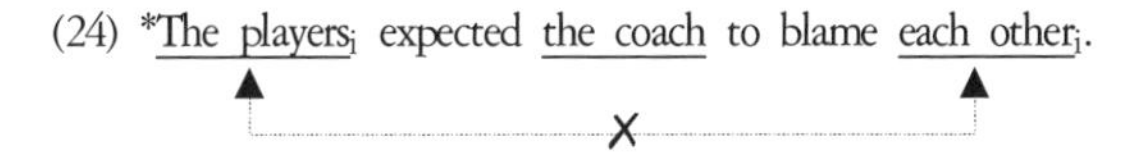

위에서 보듯이 이동에서 흔적과 선행사가 그렇듯이 대용사의 일종인 상호사 'each other$_i$'와 선행사 'the players$_i$' 사이에도 (20)의 γ에 해당하는 성분이 있어서는 안 된다. (24)가 성립하지 않는 것은 바로 (20)의 γ에 해당하는 'the couch'가 선행사 'the players$_i$'와 상호사 'each other$_i$' 사이에 개입해 결속을 방해하기 때문이다.

위와 같은 사실은 이동 현상과 결속 현상에 대한 통합적 설명의 가능성을 시사하는 것이라 할 수 있다.

12.5. 한국어 핵 이동의 경우

선행사 지배 조건과 최소성 조건은 한국어에서도 유효할까? 다시 말해

9) 참고로 (22가)에서 'how'가 아니라 'why'가 문두로 이동하면 어떤가? 이러한 이동은 (19), (20)은 준수한다. 하지만 (22가)의 내포절은 의문절로서 'why'는 내포절 내에서 비논항 이동의 속성이 충족된다. 따라서 내포절 밖으로 이동할 동기가 없으며, 이에 'why'는 내포절 밖으로 이동하지 않는다.

한국어 현상을 설명하는 데 선행사 지배 조건과 최소성 조건이 기여하는 바가 있을까? 이 의문을 해소하려면 한국어의 핵 이동과 논항 이동에서 선행사 지배 조건과 최소성 조건이 유효한지 확인해야 하는데,[10] 이 절에서는 먼저 한국어의 핵 이동에도 선행사 지배 조건과 최소성 조건이 관여하는지 살핀다.

한국어의 핵 이동에서도 선행사 지배 조건과 최소성 조건이 유효함은 어렵지 않게 확인할 수 있다. 아래에서 보듯이 이 두 조건을 준수하는 핵 이동은 성립하지만 그렇지 않은 핵 이동은 성립하지 않기 때문이다.

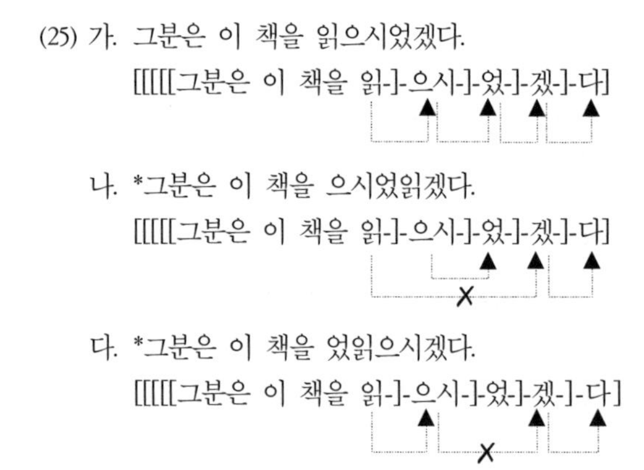

(25가)의 핵 이동은 이동하는 핵이 바로 위의 핵으로 이동하므로 선행

10) 한국어에는 핵 이동과 논항 이동 외에 내현적 의문사 이동, 뒤섞기, 후보충 등의 이동 현상도 존재하지만 이들에 대해서는 살피지 않는다. 내현적 의문사 이동, 뒤섞기, 후보충 등은 선행사 지배 조건과 최소성 조건의 유효성을 진단하는 데 그다지 도움이 되지 않기 때문이다. 먼저 선행사 지배 조건과 최소성 조건은 외현적 이동을 대상으로 하므로 내현적 의문사 이동은 논의 대상에 들어오지 않는다. 다음으로 선행사 지배 조건과 최소성 조건은 논항 이동과 비논항 이동의 구분을 전제로 하는데 뒤섞기는 논항 이동과 비논항 이동 어느 하나에 속한다고 보기 어려우므로 본격적인 대상으로 삼기 어렵다. 끝으로 선행사 지배 조건과 최소성 조건은 순환 조건(10장 8절)을 근간으로 하는데 후보충은 순환성 여부가 불확실하므로 논의 대상에서 제외된다.

사 지배 조건과 최소성 조건을 충족하고 있으며 아무런 이상을 야기하지 않는다. 이와 달리 (25나)와 (25다)의 핵 이동은 선행사 지배 조건과 최소성 조건을 위반하는 핵 이동을 포함한다. (25나)에서는 V '읽-'이 바로 위의 Agr '-으시-'를 건너뛰고 M '-겠-'으로 핵 이동함으로써 선행사 지배 조건과 최소성 조건을 위반하고 있으며, (25다)에서는 V '읽-'이 Agr '-으시-'로 핵 이동하는 것은 아무런 문제가 없으나 이 핵 이동 이후에 T '-었-'을 건너뛰고 M '-겠-'으로 핵 이동하는 데서 선행사 지배 조건과 최소성 조건을 어기고 있다.

아울러 소위 용언 반복 구문(echoed verb construction)에서의 선어말 어미 실현 양상도 선행사 지배 조건과 최소성 조건이 한국어의 핵 이동에서도 유효하다는 것을 잘 보여준다(최기용 2002, 이정훈 2013 참고).

(26) 선생님이 그 책을 읽기는 읽으셨다.

위에서 보듯이 한국어에는 용언이 '-기는'을 매개로 반복되는 용언 반복 구문이 존재한다.[11)] 이 구문에 대한 문법적 탐구는 여러 가지 문제를 제기하는데, 여기서 주목하고자 하는 것은 아래와 같은 선어말 어미 실현 양상이다.

(27) 가. 선생님이 그 책을 읽-기는 읽-으시-었-다.
나. 선생님이 그 책을 읽-으시-기는 읽-으시-었-다.
다. 선생님이 그 책을 읽-으시-었-기는 읽-으시-었-다.[12)]

11) '-기는'은 명사형 어미 '-기'와 보조사 '-은/는'으로 이루어진 것으로 '-기만, -기도' 등에서 보듯이 보조사는 '-은/는' 이외의 것도 가능하다. 또한 '선생님은 그 책을 읽기는 하셨다'에서 보듯이 반복 대신에 '하-'가 동원될 수도 있다.
12) 이 예는 (27가), (27나)에 비해 다소 어색한 듯이 느껴진다. 하지만 '그 사람이 왔기는 왔는데, 그런 말은 하지 않았어.'처럼 일상 대화에서 '-었-'이 반복되는 현상이 관찰되므로 성립하는 것으로 간주하고 논의를 진행한다.

(28) 가. *선생님이 그 책을 읽-으시-었-기는 읽-다.
나. *선생님이 그 책을 읽-으시-었-기는 읽-으시-다.
다. *선생님이 그 책을 읽-으시-었-기는 읽-었-다.
라. *선생님이 그 책을 읽-으시-기는 읽-었-다.
마. *선생님이 그 책을 읽-었-기는 읽-으시-다.

(27)과 (28)에서 알 수 있듯이 용언 반복 구문에서는 선행 용언 쪽에 실현된 선어말 어미가 후행 용언 쪽에도 실현되어야 한다. 선어말 어미 실현에서 일정한 제약이 작용하는 셈인데 이러한 제약의 존재는 어떻게 설명할 수 있을까? 이 문제를 풀기 위해, 특히 핵 이동이 문제 해결에 긴요하다는 것을 확인하기 위해, 먼저 '선생님은 그 책을 읽으셨다'의 통사구조를 제시하면 아래와 같다. 편의상 주어 이동은 나타내지 않는다.

(29) 선생님이 그 책을 읽으셨다.

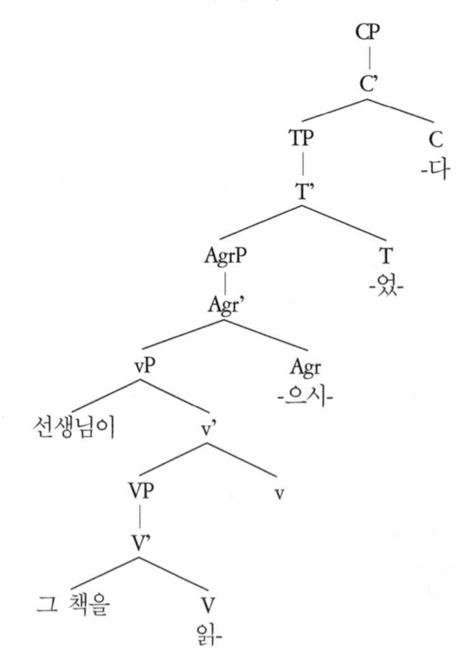

이제 위의 통사구조에 핵 이동을 적용해 보자. 단, 이동은 "복사, 병합, 삭제"인데 일단 "복사"와 "병합"만 적용된 단계를 생각해 보자. 그러면 (29)는 아래 (30)이 된다.

(30)

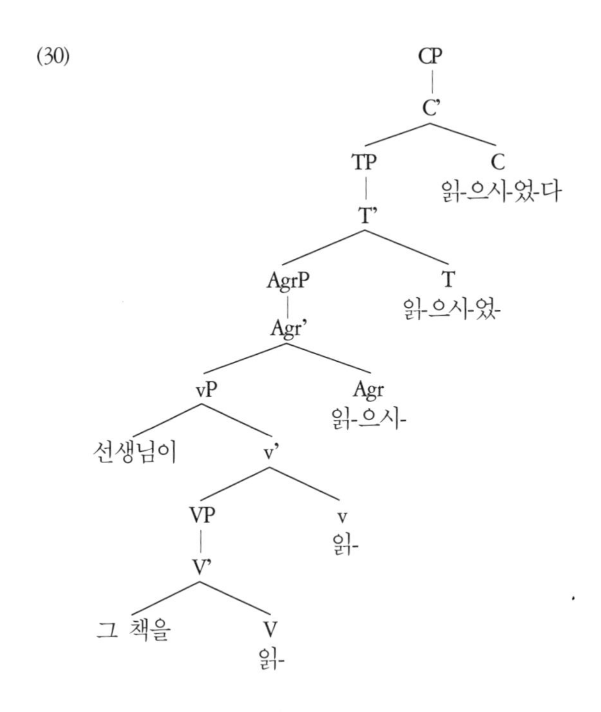

(30)은 있는 그대로 음성 실현될 수 없다. C에 위치한 '읽-으시-었-다'는 어간과 어미의 의존성이 해소되어서 문제가 없지만 나머지 V 위치의 '읽-', v 위치의 '읽-', Agr 위치의 '읽-으시-', T 위치의 '읽-으시-었-'은 의존성이 해소되지 못해서 음성 실현에 적합하지 않기 때문이다. 물론 음성 실현에 적합하지 않은 것은, 일반적인 이동 현상이 그러하듯이, "삭제"하면 된다. 그러면 '선생님은 그 책을 읽으시었다'가 된다.

그런데 의존성을 해소하는 방법에 "삭제"만 있는 것은 아니다. 의존성을 해소할 수 있는 요소가 추가되어 의존성이 해소될 수도 있기 때문이다. 이러한 맥락에서 의존성 해소 방안으로 삭제 대신에 '-기는'이 동원되면 어떻게 되는가? 예를 들어 V 위치의 '읽-'은 '-기는'으로 의존성을 해소하고 나머지 v 위치의 '읽-'과 H 위치의 '읽-으시-', 그리고 T 위치의 '읽-으시-었-'은 삭제를 통해 의존성을 해소하면 어떻게 되는가? 그러면 아래에서 확인할 수 있듯이 (27가)가 나타난다.

(31) 선생님이 그 책을 읽-기는 읽-으시-었-다. (= 27가)

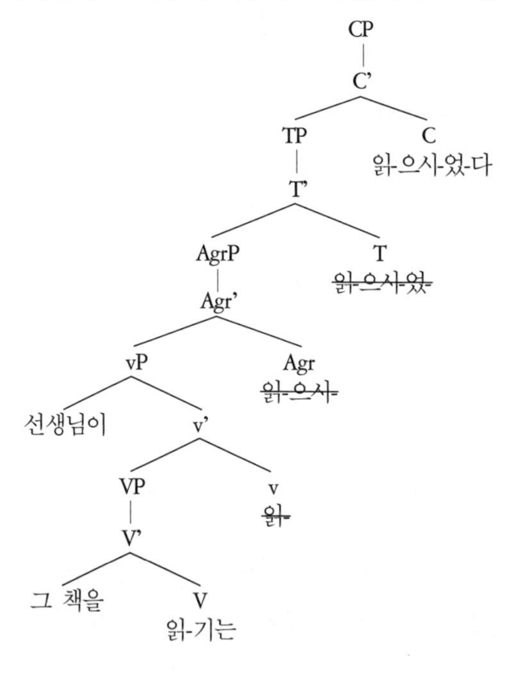

나아가 Agr 위치의 '읽-으시-'가 '-기는'을 통해 의존성을 해소하고, 나머지 V 위치의 '읽-'과 v 위치의 '읽-', T 위치의 '읽-으시-었-'은 삭제를 통해 의존성을 해소하면 (27나)가 나타나고,

(32) 선생님이 그 책을 읽-으시-기는 읽-으시-었-다. (= 27나)

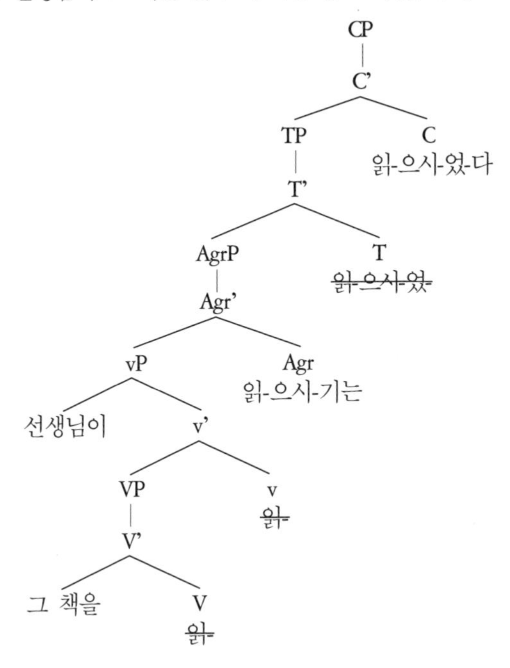

T 위치의 '읽-으시-었-'이 '-기는'을 통해 의존성을 해소하고, 나머지 V 위치의 '읽-'과 v 위치의 '읽-', Agr 위치의 '읽-으시-'는 삭제를 통해 의존성을 해소하면 (27다)가 나타난다.

(33) 선생님이 그 책을 읽-으시-었-기는 읽-으시-었-다. (= 27다)

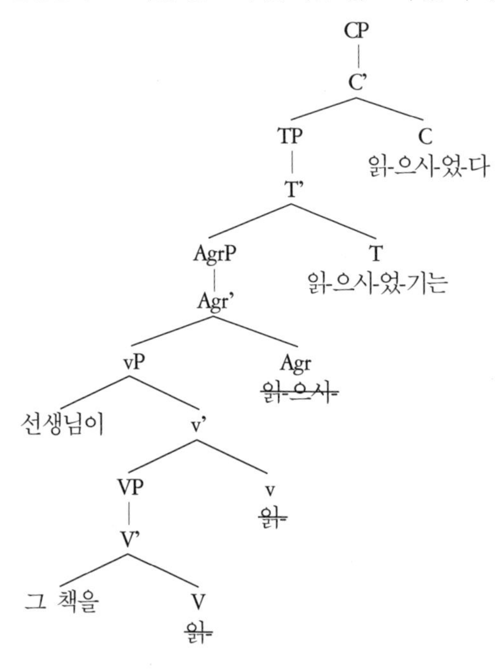

이제 위에 제시한 핵 이동과 의존성 해소 방안을 따르면 앞서 (27), (28)에서 지적한 선어말 어미 실현 제약은 당연한 것이 된다. 핵 이동을 적용하고 '-기는'과 "삭제"를 통해 의존성을 해소하면 (28)에 제시한 예들은 아예 나타날 수 없기 때문이다.

논의 목적과 관련하여 주목할 것은 이러한 설명이 선행사 지배 조건과 최소성 조건을 토대로 한다는 점이다. 예를 들어 (28마)가 가능하려면 'V-기는 V' 반복 구문의 'V-기는' 쪽에 H '-으시-' 없이 T '-었-'이 나타나야 하는데 바로 선행사 지배 조건과 최소성 조건이 이러한 가능성을 배제한다. 이들 조건에 따르면 T '-었-'으로 핵 이동하기 위해서는 우선 H '-으시-'로 핵 이동해야 한다.

12.6. 한국어 논항 이동의 경우

한국어 피동문은 대격을 허용하는 특성을 지닌다(6장 1절 참고). 그래서 (34가)에 더해 (34나)가 성립한다.

(34) 가. 영이가 손이 잡혔다.
나. 영이가 손을 잡혔다.

흥미로운 것은 (34나)처럼 '영이'는 주격과 어울리고 '손'은 대격과 어울리면 문제가 발생하지 않지만, 역으로 '영이'가 대격과 어울리고 '손'이 주격과 어울리면 성립하지 않는다는 점이다.

(35) *손이 영이를 잡혔다.

왜 (34나)는 성립하는 반면에 (35)는 성립하지 않는가? 이 문제에 답하기 위해 (34나), (35)에서의 주격 실현과 관련된 이동, 즉 IP 명시어로의 논항 이동 양상을 검토해 보자. 이를 위해 우선 이동 전 구조를 간략히 제시하면 아래와 같다(6장 1절 및 8장 3절 참고).[13]

(36)
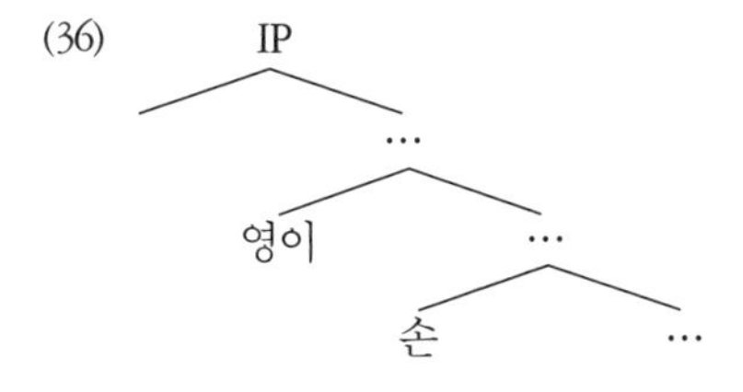

(36)에서 '영이'가 IP의 명시어 자리로 이동해서 주격을 취하고, '손'은 제자리에서 대격을 취하면 (34나)가 되며 이 과정은 선행사 지배 조건이

13) 편의상 '영이'가 [영이(의) 손] 밖으로 이동하는 것은 표시하지 않는다.

나 최소성 조건에 별다른 문제를 야기하지 않는다. 아래에서 보듯이 선행사 '영이'는 흔적 't'를 성분-통어하며 둘 사이에는 방해꾼이 나타나지 않기 때문이다.

(37) 영이가 손을 잡혔다. (= 34나)

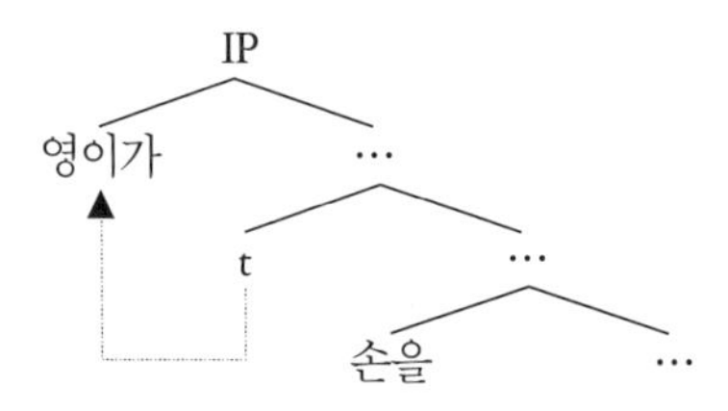

그런데 비문법적인 (35)는 사정이 다르다. '영이'가 아니라 '손'이 IP의 명시어로 이동하게 되면, 아래에서 보듯이 선행사 '손'과 흔적 't' 사이에 '영이를'이 방해꾼으로 등장하기 때문이다.[14)]

(38) *손이 영이를 잡혔다. (= 35)

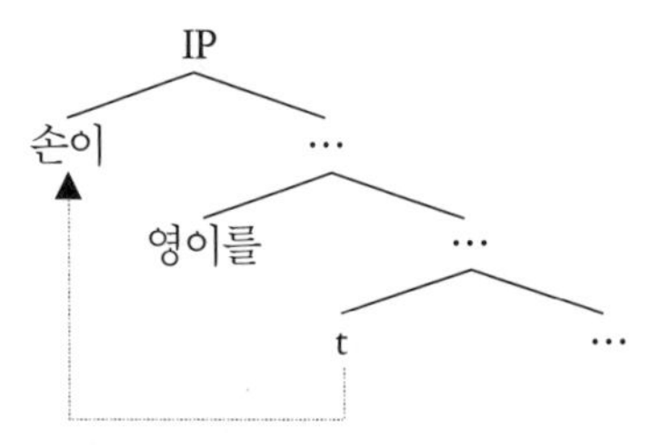

위에서 선행사 '손'은 '영이'를 성분-통어하고, '영이'는 '손'의 흔적 't'를 성분-통어한다. 따라서 (38)의 이동은 최소성 조건을 위반하게 되고, 나아가 선행사 지배 조건을 어기게 되어서 비문법적인 것으로 판정된다.

14) 겹목적어 현상이 가능하므로(8장 3절 참고), '영이를'의 대격이 문제가 될 가능성은 적다. 한편 (20가)에서 지적했듯이 방해꾼이려면 방해 받는 성분과 유형이 같아야 하는바, '영이를'은 '손이'와 마찬가지로 논항 유형으로 간주된다.

결국 선행사 지배 조건과 최소성 조건은 한국어의 핵 이동에서 그랬듯이 논항 이동에서도 유효한 것으로 결론 내릴 수 있다.

12.7. 대명사 생략과 영대명사

지금까지 이 장에서는 공범주 중 흔적에 대해서 논의해 왔다. 그런데 문법적으로는 존재하지만 음성적으로는 실현되지 않는 존재가 흔적만은 아니다. 예를 들어 아래 대화의 답3에 나타난 'Ø'도 음성적으로 실현되지 않는 문법적 존재에 해당한다.[15]

(39) 문 철수가 누구를 만났니?
답1 철수는 영이를 만났어요.
답2 그는 영이를 만났어요.
답3 Ø 영이를 만났어요.

그렇다면 'Ø'의 정확한 정체는 무엇인가? 이 의문을 풀기 위해 먼저 답3과 답2를 비교해 보자. 그러면 'Ø'는 '그는'이 생략된 결과로 파악할 수 있다. 혹은 대명사 '그'에 대응하는 소리 없는 대명사, 즉 영대명사(null pronoun)를 상정해 볼 수도 있다. (39답3)은, 이 두 가지 가능성 중 앞의 것을 택하면 (40가)가 되고, 뒤의 것을 택하면 (40나)가 된다. (40나)에서 'pro'는 영대명사를 나타낸다.[16]

15) 답3 외에 '영이를요.'와 같은 답도 가능하다. 이를 포함하여 생략에 대한 논의는 이정훈(2017가, 나) 등 참고.

16) '그'와 같은 외현적 대명사와 영대명사 pro는 지시성에서는 차이를 지니지 않으나 강조와 같은 담화적, 화용적 효과에서는 차이를 지닌다. 그래서 pro와 달리 '그'는 흔히 강조 효과를 수반한다.

(40) Ø 영이를 만났어요. (= 39답3)
가. 그는 영이를 만났어요.
나. pro 영이를 만났어요.

대명사 생략과 pro는 문제의 특성, 즉 음성적으로 실현되지 않는 특성을 어떻게 포착하는가에서 차이를 지닌다. 먼저, 음성적 비실현을 생략 규칙으로 포착하면 대명사 생략이 되는데, 대명사 생략은 그 타당성을 의심하기 어렵다. 한국어에 대명사가 존재하며, 또 한국어가 활발한 생략을 보인다는 점을 고려하면 대명사에 생략이 적용되는 것도 충분히 가능하기 때문이다.

그런데 음성적 비실현을 생략 규칙으로만 포착할 수 있는 것은 아니다. 생략 규칙 대신에 어휘 항목 차원에서 음운정보가 없다고 해도 음성적 비실현을 보장할 수 있기 때문이다. 이에 생략 규칙이 아니라 어휘 항목의 음운정보가 비어있어서 음성적 비실현 현상이 나타난다는 견해를 따르면 pro의 존재가 대두된다.

이러한 맥락에서 대명사 생략과 pro 둘 다 가능한지, 아니면 둘 가운데 어느 하나만 가능한지와 같은 의문이 제기된다. 이 의문에 답하려면 음성적 비실현을 생략 규칙으로 다루는 것이 타당한지, 아니면 어휘 항목의 음운정보 차원에서 다루는 것이 타당한지 논의해야 하는데 여기서는 문제를 제기하는 선에서 그치고자 한다. 아직까지 의문을 해소하기 위한 적절한 방법이 찾아지지 않기 때문이다. 다만 아래에 제시하는 이태리어 자료에서 보듯이 한국어 이외의 언어에서도 같은 현상이 나타나며 따라서 동일한 문제가 제기된다는 점만 첨언한다(Ouhalla 1999 참고).

(41) 가. Lui ha telefonato.
he has phoned
나. Ø ha telefonato.

다. Gianni ha detto che lui ha telefonato.
Gianni has said that he has phoned
라. Gianni ha detto che Ø ha telefonato.

한편 경우에 따라서는 대명사 생략과 영대명사 가운데 대명사 생략을 적용하기 어려운 경우도 존재한다. 예를 들어 아래 예에서 'Ø'는 대명사로 음성실현될 수 없는데, 대명사 생략은 대명사가 음성적으로 실현되기도 하고 실현되지 않기도 하는 것을 가리키므로 'Ø'를 대명사 생략으로 보기 어렵다. 물론 'Ø'의 존재는 의미역 공준 등에 의해서 보장된다. 'blame'은 행위주 의미역과 대상 의미역을 지니는데 행위주 의미역을 위해서는 음성적으로 실현되지 않는 문법적 존재 'Ø'가 요구되는 것이다.[17)]

(42) 가. The couch tried [Ø to blame the players].
나. [Ø Blaming the players] won't help.

(42)의 'Ø'는, 대명사 생략으로 분석할 수 없으므로, 영대명사의 일종으로 보아야 한다. 그런데 위에서도 언급했듯이 영대명사 pro는 대명사 생략과 양립할 수 있는 것이지만, (42)의 'Ø'는 그렇지 않다. 따라서 영대명사 pro와 구분되는 또 다른 영대명사를 설정해야 한다. 이에 pro와는 별도로 PRO를 상정하며, 이 둘을 구문할 때는 작은 영대명사 pro(small pro), 큰 영대명사 PRO(big PRO)라고 한다.

(40), (41)과 (42)를 비교하면 알 수 있듯이 작은 영대명사 pro와 큰 영대명사 PRO는 그 분포를 달리한다. 작은 영대명사 pro는 한정절(finite clause)에 분포하는 반면, 큰 영대명사는 비한정절에 분포한다. 또 작은 영대명사

17) 행위주 의미역이 [Spec, vP]에 부여되는 것을 고려하면 (42가)의 'Ø'는 'blame' 앞의 [Spec, vP]에서 확대 투사 원리를 충족시키기 위해 I 'to'의 [Spec, IP]로 이동한 것으로 파악된다. 따라서 (42가)의 'Ø'처럼 소리 없는 존재도 확대 투사 원리를 만족시킬 수 있다고 보아야 한다.

pro는 아래에서 보듯이 주어 위치뿐만 아니라 목적어 위치에도 나타날 수 있지만 PRO는 그러한 사례가 발견되지 않는다.

(43) [문] 누가 철수를 만났니?
[답] 영이가 pro 만났어요.

(44) 가. Questo conduce la gente a concluere quanto segue.
this leads the people to conclude what follows
나. Questo conduce pro a concluere quanto segue.

12.8. 명사구 생략

앞 절에서는 아래 반복한 (39) 중에서 (39[답]$_2$)와 (39[답]$_3$)을 비교함으로써 (39[답]$_3$)의 'Ø'가 대명사 생략이나 영대명사 pro일 수 있음을 논의했다.

(39) [문] 철수가 누구를 만났니?
[답]$_1$ 철수는 영이를 만났어요.
[답]$_2$ 그는 영이를 만났어요.
[답]$_3$ Ø 영이를 만났어요.

그런데 (39[답]$_1$)과 (39[답]$_3$)을 비교하면 또 다른 가능성이 대두된다. 아래에서 보듯이 (39[답]$_1$)에 명사구 생략이 적용되어 (39[답]$_3$)이 되는 것으로 볼 수 있기 때문이다.

(45) ~~철수는~~ 영이를 만났어요.

그렇다면 대명사 생략과 영대명사에 더해 위와 같은 명사구 생략도 가능한가? 이 질문에 대해 아래 자료는 명사구 생략의 가능성을 옹호한다

(Park and Bae 2012, S.-W, Lee 2016 등 참고).

(46) [A] 저는 금요일 점심에는 짜장면이나 짬뽕을 먹어요.
　　[B] 제가 같이 Ø 먹지요.

(46[B])에서 'Ø'는 "짜장면이나 짬뽕"으로 해석된다. 그런데 'Ø'를 대명사로 보면 이러한 해석이 보장되지 않는다. 'Ø' 자리에 대명사 표현이 나타난 아래 (47)에서 '그것'은 "짜장면이나 짬뽕"으로 해석되지 않기 때문이다. '그것'은 짜장면이나 짬뽕 중에 선택된 어느 하나로 해석된다. 이렇게 'Ø'를 대명사로 간주할 수 없으므로 (46[B])의 'Ø'는 대명사 생략이나 영대명사 pro로 볼 수 없다.

(47) 제가 같이 그것을 먹지요.

그런데 명사구 생략은 대명사 생략이나 영대명사의 문제를 야기하지 않는다. 아래에서 보듯이 '짜장면이나 짬뽕'이 생략된 것이 (46[B])의 'Ø'이므로 'Ø'가 "짜장면이나 짬뽕"으로 해석되는 것은 당연하기 때문이다.

(48) 제가 같이 ~~짜장면이나 짬뽕을~~ 먹지요.

아울러 아래 자료도 명사구 생략을 지지한다. 'Ø'의 해석을 고려하면 (46[B])와 마찬가지로 'Ø'는 명사구 생략으로 간주되어야 하기 때문이다.

(49) [A] 영이가 무엇인가를 잃어 버렸대요.
　　[B] 철수도 Ø 잃어 버렸다던데.

(50) 가. 철수도 ~~무엇인가~~를 잃어 버렸다던데.

나. 철수도 pro 잃어 버렸다던데.
다. 철수도 ~~그것~~을 잃어 버렸다던데.

(49B)에서 'Ø'는 '무엇인가를'로 해석되며 이러한 해석은 명사구 생략이 적용된 (50가)와 통한다. 이와 달리 영대명사 pro나 대명사 생략을 상정한 (50나)와 (50다)는 (49B) 'Ø'의 해석을 보장하지 못한다. 영대명사 pro와 대명사 생략은 'Ø'를 대명사로 간주하는 견해인데 영대명사 pro든 생략되는 대명사든 'Ø' 자리에 나타나는 대명사 표현 '그것을'은 '무엇인가를'과 해석이 다르기 때문이다. 예를 들어 (49B)에서 'Ø'는 "철수가 잃어버린 것 그 무엇"으로 해석되지만, 'Ø' 자리에 '그것을'과 같은 대명사 표현이 나타나는 경우, '그것을'은 "철수가 잃어버린 그 무엇"이 아니라 "영이가 잃어버린 것과 같은 종류의 것" 정도로 해석된다.

12.9. 마무리

우리는 귀로 소리를 듣는다. 그렇다면 모든 소리를 귀로 들을 수 있을까? 그렇지는 않다. 소리에 대한 연구에 따르면 우리 귀는 소리 중에 일부를 들을 수 있을 뿐이다. 소리뿐만 아니라 다른 여러 현상도 그와 같아서 경험으로 포착할 수 있는 면과 더불어 경험으로는 포착할 수 없는 면도 존재한다.

언어 현상도 마찬가지여서 문법적으로는 존재하는 것이 때로 음성적으로 실현되지 않을 수도 있다. 이렇게 문법적으로 존재함에도 불구하고 음성적으로 경험할 수 없는 존재를 가리켜 공범주라고 한다.

공범주에는 흔적, 영대명사, 생략 등이 포함되며, 이 중 흔적은 선행사 지배 조건과 최소성 조건을 준수해야 한다. 물론 자세히 살피지는 않았지만 영대명사와 생략도 아무렇게나 나타날 수는 없고 일정한 조건이나 제약을 준수해야만 한다.

그렇다면 흔적, 영대명사, 생략으로 충분한가? 다시 말해 이들 이외의 공범주는 없는가? 만약 그렇다면 공범주는 왜 이들 세 가지로 국한되는가? 또 흔적, 영대명사, 생략, 이 세 가지를 두 가지나 한 가지로 통합할 수는 없는가? 공범주에 대한 연구는 이러한 질문들을 중심으로 전개되어 왔으며 새로운 현상과 질문을 통해 확대되고 심화되어 가고 있다.

참고문헌

강명윤. 2001. DP와 국어의 명사구. ≪한국어학≫ 13 : 15-51.

강범모. 1998. 문법과 언어 사용 : 코퍼스에 기반한 재귀사 '자기, 자신, 자기자신'의 기능 분석을 중심으로. ≪국어학≫ 31 : 165-204.

고광주. 2002. '명사+동사'형 합성동사의 형성 원리. ≪우리어문연구≫ 19 : 253-278.

고영근 · 남기심. 2005. ≪표준국어문법론≫ (개정판). 서울 : 탑출판사.

고재설. 1994. 국어 단어 형성에서의 형태 · 통사원리에 대한 연구. 박사학위논문. 서강대학교.

권재일. 2012. ≪한국어 문법론≫. 서울 : 태학사.

김귀화. 1994. ≪국어의 격 연구≫. 서울 : 한국문화사.

김대복. 2004. 국어 부정문의 통사. ≪인문학 연구≫ 7 : 105-127.

김미경. 1999. 정보구조화 관점에서 본 생략의 의미와 조건. ≪담화와 인지≫ 6 : 61-88.

김영희. 1978. 겹주어론. ≪한글≫ 162 : 39-75.

김영희. 1984. ≪한국어 셈숱화 구문의 통사론≫. 서울 : 탑출판사.

김영희. 1988. ≪한국어 통사론의 모색≫. 서울 : 탑출판사.

김영희. 1993. "-게 하-" 사동구문의 세 유형. ≪어문학≫ 54 : 9-120.

김영희. 1999. 사격 표지와 후치사. ≪국어학≫ 34 : 31-58.

김용석. 1987. '자기'의 지시 의존에 관하여 : 결속 이론 대 연결 이론. ≪언어≫ 12 : 319-346.

김용석. 1992. '자기'의 대용화에 관하여. ≪생성문법연구≫ 2 : 251-292.

김용하. 1995. 동사적 명사, 겹목적어 그리고 동사 '하다'. ≪언어≫ 20 : 45-70.

김용하. 1999. ≪한국어 격과 어순의 최소주의 문법≫. 서울 : 한국문화사.

김용하. 2009. 한국어 조사의 분포와 통합 체계 연구 : 부사격 조사를 중심으로. ≪언어학≫ 17 : 65-89.

김용하. 2010. 비이동 겹목적어 구문의 구조와 생략의 치유 효과. ≪언어학≫ 18 : 45-65.

김용하. 2014가. 이른바 '목적어 있는 피동문'에 대한 소고. ≪시학과 언어학≫

27 : 7-24.
김용하. 2014나. ≪한국어 조사의 분포와 통합 체계≫. 서울 : 경진출판.
김종복. 2004. ≪한국어 구구조 문법≫. 서울 : 한국문화사.
김정대. 1981. 한국어 재귀 대명사 {자기}에 관한 연구. 경남대학교 석사학위논문.
김정대. 2006. 어미의 지배 범위에 대한 주시경(1910)의 인식. ≪우리말글≫ 37 : 109-141.
김지홍. 1994. 수량사를 가진 명사구의 논항 구조. ≪배달말≫ 19 : 1-48.
남기심. 2001. ≪현대국어 통사론≫. 서울 : 태학사.
남승호. 2007. ≪한국어 술어의 사건 구조와 논항 구조≫. 서울 : 서울대학교 출판부.
노대규 · 김영희 · 이상복 · 임용기 · 성낙수 · 최기호. 1991. ≪국어학 서설≫. 서울 : 신원문화사.
목정수. 1998. 한국어 격조사와 특수조사의 지위와 그 의미. ≪언어학≫ 23 : 47-78.
박병수 · 윤혜석 · 홍기선. 1999. ≪문법이론≫. 서울 : 한국문화사.
박소영. 2004. ≪한국어 동사구 수식 부사와 사건구조≫. 서울 : 태학사.
박소영. 2009. 수량사 구성의 형태-통사론적 분석. ≪형태론≫ 11 : 1-27.
박소영. 2011. 한국어 통합합성어의 통사구조와 형태-통사론의 접면. ≪생성문법연구≫ 21 : 685-706.
박소영. 2012. 한국어 사동문의 통사론적 도출. ≪언어≫ 37 : 547-570.
박소영. 2013가. 한국어 피동문에 나타나는 격 교체의 비대칭성에 대하여. ≪국어학≫ 67 : 195-222.
박소영. 2013나. 한국어 통사 사동의 세 유형. ≪현대문법연구≫ 74 : 59-76.
박소영. 2014. 한국어 속격 '의'의 실현과 DP 가설. ≪생성문법연구≫ 24 : 613-629.
박승윤. 1986. 담화의 기능상으로 본 국어의 주제. ≪언어≫ 11 : 1-15.
박정규. 1996. ≪국어 부정문 연구≫. 서울 : 보고사.
박정섭. 2006. 속격 표지 '의'의 수의성에 대하여. ≪생성문법연구≫ 16 : 3-18.
서정목. 1987. ≪국어 의문문 연구≫. 서울 : 탑출판사.
서정목. 1993. 한국어의 구절구조와 엑스-바 이론. ≪언어≫ 18 : 395-435.
서정목. 1994. ≪국어 통사구조 연구 I : 구절구조, 의문법, 경어법≫. 서울 : 서강대학교 출판부.

서정목. 1998. ≪문법의 모형과 핵 계층 이론≫. 서울 : 태학사.
서정목. 2017. ≪한국어의 문장 구조≫. 서울 : 역락.
성광수. 1981. 국어 재귀 대명사에 대한 재고. ≪한글≫ 172 : 29-55.
손광락. 2012. 언어학의 과학성, 그 탐구 대상과 수단. ≪언어≫ 37 : 571-588.
송경안. 2015. 언어유형론과 한국어의 격. 2015년 대한언어학회 가을 학술대회 발표논문집, 15-24.
시정곤. 1994. ≪국어의 단어 형성 원리≫. 서울 : 국학자료원.
심봉섭. 1993. 그, *celui-ci, il*의 비교 연구. ≪생성문법연구≫ 3 : 221-243.
양동휘. 1985. 확대 결속 이론. ≪한글≫ 188 : 147-195.
양동휘. 1986. 한국어의 대용사론. ≪국어학≫ 15 : 41-162.
양명희. 1994. 국어 대용어의 특성과 기능. ≪국어학≫ 24 : 259-289.
양정석. 1986. '이다'의 의미와 통사, ≪연세어문학≫ 19 : 5-29.
양정석. 1995. ≪국어 동사의 의미 분석과 연결 이론≫. 서울 : 박이정.
엄정호. 1989. 소위 지정사 구문의 통사구조, ≪국어학≫ 18 : 110-130.
우순조. 1997. 국어 어미의 통사적 지위. ≪국어학≫ 30 : 225-256.
우형식. 1998. 국어 수량화 구성의 분포와 기능 분석. ≪담화와 인지≫ 5 : 57-80.
유동석. 1995. ≪국어의 매개변인 문법≫. 서울 : 신구문화사.
이광정. 1999. 전통 문법에서의 격 연구. 한국어학회 (편), ≪국어의 격과 조사≫, 9-48. 서울 : 월인.
이남순. 1988. ≪국어의 부정격과 격표지 생략≫. 서울 : 탑출판사.
이상근. 2017. 실험 통사론의 형식적 연구방법에 대한 고찰 : 영어 수용성 판단 중심으로. ≪생성문법연구≫ 27 : 395-429.
이익섭. 1978. 한국어의 재귀대명사에 대하여. ≪인문논총≫ 2 : 3-25.
이익섭 · 채완. 1999. ≪국어문법론강의≫. 서울 : 학연사.
이정훈. 2002. 국어 어순의 통사적 성격. ≪어문연구≫ 30 : 93-114.
이정훈. 2004. '이다' 구문의 '-으시-' 일치 현상. ≪국어학≫ 43 : 209-246.
이정훈. 2005. 국어 조사의 인허조건과 통합관계, ≪언어≫ 30 : 173-193.
이정훈. 2006. 'V-어V' 합성동사 형성규칙과 범주통용. ≪어문학≫ 91 : 129-161.
이정훈. 2007. 문법 자질과 조사의 통합관계. ≪어문학≫ 112 : 111-138.

이정훈. 2008. ≪조사와 어미 그리고 통사구조≫. 서울 : 태학사.

이정훈. 2011. 중간투사 범주 X' 이동의 가능성, ≪언어≫ 36 : 765-782.

이정훈. 2012. ≪발견을 위한 한국어 문법론≫. 서울 : 서강대학교 출판부.

이정훈. 2013. 'V-기' 반복 구문의 유형과 그 형성 동기 및 과정. ≪어문학≫ 122 : 155-180.

이정훈. 2014. ≪한국어 구문의 문법≫. 파주 : 태학사.

이정훈. 2015. 접속어미의 통사와 접속문의 통사구조. ≪한국어학≫ 66 : 50-85.

이정훈. 2016가. 학교문법의 '겹문장' 관련 내용 고찰. ≪언어와 정보 사회≫ 28 : 421-456.

이정훈. 2016나. 한국어의 '하-' 지지 규칙. ≪한국어학≫ 73 : 159-191.

이정훈. 2017가. 한국어 생략의 문법 : 토대. 계명대학교 한국학연계전공 (편), ≪국어국문학의 고전과 현대≫, 333-367. 서울 : 역락.

이정훈. 2017나. 한국어 조각문의 형성 과정 : (이동과) 생략. ≪언어와 정보 사회≫ 31 : 423-452.

이환묵. 1999. ≪영어 전통 문법론≫. 서울 : 아르케.

이홍배. 1975. 국어의 변형 생성 문법 (II). ≪문법연구≫ 2 : 7-69.

임동훈. 1991. 격조사는 핵인가. ≪주시경학보≫ 8 : 119-130.

임홍빈. 1981. 존재 전제와 속격 표지 {의}. ≪언어와 언어학≫ 7 : 61-78.

임홍빈. 1987. ≪국어의 재귀사 연구≫. 서울 : 신구문화사.

임홍빈. 1988. 구조적 평행성과 국어의 대명사. ≪제5회 국제학술회의 세계한국학대회 논문집 : 한국학의 과제와 전망 I (기조 연설 역사 어문편)≫, 한국정신문화연구원, 583-641. [임홍빈. 1998. 549-612. 재수록]

임홍빈. 1991. 국어 분류사의 변별 기준에 대하여. 석정 이승욱선생회갑기념논총간행위원회 (편), ≪석정 이승욱 선생 회갑기념논총≫, 335-377.

임홍빈. 1998. ≪국어문법의 심층 2 : 명사구와 조사구의 문법≫ 2. 서울 : 태학사.

장경희. 1990. 지시어 '이', '그', '저'의 의미 분석. ≪어학연구≫ 16 : 167-184.

장석진. 1986. 조응의 담화 기능 : 재귀표현을 중심으로. ≪한글≫ 194 : 121-155.

장하석. 2014. ≪과학, 철학을 만나다≫. 서울 : 지식플러스.

전영철. 2013. ≪한국어 명사구의 의미론 : 한정성/특정성, 총칭성, 복수성≫. 서

울 : 서울대학교 출판문화원.
조숙환. 1992. '걔'와 '자기'의 통사구조 및 습득 연구. ≪생성문법연구≫ 2 : 361-391.
최기용. 1993. 한국어 장형부정구문의 구조. ≪생성문법연구≫ 3 : 25-78.
최기용. 1996. 한국어 특수조사 구성의 구조. ≪언어≫ 21 : 611-650.
최기용. 2001가. 한국어 수량사 구성의 구조와 의미. ≪어학연구≫ 37 : 445-482.
최기용. 2001나. '-이다'의 '-이'는 주격 조사이다. ≪형태론≫ 3 : 102-112.
최기용. 2002. 한국어의 용언 반복 구문(echoed verb constructions) : 용언의 가시적 이동을 위한 또 하나의 근거. ≪생성문법연구≫ 12 : 139-168.
최기용. 2006. 한국어의 "명사+조사" 구성의 구조. ≪생성문법연구≫ 16 : 311-332.
최기용. 2009. ≪한국어 격과 조사의 생성통사론≫. 서울 : 한국문화사.
최기용. 2013. 한국어의 3인칭 지시 표현 '그'에 관한 소고. ≪생성문법연구≫ 23 : 525-556.
최기용. 2014. 피결속-변항 대명사로서의 '자기'. ≪생성문법연구≫ 24 : 325-364.
최기용. 2017. UTAH와 공존하는 반례의 성격 : 한국어 대격 피동문의 경우. ≪생성문법연구≫ 27 : 37-60.
최동주. 1997. 현대국어의 특수조사에 대한 통사적 고찰. ≪국어학≫ 30 : 201-224.
최현배. 1937. ≪우리말본≫. 경성 : 연희전문 출판부.
한학성. 1995. ≪생성문법론≫. 서울 : 태학사.
홍기선. 1997. 영어와 국어의 인상 구문 비교 분석. ≪어학연구≫ 33 : 409-433.
홍용철. 1994. 융합이론과 격조사 분포. ≪생성문법연구≫ 4 : 1-43.
홍용철. 1998. 한국어의 부정구문. ≪생성문법연구≫ 8 : 1-44.
홍용철. 2006. 한국어의 명사 확장 범주. ≪언어≫ 31 : 657-684.
홍용철. 2008. 한국어의 후치 요소와 명사 확장 범주. ≪생성문법연구≫ 18 : 745-770.
홍용철. 2010. 한국어 명사 외곽 수식어들의 어순과 명사구 구조. ≪생성문법연구≫ 20 : 549-576.
홍용철. 2013. 소유격 표지 '의'의 분포와 본질. ≪생성문법연구≫ 23 : 321-345.

Abney, S. P. 1987. English noun phrases in its sentential aspects. Doctoral dissertation. MIT.

Ahn, H.-D. 1988. Preliminary remarks on Korean NP. In E-J Baek (ed.), *Papers from the 6th International Conference on Korean Linguistics*, 1-15. University of Toronto.

Ahn, H.-D. and S. Cho. 2006. On binding asymmetries in fragments. *Journal of the Linguistics Society of Korea* 44 : 123-155.

Ahn, S.-H. 1990. Korean quantification and universal grammar. Doctoral dissertation. University of Connecticut.

Baker, M. 1988. *Incorporation*. Chicago : Chicago University Press.

Baker, M. 2001. *Atoms of language : The mind's hidden rules of grammar*. New York : Basic Books.

Baker, M. 2008. *The Syntax of agreement and concord*. Cambridge : Cambridge University Press.

Baker, M., K. Johnson and I. Roberts. 1989. Passive arguments raised. *Linguistic Inquiry* 20 : 219 - 251.

Blake, B. J. 1994. *Case*. Cambridge : Cambridge University Press. [고석주 역. 1998. ≪격≫. 서울 : 한신문화사.]

Boeckx, C. 2006. *Linguistic minimalism : Origins, concepts, methods, and aims*. Oxford : Oxford University Press.

Boeckx, C. 2012. *Syntactic islands*. Cambridge : Cambridge University Press.

Borer, H. 2005a. *Structuring sense I*. Oxford : Oxford University Press.

Borer, H. 2005b. *Structuring sense II*. Oxford : Oxford University Press.

Bošković, Ž. 2014. Now I'm a phase, now I'm not a phase : On the variability of phases with extraction and ellipsis. *Linguistic Inquiry* 45 : 27-89.

Bošković, Ž. and D. Takahashi. 1998. Scrambling and last resort. *Linguistic Inquiry* 29 : 347-366.

Büring, D. 2005. *Binding Theory*. Cambridge : Cambridge University Press.

Burzio, L. 1986. *Italian syntax*. Dordrecht, Holland : D. Reidel Publishing Company.

Carnie, A. 2010. *Constituent Structure*. 2nd edition. Oxford : Oxford University Press.

Carnie, A. 2012. *Syntax : A generative introduction*. 3rd edition. Chichester : Wiley-Blackwell. [안동환 역. 2013. ≪통사론 : 생성 문법 이론의 소개≫. 서울 : 한국문화사.]

Chang, S. 1977. Korean reflexive pronoun *caki* and its referent NP's point of view. *Language Research* 13 : 35-48.

Cheng, L. and R. Sybesma. 1999. Bare and not-so-bare nouns and the structure of NP. *Linguistic Inquiry* 30 : 509-542.

Chierchia, G. 1998. Reference to kinds across languages. *Natural Language Semantics* 6 : 339-405.

Cho, S.-H. 1999. 'Caki'(self) as a Jekyl and Hyde. In Susumu Kuno et al. (eds.), *Harvard studies in Korean linguistics* VIII, 252-265. Seoul : Hanshin Publishing Co.

Choi, Hye-Won. 1999. *Optimizing structure in context : Scrambling and information structure*. Stanford, Calif. : CSLI Publications.

Choi, Ki-Yong. 2011. On the nature of the dependency between a numeral and a classifier. *Language Research* 28 : 517-542.

Chomsky, N. 1965. *Aspect of the theory of syntax*. Cambridge, Mass : MIT Press. [이승환·임영재 역. 1975. ≪생성 문법론≫. 서울 : 범한서적주식회사.]

Chomsky, N. 1970. Remarks on nominalization. In R. Jacobs and P. S. Rosenbaum (eds.), *Readings in English transformational grammar,* 184-221. Waltham, Mass. : Ginn and Company.

Chomsky, N. 1981. *Lectures on government and binding*. Dordrecht : Foris. [이홍배 역. 1987. ≪지배 결속 이론 : 피사 강좌≫. 서울 : 한신문화사.]

Chomsky, N. 1982. *Some concepts and consequences of theory of government and binding*. Cambridge, Mass : MIT Press.

Chomsky, N. 1986. *Knowledge of language : Its nature, origin, and use*. New York : Praeger. [이선우 역. 2000. ≪언어 지식 : 그 본질, 근원 및 사용≫. 서울 : 아르케.]

Chomsky, N. 1995. *The minimalist program*. Cambridge, Mass. : MIT Press. [박명관·장

영준 역. 2001. ≪최소주의 언어이론≫. 서울 : 한국문화사.]

Chomsky, N. 2004. Beyond Explanatory Adequacy. In A. Belletti (ed.), *Structures and Beyond*, 104-131. Oxford : Oxford University Press.

Chomsky, N. and H. Lasnik. 1993. The theory of principles and parameters. In J. Jacobs et al. (eds.), *Syntax : An international handbook of contemporary research*, 506-569. Berlin : Walter de Gruyter. [Reprinted in Chomsky, N. 1995 : 13-127.]

Cole, P., G. Hermon and Li-May Sung. 1993. Feature percolation. *Journal of East Asian Linguistics* 2 : 91-118.

Diesing, M. 1992. *Indefinites*. Cambridge, Mass. : MIT Press.

Felser, C. 2004. Wh-Copying, phases, and successive cyclicity, *Lingua* 114 : 543-574.

Folli, R. and H. Harley. 2005. Flavors of v. In P. Kempchinsky and R. Slabakova (eds.), *Aspectual Inquiries,* 95-120. Berlin : Springer.

Haegeman, L. 1994. *Introduction to government and binding theory*. 2nd edition. Oxford : Blackwell.

Hale, K. and S. J. Keyser. 1993. On the argument structure and the lexical expression of syntactic relations. In K. Hale and S. J. Keyser (eds.), *The view from building 20 : Essays in linguistics in honor of Sylvain Bromberger*, 53-109. Cambridge, Mass. : MIT Press.

Harley, H. 1995. Subjects, events and licensing. Doctoral dissertation. MIT.

Hornstein, N., J. Nunes, and K. K. Grohmann. 2005. *Understanding minimalism.* Cambridge : Cambridge University Press. [구자혁 역. 2008. ≪최소주의 문법의 이해≫. 서울 : 경문사.]

van Hout, A. 1996. Event semantics of verb frame alternations. Doctoral dissertation. Tilburg University.

Huang, J. 1982. Move WH in a language without WH movement. *Linguistic Review* 1 : 369-416.

Ingram, J. 2007. *Neurolinguistics : An introduction to spoken language processing and its disorders*. Cambridge : Cambridge University Press.

Isac, D. and C. Reiss. 2013. *I-language : An introduction to linguistics as cognitive science.* 2nd edition. Oxford : Oxford University Press.

Jackendoff, R. 1977. *$\overline{X}$ syntax : A study of phrase structure*. Cambridge, Mass. : MIT Press.

Jackendoff, R. 1990. *Semantic structures*. Cambridge, Mass. : MIT Press.

Jenkins, L. 2001. *Biolinguistics : Exploring the biology of language*. Cambridge : Cambridge University Press. [최숙희 · 김양순 · 심양희 역. 2010. ≪생물언어학 : 언어의 생물학적 탐구≫. 서울 : 동인.]

Kang, B.-M. 1988. Unbounded reflexives. *Linguistics and Philosophy* 11 : 415-456.

Kim, S.-Y. 1996. Dependencies : A study of anaphoricity and scrambling. Doctoral dissertation. Harvard University.

Ko, H.-J. 2018. Scrambling in Korean Syntax. In M. Aronoff et al (eds.), *Oxford Research Encyclopedia: Linguistics*. Oxford: Oxford University Press.

Koopman, H. and D. Sportiche. 1991. The position of subjects. *Lingua* 85 : 211-258.

Kratzer, A. 1995. Stage-level and individual-level predicates. In G. N. Carlson et al. (eds.), *The generic book*. 125-175. Chicago : University of Chicago Press.

Kratzer, A. 1996. Severing the external argument from its verb. In J. Rooryck and L. Zaring (eds.), *Phrase strucrure and lexicon*, Dordrecht : Kluwer.

Kuhn, T. 1962/2012. *The structure of scientific revolutions*, 50th anniversary edition, Chicago : University of Chicago Press. [김명자 · 홍석욱 역. 2013. ≪과학혁명의 구조≫. 서울 : 까치.]

Kuno, S. 1972. Pronominalization, reflexivization, and direct discourse. *Linguistic Inquiry* 3 : 161-195.

Larson, R. 1988. On the double object construction. *Linguistic Inquiry* 19 : 335-391.

Larson, R. 2010. *Grammar as science*. Cambridge, Mass. : MIT Press.

Lee, C. 1974. *Abstract syntax and Korean with reference to English*. Seoul : Pan Korea Book.

Lee, W.-S. 2016. Argument ellipsis vs. V-stranding VP ellipsis in Korean : Evidence from disjunction. *Linguistic Research* 33 : 1-20.

Levin, B. and M. Rappaport-Hovav. 1995. *Unaccusativity*. Cambridge, Mass. : MIT Press.

Levin, B. and M. Rappaport-Hovav. 2005. *Argument realization*. New York, Cambridge :

Cambridge University Press.

Li, Y. A. 1999. Plurality in a classifier language. *Journal of East Asian Linguistics* 8 : 75-99.

Longobardi, G. 1994. Reference and proper names. *Linguistics Inquiry* 25 : 609-665.

Maling, J. and S. Kim. 1992. Case assignment in the inalienable possession construction in Korean. *Journal of East Asian Linguistics* 1 : 37-68.

Marantz, A. 1993. Implications of asymmetries in double object constructions. In S. A. Mchombo (ed.), *Theoretical aspects of Bantu grammar* 1, 113-151. Stanford : CSLI Publications.

Marantz, A. 1997. No escape from syntax. A. Dimitriadis et al. (eds.), *University of Pennsylvania working papers in linguistics* 4, 201-225. University of Pennsylvania.

May, R. 1985. *Logical form : Its structure and derivation*. Cambridge, Mass. : MIT Press.

Müller, S. 2016. *Grammatical theory : From transformational grammar to constraint-based approaches*. vol 1 · 2. Berlin : Language Science Press.

Newmeyer, F. 1986. *Linguistic theory in America*. Orlando : Academic Press. [나병모 역. 1991. ≪현대 언어학의 흐름≫. 서울 : 글.]

Newmeyer, F. 2005. *Possible and probable languages : A generative perspective on linguistic typology*. Oxford : Oxford University Press.

O'Grady, W. 1984. The syntax of Korean anaphora. *Language Research* 20 : 121-138.

Ouhalla, J. 1999. *Introducing transformational grammar : From principles and prameters to minimalism*. 2nd edition. London : Arnold. [김용석 · 문귀선 역. 2003. ≪변형 문법의 이해 : 원리와 매개변인에서부터 최소주의까지≫. 고양 : 한신문화사.]

Park, B.-S. and S.-Y. Bae. 2012. Identifying null arguments : Sometimes pro, sometimes ellipsis. *Korean Journal of Linguistics* 37 : 845-866.

Park, S.-Y. 2008. Functional categories : The syntax of DP and DegP. Doctoral dissertation. USC.

Park, S.-Y. 2009. The syntax of numeral classifiers : A small clause inside a DP.

Linguistic Research 45 : 203-225.

Pesetsky, D. 2000. *Phrasal movement and its kin*. Cambridge, Mass. : MIT Press.

Pollock, J.-Y. 1989. Verb movement, universal grammar, and the structure of IP. *Linguistic Inquiry* 20 : 365-424.

Pylkkänen, L. 2002. Introducing arguments. Doctoral dissertation. MIT.

Radford, A. 1981. *Transformational syntax : A student's guide to Chomsky's extended standard theory*, Cambridge : Cambridge University Press. [서정목 · 이광호 · 임홍빈 역. 1984. ≪변형문법이론 무엇인가 : 촘스키의 확대표준이론 해설≫. 서울 : 을유문화사.]

Radford, A. 1997. *Syntactic theory and the structure of English : A minimalist approach*, Cambridge : Cambridge University Press. [이홍배 역. 1999. ≪최소주의 통사이론과 영어≫. 서울 : 한신문화사.]

Richasds, N. 2004. Against bans on lowering. *Linguistic Inquiry* 35 : 453-463.

Riemsdijk, H. van. and E. Williams. 1986. *Introduction to the theory of grammar*, Mass : MIT Press. [이홍배 역. 1997. ≪지배-결속 문법론≫. 서울 : 한신문화사.]

Rizzi, L. 1990. *Relativized minimality*. Cambridge, Mass. : MIT Press.

Rizzi, L. 2001. Relativized minimality effects. In M. Baltin and C. Collins (eds.), *The handbook of contemporary syntactic theory*. 89-110. Oxford : Blackwell Publishers.

Rudin, C. 1988. On multiple questions and multiple WH fronting. *Natural Language and Linguistic Theory* 6 : 445-501.

Sato, Y. and N. Goto. 2014. Scrambling, In A. Carnie, Y. Sato, and D. Siddiqi (eds.), *The Routledge handbook of syntax*, 264-282. New York : Routledge.

Sells, P. 1987. Aspects of logophoricity. *Linguistic Inquiry* 18 : 445-481.

Sells, P. 1995. Korean and Japanese morphology from a lexical perspective. *Linguistic Inquiry* 26 : 277-325.

Shim, Y. 1995. Argument structure, prominence relations, and reflexivity in Korean and English. *Studies in Generative Grammar* 5 : 507-530.

Sohn, K.-W. 1995. Negative polarity items, scope, and economy. Doctoral dissertation.

University of Connecticut.

Song, S,-H., Choe, J.-W. and E.-J. Oh. 2014. FAQ : Do non-linguists share the same intuition as linguists?. *Language Research* 50 : 357-386.

Suh, J.-H. 1990. Scope phenomena and aspects of Korean syntax. Doctoral dissertation. USC.

Sprotiche, D. 2013. Binding theory-Structure sensitivity of referential dependencies. *Lingua* 130 : 187-208.

Szabolcsi, A. 1987. Functional categories in the noun phrase. In I. Kenesei (ed.), *Approaches to Hungarian*, 167-189. Szeged : Jate.

Tomalin, M. 2006. *Linguistics and formal sciences : The origins of generative grammar*. Cambridge : Cambridge University Press.

Watanabe, A. 2006. Functional projections of nominals in Japanese. *Natural Language and Linguistic Theory* 24 : 241-306.

Yoon, J.-M. 1997. The argument structure of relational nouns and inalienable possessor constructions in Korean. *Language Research* 33 : 231-264.

Zubizarreta, M. L. 1998. *Prosody, focus, and word order*. Cambridge, Mass. : MIT Press.

Zubizarreta, M. L. and E.-J. Oh. 2007. *On the syntactic composition of manner and motion*. Cambridge, Mass. : MIT Press.

한영 용어대조

가산 명사 · count noun
개념-의도 체계 · conceptual-intentional system
개체-층위 술어 · individual-level predicate
격 여과 · Case Filter
격 이론 · Case theory
격표지 탈락 · case-dropping
결속 이론 · binding theory
결속 조건 · binding condition
경동사 · light verb
경제성 · economy
경험주 · experiencer
고리 · link
고유격 · inherent Case
공 대명사 · null pronoun
공 운용자 · null operator
공감 · empathy
공범주 · empty category
관계화 · relativization
관찰적 타당성 · observational adequacy
관할 · domination
구구조 · phrase structure
구성체, 성분 · constituent
구조 기술 · structural description
구조 변경 · structural change
구조 의존성 · structural dependency
구조격 · structural Case
국지성 · locality
굴절소 · I
기능 범주 · functional category
기술적 타당성 · descriptive adequacy
나무그림 · tree diagram
내부 논항 · internal argument
내적 언어 · I-language
내현적 · covert
논리형식 · logical form
논항 구조 · argument structure
논항 사슬 · argument chain
논항 위치 · A(argument) position
논항 이동 · A(argument) movement
논항 · argument
뇌언어학 · neurolinguistics
능격 동사 · ergative verb
능격 · ergative Case
다분지 · multiple branching
대격 · accusative Case
대명사 · pronoun
대상 · theme
대용사 · anaphor
동사구 패각 구조 · VP-shell structure
동사구 내부 주어 가설 · VP-internal subject hypothesis
동일 지시 · coreference
동지표 · co-indexing
뒤섞기 · scrambling
등위 구조 제약 · coordinate structure constraint
딸 절점 · daughter node

매개변인 · parameter
머리 · head of a chain
명시어 · specifier
명제 · proposition
목표 · goal
무정 · inanimate
문장 주어 제약 · sentential subject constraint
물질 명사 · mass noun
반향 의문문 · echo question
변항 결속 · variable binding
병합 · merge
보문소 · C(comp)
보충어 · complement
보편 문법 · universal grammar
복합 명사구 제약 · complex NP constraint
부가 의문문 · tag question
부가논항 구문 · applicative construction
부가어 · adjunct
부르지오의 일반화 · Burzio's generalization
부여 · assignment
부정 극어 · negative polarity item
부정소 · Neg
분류사 · classifier
분류사구 · classifier phrase
분열문 · cleft sentence
비논항 위치 · non-A position
비능격 동사 · unergative verb
비대격 동사 · unaccusative verb
비시제절 · infinitive clause
비양도성 소유 · inalienable possession
비의미역 위치 · non-theta position
비적정 이동 · improper movement
비종단 절점 · non-terminal node
뿌리 절점 · root node
사격 · oblique Case
사동문 · causative sentence
사동주 · causer
사슬 꼬리 · tail of a chain
사슬 · chain
삼분지 · ternary branching
상대적 최소성 · relativized minimality
상호사 · reciprocal
생략 · ellipsis
생략의 복원가능성 · recoverability of ellipsis
생성 문법 · generative grammar
서법소 · M(odal)
서술어 · predicate
선천성 가설 · innateness hypothis
선택 제약 · selectional restriction
선행사 지배 조건 · Antecedent Government Condition
선행사 지배 · antecedent government
선행사 · antecedent
선형성 · linearity
설명적 타당성 · explanatory adequacy
섬 제약 · island constraint
성분-통어 · c(constituent)-command
소유주 올리기 · possessor raising
소절 · small clause
속격 · genitive Case
수사구 · number phrase
수용성 · acceptability

수혜자 · benefactive
순환 조건 · cyclicity condition
순환 · cycle
시제소 · T(tense)
시제소구 · TP
시제절 · finite clause
심층구조 · D-structure
양화사 유동 · quantifier floating
양화사 · quantifier
어휘 범주 · lexical category
어휘부 · lexicon
언어 능력 · competence
언어 수행 · performance
엄마 절점 · mother node
엄밀 동일성 · strict identity
여격 · dative Case
영향권 · scope
예외적 격 표시 · exceptional Case marking
외부 논항 · external argument
외적 언어 · E-language
외치 · extraposition
외현적 · overt
용언 반복 구문 · echoed verb construciton
우위성 조건 · superiority condition
원리 및 매개변인 · principles and parameters
유동 양화사 · floating quantifier
유정 · animate
음성형식 · phonetic form
의문사 섬 제약 · wh-island constraint
의미소 · sememe
의미역 · thematic (or theta) role
의미역 격자 · theta-grid
의미역 공준 · theta Criterion
의미역 위치 · theta position
의미역 이론 · theta theory
이동 이론 · movement theory
이분지 · binary branching
이완 동일성 · sloppy identity
이중 타동사 · ditransitive verb
인상 동사 · raising verb
일치소 · Agr
자극의 빈곤 · poverty of stimulus
자매 절점 · sister node
자아 조건 · Self condition
장거리 · long-distance
재귀사 · reflexive
적정 결속 조건 · proper binding condition
전역 이동 · across the board movement
전치 · preposing
절대격 · absolutive Case
절점 · node
접사 도약 · affix hopping
조각 · segment
조음-감지 체계 · articulatory-perceptual system
종단 절점 · terminal node
좌-분지 조건 · left branch condidiotn
주격 · nominative Case
주어 조건 · subject condition
주어-주어 인상 · subject-subject raising
주제화 · topicalization
중간 투사 · intermediate projection

중명사구 후치 · heavy NP shift
중심축 조건 · pivot condition
지배 · government
지배 및 결속 · government and binding
지시 표현 · R(referential) expression
지시사 · demonstrative
지시성 · referentiality
지시적 의존성 · referential dependency
지표 · index
직접 관할 · immediate domination
진리치, 진리 값 · truth value
처소 · location
최대-통어 · m(maximal)-command
최대 투사 · maximal projection
최소 투사 · minimal projection
최소성 조건 · minimality condition
최소주의 · minimalism
추상격 · abstract Case
출처 조건 · Source condition
출처 · source
타동 허사 구문 · transitive expletive construction
탈격 · ablative Case
통사 범주 · syntactic category
통제 이론 · control theory
투사 원리 · projection principle
특정성 · specificity
포합 · incorporation
표상 · representation
표찰 · label
표층구조 · S-structure
품사 · parts of speech
피동문 · passive sentence
피동사 · passive verb
피동화 · passivization
피사동주 · causee
피위주 · patient
하강 · lowering
하위범주화 · subcategorization
하위-통어 · sub-command
한정성 · definiteness
핵 계층 이론 · X-bar theory
핵 매개변인 · head parameter
핵 이동 · head movement
핵 · head
핵-명시어 일치 · head-specifier agreement
핵-선행 · head-initial
핵 이동 제약 · head movement constraint
핵-후행 · head-final
행위주 · agent
형태론적 격 · morphological case
호격 · vocative Case
확대 투사 원리 · extended projection principle
활용 · conjugation
회귀성 · recursiveness
후보충 · afterthought
후치 · postposing
후치사 · postposition
흔적 · trace

영한 용어대조

A(rgument) movement · 논항 이동
A(rgument) position · 논항 위치
ablative Case · 탈격
absolutive Case · 절대격
abstract Case · 추상격
acceptability · 수용성
accusative Case · 대격
across the board movement · 전역 이동
adjunct · 부가어
affix hopping · 접사 도약
afterthought · 후보충
agent · 행위주
Agr · 일치소
anaphor · 대용사
animate · 유정
antecedent government · 선행사 지배
Antecedent Government Condition · 선행사 지배 조건
antecedent · 선행사
applicative construction · 부가논항 구문
argument chain · 논항 사슬
argument structure · 논항 구조
argument · 논항
articulatory-perceptual system · 조음-감지 체계
assignment · 부여
benefactive · 수혜자
binary branching · 이분지
Binding Condition · 결속 조건
Binding theory · 결속 이론
Burzio's Generalization · 부르지오의 일반화
C(comp) · 보문소
c(constituent)-command · 성분-통어
Case Filter · 격 여과
Case theory · 격 이론
case-dropping · 격표지 탈락
causative sentence · 사동문
causee · 피사동주
causer · 사동주
c-commad · 성분-통어
chain · 사슬
classifier · 분류사
Classifier Phrase · 분류사구
cleft sentence · 분열문
co-indexing · 동지표
competence · 언어 능력
complement · 보충어
Complex NP Constraint · 복합 명사구 제약
conceptual-intentional system · 개념-의도 체계
conjugation · 활용
constituent · 구성체, 성분
Control theory · 통제 이론
Coordinate Structure Constraint · 등위 구조 제약
coreference · 동일 지시

count noun · 가산 명사
covert · 내현적
cycle · 순환
Cyclicity Condition · 순환 조건
dative Case · 여격
daughter node · 딸 절점
definiteness · 한정성
demonstrative · 지시사
descriptive adequacy · 기술적 타당성
ditransitive verb · 이중 타동사
domination · 관할
D-structure · 심층구조
echo question · 반향 의문문
echoed verb construciton · 용언 반복 구문
ECM · 예외적 격 표시
economy · 경제성
E-language · 외적 언어
ellipsis · 생략
empathy · 공감
empty category · 공범주
ergative Case · 능격
ergative verb · 능격 동사
experiencer · 경험주
explanatory adequacy · 설명적 타당성
Extended Projection Principle · 확대 투사 원리
external argument · 외부 논항
extraposition · 외치
finite clause · 시제절
floating quantifier · 유동 양화사
functional category · 기능 범주
generative grammar · 생성 문법
genitive Case · 속격
goal · 목표
government · 지배
Government and Binding · 지배 및 결속
Head Movement Constraint · 핵 이동 제약
head movement · 핵 이동
head of a chain · 머리
head parameter · 핵 매개변인
head · 핵
head-final · 핵-후행
head-initial · 핵-선행
head-specifier agreement · 핵-명시어 일치
heavy NP shift · 중명사구 후치
I · 굴절소
I-language · 내적 언어
immediate domination · 직접 관할
improper movement · 비적정 이동
inalienable possession · 비양도성 소유
inanimate · 무정
incorporation · 포합
index · 지표
individual-level predicate · 개체-층위 술어
infinitive clause · 비시제절
inherent Case · 고유격
innateness hypothis · 선천성 가설
intermediate projection · 중간 투사
internal argument · 내부 논항
island constraint · 섬 제약
label · 표찰
Left Branch Condidiotn · 좌-분지 조건
lexical category · 어휘 범주
Lexicon · 어휘부
light verb · 경동사
linearity · 선형성

link・고리
locality ・국지성
location・처소
Logical Form・논리형식
long-distance・장거리
lowering・하강
m(maximal)-command・최대-통어
M(modal)・서법소
mass noun・물질 명사
maximal projection・최대 투사
merge・병합
minimal projection・최소 투사
minimalism・최소주의
Minimality Condition・최소성 조건
morphological case・형태론적 격
mother node・엄마 절점
Movement theory・이동 이론
multiple branching・다분지
Neg・부정소
negative polarity item・부정 극어
neurolinguistics・뇌언어학
node・절점
nominative Case・주격
non-A position・비논항 위치
non-terminal node・비종단 절점
non-theta position・비의미역 위치
null operator・공 운용자
null pronoun・공 대명사
Number Phrase・수사구
oblique Case・사격
observational adequacy・관찰적 타당성
overt・외현적
parameter・매개변인
parts of speech・품사
passive sentence・피동문
passive verb・피동사
passivization・피동화
patient・피위주
performance・언어 수행
Phonetic Form・음성형식
phrase structure・구구조
Pivot condition・중심축 조건
possessor raising・소유주 올리기
postposing・후치
postposition・후치사
poverty of stimulus・자극의 빈곤
predicate・서술어
preposing・전치
Principles and Parameters・원리 및 매개변인
Projection Principle・투사 원리
pronoun・대명사
Proper Binding Condition・적정 결속 조건
proposition・명제
quantifier・양화사
quantifier floating・양화사 유동
R(eferential) expression・지시 표현
raising verb・인상 동사
reciprocal・상호사
recoverability of ellipsis・생략의 복원 가능성
recursiveness・회귀성
referential dependency・지시적 의존성
referentiality・지시성
reflexive・재귀사
relativization・관계화

relativized minimality · 상대적 최소성
representation · 표상
root node · 뿌리 절점
scope · 영향권
scrambling · 뒤섞기
segment · 조각
selectional restriction · 선택 제약
Self condition · 자아 조건
sememe · 의미소
Sentential Subject Constraint · 문장 주어 제약
sister node · 자매 절점
sloppy identity · 이완 동일성
small clause · 소절
Source condition · 출처 조건
source · 출처
specificity · 특정성
specifier · 명시어
S-structure · 표층구조
strict identity · 엄밀 동일성
structural Case · 구조격
structural change · 구조 변경
structural dependency · 구조 의존성
structural description · 구조 기술
subcategorization · 하위범주화
sub-command · 하위-통어
Subject Condition · 주어 조건
subject-subject raising · 주어-주어 인상
Superiority Condition · 우위성 조건
syntactic category · 통사 범주
T(ense) · 시제소
tag question · 부가 의문문
tail of a chain · 사슬 꼬리
terminal node · 종단 절점
ternary branching · 삼분지
thematic (or theta) role · 의미역
theme · 대상
Theta Criterion · 의미역 공준
theta position · 의미역 위치
Theta theory · 의미역 이론
theta-grid · 의미역 격자
topicalization · 주제화
TP · 시제소구
trace · 흔적
transitive expletive construction · 타동 허사 구문
tree diagram · 나무그림
truth value · 진리치, 진리 값
unaccusative verb · 비대격 동사
unergative verb · 비능격 동사
Universal Grammar · 보편 문법
variable binding · 변항 결속
vocative Case · 호격
VP-internal Subject Hypothesis · 동사구 내부 주어 가설
VP-shell structure · 동사구 패각 구조
Wh-island Constraint · 의문사 섬 제약
X-bar theory · 핵 계층 이론

찾아보기

ㄱ

ㄴ

ㄷ

ㅁ

ㅂ

ㅅ

ㅇ

ㅈ

ㅊ

ㅌ

저자 소개

김용하(金龍河)
안동대학교 국어국문학과 교수. 한국어 문법 및 최소주의(minimalism) 연구.
『한국어 통사론의 현상과 이론』(공저, 2011), 『한국어 조사의 분포와 통합 체계』(2014), 「Reflexivity and reflexive predicates in Korean」(2013), 「논항 이동과 비논항 이동의 관계」(2014), 「자질 상속, 일치, 그리고 화행」(2015), 「'자기'의 정체를 찾아서」(2016), 「표찰 알고리듬과 겹지정어」(2017) 외 논저 다수.

박소영(朴素英)
부산대학교 국어국문학과 교수. 한국어 통사론 및 비교통사론, 외국어로서의 한국어 교육 연구.
『한국어 동사구 수식 부사와 사건구조』(2004), 『Functional categories : The syntax of DP and DegP』(2009), 『허웅 선생 학문 새롭게 읽기』(공저, 2014), 「한국어 통합합성어의 통사구조와 형태-통사론의 접면」(2011), 「한국어 피동문에 나타나는 격 교체의 비대칭성에 대하여」(2013), 「한국어 명사구 생략의 통사론」(2017), 「분산형태론의 이론적 동향과 한국어 문법」(2017) 외 논저 다수.

이정훈(李庭勳)
서강대학교 국어국문학과 교수. 한국어 문법 및 언어 이론 연구.
『조사와 어미 그리고 통사구조』(2008), 『한국어 통사론의 현상과 이론』(공저, 2011), 『발견을 위한 한국어 문법론』(2012), 『한국어 구문의 문법』(2014), 「'V-기' 반복 구문의 유형과 그 형성 동기 및 과정」(2013), 「동사구 주제화 구문의 통사론」(2014), 「접속어미의 통사와 접속문의 통사구조」(2015), 「한국어의 '하-' 지지 규칙」(2016), 「한국어 조각문의 형성 과정 : (이동과) 생략」(2017) 외 논저 다수.

최기용(崔基溶)
광운대학교 국어국문학과 교수. 한국어 통사론 및 언어 이론 연구.
『한국어의 격과 조사의 생성통사론』(2009), 「Subject Honorification in Korean」(2010), 「한국어 균열 구문의 '것'」(2011), 「On the nature of the dependency between a numeral and a classifier」(2011), 「한국어의 3인칭 지시 표현 '그'에 관한 소고」(2013), 「피결속-변항 대명사로서의 '자기'」(2014), 「'그 자신'의 통사와 의미」(2014), 「UTAH와 공존하는 반례의 성격」(2017) 외 논저 다수.

한국어 생성 통사론

초판 1쇄 발행 2018년 2월 28일
초판 2쇄 발행 2018년 10월 5일
초판 3쇄 발행 2021년 5월 20일

저 자 김용하, 박소영, 이정훈, 최기용
펴낸이 이대현
편 집 이태곤 권분옥 문선회 임애정 강윤경
디자인 안혜진 최선주 이경진 | 마케팅 박태훈 안현진
펴낸곳 도서출판 역락 | 등록 1999년 4월 19일 제303-2002-000014호
주 소 서울시 서초구 동광로46길 6-6 문창빌딩 2층(우06589)
전 화 02-3409-2060(편집부), 2058(영업부) | 팩스 02-3409-2059
전자우편 youkrack@hanmail.net | 홈페이지 www.youkrackbooks.com

ISBN 979-11-5686-964-1 93710